Dein Weg zum Prüfungserfolg

Gabriele Bensberg

Dein Weg zum Prüfungserfolg

Angstfrei durchs Studium: Auswahlverfahren, Referate, Prüfungen, Bewerbungen

Mit 61 Abbildungen

 Springer

Dr. Gabriele Bensberg
Psychologische Beratungsstelle (PBS),
Studierendenwerk Mannheim
Mannheim

Zusätzliches Material zu diesem Buch finden Sie auf ► http://www.lehrbuch-psychologie.de
Arbeitsmaterialien finden Sie unter http://extras.springer.com/
Bitte im entsprechenden Feld die ISBN eingeben.

ISBN 978-3-662-43418-5   ISBN 978-3-662-43419-2 (eBook)
DOI 10.1007/978-3-662-43419-2

Die Deutsche Nationalbibliothek verzeichnet diese Publikation in der Deutschen Nationalbibliografie;
detaillierte bibliografische Daten sind im Internet über ► http://dnb.d-nb.de abrufbar.

Planung: Dipl.-Psych. Joachim Coch, Heidelberg
Projektmanagement: Axel Treiber, Heidelberg
Lektorat: Sonja Hinte, Bremen
Projektkoordination: Heidemarie Wolter, Heidelberg
Umschlaggestaltung: deblik Berlin
Fotonachweis Umschlag: © Contrastwerkstwerkstatt/Fotolia
Cartoons: Claudia Styrsky, München
Herstellung: Crest Premedia Solutions (P) Ltd., Pune, India

Gedruckt auf säurefreiem und chlorfrei gebleichtem Papier

Springer-Verlag ist Teil der Fachverlagsgruppe Springer Science+Business Media
www.springer.com

Vorwort

Das Studentenleben bestand schon immer aus vielen Prüfungen, deren Anzahl je nach Studiengang und Fach aber sehr unterschiedlich sein konnte. Seit der Bologna-Reform und der Einführung von Bachelor und Master hat die Prüfungsdichte jedoch in fast allen Fächern noch einmal zugenommen.

Gleichzeitig ist die Konkurrenz gewachsen, da immer mehr junge Leute Abitur machen und an die Hochschulen drängen, und viele Hochschulabsolventen um wenige gut bezahlte, unbefristete Stellen kämpfen, damit sie nicht zur großen Gruppe jener gehören, die mit einem Praktikumsplatz oder bestenfalls befristeten Arbeitsvertrag ins Berufsleben starten. Da kommt es darauf an, gute Noten zu bekommen und bei Auswahlverfahren vor Studienbeginn oder während der Bewerbungsphase punkten zu können.

Prüfungen gehen für die meisten Menschen und natürlich auch für Studentinnen und Studenten mit Aufregung, Anspannung, Stress und für einige mit blanker Angst, die sich bis zur völligen Panik steigern kann, einher.

Das Buch versteht sich als Erfolgsguide für sämtliche Prüfungen, die das akademische Leben bereit hält und steht euch dabei mit vielen praktischen Insider-Tipps sowie Ratschlägen zur Bekämpfung von übermäßiger Aufregung und Angst zur Seite.

Das Buch wird durch Videos auf einer Begleitwebsite ergänzt: Interviews mit Experten oder eine Entspannungsübung zum Mitmachen. Ihr findet die Videos auf der Seite ► www.lehrbuch-psychologie.de – klickt dort auf das Buchcover »Dein Weg zum Prüfungserfolg«.

Hilfreiche Arbeitsmaterialien zur Vorbereitung auf Prüfungen und Bewerbungen, Hilfen gegen Prüfungsängste, Tipps zur Steigerung des Selbstbewusstseins sowie eine Anleitung zur Selbsthypnose und Strategien gegen Prüfungsängste findet ihr unter ► http://extras.springer.com (bitte dort die ISBN des Buches eingeben: 978-3-662-43418-5). Die in den Beispielen und Falldarstellungen vorkommenden Namen und sonstigen personalisierten Angaben sind entweder frei erfunden oder nach den Vorgaben des Datenschutzes und der Schweigepflicht geändert bzw. verfremdet.

Es ist mir ein Anliegen, mich sehr herzlich bei all jenen zu bedanken, die mich in irgendeiner Weise bei der Entstehung des Werks unterstützt haben.

- Joachim Coch vom Springer-Verlag Heidelberg, von Hause aus ebenfalls Diplompsychologe, danke ich, dass er das Buch mit viel Sachverstand, klugem Rat und unterstützenden Hinweisen fortlaufend begleitet hat.
- Ich danke dem Geschäftsführer des Studentenwerks Mannheim, Dr. Jens Schröder, der mir ermöglichte, das Werk im Rahmen einer Nebentätigkeit zu schreiben und diesem Projekt mit sehr viel Offenheit und Wertschätzung begegnete.

— Ein Dankeschön geht auch an meine Mitarbeiter, die Diplompsychologen Vitali Scheibler und Markus Dewald, die fortlaufend Korrektur lasen und wertvolle Kritikpunkte einfließen ließen.

Allen Studierenden, die das Buch zur Vorbereitung auf Prüfungen nutzen, wünsche ich viel Erfolg und gutes Gelingen!

Gabriele Bensberg
Im Herbst 2014

Übersicht über die Arbeitsmaterialien im Web

Auf der Website ► http://extras.springer.com (bitte gebt dort die ISBN des Buches ein: 978-3-662-43418-5) findet ihr die folgenden Arbeitsmaterialien aus diesem Buch zum Downloaden und Bearbeiten:

Vorbereitung auf eine Prüfung: Kap. 7.7.2
- Zweispaltentechnik
- Positive Mantras

Vorbereitung auf eine Bewerbung: Kap. 13.2.1
- Stärken-Profil mit Schlüsselfragen
- Schwächen-Profil mit Schlüsselfragen
- Zielcollage mit Schlüsselfragen

Schriftliche AC-Übung: Kap. 14.6.2
- Kurzfall

Selbstsicherheitsfragebogen: Kap. 15.4
- Test-Selbstbewusstsein

Prüfungsangstfragebogen: Kap. 16.1.2
- Test-PAF

Entspannungsübung: Kap. 18.2.2
- Selbsthypnose

Strategie gegen Prüfungsangst: Kap. 18.3.2
- Übung mit dem Wort Angst

Musterdokumente zum Ausdrucken und Bearbeiten:
- Motivationsschreiben nach Abbildung 1.2
- Motivationsschreiben nach Abbildung 1.3
- Beispiel für einen Kurzlebenslauf nach Abbildung 10.2

Inhaltsverzeichnis

I   Prüfungen vor Studienbeginn

1	**Motivationsschreiben**	3
	Gabriele Bensberg	
1.1	**Warum ein Motivationsschreiben?**	4
1.2	**Was lange währt, wird endlich gut!**	4
1.3	**Formale Kriterien**	4
1.3.1	Beachte folgende Hinweise!	5
1.4	**Der Aufbau**	5
1.5	**Worauf es inhaltlich ankommt!**	6
1.5.1	Warum bewirbst du dich für diesen Studiengang?	6
1.5.2	Wie willst du den Abschluss beruflich nutzen?	6
1.5.3	Welche Voraussetzungen qualifizieren dich für den gewünschten Studiengang?	6
1.5.4	Warum soll es gerade diese Hochschule sein?	6
1.5.5	Welchen Gewinn hat die Hochschule von deiner Bewerbung?	7
1.6	**Beispiele mit Kommentar**	7
1.6.1	Kommentar	7
1.6.2	Kommentar	12
	Literatur	12

2	**Tests**	13
	Gabriele Bensberg	
2.1	**Warum Tests?**	14
2.2	**Grundlagen der Testdiagnostik**	14
2.2.1	Normierung	14
2.2.2	Standardwerte	15
2.2.3	Hauptgütekriterien	15
2.3	**Tests bei Bewerbungsverfahren**	16
2.3.1	Beispielaufgaben aus Intelligenztests	16
2.3.2	Beispielfragen aus Persönlichkeitstests	18
2.3.3	Die Gültigkeit von Persönlichkeitstests	20
2.3.4	Kontrollskalen	20
2.4	**Optimale Vorbereitung**	21
2.4.1	Die eigene Intelligenz testen	21
2.4.2	Testaufgaben kennen lernen	21
2.4.3	Übung macht den Meister	22
2.4.4	Beruhigung bei extremer Aufregung	23
2.5	**Tipps zur Teststrategie**	23
2.5.1	Paper-Pencil-Intelligenztests	23
2.5.2	Persönlichkeitstests	26
	Literatur	26

3	**Auswahlgespräch**	29
	Gabriele Bensberg	
3.1	**Warum ein Auswahlgespräch**	30
3.2	**Die einzelnen Phasen**	30

3.2.1   Begrüßung und Warming-up.   30
3.2.2   Überleitung zum Mittelteil.   30
3.2.3   Abschluss.   31
3.2.4   Typische Fragen und Antwortvorschläge   31
3.2.5   Stressfragen mit Antwortvorschlägen   34
3.2.6   Sonderfall Fachfrage   35
3.3   Gruppengespräch.   35
3.4   Eigene Vorbereitung   36
3.5   Umgang mit Angst und Ärger!.   36
3.5.1   Angst.   37
3.5.2   Umgang mit Ärger   37
3.6   »Todsünden« im Auswahlgespräch!.   38
3.7   Zehn abschließende Tipps.   38
         Literatur.   39

II   Prüfungen im Studium - Nur die Klügsten überleben?

4   Referat   43
         Gabriele Bensberg
4.1   Worauf kommt es an?   44
4.2   Die Redepyramide   44
4.2.1   Optik   44
4.2.2   Akustik   46
4.2.3   Inhalt.   47
4.3   Einsatz von Medien   49
4.4   Handout   50
4.5   Thesenpapier   50
4.6   Austausch und Diskussion.   52
4.7   Coping von Auftritts- und Redeangst.   52
4.7.1   Die drei Pfeiler   52
         Literatur.   55

5   PowerPoint-Präsentation   57
         Gabriele Bensberg
5.1   »Dos« bei PowerPoint   58
5.2   »Don'ts« bei PowerPoint.   58
5.3   Strukturierungsprinzipien.   58
5.4   Einsatz von Abbildungen.   58
5.4.1   Foto   58
5.4.2   Grafik.   60
5.4.3   Diagramm   60
5.4.4   Tabelle.   60
5.4.5   Hyperlink   61
5.5   Bildschirmpräsentation   61
5.5.1   Zeitfaktor   61
5.5.2   Animation   61
5.6   Einheitliche Foliengestaltung   62
5.6.1   Hintergrund   62

5.6.2   Design.. 62

5.6.3   Folienmaster... 62

        Literatur... 62

6   **Klausur**.. 63
        Gabriele Bensberg

6.1   **Wichtigkeitsstufen** 64

6.2   **Lernstrategien** 64

6.2.1   Ökonomisches Auswendiglernen 64

6.2.2   »Helikopter«-Lernen... 66

6.2.3   Laut lernen 66

6.2.4   SQ3R-Methode.. 66

6.3   **Klausurformen mit Bearbeitungstipps**..................................... 67

6.3.1   Essay 67

6.3.2   Juristische Fallklausur 68

6.3.3   Klausur mit offenen Fragen 70

6.3.4   Klausur mit geschlossenen Fragen (Multiple-Choice) 70

6.3.5   Mathematikaufgaben und Grafiken 72

6.3.6   Mischformen... 73

6.3.7   Verständnisklausuren... 74

6.4   **Vor der Klausur: Zur Ruhe kommen**.. 75

6.5   **Klausurstrategie**... 76

6.6   **Was tun bei Blackout?**... 77

6.6.1   Wie kommt ein Blackout zustande?.. 77

6.6.2   Wenn es passiert.. 78

6.7   **Nach der Klausur**.. 78

6.7.1   Und wenn es schief ging?.. 78

6.7.2   Neustart 78

        Literatur... 79

7   **Mündliche Prüfung** 81
        Gabriele Bensberg

7.1   **Charakteristika mündlicher Prüfungen** 83

7.1.1   Varianten 83

7.1.2   Ablauf 83

7.1.3   Mündlich gleich multidimensional 84

7.2   **Vorbereitung auf mündliche Prüfungen**................................... 84

7.2.1   Breites Wissen.. 84

7.2.2   Vortragsstil 84

7.2.3   Rollentausch.. 85

7.2.4   Lerngruppe 85

7.3   **Nebenkriterien mit Knalleffekt** 86

7.3.1   Verbale Kompetenz 86

7.3.2   Sicheres Auftreten.. 86

7.3.3   Umgangsformen und Diplomatie 86

7.3.4   Outfit... 87

7.4   **Überzeugend antworten** 87

7.4.1   Schweigen ist Silber, Reden ist Gold!.. 87

7.4.2   Das Wichtigste zuerst... 87
7.4.3   Nischenwissen einfließen lassen 88
7.4.4   Eigene Ideen entwickeln.. 88
7.5   **Fragen, Fragen, Fragen**... 89
7.5.1   Unverständlich formulierte Fragen 89
7.5.2   Überraschende Fragen 89
7.5.3   Teilweise unbeantwortbare Fragen.. 89
7.5.4   Unbeantwortbare Fragen... 90
7.6   **Persönlicher Stil des Prüfers**... 90
7.6.1   Das »Pokerface«... 90
7.6.2   Der »Wasserfall«... 91
7.6.3   Mr. oder Mrs. »Ironisch«... 92
7.7   **Coping von Angst und Aufregung**.. 92
7.7.1   Die vier Ebenen der Angst 92
7.7.2   Kognitive Ebene: Immunisierung von Angstgedanken.................... 93
7.7.3   Emotionale Ebene: Erfolgsphantasien 94
7.7.4   Körperliche Ebene: Entspannung und Schlafhygiene 94
7.7.5   Verhaltensebene: Reale und imaginative Konfrontation 94
7.8   **Albtraum Blackout** 95
        Literatur.. 96

8   **Mündliche Gruppenprüfung**.. 97
        Gabriele Bensberg
8.1   **Warum Gruppe und nicht einzeln?** 98
8.2   **Varianten der Gruppenprüfung** 98
8.3   **Prüfungen in Medizin und Jura**... 99
8.4   **Stress bei Gruppenprüfungen**.. 100
8.5   **Tipps**.. 100
8.5.1   Verbale Ebene... 101
8.5.2   Nonverbale Ebene.. 101

III   Prüfungen am Studienende – Survival of the fittest

9   **Rund um die Bewerbungsmappe**... 105
        Gabriele Bensberg
9.1   **Das AGG**... 106
9.2   **Obligatorische Mappeninhalte** 106
9.2.1   Anschreiben mit Beispielen 106
9.2.2   Lebenslauf mit Beispielen.. 107
9.2.3   Anlagen mit Beispielen 113
9.3   **Optionale Mappeninhalte**... 113
9.3.1   Deckblatt mit Beispielen.. 113
9.3.2   »Dritte Seite« mit Beispielen 114
9.3.3   Referenz mit Beispielen... 114
9.4   **Anordnung und Layout** 114
9.4.1   Formale Neuerungen.. 120
9.4.2   Mappenart... 120
9.4.3   Papier 120

9.4.4   Druck... 120

9.4.5   Kopien.. 120

9.4.6   Foto.. 120

9.5   **Bitte keine Fliegenbeine zählen!**..................................... 120

9.6   **Leichen im Keller?**.. 121

9.6.1   Bewerbung für einen Studienplatz...................................... 121

9.6.2   Bewerbung für einen Job... 122

9.7   **Inneres Auge und Vier-Augen-Prinzip**................................ 124

        Literatur... 125

10   **Online-Bewerbung**... 127
        Gabriele Bensberg

10.1   **Drei Formen der Online-Bewerbung**................................... 128

10.1.1 Die Online-Initiativbewerbung... 128

10.1.2 Die Online-Mappe... 129

10.1.3 Das Online-Bewerbungsformular.. 133

10.2   **»Knigge« für Online-Bewerbungen**................................... 134

10.2.1 Seriöse Email-Adresse... 134

10.2.2 Professionelle Signatur.. 135

10.2.3 Korrekte Absenderadresse... 135

10.2.4 Aussagefähiger Betreff.. 135

10.2.5 Erstellen einer Attachment-Liste....................................... 135

10.2.6 Versenden einer Testmail.. 136

10.2.7 Eingang der Mail überprüfen... 136

10.3   **Strittige Punkte**.. 136

10.3.1 HTML-Datei?.. 136

10.3.2 Anschreiben?... 136

10.3.3 Namenszug?.. 136

10.4   **Präsentiere dich selbstbewusst!**.................................... 136

        Literatur... 137

11   **Tests für Hochschulabsolventen**.................................... 139
        Gabriele Bensberg

11.1   **Wirtschaftsunternehmen: Tests werden immer beliebter**.............. 140

11.1.1 In allen Sprachen: Der »Reasoning Test« von Procter & Gamble........... 140

11.1.2 Persönlichkeit ist gefragt: Der Trainee-Eignungstest von Daimler........ 141

11.1.3 Hoch hinaus: Das Auswahlverfahren der Lufthansa...................... 141

11.1.4 Tipps... 142

11.2   **Öffentlicher Dienst: Plauderstündchen beim Psychologen**............ 143

11.2.1 Das Auswahlverfahren des Auswärtigen Amtes.......................... 143

11.3   **Masterstudiengang: Steiniger Testweg**.............................. 144

11.3.1 Der GMAT... 144

11.3.2 Tipps... 145

        Literatur... 145

12   **Telefoninterview**... 147
        Gabriele Bensberg

12.1   **Warum ein Telefoninterview?**....................................... 148

12.1.1 Offene Fragen klären.. 148

12.1.2   Kommunikative Fähigkeiten erfassen. 148
12.1.3   Fremdsprachenkenntnisse überprüfen 148
12.1.4   Stressresistenz testen. 149
12.2   **Optimale Rahmenbedingungen!** 149
12.2.1   Festnetz statt Handy. 149
12.2.2   Telefonetikette beachten 150
12.2.3   Ruhiges Umfeld 150
12.2.4   Seelisch ausgeglichener Zustand. 150
12.2.5   Bewerbungsunterlagen bereithalten 151
12.3   **Inhaltliche Vorbereitung** 151
12.3.1   Gründliche Recherchen. 151
12.3.2   Fakten wissen 151
12.3.3   Einminütige Selbstpräsentation 151
12.3.4   Probeinterview führen. 152
12.3.5   Fünf Don'ts 152
12.4   **Der Zauber der Stimme** 152
12.4.1   Sprich Hochdeutsch 153
12.4.2   Der schöne Klang 154
12.4.3   Sprachfluss 154
12.4.4   Lautstärke 155
12.5   **Stimmtraining.** 155
12.5.1   Sauerstoff und Flüssigkeit. 155
12.5.2   Bonbons und Gesang. 155
12.5.3   Zwei »Hildegard-Rezepte« 155
12.6   **Ergänzende Verhaltenstipps.** 156
12.6.1   Ruhe bewahren 156
12.6.2   Als-ob-Verhalten praktizieren 156
        Literatur. 157

13   **Einstellungsinterview** 159
        Gabriele Bensberg
13.1   **Das Interview** 160
13.1.1   Jede Einladung ist ein Erfolg 160
13.1.2   Ein Baustein neben anderen 160
13.1.3   Mehrstufiges Auswahlverfahren. 160
13.2   **Vorbereitung.** 161
13.2.1   Selbstwissen 161
13.2.2   Bewerbungsunterlagen. 162
13.2.3   Outfit. 162
13.2.4   Zielklarheit und Kampfgeist. 163
13.3   **Warming-up-Phase.** 164
13.3.1   Verbale Fettnäpfchen. 164
13.3.2   Falsche Körpersignale 164
13.3.3   Tipps 165
13.4   **Mitten drin** 166
13.4.1   Typische Fragen. 166
13.4.2   Optimale Antworten 166
13.4.3   Sprache. 171

13.5   **Stressphase** 171
13.5.1   Brainteaser: Sei schlau, stell dich klug! 171
13.5.2   Lösungstipps. 172
13.5.3   Zulässige und unzulässige Fragen 173
13.5.4   Umgang mit zulässigen Fragen 173
13.5.5   Umgang mit unzulässigen Fragen 174
13.6   **Abschlussphase** 175
13.6.1   Eigene Fragen. 175
13.6.2   Verabschiedung. 176
13.7   **Nachbereitung** 176
13.7.1   Gesprächsanalyse 176
13.7.2   Konsequenzen 176
13.7.3   Nachfassbrief 177
          Literatur. 177

14   **Assessmentcenter** 179
          Gabriele Bensberg
14.1   **Definition und Ziele** 180
14.2   **Vor- und Nachteile** 180
14.3   **Ablauf und typische Übungen.** 181
14.4   **Gruppenübungen** 181
14.4.1   Gruppendiskussion. 181
14.4.2   Unternehmensplanspiel 183
14.5   **Einzelübungen** 184
14.5.1   Selbstpräsentation 184
14.5.2   Rollenspiel. 186
14.6   **Schriftliche Übungen.** 188
14.6.1   Postkorb. 188
14.6.2   Fallanalyse. 190
14.7   **Inoffizielle Übungen.** 191
14.8   **Wenn nur die Angst nicht wäre.** 193
14.8.1   Welches Bewerbungsprocedere passt? 194
14.8.2   Der Teufel sitzt im Detail 196
          Literatur. 197

IV   **Die Angst für immer besiegen**

15   **Die Masken der Angst** 201
          Gabriele Bensberg
15.1   **Was ist Angst?.** 202
15.2   **Wann wird Angst behandlungsbedürftig?.** 202
15.3   **Angst im Studium** 202
15.4   **Selbsttest** 205
15.5   **Verbreitung bei Studierenden.** 206
15.6   **Positive Konsequenzen der Angst** 207
15.6.1   Mehr Vorsicht 207
15.6.2   Mehr Motivation 207
15.6.3   Positive Aktivierung 207
          Literatur. 208

16   Diagnostik und Symptomatik 209
Gabriele Bensberg
16.1   **Fragen und Tests** 210
16.1.1   Fragenkatalog 210
16.1.2   Spezifische Tests 210
16.2   **Teufelskreislauf** 212
    Literatur. 214

17   Ursachenforschung: Warum gerade ich? 215
Gabriele Bensberg
17.1   **Die Gene mischen mit** 216
17.2   **Konsequenzen als Lehrmeister** 216
17.3   **Wenig hilfreiche Vorbilder.** 217
17.4   **Die Macht der Gedanken** 219
17.4.1   Der Ansatz von Aaron T. Beck 219
17.4.2   Das Modell von Albert Ellis. 220
17.5   **Das Defizitmodell** 221
    Literatur. 222

18   Wie werde ich die Ängste los? 223
Gabriele Bensberg
18.1   **Optimiere die Vorbereitung!** 224
18.1.1   Art und Bedeutung der Challenge. 224
18.1.2   Strategische Planung 224
18.1.3   Simulation der Situation 225
18.2   **Entspanne dich!** 225
18.2.1   Klassische Entspannungsmethoden 225
18.2.2   Selbsthypnose 229
18.3   **Verhalte dich erfolgsorientiert!** 230
18.3.1   Passende Symbole 231
18.3.2   Babylonische Sprachverwirrung. 231
18.4   **Beinhart! Die Strategie des »Als-ob-Verhaltens«** 232
    Literatur. 233

Serviceteil

Stichwortverzeichnis 235

Prüfungen vor Studienbeginn

Kapitel 1   Motivationsschreiben – 3
                Gabriele Bensberg

Kapitel 2   Tests – 13
                Gabriele Bensberg

Kapitel 3   Auswahlgespräch – 29
                Gabriele Bensberg

Motivationsschreiben

Gabriele Bensberg

1.1   **Warum ein Motivationsschreiben? – 4**

1.2   **Was lange währt, wird endlich gut! – 4**

1.3   **Formale Kriterien – 4**
1.3.1   Beachte folgende Hinweise! – 5

1.4   **Der Aufbau – 5**

1.5   **Worauf es inhaltlich ankommt! – 6**
1.5.1   Warum bewirbst du dich für diesen Studiengang? – 6
1.5.2   Wie willst du den Abschluss beruflich nutzen? – 6
1.5.3   Welche Voraussetzungen qualifizieren dich für den gewünschten
          Studiengang? – 6
1.5.4   Warum soll es gerade diese Hochschule sein? – 6
1.5.5   Welchen Gewinn hat die Hochschule von deiner Bewerbung? – 7

1.6   **Beispiele mit Kommentar – 7**
1.6.1   Kommentar – 7
1.6.2   Kommentar – 12

          Literatur – 12

G. Bensberg, *Dein Weg zum Prüfungserfolg,*
DOI 10.1007/978-3-662-43419-2_1, © Springer-Verlag Berlin Heidelberg 2015

1

» Eine mächtige Flamme entsteht aus einem winzigen Funken. (Dante Alighieri)

Bevor Abiturienten ins Studium starten können, sind meist noch diverse Hürden zu überwinden. Ein überdurchschnittliches Abiturzeugnis reicht oft nicht aus, um in den gewünschten Studiengang aufgenommen zu werden, sondern es müssen zuvor weitere »Prüfungen« bestanden werden.

1.1   Warum ein Motivationsschreiben?

Motivationsschreiben werden immer häufiger als zusätzliche Anforderung neben den üblichen Unterlagen verlangt. Geht es um einen Studienplatz, ist das Motivationsschreiben oft obligatorisch und entscheidet mit über den Erfolg oder Misserfolg der Bewerbung.

Welchen Sinn aber machen Motivationsschreiben? Zeugnisse geben Hinweise auf bereits erbrachte Leistungen des Bewerbers und wurden von Dritten verfasst. Das Curriculum Vitae stellt wichtige Stationen des bisherigen Lebens, also Fakten dar. Ein Motivationsschreiben aber wird von dem Bewerber selbst – wenigstens sollte es so sein! – aufgesetzt und mit Inhalt gefüllt.

Das Motivationsschreiben bei der Bewerbung für einen Studienplatz lässt erkennen,

- wie tiefgehend sich der Bewerber mit dem Aufbau des Studiengangs auseinandergesetzt hat,
- wie gründlich er sich über die Besonderheiten der in- oder ausländischen Hochschule informiert hat,
- wie reflektiert und differenziert seine Selbsteinschätzung ist,
- inwieweit er bereits seine berufliche Zukunft im Blick hat,
- wie realistisch er die Passung zwischen den eigenen Voraussetzungen und den Anforderungen des Studiengangs einschätzt.

Diese Informationen lassen sich auch ableiten, wenn von der jeweiligen Hochschule Kernfragen vorgegeben sind, die im Rahmen des Motivationsschreibens beantwortet werden müssen.

1.2   Was lange währt, wird endlich gut!

Die Abfassung eines Motivationsschreibens will wohl überlegt sein. Keinesfalls lässt sich ein solches Schreiben in einer Stunde oder auch an einem Tag erstellen. Es empfiehlt sich, **mehrere Tage** einzuplanen, um neue Ideen einzuflechten, den **Aufbau so stringent wie möglich zu gestalten** und die **Formulierungen immer mehr zu optimieren**.

Um dein Motivationsschreiben in Bestform zu bringen, benötigst du umfangreiche Informationen über den gewünschten Studiengang und die Hochschule. Die meisten Informationen sind über das Internet zugänglich, es empfiehlt sich aber auch, der Hochschule einen Besuch abzustatten, um sich vor Ort zu informieren. Der Besuch der Hochschule lässt sich als Zeichen einer hohen Studienmotivation in das Schreiben einflechten und verschafft dir wahrscheinlich einen zusätzlichen Pluspunkt.

Außerdem musst du dich im Vorfeld intensiv mit dir selbst beschäftigen und deine Interessen, Ziele, Berufswünsche, Qualifikationen und besonderen Stärken klären. Wenn du dir unsicher bist, welchen Beruf oder welche Berufe du später ausüben möchtest, ist es ratsam, mit dem Hochschulteam der Agentur für Arbeit in deiner Stadt einen Termin zu vereinbaren, um dich über die beruflichen Perspektiven in dem von dir gewählten Studiengang zu informieren.

Du solltest bei der Abfassung des Motivationsschreibens versuchen, die **Perspektive des Urteilers** einzunehmen. Versetze dich in die Situation des Gegenübers, der dein Schreiben liest, und überlege, auf welche Weise du ihn für dich einnehmen kannst. Welche Argumente wirken auf jemanden, der dich nicht kennt, überzeugend?

1.3   Formale Kriterien

Schon hinsichtlich der »Basics« eines Motivationsschreibens kann man sehr viel falsch machen und schlimmstenfalls dafür sorgen, dass der Inhalt kaum mehr zur Kenntnis genommen, sondern der Text aufgrund seiner formalen Mängel höchstens flüchtig überflogen und dann zur Seite gelegt wird.

1.3.1 Beachte folgende Hinweise!

Layout Wenn keine Angaben zum gewünschten Layout von der Hochschule formuliert wurden, ist das Schreiben dem Layout der sonstigen Bewerbungsunterlagen in Hinblick auf Schriftart, Schriftgröße, Breite des Randes usw. anzupassen.

Umfang Der Umfang eines Motivationsschreibens sollte knapp bemessen sein und allerhöchstens (!) zwei Seiten umfassen. Als Richtschnur gelten ca. 500 bis 750 Wörter. Besser ist es, den Inhalt auf eineinhalb Seiten unterzubringen, denn es gilt: In der Kürze liegt die Würze!

☐ **Abb. 1.1** AIDA hat gewirkt!

Rechtschreibung, Zeichensetzung, Grammatik Die deutsche Sprache muss tadellos beherrscht werden. Schnitzer in den oben genannten Bereichen werden gerade im Hochschulbereich nicht verziehen und sind ein Knock-out-Kriterium. Also besser das Schreiben dreimal zu viel als einmal zu wenig Korrektur lesen und zusätzlich durch eine sprachlich kompetente Person abschließend überprüfen lassen.

Stil Der Stil ist dem Anlass anzupassen. Da es sich um ein offizielles Schreiben handelt, sind umgangssprachliche Wendungen und ein schnodderiger Stil völlig fehl am Platz. Falls möglich, sollte der Adressat persönlich angesprochen werden.

Ästhetik Denke daran, dass der Mensch ein »Augentier« ist. Bemühe dich also, das Motivationsschreiben auch optisch ansprechend zu gestalten, indem du Absätze einfügst und Hervorhebungen eventuell durch Fettdruck verdeutlichst. Schon der visuelle Eindruck sollte erkennen lassen, dass das Schreiben über eine logische Struktur verfügt.

Auf den Briefkopf gehören dein Name, die Adresse, das Datum und die Anschrift des Empfängers. Achte darauf, dass man das Wort »Betreff« in der Betreffzeile mittlerweile weglässt.

Falls du keine Online-, sondern eine Paper-Pencil-Bewerbung einreichen musst, sollte der Druck einwandfrei und das Papier ohne Mängel und von höherer Dichte als gewöhnlich sein.

1.4 Der Aufbau

Ein Motivationsschreiben gliedert sich in **drei große Teile:**
1. Einleitung
2. Mittelteil
3. Abschluss

Bei der Abfassung sollte man sich am sogenannten **AIDA-Prinzip** orientieren.
- **A**= attention
- **I**= interest
- **D**= desire
- **A**= action

Bemühe dich, bereits durch die ersten Zeilen die *Aufmerksamkeit* des Adressaten zu fesseln und mit den weiteren Ausführungen sein *Interesse* derart zu wecken, dass er deine Bewerbung berücksichtigen *möchte* und diesen Wunsch in die *Tat* umsetzt, indem er dir eine Zusage schickt bzw. dich zum Vorstellungsgespräch einlädt (☐ Abb. 1.1).

Breit getretene, leere Floskeln wie »hiermit möchte ich mich für … bewerben« oder »ich habe den Wunsch, an der Hochschule … zu studieren« eignen sich dazu wenig.

In dem wichtigen Mittelteil schilderst du deine Voraussetzungen und Kompetenzen, die dich befähigen, gerade diesen Studiengang an der von dir gewählten Hochschule zu studieren. Frage dich außerdem, was du Besonderes zu bieten hast und was dich vor anderen Bewerbern auszeichnet.

1

Gerade der letzte Punkt bereitet oft Schwierigkeiten. Einige sehen den Wald vor lauter Bäumen nicht, andere spielen ihre Besonderheiten aus falsch verstandener Bescheidenheit oder aufgrund verzerrter Beurteilungsmaßstäbe herunter. Ein Migrationshintergrund kann bspw. ein Pluspunkt sein, wenn man sich für einen internationalen Studiengang bewirbt oder das Wunschstudium an die Herkunft anknüpft. Ein Beispiel wäre die aus Polen stammende Abiturientin, die Slawistik studieren möchte.

Am Ende des Schreibens solltest du noch einmal auf deine Motivation und Eignung für den Studiengang hinweisen und dann mit einer angemessenen Grußformel abschließen.

1.5   Worauf es inhaltlich ankommt!

Bestimmte Inhalte sind obligatorisch und sollten auf jeden Fall in einem Motivationsschreiben behandelt werden.

1.5.1   Warum bewirbst du dich für diesen Studiengang?

Folgende Fragen sind zu beantworten: Was interessiert dich an dem Fach/den Fächern? Wann hat dieses Interesse eingesetzt? Wie hast du es bisher realisiert?

Die Antworten lassen erkennen, ob es sich um ein bloßes Strohfeuer handelt oder eine überdauernde Motivation vorhanden ist. Mit deinen Ausführungen kannst du zugleich belegen, dass du dich gründlich mit dem Studiengang und seinen Inhalten auseinandergesetzt hast.

1.5.2   Wie willst du den Abschluss beruflich nutzen?

Unter diesem Punkt sollen Eigenschaften wie Zielklarheit, Realitätsbezug und die Befähigung zu Langzeitplanungen unter Beweis gestellt werden.

Auf die Auseinandersetzung mit dieser Frage wird vor allem Wert gelegt, wenn es um die Zulassung für »brotlose« Fächer wie etwa Philosophie,

Religionswissenschaft oder Alte Geschichte geht. Hier wird beurteilt, ob jemand um die schlechten Berufschancen weiß oder sich »blauäugig« ohne nachzudenken für einen solchen Studiengang entschieden hat. Die Begründungen lauten dann oft lapidar: »Weil ich die Studieninhalte interessant finde«, »weil ich in dem Fach in der Schule gute Noten hatte« usw. Darüber hinaus besteht aber »null Plan«, wie man mit diesem Abschluss später einmal seinen Lebensunterhalt bestreiten will. Viele Absolventen solcher Studiengänge üben real Tätigkeiten aus, für die sie eindeutig überqualifiziert sind (Sekretärin, Taxifahrer usw.).

1.5.3   Welche Voraussetzungen qualifizieren dich für den gewünschten Studiengang?

Hier sind deine bisher erworbenen schulischen, akademischen und sonstigen Qualifikationen zu nennen. Dazu gehören zum Beispiel:

- Schwerpunktfächer und deren Noten während der letzten Jahre vor dem Abitur
- relevante Praktika
- Auslandserfahrungen
- besondere Sprach- und Computerkenntnisse
- ggf. Bachelorabschluss.

Wer nach dem Abitur zunächst eine Ausbildung absolviert hat, kann diese Qualifikation als weiteren Pluspunkt ins Feld führen, sofern das gewünschte Studium auf die Ausbildung bezogen ist. Das wäre zum Beispiel der Fall bei einem MTA, der Biotechnologie studieren möchte. Passendes außercurriculares Engagement kann ebenfalls genannt werden. Wenn du Journalismus studieren willst und regelmäßig bei der Schülerzeitung mitgewirkt oder sie sogar ins Leben gerufen hast, ist das ein Bonus, der bei deiner Bewerbung positiv zu Buche schlägt.

1.5.4   Warum soll es gerade diese Hochschule sein?

Hier musst du die Adressaten davon überzeugen, dass du dich intensiv mit der Hochschule beschäftigt und sie bewusst wegen ihrer besonderen

Schwerpunktsetzungen oder des Lehrstils gewählt hast. Identische Studienfächer und -gänge sind im Zuge der Profilschärfung der Hochschulen mittlerweile zum Teil sehr unterschiedlich ausgerichtet. So steht das Studium der Rechtswissenschaft in Mannheim bspw. anders als in Heidelberg in deutlichem Bezug zur Wirtschaft und der Bachelorabschluss verleiht den akademischen Grad eines Unternehmensjuristen. An privaten Hochschulen wird mehr Wert auf Gruppenarbeit und eine intensive Betreuung durch die Lehrenden gelegt als an öffentlichen Hochschulen.

1.5.5 Welchen Gewinn hat die Hochschule von deiner Bewerbung?

Überlege, inwiefern gerade du für die Hochschule ein Gewinn sein könntest! Hochschulen profitieren bspw. ideell wie materiell von Bewerbern, die ein besonderes Forschungsinteresse auszeichnet. So honorieren die Bundesländer im Rahmen der »Leistungsorientierten Mittelvergabe (LOM)« Hochschulen finanziell u.a. für eine besonders hohe Zahl abgeschlossener Promotionen. Auch herausragende künstlerische oder sportliche Begabungen sind geeignet, das Renommee einer Hochschule zu steigern. Außerdem können Tugenden wie Selbstdisziplin, hohe Motivation und Anstrengungsbereitschaft in diesem Zusammenhang genannt werden, da sie vermuten lassen, dass du dein Studium erfolgreich beenden und nicht zu den Studienabbrechern gehören wirst, die dem guten Ruf einer Hochschule abträglich sind, wenn es zu viele werden.

Vermeide folgende Fehler
- Bitte übernimm keine vorformulierten Schreiben aus Büchern oder aus dem Internet! Auch Hochschulangehörige lesen und »googeln«.
- Wiederhole im Motivationsschreiben nicht sämtliche Fakten aus deinem Lebenslauf! Damit langweilst du den Leser.
- Es wird zum Teil dazu geraten, Angaben über die Eltern zu machen. Ich rate dir

davon ab. Es ist weder dein Verdienst noch deine Schuld, wenn es deine Eltern beruflich sehr weit oder zu gar nichts gebracht haben. In deinem Alter sollte man sich unabhängig von den Eltern präsentieren können.

❗ Achtung!
Insgesamt solltest du dich positiv und selbstbewusst präsentieren, ohne überheblich zu wirken.
Es mag dir vielleicht schwierig erscheinen, ein solches Schreiben abzufassen, aber glaube mir, es ist kein Hexenwerk. Arbeite dich Schritt für Schritt vor und lass deinen Text auch inhaltlich gegenlesen. Auf diese Weise kannst du wertvolle Tipps bekommen, denn vier bis sechs Augen sehen meist mehr als zwei.

1.6 Beispiele mit Kommentar
(❏ Abb. 1.2, ❏ Abb. 1.3)

1.6.1 Kommentar

Die Einleitung des Schreibens ist nichtssagend und floskelhaft. Die Motivation für den Studiengang Psychologie wird nicht überzeugend dargelegt. Gute Leistungen im Fach Deutsch und Interesse für Literatur sowie ein Praktikum im Bereich der Sozialarbeit sind keine überzeugenden Argumente, sondern lassen eher vermuten, dass sich die Bewerberin nicht mit den Besonderheiten des Psychologiestudiums auseinandergesetzt hat. Konkretere Angaben zu beruflichen Zielen fehlen. Die eigenen Qualifikationen überzeugen ebenfalls nicht. Beste Noten in künstlerischen Fächern und in Sport stehen kaum in Zusammenhang mit den Anforderungen des Psychologiestudiums, und die anscheinend wenig fundierten Mathematikkenntnisse fallen unangenehm auf. Gänzlich ungeschickt wird die Argumentation in Bezug auf die Hochschule. Motive wie Heimatverbundenheit und finanzielle Aspekte zeugen von Unreife und mangelnder Selbstständigkeit. Der mögliche Gewinn, den die Hochschule

G. Bensberg: Prüfungen bestehen

| | Motivationsschreiben | Seite 1 |

Maxima Musterfrau

Musterstraße 2

12345 Musterstadt

Universität Himmelreich

Bachelorstudiengang Psychologie

Milchstraße 4

67890 Mars

Musterstadt, 6. Mai 2012

Bewerbung für den Bachelorstudiengang Psychologie

Sehr geehrte Damen und Herren,

mit diesem Schreiben und den beigefügten Unterlagen möchte ich mich zum HWS 2012 für das Studium der Psychologie an Ihrer Universität bewerben.

Ich will mich kurz vorstellen: Mein Name ist Maxima Musterfrau, ich bin 20 Jahre alt und habe vor einem Jahr am Friedrich-Schiller-Gymnasium in Karlsruhe das Abitur mit der Durchschnittsnote 2,0 abgelegt.

Meine Eltern sind Franz und Susanne Musterfrau, ich habe zwei jüngere Brüder, die noch zur Schule gehen. Mein Vater arbeitet als Grundschullehrer, meine Mutter ist Arzthelferin.

Ich möchte Psychologie studieren, weil mich Menschen schon immer interessiert haben. So habe ich im Fach Deutsch gerne Romane und Dramen gelesen und mir viele Gedanken darüber gemacht, warum die

◻ **Abb. 1.2**   Beispiel eines Motivationsschreibens 1

G. Bensberg: Prüfungen bestehen	
Motivationsschreiben	**Seite 2**

Heldinnen und Helden in bestimmter Weise handeln. Ich glaube, dass es mir Spaß machen wird, anderen Menschen zu helfen. Meine Freunde wissen, dass sie mit mir über jedes Problem reden können.
Außerdem habe ich nach dem Abitur das Freiwillige Soziale Jahr absolviert und war in dieser Zeit in einem Heim für körperlich behinderte Kinder tätig.

Meine besten Fächer in der Schule waren Deutsch, Sport, Musik und Kunst. Trotzdem kommt ein künstlerisches Studium oder eines mit dem Hauptfach Sport für mich nicht in Frage.

Ich bewerbe mich an Ihrer Hochschule, weil sie einen sehr guten Ruf hat und ich meine Heimat Baden- Württemberg nicht verlassen möchte. Außerdem wäre es in finanzieller Hinsicht von Vorteil, noch bei den Eltern wohnen und zum Studienort pendeln zu können.

Ich bin schon bei der Zentralen Studienberatung vorstellig geworden, um mich weitergehend beraten zu lassen. Diese Beratung hat mich in meinem Wunsch, Psychologie zu studieren bestärkt. Ich habe dort auch erfahren, dass das Studium gute Mathematikkenntnisse voraussetzt. Ich hatte Mathematik zwar nie als Leistungskurs, bin aber überzeugt, mit der entsprechenden Motivation eventuell vorhandene Wissenslücken schnell aufarbeiten zu können.

Meine Hobbies sind vor allem sportlicher Art. Ich spiele auf Vereinsbasis Volleyball, gehe regelmäßig ins Fitnessstudio und jobbe im Winter als Skilehrerin für Kinder.

Ich würde mich sehr freuen, wenn ich zu einem Auswahlgespräch eingeladen werden sollte und bin gerne zu weiteren Informationen bereit.

Mit freundlichen Grüßen

Maxima Musterfrau

◘ **Abb. 1.2** Fortsetzung

1

G. Bensberg: Prüfungen bestehen

	Muster-Motivationsschreiben	**Seite 1**

Max Mustermann

Musterstraße 1

12345 Musterstadt

Fachhochschule Münster

Masterstudiengang International Management

Hüfferstraße 27

48149 Münster

Musterstadt, 16. April 2012

Motivationsschreiben für den Masterstudiengang International Management an der Fachhochschule Münster

Sehr geehrte Damen und Herren,

ich studiere Betriebswirtschaftslehre im fünften Semester an der Universität zu Köln und möchte mich Ihnen als geeigneter Kandidat für ein weiterbildendes Master-Studium an Ihrer Hochschule vorstellen.

In den vergangenen Semestern konnte ich mir sowohl wirtschaftliche als auch mathematische Fähigkeiten aneignen und mein Wissen besonders in dem Schwerpunkt Marketing und Kommunikation vertiefen. Das theoretische Wissen wurde mir an der Universität zu Köln stets an praktischen Beispielen vermittelt. Zusätzlich konnte ich meine erlernte Theorie durch diverse Praktika, sowohl in Deutschland als auch im Ausland, in erste praktische Erfahrungen umsetzen und somit festigen.

▣ **Abb. 1.3**   Muster-Motivationsschreiben (mit freundlicher Genehmigung des Staufenbiel-Instituts GmbH, Nikola Brand;
▶ http://www.mba-master.de/studium/bewerbung/motivationsschreiben/muster-motivationsschreiben.html)

G. Bensberg: Prüfungen bestehen

	Muster-Motivationsschreiben	Seite 2

In meiner beruflichen Zukunft möchte ich gerne eine leitende Stellung eines Unternehmens besetzen, was aus meiner Sicht eine am Markt orientierte Entscheidungsfindung voraussetzt. Um die Geschehnisse am internationalen Markt bestmöglich analysieren und daraus entsprechende Ergebnisse ableiten zu können, möchte ich meine akademischen Fähigkeiten gerne erweitern und den Master-Studiengang International Management an Ihrer Hochschule absolvieren.

Von dem Master-Studiengang an einer praxisorientierten Fachhochschule wie der FH Münster erwarte ich mir die Vermittlung von tiefgehendem Wissen in wirtschaftswissenschaftlichen Sachverhalten, sodass ich befähigt bin, die Verantwortlichkeiten einer Führungsposition zu erfüllen und zukünftige Entwicklungen früh zu prognostizieren. Die internationale Ausrichtung des Studiengangs und die Möglichkeit, ein Auslandssemester an einer Ihrer Partnerhochschulen absolvieren zu können, komplettieren in Zeiten der Globalisierung die Voraussetzungen für eine solche Position. Die Programm-Module, besonders »International Cross-Competencies«, unterstützen die internationale Ausrichtung des Studiums und entsprechen voll und ganz meinen Anforderungen und Neigungen. Ich bin deshalb überzeugt, dass ich das Studium an Ihrer Hochschule mit Engagement und Freude am Fachlichen absolvieren würde.

Ich bin mir der Tatsache bewusst, dass Ihre Fachhochschule nur eine limitierte Anzahl von Studienplätzen pro Semester an die Bewerber vergibt. Nichtsdestotrotz bin ich mir sicher, dass mein bisheriger akademischer Werdegang in Kombination mit meinen praktischen Erfahrungen es mir ermöglicht, Ihre Erwartungen als ein geeigneter Kandidat zu erfüllen und mich engagiert in das Leben und Arbeiten rund um die Fachhochschule Münster einzubringen.

Ich freue mich darauf von Ihnen zu hören und verbleibe

mit freundlichen Grüßen

Max Mustermann

Abb. 1.3 Fortsetzung

von der Berücksichtigung ihrer Bewerbung hätte, wird von Frau Musterfrau gar nicht thematisiert.

- Einleitung?: nicht überzeugend
- Motivation für den Studiengang?: nicht überzeugend
- Berufliche Ziele?: fehlen
- Eigene Qualifikationen?: nicht überzeugend
- Wahl der Hochschule?: nicht überzeugend
- »Gewinn« für die Hochschule?: fehlt

1.6.2 Kommentar

Bereits der erste Satz der Bewerbung (… *studiere Betriebswirtschaftslehre im 5. Semester an der Universität zu Köln*) erweckt Interesse. Das Studium stellt die perfekte Basis für den weiterführenden Masterstudiengang dar. Die Universität Köln hat im Bereich der Wirtschaftswissenschaften einen exzellenten Ruf und belegt bei Rankings immer vordere Plätze. Daraus kann man schließen, dass der Bewerber eine fundierte akademische Ausbildung erhalten hat. Herr Mustermann befindet sich zur Zeit der Bewerbung im 5. Semester, wird sein Studium also voraussichtlich innerhalb der Regelstudienzeit beenden, was für seine Begabung und Leistungsmotivation spricht.

Des Weiteren nennt er überzeugende **Gründe für seine Bewerbung** für diesen spezifischen Masterstudiengang (3. Absatz). Er legt dar, welche **beruflichen Ziele** er mit dem Abschluss verbindet (…*leitende Stellung eines Unternehmens besetzen…*) und hat sich über das Curriculum an der **Hochschule** seiner Wahl gründlich informiert (… *Programm-Module, besonders »International Cross-Competencies«…*). Er erläutert außerdem seine **persönlichen Qualifikationen** (2. Absatz) und thematisiert, dass er für die **Hochschule ein Gewinn** sein kann (letzter Abschnitt). Diesen Punkt hätte Herr Mustermann jedoch mit weiteren Argumenten unterfüttern können.

Ein Interview mit Cornelia Mattern, M.A., Leiterin des Career Service der Universität Mannheim, findet du auf ▶ www.lehrbuch-psychologie.de (Klick auf das Buchcover).

Merke

- Für das Motivationsschreiben ist viel Zeit einzuplanen, denn es muss formal und inhaltlich sehr sorgfältig abgefasst sein.
- Inhaltlich sind folgende Punkte abzuklären: Warum bewerbe ich mich für diesen Studiengang? Warum bewerbe ich mich an dieser Hochschule? Zu welchem Beruf/welchen Berufen soll mir der Abschluss den Zugang ermöglichen? Welche Voraussetzungen und Qualifikationen zeichnen mich aus? Inwiefern bin ich ein Gewinn für die Hochschule?
- Es ist hilfreich, während der Abfassung des Schreibens einen Perspektivenwechsel vorzunehmen, indem man sich in die Situation eines Urteilers versetzt, der unzählige Motivationsschreiben lesen und bewerten muss.

Literatur

Herrmann, D. & Verse-Herrmann, A. (2008). Erfolgreich bewerben an Hochschulen. Das Trainingsprogramm für Universitäten und Fachhochschulen. Frankfurt/Main: Eichborn.
Horndasch, S. (2010). Master nach Plan. Berlin & Heidelberg: Springer Medizin.
Mery, M. & Petersen, F. (2010). Die Bewerbung zum Studium: Erfolgreich bewerben für Bachelor und Master. Offenbach: Ausbildungspark.

Tests

Gabriele Bensberg

2.1   **Warum Tests? – 14**

2.2   **Grundlagen der Testdiagnostik – 14**
2.2.1   Normierung – 14
2.2.2   Standardwerte – 15
2.2.3   Hauptgütekriterien – 15

2.3   **Tests bei Bewerbungsverfahren – 16**
2.3.1   Beispielaufgaben aus Intelligenztests – 16
2.3.2   Beispielfragen aus Persönlichkeitstests – 18
2.3.3   Die Gültigkeit von Persönlichkeitstests – 20
2.3.4   Kontrollskalen – 20

2.4   **Optimale Vorbereitung – 21**
2.4.1   Die eigene Intelligenz testen – 21
2.4.2   Testaufgaben kennen lernen – 21
2.4.3   Übung macht den Meister – 22
2.4.4   Beruhigung bei extremer Aufregung – 23

2.5   **Tipps zur Teststrategie – 23**
2.5.1   Paper-Pencil-Intelligenztests – 23
2.5.2   Persönlichkeitstests – 26

Literatur – 26

G. Bensberg, *Dein Weg zum Prüfungserfolg*,
DOI 10.1007/978-3-662-43419-2_2, © Springer-Verlag Berlin Heidelberg 2015

2

» Der Nachteil der Intelligenz besteht darin, dass man ununterbrochen gezwungen ist, dazuzulernen. (George Bernard Shaw)

2.1   Warum Tests?

Tests werden bei Bewerbungen eingesetzt, um subjektive Entscheidungsvariablen zu kontrollieren oder im Idealfall ganz auszuschalten. Diese subjektiven Entscheidungsvariablen können die Bewerberauswahl verfälschen, sodass man sich schlimmstenfalls für ungeeignete Kandidaten entscheidet. Zu den Einfluss nehmenden Faktoren gehören Sympathie – vor allem aufgrund wahrgenommener Ähnlichkeit –, der erste Eindruck, äußere Attraktivität, Kleidung, Habitus usw. Diese Merkmale korrelieren kaum mit der Qualifikation und Leistungsfähigkeit.

Wissenschaftlich überprüfte Tests erfassen das Leistungsniveau eines Bewerbers objektiv. Außerdem ist der Einsatz von Tests im Vergleich zu Auswahlgesprächen weniger aufwendig. Man kann 100 Personen zur gleichen Zeit testen und die Ergebnisse per Computer wenig arbeitsaufwendig auswerten lassen. Und wenn eine Hochschule bspw. nur 20 Plätze in einem bestimmten Studiengang zu vergeben hat, lässt sich in Sekundenschnelle eine Rangreihe auf der Basis der Testresultate erstellen und hinter den 20 besten Bewerbern ein Cut machen.

Es gibt Wissenschaftler, die die Auffassung vertreten, dass Intelligenz- und Persönlichkeitstests die größte Vorhersagegenauigkeit in Bezug auf späteren Studien- und Berufserfolg haben und man daher mehr Tests und weniger Interviews, Assessmentcenter etc. bei der Bewerberauswahl einsetzen sollte. Dem muss jedoch entgegengehalten werden, dass Studien- und Berufserfolg nicht nur von der objektiven intellektuellen und fachlichen Leistungsfähigkeit abhängig ist. Andere Variablen, die durch eine Testung schlecht zu erfassen sind, nehmen ebenfalls Einfluss, z. B. die Passung zwischen einem Bewerber und dem Team, dem er angehören wird, oder die Übereinstimmung zwischen persönlichen Werthaltungen und der Unternehmenskultur.

2.2   Grundlagen der Testdiagnostik

Tests müssen bestimmte Kriterien erfüllen, damit ihre Ergebnisse vertrauenswürdig sind. Zu diesen Voraussetzungen gehören u.a. Normierung und Standardisierung sowie das Vorliegen bestimmter Gütekriterien.

2.2.1   Normierung

Ein Test, der nicht normiert ist, besitzt kaum Aussagekraft. Menschliche Eigenschaften, die im Rahmen einer Testung erhoben werden, existieren nicht im luftleeren Raum. Du bist immer nur überdurchschnittlich oder unterdurchschnittlich intelligent im Vergleich zu einer Bezugspopulation, z.B. Personen deiner Alters- und/oder Bildungsgruppe oder der Gesamtbevölkerung.

Ein individuelles Testergebnis wird daher auf eine Normierungsstichprobe bezogen, die genügend groß, aktuell und repräsentativ in Hinblick auf die interessierende Population sein muss und denselben Test bearbeitet hat. Die Normierung liefert das Bezugssystem, um die Ergebnisse einer Person im Vergleich zur Referenzpopulation einordnen zu können. Deine Referenzpopulation, wenn du 19 und weiblich sein solltest, wäre zum Beispiel in dem Persönlichkeitstest »FPI-R« die Gruppe der 16 bis 19 Jahre alten Frauen.

Der Rohwert eines Tests besagt an sich gar nichts. Solltest du von 10 Aufgaben einer Aufgabengruppe 7 richtig gelöst haben, könnte man auf den ersten Blick meinen, dass das ein überdurchschnittliches Ergebnis ist. Wenn in der Normierungsstichprobe jedoch 65 Prozent der Teilnehmer dasselbe Ergebnis erzielt hätten, wäre es nur noch ein durchschnittliches Ergebnis.

Je nach Bezugsgruppe ändert sich natürlich auch das Resultat in einem Intelligenztest. Vergleicht man dich nur mit Gymnasiasten, wird das Ergebnis schlechter ausfallen, als wenn man sämt-

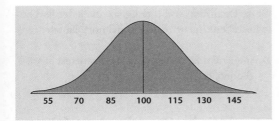

□ Abb. 2.1   Normalverteilung der Intelligenz

liche Personen deiner Altersgruppe einbeziehst, zu der auch Haupt- und Sonderschüler gehören.

2.2.2   Standardwerte

Testrohwerte werden im Zuge der Normierung in Standardwerte umgerechnet. Den Standardwerten liegt eine Normalverteilung zugrunde, die sog. Gauß'sche Glockenkurve (□ Abb. 2.1). Fast alle menschlichen Merkmale, so auch Intelligenz, verteilen sich normal. Das heißt, die Mehrzahl der Menschen erzielt Werte im mittleren Bereich. Nur sehr wenige Personen liegen mit ihren Ergebnissen an den extremen Rändern einer Verteilung.

Dem Mittelwert der Normalverteilung wird bei der Testkonstruktion willkürlich ein Skalenwert zugeordnet. Die Intelligenzskala hat den Mittelwert 100. Diese Zahl hat man eher aus praktischen Gründen gewählt, weil es sich relativ unkompliziert mit ihr rechnen lässt.

Als nächstes wird die Streuung der Werte um den Mittelwert berechnet und ebenfalls standardisiert. Bei der IQ-Skala besteht die Standardabweichung in 15 Skaleneinheiten. Es gilt, dass im Bereich einer Standardabweichung rechts und links vom Mittelwert 68,28 % der Werte liegen.

2.2.3   Hauptgütekriterien

Tests werden auch anhand bestimmter Gütekriterien beurteilt die gegeben sein müssen, damit man

den Resultaten vertrauen kann. Die drei wichtigsten sind Objektivität, Reliabilität und Validität.

Objektivität   Testergebnisse müssen unabhängig vom Testleiter, dem Auswerter, sofern dessen Aufgabe nicht der PC übernimmt, und der beratenden Person sein. Das heißt, die Angaben zur Durchführung, Auswertung und Interpretation sind so eindeutig und leicht verständlich abzufassen, dass unterschiedliche Personen zu gleichen Ergebnissen gelangen.

Reliabilität   Mit Reliabilität ist die Zuverlässigkeit eines Testverfahrens gemeint. Die Messung eines anerkannten, wissenschaftlich überprüften Tests muss so reliabel sein, dass das Ergebnis auch bei einer Wiederholung des Tests erneut zumindest weitgehend erreicht wird – unsystematische Messfehler lassen sich nie hundertprozentig ausschließen.

Zur Überprüfung der Reliabiliät eignen sich die Retest-Methode – derselbe Test wird mit zeitlichem Abstand erneut vorgegeben – oder das Einsetzen von Paralleltests, die sich hinsichtlich der Aufgabentypen und des Schwierigkeitsgrades entsprechen. Zur Überprüfung der Zuverlässigkeit wird der sogenannte Reliabilitätskoeffizient berechnet. Der Reliabilitätskoeffizient ergibt sich aus der Korrelation zwischen den Ergebnissen aus verschiedenen Testungen. Je höher dieser Koeffizient ausfällt, desto reliabler ist der Test.

Validität   Als Validität bezeichnet man die Gültigkeit eines Tests. Das heißt, hier geht es um die Frage, ob der Test tatsächlich misst, was er zu messen vorgibt. Die Validität ist das dritte zentrale und zugleich am schwersten zu überprüfende Kriterium. Es gliedert sich in mehrere Unterbereiche auf. Die »Kriteriumsvalidität« erfasst, ob der Test tatsächlich das misst, was er zu messen vorgibt. Ein Test zum mathematischen Verständnis muss die mathematische Begabung erfassen und nicht nur angelerntes Wissen oder Intelligenz generell. Noch schwerer zu überprüfen ist die »Konstruktvalidität«. Ein Intelligenztest ist hinsichtlich der Kons-

2

truktvalidität zuverlässig, wenn er tatsächlich das Konstrukt Intelligenz erfasst.

Was aber ist Intelligenz? In der Testpsychologie wird auf gut bestätigte Theorien und Expertenmeinungen zurückgegriffen, was die Sache aber nicht unbedingt vereinfacht. In Bezug auf Intelligenz gibt es nämlich selbst innerhalb der wissenschaftlichen Psychologie keine einheitliche, von allen geteilte Definition. **Eine häufig zitierte Definition lautet:**

> » Intelligenz ist die Fähigkeit eines Individuums, anschaulich oder abstrakt in sprachlichen, numerischen oder raumzeitlichen Beziehungen zu denken … (Groffmann, 1964).

Auf diesem Basiskonzept basieren die meisten gängigen Tests.

Diese Auslegung von Intelligenz lässt sich jedoch kritisieren. Kinder, die in Ghettos und bildungsfernen Milieus aufwachsen, sind im Sinne dieser Festlegung oft wenig intelligent. Das heißt aber nicht, dass sie über keine Fähigkeiten verfügen, die in ihrem Umfeld wichtig sind und die der Test gerade nicht misst. Und was ist mit Menschen, die am Amazonas als naturverbundene Indianer sehr ursprünglich leben? Was sind die Kriterien für deren Intelligenz? Sicher ganz andere als die erfolgreiche Bearbeitung der üblicherweise in Testverfahren eingesetzten Aufgabenkomplexe!

Andere Definitionen von Intelligenz tragen dem Aspekt der erfolgreichen Anpassung an die jeweilige Umwelt mehr Rechnung. Eine Definition, die den Umweltaspekt einbezieht, lautet:

> » Intelligenz ist die zusammengesetzte oder globale Fähigkeit des Individuums, zweckvoll zu handeln, vernünftig zu denken und sich mit seiner Umgebung wirkungsvoll auseinanderzusetzen. (Wechsler, 1964).

Du siehst also, es ist ein »eigen Ding« mit der Intelligenz. Reagiere daher gelassen, sollte dein Ergebnis in einem Intelligenztest »nur« durchschnittlich sein. Eine vielzitierte, sowohl kritische wie resig-

nierte Definition von Intelligenz, die jeder Psychologiestudent irgendwann einmal hört, lautet:

> » Intelligenz ist das, was ein Intelligenztest misst! (Boring, 1923).

2.3   Tests bei Bewerbungsverfahren

Bei Bewerbungsverfahren geht es in erster Linie darum, die intellektuellen Kompetenzen und die Leistungsfähigkeit der Bewerber einzuschätzen. Die eingesetzten Tests gehören somit der Gruppe der Intelligenz- und Leistungstests an. Damit sich Bewerber die Tests nicht vorher beschaffen können, was die Ergebnisse verfälschen würde, wird meist auf bekannte und bewährte Verfahren verzichtet, sondern von der Institution oder Hochschule ein eigener Test entwickelt und unter Verschluss gehalten.

Die per Test erhobenen Fähigkeiten entsprechen in der Regel aber jenen, welche die bekannten Verfahren messen.

2.3.1   Beispielaufgaben aus Intelligenztests

Intelligenztests decken schwerpunktmäßig drei Bereiche ab:
1. verbale Kompetenz
2. rechnerisch-mathematische Kompetenz
3. räumliches Vorstellungsvermögen

Beispiele
Aufgaben zur verbalen Kompetenz
Analogien:
Du sollst aus einer Reihe von fünf Wörtern die beiden herausfinden, für die es einen gemeinsamen übergeordneten Begriff gibt:
1. Schwimmen, Wandern, Skifahren, Bergsteigen, Snowboarden, Volleyball
2. Ofen, Schornstein, Schlafzimmer, Kommode, Kamin, Tür

Analyse von Sprichwörtern
Welche Bedeutung hat die folgende Weisheit?
Ein guter Freund ist das höchste Gut!

Zwei der folgenden Sprichwörter haben eine ähnliche Bedeutung. Finde diese beiden heraus:
a.   Das Eisen muss man schmieden, wenn es heiß ist
b.   Es geht nichts über echte Freundschaft
c.   Alles auf Erden ist vergänglich
d.   Wer echte Freunde hat, ist reich
e.   Strebe in deinem Leben nach Sinn

Aufgaben zum mathematisch-rechnerischen Verständnis
Zahlenreihen
Zahlenreihen sind nach einem logischen Gesetz aufgebaut, das du finden musst, um die Reihe korrekt fortsetzen zu können. Bei der ersten Zahlenreihe ist jede Zahl jeweils um 1 größer als die vorangegangene. Bei der zweiten Zahlenreihe werden abwechselnd 2 abgezogen und eine Multiplikation mit 3 vorgenommen.

17	18	20	23	27	32	38	?
9	7	21	19	57	55	165	?

Rechenaufgaben
1.   In einem Staat gehen jährlich 738 Tonnen Aluminium in die Produktion. Leider konnten im letzten Jahr davon nur 3/9 an andere Länder verkauft werden. Wie viele Tonnen Aluminium blieben übrig?
2.   Erbonkel Max schenkt seinen beiden Neffen Oskar und Kevin zu Weihnachten insgesamt 1640 Euro. Diese sollen aber nicht gleichmäßig, sondern im Verhältnis 5 zu 3 zugunsten des Lieblingsneffen Oskar verteilt werden. Welchen Betrag erhält der Neffe Kevin?

Aufgaben zum räumlichen Vorstellungsvermögen
Faltvorlagen
Bei diesen Aufgabengruppen soll aus einer vorgegebenen Faltvorlage in der Vorstellung ohne Hilfsmittel wie etwa Papier und Bleistift ein Körper gefaltet werden, zum Beispiel ein Paket.
Zur Auswahl stehen mehrere zusammengefaltete Körper (a bis etwa d), aber nur einer davon lässt sich aus der Faltvorlage herstellen. Die richtige Lösung, z.B. c, muss von dir markiert werden.

Würfelaufgaben
Es wird dir zum Beispiel eine Reihe von Würfeln vorgegeben, die bestimmte Zeichen tragen, von denen einige verdeckt sind. Deine Aufgabe besteht darin, für einzelne Würfel herauszufinden, mit welchem Würfel in der Reihe der vorgegebenen Würfel der gerade bearbeitete Würfel identisch ist, indem du ihn in der Vorstellung verschiebst, drehst und kippst.

Diese Intelligenzbereiche sind die zentralen Pfeiler, die in keinem Intelligenztest fehlen. Darüber hinaus können folgende Fähigkeiten erfasst werden:
- Merkfähigkeit
- Gedächtnis
- logisches Denkvermögen
- Kreativität
- emotionale Intelligenz.

Getestet wird z.B. die **kurz- und mittelfristige Merkfähigkeit**.

Beispiel
Aufgabe zur kurzfristigen verbalen Merkfähigkeit
Für das Lernen der folgenden Wörter, die einzelnen Bereichen zugeteilt sind, hast du 1 Minute Zeit. Danach stehen dir 3 Minuten zur Verfügung, um zu zeigen, wie viele Wörter du behalten hast.
- Getränke: Milch, Tee, Fruchtsaft
- Studiengänge: Jura, Informatik, Grafikdesign
- Tänze: Walzer, Rumba, Salsa
- Flüsse: Rhein, Aller, Donau
- Sehenswürdigkeiten: Petersdom, Tower, Gedächtniskirche

Aufgabe zur mittelfristigen Merkfähigkeit
Ein junger Student
Simon Oblonski wurde am 21.06.1993 in Kasachstan geboren
Studienort: Berlin
Handy-Nr.: 0175 359 621 77

Der Vater von Simon ist Russe, die Mutter ist deutschstämmig. Als Simon 3 Jahre alt war, wanderten seine Eltern nach Deutschland aus und lebten zunächst in Husum. Dort betrieb sein Vater, eigentlich ein ausgebildeter Bauingenieur, eine kleine Gastwirtschaft. Als Simon 7 Jahre alt war, zogen die Eltern nach Berlin-Kreuzberg, wo Simon auch zur Schule ging. Nach der Grundschule besuchte er zunächst eine Realschule. Sein bester Freund war dort ein Junge aus Kenia, der Josef Kangou hieß. Da Simon in der Schule sehr gute Leistungen zeigte, wandte sich sein Klassenlehrer Herr Matthiessen an Simons Eltern, um sie davon zu überzeugen, ihren Sohn aufs Gymnasium wechseln zu lassen.

Auf dem Gymnasium hatte Simon zunächst Schwierigkeiten, sich zu integrieren. Es dauerte ca. ein Jahr bis er im Klassenverband drin war. Mit 16 lernte er seine Freundin Maja Rheindorf kennen, die eine Klasse unter ihm war. Das Abitur bestand er mit der Durchschnittsnote 2,1. Da er sich schon immer sehr für den IT-Bereich interessiert hatte, entschloss er sich, Informatik zu studieren. Seine Freundin Maja will Psychologie studieren. Da ihr Abi-Schnitt aber nicht gut genug war, hat sie zunächst eine Ausbildung zur MTA begonnen und will später mit dem Studium beginnen.

Die Inhalte eines Gedächtnistests werden oft erst nach eingeschobenen weiteren Aufgabengruppen abgefragt.

Beispielfragen:
- Wo ist Simon geboren?
- Was war Simons Vater von Beruf?
- Wie hieß der beste Freund von Simon auf der Realschule?
- Wie alt war Simon, als er mit seiner Freundin zusammenkam?
- Was studiert Simon?
- Usw.

Aufgaben zum logischen Denkvermögen
Formallogische Schlussfolgerungen
1. Füllfederhalter beherrschen Fremdsprachen, können aber nicht schreiben. Besenstiele können schreiben, beherrschen jedoch keine Fremdsprachen. Schuhe beherrschen Fremdsprachen und können schreiben. Stimmt die Behauptung, dass Schuhe intelligenter sind als Füllfederhalter und Besenstiele?
   a) stimmt
   b) stimmt nicht
2. Alle Schlangen sind Zehnkämpfer. Alle Zehnkämpfer können schwimmen, weil sie Dinosaurier sind. Dinosaurier haben zwei Arme.

Stimmt die Behauptung, dass alle Schlangen zwei Arme haben?
a) stimmt
b) stimmt nicht

Mit diesen und ähnlichen Items wird die logische Abstraktionsfähigkeit unter Absehung von der Realität überprüft. Die Fähigkeit zum schlussfolgernden Denken bei »sinnfreiem« Material kann man aber auch mittels **Figuren- und Buchstabenreihen** erfassen.

Beispiel
Buchstabenreihen
Buchstabenreihen liegt eine logische Regel zugrunde, die du erkennen musst, um die Reihe korrekt fortzusetzen.

1.   y z a w v a u t a s r a q p

   a) o n   b) a o   c) a n   d) s r   e) a s

2.   b a x y d c x y f e x y h g x ?

   a) y j   b) j i   c) y i   d) i j   e) lk

Aufgaben zu Einfallsreichtum, ein Merkmal, das eng mit Kreativität zusammenhängt
- Schreibe möglichst viele unterschiedliche Merkmale auf, die ein vorbildlicher Lehrer haben sollte.

2.3.2 Beispielfragen aus Persönlichkeitstests

Neben Verfahren zur Messung kognitiver Fähigkeiten werden bei der Bewerberauswahl auch Tests zum Erfassen von Persönlichkeitsmerkmalen eingesetzt. Auf diese Weise sollen jene Eigenschaften herausgefiltert werden, die einen Bewerber dazu prädestinieren, erfolgreich für ein Unternehmen tätig zu werden oder ein Studium mit guten Noten abzuschließen.

Interessierende Variablen sind u.a.:
- Regelbewusstsein
- Leistungsmotivation
- Belastbarkeit

- Gewissenhaftigkeit
- Gestaltungsmotivation.

Beispiel
Fragen zur »Regelorientierung«
- Regeln sollte man nicht so genau nehmen. Es ist wichtiger, das zu tun, was man selbst möchte.
- An Regeln muss man sich nicht halten, wenn man begründen kann, warum man sie bricht.

Da die Items invers, das heißt »umgekehrt« codiert sind, indem ein »Nein« und nicht ein »Ja« einen Punkt innerhalb der Skala ergibt, musst du beide Aussagen negieren, um in Hinblick auf »Regeltreue« zu punkten.

Fragen zur »Leistungsmotivation«
- Ich betrachte eine schwer zu lösende Aufgabe als eine positive Herausforderung
- Ich habe ganz konkrete Pläne für meine berufliche Zukunft

Diese Items wären zu bejahen, um Punkte für »Leistungsmotivation« zu erhalten.

Fragen zur »Stressresistenz«
- In Zeiten, die sehr arbeitsintensiv sind, leide ich unter Schlafproblemen.

Das Item ist invers codiert. Die Aussage ist zu verneinen, um einen Punkt auf der Skala »Stressresistenz« zu erhalten.
- Es bereitet mir keine Schwierigkeiten, lange Zeit am Stück zu arbeiten.

Diese Aussage wäre zu bejahen.

Fragen zur »Zuverlässigkeit«
- Es fällt mir leicht, Arbeiten termingerecht zu erledigen.
- Zusagen sind für mich bindend.

Die Items sind jeweils zu bejahen.

Fragen zur »Gestaltungsmotivation«
- Es macht mir Spaß, neue Ideen zu entwickeln.
- Ich bin jemand, der sich aktiv dafür einsetzt, Missstände zu beheben.
- Ich wünsche mir, meinen Arbeitsbereich nach meinen Vorstellungen gestalten zu können.

Auch diesen Vorgaben ist zuzustimmen.

Die oben genannten Variablen betreffen vorwiegend individuelle Leistungsziele und Arbeitsstile. Ebenfalls hochgradig bedeutsam sind aber auch Persönlichkeitsmerkmale, die Einstellungen und Verhaltensweisen gegenüber anderen – Kunden, Team, Mitarbeiter, Vorgesetzte – erfassen.

Dazu gehören:
- Dominanz
- Soziale Kompetenz
- Teamorientierung
- Führungsmotivation
- Soziabilität.

Beispiel
Beispielitems zu »Soziale Kompetenz«
1. Wenn ich in eine neue Gruppe komme, habe ich meist keine Probleme, von den anderen akzeptiert zu werden.
2. Es fällt mir nicht schwer, auf andere zuzugehen.

Beispielitems zu »Dominanz«
1. Ich habe kein Problem damit, andere auf Ihre Fehler hinzuweisen.
2. Wenn ich mit Freundlichkeit nicht weiterkomme, kann ich auch schroff werden, wenn es nicht anders geht.

Um hinsichtlich der Merkmale »Dominanz« und »Soziale Kompetenz« hoch zu scoren, das heißt eine Vielzahl von Punkten zu erhalten, ist den Aussagen zuzustimmen.

Beispielitems zu »Teambewusstsein«
1. Für mich gilt der Satz: Der Starke ist am mächtigsten allein!

Das Item ist invers codiert. Du musst die Aussage verneinen, um einen Punkt auf der Skala »Teambewusstsein« zu erhalten.

2. Ich habe die Erfahrung gemacht, dass ich im Team viel motivierter und erfolgreicher arbeite.

Diese Aussage wäre zu bejahen.

Beispiele zum Merkmal »Führungsmotivation«
1. In Gruppendiskussionen bin ich meist derjenige, der den Gesprächsverlauf bestimmt.
2. Ich kann andere sehr gut motivieren und mit meiner Begeisterung anstecken.

Beispielitems zu »Verträglichkeit«

1. Wenn ich in eine neue Gruppe komme, versuche ich, mich den anderen anzupassen.
2. In einer Gruppe bin ich es meist, der dafür sorgt, dass Konflikte nicht eskalieren.

Den Inhalten ist jeweils zuzustimmen, damit eine hohe »Führungsmotivation« und »Verträglichkeit« attestiert werden.

Teamorientierung gilt mittlerweile in fast allen Arbeitsbereichen als eine wichtige Eigenschaft. Bei Hochschulabsolventen sind außerdem Indikatoren für Führungskompetenz erwünscht, denn diese Personengruppe übernimmt oft bereits mit dem Berufseinstieg oder im Laufe der nächsten Jahre Leitungspositionen.

2.3.3 Die Gültigkeit von Persönlichkeitstests

Es gibt diverse Möglichkeiten, um die Ergebnisse von Persönlichkeitstests zu validieren. Man kann zum Beispiel überdurchschnittlich erfolgreiche Manager oder Künstler testen und deren Persönlichkeitsprofil als Richtlinie zugrunde legen, der Bewerber, die einen entsprechenden Studiengang anstreben oder in einem ähnlichen Bereich tätig sein möchten, entsprechen sollten.

Es ist auch möglich, Selbstbeschreibungen auf ihren Realitätsgehalt hin zu überprüfen, indem man einen Probanden beobachten lässt oder Beurteilungen von Personen einholt, die ihn gut kennen. Natürlich sind prinzipiell Kombinationen dieser Ansätze möglich.

Da ein Design, das Beobachtungen vorsieht, mit einem hohen Aufwand verbunden ist und Fremdbeurteilungen nur schwer einzuholen sind, basieren die meisten Persönlichkeitstests ausschließlich auf Selbsteinschätzungen.

Die eher seltene Kombination von Selbst- und Fremdbeurteilung bietet das »Bochumer Inventar zur berufsbezogenen Persönlichkeitsbeschreibung (BIP)«, das dieselben Skalen sowohl zur Selbst- als auch zur Fremdbeschreibung einsetzt. Die zu berechnenden Übereinstimmungen ergeben Hinweise auf die Gültigkeit der erhobenen Persönlichkeitsmaße.

To whom it concerns: »Perfektionismus« und »Regeltreue«

Studien zur prognostischen Validität des 16 PF-R ergaben, dass eine überdurchschnittliche Ausprägung der Merkmale »Perfektionismus« und »Regeltreue« unabhängig von der Intelligenz ein sicheres Kriterium für späteren Berufserfolg darstellt.

Eine Ausnahme bilden allerdings die künstlerischen Berufe: Man fand auch heraus, dass sich erfolgreiche Künstler von anderen Personengruppen durch überdurchschnittliche Werte in »Perfektionismus«, aber unterdurchschnittliche in »Regeltreue« auszeichnen.

2.3.4 Kontrollskalen

Du magst einwenden, dass Selbstbeschreibungen prinzipiell nicht verlässlich seien, da jeder das Blaue vom Himmel erzählen könne, ohne dass der Wahrheitsgehalt überprüft werde. Und wahrscheinlich denkst du auch, dass jemand, der in einer Bewerbungssituation allzu ehrlich ist, ziemlich »dämlich« oder unmotiviert sein muss. Beide Einwände sind völlig berechtigt.

Aber Psychologen sind natürlich auch nicht »doof«, sondern wissen um mögliche Verfälschungsquellen und Täuschungsversuche. Um potenziellen »Cheatern« auf die Schliche zu kommen, verfügen qualifizierte Persönlichkeitstests daher über mindestens eine Kontrollskala. Diese Skalen bestehen aus unauffällig eingestreuten Items, die anzeigen, ob jemand um einen besonders positiven Eindruck bemüht ist oder den Test schludrig ausgefüllt hat usw.

»Lügenskala« Mit Hilfe dieser Skala versucht man zu erfassen, wie weitgehend ein Testteilnehmer im Sinne der sozialen Erwünschtheit geantwortet hat bzw. wie offen er ist. Die entsprechenden Items thematisieren kleine menschliche Schwächen, mit denen jeder von uns zu kämpfen hat. Falls das Vorhandensein dieser Schwächen durchgehend geleugnet wird, hat ein Bewerber im Sinne der sogenannten sozialen Erwünschtheit bzw. des

»Impression managements« bzw. mangelnder Offenheit geantwortet. Er war also bestrebt, sich weit positiver darzustellen, als es der Realität entspricht. Wenn hier ein bestimmtes Maß überschritten wird, sind auch die übrigen Aussagen nicht mehr glaubwürdig. Im Extremfall wird dann der gesamte Test für ungültig erklärt.

Beispiel

Beispielitems für eine »Lügenskala«

1. Es ist mir schon passiert, dass ich mich bei einem Termin verspätet habe.
2. Ich leide manchmal an »Aufschieberitis« und schiebe Dinge auf, die unangenehm sind.
3. In einem Restaurant sind meine Manieren meist besser, als wenn ich unbeobachtet bin.

2.4 Optimale Vorbereitung

Auf Tests zur Bewerberauswahl kann und sollte man sich gezielt vorbereiten.

2.4.1 Die eigene Intelligenz testen

Zunächst ist es ratsam, Informationen über das persönliche Leistungsniveau einzuholen, indem man sich testet oder testen lässt. Du hast die Möglichkeit, dich bei einer der Agenturen für Arbeit oder in einer psychologischen Praxis testen zu lassen oder aber – die einfachste Variante – Online-Tests durchzuführen.

Empfehlenswerte, kostenlose Intelligenztests, die Psychologen zusammengestellt haben, sind die von der »Süddeutschen« und von »Focus« ins Netz gestellten Verfahren. Der Focus-Test wurde von Jürgen Hesse und Hans Christian Schrader – ausgewiesene Bewerbungsexperten – entwickelt. Zwar genügen diese Tests nicht den strengen wissenschaftlichen Kriterien, aber sie geben doch erste wichtige Anhaltspunkte hinsichtlich der kognitiven Fähigkeiten. Grundsätzlich gilt bei Leistungstests, dass ein Ergebnis um so zuverlässiger ist, je höher es ausfällt, da man persönliche Fähigkeiten zwar verbergen, aber nicht über die eigenen Grenzen hinaus demonstrieren kann.

> **Kostenlose Online-Tests**
>
> IQ Tester – Der kostenlose IQ-Test online mit Sofortergebnis
>
> URL: ► http://www.sueddeutsche.de/iqtest
>
> Intelligenztest … und wie schlau sind Sie?
>
> URL: ► http://www.focus.de/wissen/natur/forschung-und-technik-focus-iq-test_aid_190547.html

Solltest du in diesen Intelligenztests einen IQ von ≥ 130 erzielen – das ist ein weit überdurchschnittliches Ergebnis (◘ Abb. 2.2) –, kannst du Testungen im Rahmen eines Auswahlverfahrens höchstwahrscheinlich entspannt entgegensehen. Der Standardwert 130 zeigt den Grenzwert zur Hochbegabung an. Da die Gruppe der »Hoch-IQ-Leute« aber nur aus 2 und weniger Prozent der Bevölkerung besteht, ist es wahrscheinlicher, dass du zwar gut begabt, aber nicht unbedingt ein kleines Genie bist.

Wenn du jedoch wissen möchtest, ob du zu den ganz Schlauen gehörst, kannst du auch den 20-minütigen Test von »Mensa«, dem Netzwerk für Hochbegabte, bearbeiten. Ein IQ von ≥ 130 verschafft dir Zutritt zum Club der deutschen Intelligenzelite. Der Online-Test für »Intelligenzbestien«: ► http://www.mensa.de/index.php?id=65

Indem du dich selbst mehreren Tests unterziehst, lernst du verbreitete Aufgabentypen kennen. Und wie mehrfach innerhalb dieses Buches thematisiert wird, trägt die Vertrautheit mit spezifischen Anforderungen wesentlich zu deren Bewältigung bei. Online-Testaufgaben zu bearbeiten, ist eine wirkungsvolle Möglichkeit, sich ein gewisses Test-Know-how anzueignen.

Das folgende Schaubild verdeutlicht die Intelligenzverteilung und die Bedeutung der einzelnen Segmente.

2.4.2 Testaufgaben kennen lernen

Es empfiehlt sich, spezielle Übungsbücher durchzuarbeiten, um einen Überblick über das gesamte Aufgabenspektrum zu erhalten und die eigene

Unterdurchschnittlicher Bereich	
Intelligenzquotient:	
< 55	Schwere geistige Behinderung
55–69	Leichte geistige Behinderung
70–84	Unterdurchschnittliche Intelligenz

Durchschnittlicher Bereich	
Intelligenzquotient:	
85–99	Niedrige Intelligenz im Durchschnittsbereich
100	Gute durchschnittliche Intelligenz
101–114	Hohe Intelligenz im Durchschnittsbereich

Überdurchschnittlicher Bereich	
Intelligenzquotient:	
115–129	Statistisch signifikante überdurchschnittliche Intelligenz
130–145	**IQ ab 130: Hochbegabung**
> 145	Genialität

◘ **Abb. 2.2**   Die Einteilung der Intelligenzbereiche

Test-Fitness anhand der Beispielaufgaben weiter zu trainieren.

2.4.3   Übung macht den Meister

Wenn sich herausstellen sollte, dass du in bestimmten Intelligenzbereichen Schwächen hast, kannst du versuchen, diese durch gezieltes Üben auszugleichen.

Rechenaufgaben   Fast immer sind in Intelligenztests Items zu Prozentrechnung, Wurzelziehen und Dreisatzrechnung neben einfachen Additions- und Subtraktionsaufgaben integriert. Fehlende bzw. vergessene Kenntnisse hinsichtlich zentraler Re-

chengesetze kannst du dir leicht (wieder) aneignen. Nimm dir einfach deine alten Mathematikbücher vor, sofern du über solche verfügst, oder recherchiere im Internet.

Gedächtnistest   Sollte deine Merkfähigkeit nicht besonders gut sein, ist es möglich, diese mittels Gedächtnistechniken, die sich erlernen lassen, zu steigern. Hierzu existiert eine umfangreiche Ratgeberliteratur, du kannst aber auch einen geeigneten Volkshochschulkurs besuchen.

Allgemeinwissen   Auf Testaufgaben, die Allgemeinwissen abfragen – ebenfalls ein beliebter Aufgabentyp –, ist eine Vorbereitung möglich, indem man sich entsprechende Wissensbücher beschafft und versucht, sich die Inhalte einzuprägen.

Werke zum Erwerb von Allgemeinwissen:

- **Duden** – Was jeder wissen muss: 100 000 Tatsachen der Allgemeinbildung. Bibliographisches Institut Mannheim 2011
- **Schwanitz, D.** (2002). Bildung – Alles, was man wissen muß. 10. Aufl. München: Goldmann.

Leider sind die Übungsmöglichkeiten nicht für alle Aufgabenbereiche gleichermaßen erfolgversprechend. Räumliches Erfassungsvermögen ist bspw. weitgehend genetisch determiniert. Das heißt, entweder hat es dir eine gute Fee in die Wiege gelegt, oder diese Fee war verhindert und stand gerade an einer anderen Wiege.

2.4.4 Beruhigung bei extremer Aufregung

Angst, die kognitive Verarbeitungsprozesse deutlich behindert, ist bei Tests zur Auswahl von Studieninteressierten eher selten. Das ist hauptsächlich darauf zurückzuführen, dass keine neu erlernten, abstrakten Inhalte abgefragt werden, sondern erworbenes Basiswissen und -verständnis den Testaufgaben zugrunde liegt. Außerdem hängt das Wohl und Wehe des weiteren Lebens nicht in so hohem Maße wie bspw. bei einer Abschlussprüfung von dem Testergebnis ab. Zu Studienbeginn stehen einem meist mehrere Optionen offen, sodass ein Misserfolg leichter verkraftet wird.

Es ist völlig normal, vor einem Test etwas aufgeregt zu sein. Zeichen von Aufregung sind innere Unruhe, Hin- und Herlaufen, leichtes Magengrimmen, Herzklopfen und eventuell Schwitzen und eine gerötete Gesichtshaut. Ein solcher Zustand ist dem Erfolg nicht hinderlich, sondern eher förderlich. Du bist in diesem Zustand wach, aufmerksam und aktiviert und willst dein Bestes geben. Gedankliche Prozesse werden durch ein mittleres Maß an Aufgeregtheit nicht blockiert, sondern eher etwas beschleunigt, was ebenfalls von Vorteil sein kann.

Solltest du unter diesen körperlichen Erscheinungen jedoch sehr leiden oder extrem angespannt und aufgeregt sein, so setze gezielt eine Atemübung ein.

Atemübung Indem du bewusst nach bestimmten Vorgaben atmest, signalisierst du dem Gehirn, dass du dich in einem ruhigen und entspannten Zustand befindest. Sekundär wird auf diese Weise auch das überaktive Herz beruhigt.

Bei einer Atementspannung müssen bestimmte Prinzipien beachtet werden. Die Ausatmungsphase sollte deutlich länger sein als die Einatmungsphase, denn nur die Ausatmungsphase ist im Gehirn an Ruhevorstellungen gekoppelt. Man sollte außerdem immer durch die Nase einatmen, um die entspannende Bauchatmung einzuleiten. Kopple die Ausatmungsphase an eine Ruheformel, indem du innerlich bspw. zu dir sagst: »Ich bin ruhig!« oder »Ruhe kommt!«

Bauchatmung:

- Einatmen: Lege die Hände in Höhe des Nabels auf den Bauch. Die Mittelfinger liegen direkt auf der Linie des Nabels. Beim Einatmen hebt sich der Bauch, das Zwerchfell und die unteren Lungen füllen sich mit Luft. Die Hände werden dadurch nach oben gedrückt.
- Ausatmen: Beim Ausatmen kehrt das Zwerchfell in seine frühere Position zurück. Der Bauch wird flach und die Hände kommen wieder in ihre Ausgangslage.

2.5 Tipps zur Teststrategie

Die folgenden Tipps basieren auf Erfahrungen aus dem Angebot »Testservice« der Psychologischen Beratungsstelle des Studentenwerks Mannheim (◘ Abb. 2.3).

2.5.1 Paper-Pencil-Intelligenztests

Bei der Bewerberauswahl werden immer noch vorwiegend Paper-Pencil-Tests und seltener computergestützte Verfahren eingesetzt.

Zu viel Ehrgeiz schadet Intelligenztests sind in der Regel so konstruiert, dass es kaum einem Menschen möglich ist, in der zur Verfügung stehenden Zeit sämtliche Aufgaben zu bearbeiten und womöglich noch richtig zu lösen. Hat man ca. 80 Prozent kor-

■ **Abb. 2.3** Ablauf des Testservice der Psychologischen Beratungsstelle des Studentenwerks Mannheim

rekte Lösungen erzielt, befindet man sich schon in einem ausgesprochen guten Intelligenzbereich.

Jede Lösung ein Punkt Für das Endergebnis des Tests ist immer nur die Gesamtzahl der richtigen Lösungen ausschlaggebend. Wie diese Zahl zustande kommt, interessiert dabei nicht. Es gibt für jede richtige Lösung einen Punkt. Diese Punkte werden addiert und am Ende in Standardwerte (▶Kap. 2.2.2) umgerechnet. Die Items, Fragen, Aufgaben etc. sind also nicht wie bei den meisten Klausuren nach ihrem Schwierigkeitsgrad gewichtet und mit mehr oder weniger Punkten belegt. Oberstes Ziel muss daher sein, so viele Punkte wie irgend möglich zu sammeln.

Die Uhr tickt Tests, die in einem Bewerbungsprocedere eingesetzt werden, enthalten sämtlich Zeitvorgaben, und die zur Verfügung stehenden Minuten sind dabei eher knapp als üppig bemessen.
Bei einem kognitiven Leistungstest hast du nicht die Muße, lange über eine Frage nachzudenken – ja, du hast manchmal nicht einmal Zeit, um überhaupt nachzudenken. Wenn dir die Lösung nicht mehr oder weniger ins Auge springt, solltest

du sofort das nächste Item bearbeiten. Ist am Ende einer Aufgabengruppe noch Zeit, gehst du zu den unbearbeiteten Items zurück.
Nimm diesen Rat unbedingt ernst! Durch langes Brüten über einer Frage kann man sein Ergebnis deutlich verschlechtern, weil bspw. die Zeit nicht reicht, um nach einem »Hänger« weitere Aufgaben zu bearbeiten, die man hätte lösen können.

Nutze jede Hilfe Wenn dir Hilfsmaterialien angeboten werden, greife auf sie zurück. Oft wird bspw. Schmierpapier für Nebenrechnungen zur Verfügung gestellt. Nutze es! Was bringt es dir, wenn du deinen Ehrgeiz daran setzt, Rechenaufgaben im Kopf lösen zu wollen, wenn sie sich schriftlich schneller und zuverlässiger bearbeiten lassen. Beachte auch hier wieder: Es zählt nur die Gesamtzahl der richtigen Lösungen.
Vor allem bei Zahlenreihen, die nach einem logischen Gesetz aufgebaut sind und entsprechend fortgeführt werden sollen, ist es außerordentlich hilfreich, wenn man den Rechenschritt zwischen jeweils zwei Zahlen notiert. Man entdeckt dann viel leichter das dahinterstehende Gesetz. Zahlenreihen fehlen übrigens in fast keinem Intelligenztest.

Beispiel
Zahlenreihen (WIT)

6		4		12		15		13		39		42 ?
	-2		$\times 3$		$+3$		-2		$\times 3$		$+3$	

Es ist sofort ersichtlich, dass nach diesem Muster der Rechenschritt -2 folgt. Du musst von 42 also 2 subtrahieren, um die Reihe fortzusetzen. Die richtige Zahl ist 40.

33		30		15		45		42		21		63 ?
	-3		$:2$		$\times 3$		-3		$:2$		$\times 3$	

Du erkennst auf den ersten Blick, dass sich der Rechenschritt -3 anschließt. Die richtige Lösung ist 60.

Raten ist erlaubt Es gibt bei Intelligenztests keine Punktabzüge für falsche Lösungen, das heißt, niemand kontrolliert, ob jemand durch eine Zufallsankreuzung das richtige Ergebnis markiert hat. Du kannst also durch Raten dein Ergebnis mit einer gewissen Wahrscheinlichkeit verbessern, nie aber verschlechtern. Daher gilt das Gebot: Bei Items, bei denen man die richtige Lösung nur ankreuzen muss, solltest du keine einzige Frage unbeantwortet lassen, sondern immer die wahrscheinlichste Lösung markieren oder – sofern du völlig auf dem Schlauch stehst – eben raten.

Wenn du Glück hast, erzielst du auf diese Weise vielleicht zwei Zusatzpunkte, die aber darüber entscheiden können, ob du mit deinem Gesamtergebnis in die nächsthöhere Intelligenzkategorie gelangst. Je besser ein Gesamtergebnis ist, desto weniger Punkte sind notwendig, um dem noch besseren Intelligenzsegment zugeordnet zu werden. Der Grund besteht darin, dass in höheren Intelligenzbereichen die Zahl der Menschen, die fähig ist, entsprechende Aufgaben zu bearbeiten, immer kleiner wird.

> **Sprung ins Lager der Hochbegabten**
> In dem verbalen Intelligenzteil des I-S-T 2000 R sind die Standardwerte für 19- bis 20-jährige Gymnasiasten so definiert, dass du für den Standardwert 125 einen Rohwert (Gesamtzahl der richtigen Lösungen) von insgesamt 52–54 Punkten benötigst. Um den Standardwert von 130 zu erzielen, benötigst du 55–57 Punkte. Es ist also nur 1 zusätzlicher Punkt notwendig, um in die Gruppe der »Mensa-Verdächtigen« zu gelangen.

Lass dir die Chance, dein Ergebnis durch Raten zu verbessern, daher bitte nicht entgehen!

Es sprechen auch keine moralischen Bedenken dagegen, denn man sollte den IQ in keinem Fall überbewerten. Überdurchschnittliche Leistungen im Studium oder Beruf werden durch diverse andere Faktoren neben der Intelligenz, die dich vielleicht in besonderer Weise auszeichnen, mitbestimmt, zum Beispiel durch Persönlichkeitsmerkmale (▶ Kap. 2.5.2) und die vielleicht banal erscheinenden Fähigkeit, seine Emotionen kontrollieren zu können.

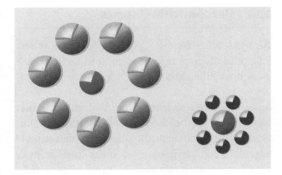

◘ Abb. 2.4 Beispiel für eine optische Täuschung

Der hilfreiche Finger Bei Tests zum räumlichen Vorstellen ist es hilfreich, die Linien der vorgegebenen Objekte mit dem Finger nachzuzeichnen. Das erleichtert das Einschätzen ihrer realen räumlichen Ausdehnung, während es bei einem rein visuellen Lösungsansatz häufig zu Fehleinschätzungen kommt.

Probiere es aus! Du wirst erstaunt sein, dass sich Linien verkürzen oder verlängern, wenn du mit dem Finger nachfährst, statt nur deinen Augen zu vertrauen (◘ Abb. 2.4). Dieses Phänomen ist auf Wahrnehmungsirrtümer zurückzuführen, denen wir Menschen leicht unterliegen, da unser Sehapparat unvollkommen ist und wir bspw. geometrische Figuren immer in Zusammenhang mit ihrer Umgebung bzw. als Figuren vor einem bestimmten Hintergrund wahrnehmen, der sich verändern kann.

Die blauen Kugeln sind von der Größe her identisch. Dennoch erscheint die linke Kugel beim bloßen Betrachten aufgrund des unterschiedlichen Umfangs der sie umgebenden Kugeln kleiner als die rechte.

Übrigens: Die Strategie des Abschreibens kannst du getrost vergessen. Erstens werden bei Testungen zur Bewerberauswahl Aufsichtspersonen beschäftigt, die ein scharfes Auge auf die Teilnehmer haben, und zweitens setzt man häufig Paralleltests ein. Das heißt, du kannst in der Regel davon ausgehen, dass der Nachbar rechts und links von dir eine andere Testversion als du selbst bearbeitet.

2

2.5.2 Persönlichkeitstests

Bei Persönlichkeitstests gibt es wiederum andere Fallen, in die man tappen kann, und Untiefen, die es zu umschiffen gilt.

Ausreißer unerwünscht Eine Vielzahl extremer Skalenwerte ist bei Persönlichkeitstests eher unerwünscht. Menschen, die über sehr akzentuierte Eigenschaften verfügen, sind in der Regel schwierige Zeitgenossen, die sich in Teams schlecht integrieren und auch in der Vorgesetztenrolle auf Widerstand stoßen. Oft korrelieren weit überdurchschnittliche Ergebnisse in Persönlichkeitstests, die das Profil als eine Art Zickzackmuster erscheinen lassen, mit einer mehr oder weniger ausgeprägten psychischen Problematik. Versuche daher, deine Einschätzungen gut abzuwägen.

Beispiel
Skalenvarianten bei Persönlichkeitstests

Trifft   Trifft

gar nicht zu   vollständig zu

① - ② - ③ - ④ - ⑤ - ⑥ - ⑦

[a] stimmt

[b] ?

[c] stimmt nicht

○   ○   ○   ○   ○   ○

Trifft   trifft überhaupt

voll zu   nicht zu

Mildere allzu extreme Antworten etwas ab und kreuze nicht ausschließlich die äußeren Kreise bzw. »stimmt« oder »stimmt nicht« an, sondern bewege dich auch einmal in Richtung Mitte, selbst wenn das der Testinstruktion widerspricht.

Beachte die Kontrollskalen! Beantworte die Fragen sorgfältig, ohne über sie hinwegzueilen. Versuche nicht, dich als »Musterknabe« und »Mustermädchen« zu präsentieren, indem du Items zur Kontrolle der sozialen Erwünschtheit zur Idealisierung deiner Person nutzt.

❶ Achtung!
Niemand nimmt dir ab, dass du noch nie zu spät zu einer Verabredung oder zur Schule gekommen bist. Niemand glaubt dir, dass du nie etwas aufschiebst, was sofort erledigt werden sollte, oder dass dein Benehmen zu Hause genauso gut ist wie in einem Restaurant der gehobenen Klasse. Und du willst mich und andere doch nicht im Ernst davon überzeugen, dass du noch nie hässliche Bemerkungen über andere Menschen gemacht, noch nie ein bisschen angegeben und noch nie gelogen hast.

Derartige Beteuerungen lassen dich unglaubwürdig erscheinen und tragen dazu bei, die Ergebnisse der anderen Skalen ebenfalls in Zweifel zu ziehen.

Verfalle aber auch nicht ins Gegenteil und gib dich ungeniert, unangepasst und allzu unkonventionell. Es ist normal, in einer Bewerbungssituation einen positiven Eindruck machen zu wollen, und daher ist etwas »Schummeln« nicht nur erlaubt, sondern in geringen Maßen sogar erwünscht, weil es als Indikator für Leistungsmotivation und Anpassungsbereitschaft gilt.

Merke
- Nutze bei einem Intelligenztest alle angebotenen Hilfen!
- Bei Intelligenztests zur Bewerberauswahl ist die Zeitvorgabe so knapp, dass du nicht lange über eine Aufgabe nachdenken kannst.
- Lass keine Frage unbeantwortet, sondern rate ggf., um dein Ergebnis zu verbessern!
- Hüte dich, in einem Persönlichkeitstest ein allzu positives Bild von dir zu zeichnen!

Literatur

Amthauer, R., Brocke, B., Liepmann, F. & Beauducel, A. (2001) Intelligenz-Struktur-Test 2000 R (I-S-T 2000 R). Göttingen u.a.: Hogrefe.

Boring E G (1923) Intelligence as the test tests it. In: The New Republic, 6, S. 35–37.

Fahrenberg, J., Hampel, R. & Selg, H. (2001). FPI-R. Das Freiburger Persönlichkeitsinventar. 7., überarb. und neu normierte Aufl. Göttingen u.a.: Hogrefe.

Groffmann, K. J. (1964). Die Entwicklung der Intelligenzmessung. In: R. Heiss (Hrsg.). Handbuch der Psychologie in 12 Bänden. Band 6: Psychologische Diagnostik. Göttingen: Hogrefe, S. 148–199.

Guth, K. & Mery, M. (2011). Testtrainer für alle Arten von Einstellungstests, Eignungstests und Berufseignungstests. Geeignet für Ausbildung, Beruf und Studium. Offenbach: Ausbildungspark.

Hesse, J. & Schrader, H. Ch. (1998). Testtraining 2000. Einstellungs- und Eignungstests erfolgreich bestehen. Frankfurt/Main: Eichborn.

Hossiep, R. & Paschen, M. (1998). Das Bochumer Inventar zur berufsbezogenen Persönlichkeitsbeschreibung (BIP). Göttingen u.a.: Hogrefe.

Jäger, A.O. & Althoff, K. (1994). Der Wilde-Intelligenz-Test (WIT). Ein Strukturdiagnostikum. Hrsg. von der Deutschen Gesellschaft für Personalwesen e.V. 2. revidierte Aufl. Göttingen u.a.: Hogrefe.

Jäger, A. O., Süß, H.-M. & Beauducel, A. (1997). Berliner Intelligenzstruktur-Test (BIS). Göttingen u.a.: Hogrefe.

Kasten, E. (2012). Übungsbuch Hirnleistungstraining. 6. Aufl. Dortmund: Verlag Modernes Lernen.

Michelon, P. (2012). Gedächtnistraining. Das Fitnessprogramm mit 200 Übungen. Dorling Kindersley Verlag.

Schneewind, K. A. & Graf, J. (1998). Der 16-Persönlichkeits-Faktoren-Test. Revidierte Fassung. 16 PF-R. Deutsche Ausgabe des 16 PF Fifth Edition. Göttingen u.a.: Huber.

Schuler, H. & Prochaska, M. (2001). LMI. Leistungsmotivationsinventar. Dimensionen berufsbezogener Leistungsorientierung. Göttingen u.a.: Hogrefe.

Wechsler, D. (1964). Die Messung der Intelligenz Erwachsener. 3. unveränd. Aufl. Bern: Hans Huber.

Auswahlgespräch

Gabriele Bensberg

3.1   Warum ein Auswahlgespräch – 30

3.2   Die einzelnen Phasen – 30
3.2.1   Begrüßung und Warming-up – 30
3.2.2   Überleitung zum Mittelteil – 30
3.2.3   Abschluss – 31
3.2.4   Typische Fragen und Antwortvorschläge – 31
3.2.5   Stressfragen mit Antwortvorschlägen – 34
3.2.6   Sonderfall Fachfrage – 35

3.3   Gruppengespräch – 35

3.4   Eigene Vorbereitung – 36

3.5   Umgang mit Angst und Ärger! – 36
3.5.1   Angst – 37
3.5.2   Umgang mit Ärger – 37

3.6   »Todsünden« im Auswahlgespräch! – 38

3.7   Zehn abschließende Tipps – 38

          Literatur – 39

G. Bensberg, *Dein Weg zum Prüfungserfolg,*
DOI 10.1007/978-3-662-43419-2_3, © Springer-Verlag Berlin Heidelberg 2015

3

» Das Wichtigste in einem Gespräch ist zu hören, was nicht gesagt wurde. (Peter F. Druckzer)

3.1   Warum ein Auswahlgespräch

Auswahlgespräche geraten auch durch andere Verfahren wie etwa Testungen nicht aus der Mode. Viele Hochschullehrer machen ihr Urteil nicht nur von objektiven Daten abhängig, sondern vertrauen auf ihren persönlichen Eindruck bzw. ihre Menschenkenntnis. Bestimmte Merkmale, die für den Studienerfolg wichtig sind, lassen sich ohnehin nicht oder nur schwer durch objektive Daten erfassen. Dazu gehören u.a. bestimmte Persönlichkeitsmerkmale und soziale Kompetenzen.

Fast alle der von Herrmann und Verse-Herrmann (2012) befragten Dozenten bejahten den Wert von Auswahlgesprächen. Interessant ist dabei, dass mehrere Professoren meinten, sie würden auch Studienbewerbern mit eher mäßigen Noten eine Chance geben, wenn diese in einem Auswahlgespräch überzeugen könnten. Die folgenden Beispiele illustrieren die Sichtweise der Professoren.

Beispiel
Fach: Betriebswirtschaftslehre
Fragen an: Herrn Univ.-Prof. Dr. rer.pol. Franz Peter Lang, Düsseldorf, Präsident des Bundesverbandes deutscher Volks- und Betriebswirte e.V.
Würden Sie jemand zum Studium Ihres Fachs zulassen, der in diesem Fach nur eine durchschnittliche oder sogar schlechte Note im Abiturzeugnis hat?
Das hängt von der Persönlichkeit des Bewerbers ab. Darum auch ein Auswahlgespräch. (S. 159 u. 160).

Fach: Chemie und Lebensmittelchemie
Fragen an: Herrn Prof. Dr. Dieter Jahn, Frankfurt am Main, Präsident der Gesellschaft Deutscher Chemiker e.V.
Würden Sie jemand zum Studium Ihres Fachs zulassen, der in diesem Fach nur eine durchschnittliche oder sogar schlechte Note im Abiturzeugnis hat?
Nach einem Auswahlgespräch ja, ohne Auswahlgespräch nein. (S. 165).

3.2   Die einzelnen Phasen

Wie bei allen formellen und informellen Gesprächssituationen lassen sich auch bei Auswahlgesprächen mehrere Phasen unterscheiden.

3.2.1   Begrüßung und Warming-up

Das Gespräch wird meist mit einer Warming-up-Phase eingeleitet. Man begrüßt den Bewerber, stellt die Gesprächspartner vor, bittet Platz zu nehmen und fügt vielleicht noch eine Smalltalk-Sequenz an: Wie war Ihre Anreise? Haben Sie uns gut gefunden? Dürfen wir Ihnen etwas zu trinken anbieten? Waren Sie schon einmal in dieser Stadt?

Verhaltenstipps
Bemühe dich um eine freundliche, offene Ausstrahlung und lächle die Anwesenden an, auch wenn du einen »bad hair day« haben solltest. Warte ab, ob man dir die Hand reicht. Es ist zum Teil nicht mehr üblich, jemanden mit Handschlag zu begrüßen, der persönliche Gusto ist unterschiedlich (◘ Abb. 3.1). Warte, bis dir ein Platz angeboten wird, bevor du dich setzt.

⊟ Achtung!
Sei dir bewusst, dass du bereits in den ersten Minuten des Auswahlgesprächs einen deutlichen Eindruck hinterlässt, der als **Primacy-Effekt** den weiteren Gesprächsverlauf beeinflussen kann. So erkennt man schon bei der Begrüßung, ob ein Bewerber die Etikette beherrscht, sympathisch und interessiert wirkt.

3.2.2   Überleitung zum Mittelteil

Als Überleitung zum eigentlichen Gespräch dient oft der Schwenk zur Biografie eines Bewerbers, der sich bspw. in folgende Fragen kleidet:
- Bitte fassen Sie kurz die wichtigsten Stationen ihres bisherigen Lebens zusammen!
- Tragen Sie uns Ihren Lebenslauf vor!
- Stellen Sie sich selbst noch einmal vor!
- Was sind Ihre Hobbys?

■ **Abb. 3.1** Zwei Welten

Verhaltenstipps

Beantworte die Fragen ausführlich, aber nicht langatmig, und setze nachvollziehbare Prioritäten. Die Kleinkindzeit interessiert Dozenten, die weder Erzieher noch Psychoanalytiker sind, verständlicherweise weniger als deine Aktivitäten in den letzten Jahren vor dem Abitur.

❗ **Achtung!**
Stelle dich und deinen Lebenslauf so positiv wie möglich dar. Belastende Erfahrungen solltest du nur thematisieren, wenn sie sich mit persönlichen Stärken in Verbindung bringen lassen. Beispiel: Obwohl du bedingt durch den Beruf deines Vaters viele Schulwechsel verkraften musstest, ist es dir immer gelungen, dich in das neue Umfeld zu integrieren. An deiner letzten Schule wurdest du sogar zur Schulsprecherin gewählt.

Traumatisierende Ereignisse und chronische Belastungen verschweigst du am besten völlig. Es muss niemand wissen, dass dein Vater Alkoholiker ist oder deine Mutter einen Suizidversuch unternommen hat. Man könnte dir schlimmstenfalls unterstellen, dass du einen »Knacks« hast und schon aus diesem Grund dein Studium wahrscheinlich nicht bewältigen wirst.

Bei der Frage nach Hobbys überlege gut, welche du nennst. Streetdancing und Rap sind keine Interessen, die in Dozentenohren gut klingen, es sei denn, du bewirbst dich an einer Pop-Akademie.

3.2.3 Abschluss

Gegen Ende des Gesprächs wirst du wahrscheinlich aufgefordert, selbst Fragen zu stellen oder noch unklare Punkte anzusprechen. In der Regel erhältst du auch Informationen über das weitere Vorgehen (wann ist mit der endgültigen Entscheidung zu rechnen, gibt es noch eine weitere Auswahlstation, z.B. ein AC usw.). Anschließend verabschiedet man sich von dir.

Verhaltenstipps
Stelle eine bis höchstens drei Fragen (der nächste Bewerber wartet schon!), die sich auf die Hochschule und/oder das Studienfach beziehen. Diese Fragen solltest du dir vorher überlegen und ggf. notieren.

War der Gesprächsverlauf zufriedenstellend, kannst du deinen Studienwunsch bei der Verabschiedung noch einmal bekräftigen, zum Beispiel: »Mein Eindruck von der Hochschule ist nach diesem Gespräch noch positiver geworden, sodass ich wirklich sehr gerne hier studieren möchte.«

❗ **Achtung!**
Es macht einen schlechten, da desinteressierten Eindruck, wenn du selbst überhaupt keine Frage stellst!

3.2.4 Typische Fragen und Antwortvorschläge

Was reizt Sie besonders an unserer Hochschule?

Ziel der Frage Hast du dich gründlich und umfassend informiert, und ist die Entscheidung für die betreffende Hochschule wirklich durchdacht?

Tipp Es macht einen guten Eindruck, wenn du Insider-Wissen erkennen lässt und man merkt, dass

3

du dich mit den Besonderheiten der Hochschule und des Umfeldes intensiv beschäftigt hast.

Mögliche Antwort   »Ich möchte BWL in Mannheim studieren, weil die Universität eine sehr renommierte Hochschule ist. Beim letzten Uni-Ranking der WirtschaftsWoche wurde Mannheim im Bereich Wirtschaftswissenschaften von Personalchefs wieder zur beliebtesten Hochschule gewählt. Eine aktuelle Studie zeigt außerdem, dass die meisten Top-Manager in Deutschland an der Universität Mannheim studiert haben. Und im internationalen Ranking der Financial Times kam die Fakultät für BWL 2011 immerhin auf Platz 11. Das ist ein tolles Ergebnis! Ich weiß, dass die Anforderungen in Mannheim sehr hoch sind und man mit einem intensiven Arbeitspensum rechnen muss. Aber das ist für mich eine positive Herausforderung, weil ich mich für leistungsstark halte und sehr ehrgeizig bin.

Mit welchen Mitschülern sind Sie gut ausgekommen?

Ziel der Frage   Bist du mit den größten Chaoten und Leistungsverweigerern der Klasse abgehangen, oder warst du mit Gleichaltrigen befreundet, die zu den guten, interessierten Schülern gehörten? Wie war deine Einstellung gegenüber Außenseitern? Hast du dich mit Begeisterung am gemeinsamen Mobbing beteiligt oder eher versucht, die Betroffenen in die Gemeinschaft zu integrieren? Befandest du dich vielleicht selbst in einer Außenseiterposition? Sah man in dir einen »Nerd« oder ein »Glamourgirl« mit Zickenqualitäten oder aber warst du Anführer der angesagtesten Clique?

Tipp   Einen guten Eindruck macht es, wenn du dich als beliebt und verträglich darstellst und deine Freunde mit dir bestimmte Interessen teilten, etwa sportliche oder fachliche.

Mögliche Antwort   »Ich hatte eigentlich mit den meisten meiner Mitschüler keine größeren Probleme. Sicher gibt es immer mal den einen oder anderen, der einem nicht so sympathisch ist, aber ich war immer gut integriert. Ich habe zwar nicht zu den absolut Coolen gehört, die von den anderen wegen ihrer Frechheit bewundert wurden, hatte

aber immer gute Freunde, mit denen ich viel unternehmen konnte. Mit meinem besten Freund habe ich zwei Jahre lang zusammen die Informatik-AG besucht und wir beschäftigten uns auch in der Freizeit viel mit unseren PCs. Diese Erfahrungen haben mit dazu beigetragen, dass ich Informatik studieren möchte.«

Wie erklären Sie sich Ihre schlechte Note im Fach …?

Ziel der Frage   Kannst du eigene Versäumnisse erkennen und zugeben (nicht genug gelernt, andere Interessenschwerpunkte, etwas zu viel gefeiert), oder schiebst du die Verantwortung auf andere ab (der Lehrer hat nichts getaugt, war völlig unmotiviert, hatte seine Lieblinge, war alkoholabhängig usw.) bzw. lässt dich von subjektiven Empfindungen beherrschen (ich konnte die Lehrerin nicht leiden, wenn mir ein Lehrer nicht sympathisch war, hat sich das immer auf das Fach ausgewirkt)?

Tipp   Wichtig ist, dass du Verantwortung übernimmst!

Mögliche Antwort   »Das Fach Chemie liegt mir nicht besonders. Der Unterricht war sehr gut, aber ich kann mich für Naturwissenschaften nicht wirklich erwärmen. Mein Interesse galt von Anfang an viel mehr den geisteswissenschaftlichen Fächern, weswegen ich ja auch Germanistik und Romanistik studieren möchte. Da ich mich in diesem Bereich schon in der Schule sehr engagiert habe, u.a. in der Theater-AG und bei der Herausgabe der jährlichen Abizeitung, blieb auch nicht so viel Zeit, um für dieses Fach zu lernen.«

Warum möchten Sie nach Ihrer Ausbildung noch studieren?

Ziel der Frage   Willst du vielleicht nur studieren, weil du keine Lust hast, regelmäßig zu arbeiten? Bist du vom Berufsalltag enttäuscht, weil er viele Routineaufgaben beinhaltet? Hattest du dir dein Tätigkeitsfeld ganz anders vorgestellt, weil du dich im Vorfeld nur oberflächlich informiertest? Bist du nach dem Abitur aus Bequemlichkeit »Azubi« geworden, da du »null Bock« auf Lernen hattest, oder steckt dahinter ein durchdachter Plan?

Tipp Es macht einen guten Eindruck, wenn die Ausbildung eine praktische Basis für das Studium darstellt und du von Anfang an geplant hast, anschließend zu studieren.

Mögliche Antwort »Mir war schon in der 10. Klasse klar, dass ich BWL studieren möchte. Aber ich dachte, es kann nicht schaden, zunächst einmal etwas Praxisluft zu schnuppern. Daher wollte ich zuerst eine Ausbildung als Bankkaufmann machen. Dadurch habe ich schon Bezug zu einigen BWL-Fächern erhalten, was mir im Studium sicher nützt. Außerdem hat die Ausbildung den Vorteil, dass ich in den Semesterferien in meiner alten Bank jobben und dadurch nicht nur etwas verdienen, sondern zugleich weitere berufliche Erfahrungen sammeln kann.«

Gibt es einen Plan B für den Fall, dass Sie von uns eine Ablehnung erhalten?

Ziel der Frage Wie gut ist dein Realitätsbezug? Kannst du auch mit Niederlagen umgehen und lässt dich durch Rückschläge nicht von deinem Weg abbringen? Setzt du wie ein Spieler alles auf eine Karte, sodass es keinen Plan B gibt? Hast du Angst davor, darüber nachzudenken, was im Fall einer Ablehnung sein wird? Bist du vielleicht so von dir eingenommen, dass dir gar nicht in den Sinn kommt, du könntest eine Absage erhalten?

Tipp Einen Plan B solltest du für alle Fälle in petto haben. Besser noch ist es, auch über eine zweite mögliche Alternative nachzudenken. Gleichzeitig solltest du aber zum Ausdruck bringen, dass dein erster Studienwunsch höchste Priorität hat und du zuversichtlich bist, von der Hochschule aufgenommen zu werden.

Mögliche Antwort »Wenn man mich für das Medizinstudium in Heidelberg ablehnen sollte, wäre ich schon sehr, sehr enttäuscht. Alternativ würde ich mich dann für Zahnmedizin bewerben, da man nach dem Vorklinikum in Humanmedizin quer einsteigen kann. Sollte ich auch für Zahnmedizin keine Zulassung erhalten, habe ich vor, mich für den Aufnahmetest an der Uni Wien anzumelden, um eventuell in Österreich, wo die Abiturdurchschnittsnote nicht maßgeblich ist, Medizin studie-

ren zu können. In jedem Fall werde ich an meinem Ziel, Ärztin zu werden, festhalten.«

Was reizt Sie an den mit unserem Studiengang verbundenen Berufsperspektiven?

Ziel der Frage Bist du fähig, weit in die Zukunft zu planen oder enden deine Zukunftsvorstellungen beim nächsten Wochenende? Hast du eine Langzeitplanung für dein Leben, die Berufsperspektiven mit einbezieht, und sind diese Perspektiven realistisch und beruhen auf gründlichen Recherchen?

Tipp Deine Antwort soll erkennen lassen, dass du dich mit dem Berufsbild ernsthaft beschäftigt und überprüft hast, ob die Anforderungen mit deinen Kompetenzen und Interessen übereinstimmen.

Mögliche Antwort »Ich möchte Lehrer werden, weil mich diese Aufgabe sehr reizt und ich glaube, dafür geeignet zu sein. Es macht mir Spaß, anderen etwas beizubringen. In der Oberstufe habe ich jüngeren Schülern regelmäßig Nachhilfe gegeben, die gut angenommen wurde. Es hat mir auch immer Spaß gemacht, vor der Klasse Referate und Präsentationen zu halten. Dabei bekam ich oft das Lob, den Wissensstoff gut aufbereiten zu können. Ich will für meine Schüler aber auch Ansprechpartner bei Problemen und Konflikten sein. Ich denke, als Lehrer sollte man sich auch als Pädagoge verstehen und dazu beitragen, dass Jugendliche mit sich und ihrem Leben gut klarkommen. Das halte ich für eine ganz wichtige Aufgabe.«

Wie verbringen Sie Ihre Freizeit?

Ziel der Frage Hängst du in deiner Freizeit ab und weißt nichts mit dir anzufangen? Versackst du vor dem Fernseher oder PC, um dich stundenlang berieseln zu lassen oder gar Ballerspiele zu spielen? Steht an den Wochenenden »Binge-Drinking«, bis der Arzt kommt, auf dem Plan? Oder aber hast du geistige Interessen, liest viel und erlernst sogar freiwillig eine zusätzliche Fremdsprache? Gibt es sportliche Hobbys die dich richtig fordern? Engagierst du dich vielleicht sozial, arbeitest bei der »Tafel« mit, bist ehrenamtlicher Gassigeher beim Tierheim deiner Stadt oder bereits politisch aktiv?

Tipp Auch wenn du in der Freizeit am liebsten dem Nichtstun frönst oder Party machst, solltest du diese »Hobbys« für dich behalten. Nenne sinnvolle Beschäftigungen, die dich körperlich und geistig fordern und im Idealfall auch für andere von Nutzen sind.

Mögliche Antwort »Ich versuche mich körperlich fit zu halten, indem ich vor allem am Wochenende regelmäßig jogge. Außerdem gehe ich ins Fitnessstudio. Sehr viel Spaß macht mir auch die ehrenamtliche Arbeit bei »Big Brothers Big Sisters«. Dort bin ich schon seit zwei Jahren aktiv und betreue einmal pro Woche nach dem Tandemprinzip einen Nachmittag lang ein Kind. Natürlich treffe ich mich auch sehr gerne mit Freunden zum Weggehen, gemeinsamen Kochen oder auch mal Feiern.«

3.2.5 Stressfragen mit Antwortvorschlägen

In einigen Auswahlgesprächen werden gezielt **unangenehme Fragen** gestellt, zum Beispiel:

- Ihre Noten in den für uns relevanten Fächern sind ja nicht gerade hervorragend. Wieso glauben Sie, dem Studium der Physik mit Beifach Chemie trotzdem gewachsen zu sein?
- Sie waren selbst noch nie längere Zeit im Ausland, interessieren sich aber für den Bereich Internationales Management. Wie passt das zusammen?
- Mit Ihren bisherigen Antworten konnten Sie uns leider nicht überzeugen. Wir haben den Eindruck, dass Sie nur oberflächliche Kenntnisse über die Hochschule und den Studiengang haben.
- Wenn Sie schon beim Abitur Prüfungsangst hatten, wie wollen Sie dann die vielen Prüfungen des Bachelorstudiengangs meistern?
- Sie haben gesagt, dass Sie eigentlich Tiermedizin studieren wollten. Ist das Studium der Anthrozoologie dann nicht nur eine Verlegenheitslösung?

Antwortvorschläge:

- »Ich habe mich während der Schulzeit zwar immer für die Fächer Physik und Chemie interessiert, aber das Lernen damals noch nicht ganz so ernst genommen. Andererseits war mein Interesse für die Naturwissenschaften so stark, dass ich zwei Jahre lang an der Physik-AG und einmal bei ,Jugend forscht' teilgenommen habe. Ich bin daher überzeugt, dem Studium gewachsen zu sein.«
- »Es ist mir sehr wichtig, die fehlende Auslandserfahrung so schnell wie möglich nachzuholen. Ich habe mich auch deshalb für Ihre Hochschule entschieden, weil hier ein Auslandssemester Bestandteil des Studiums ist. Außerdem möchte ich schon in den nächsten Sommersemesterferien ein Praktikum im Ausland machen.«
- »Es tut mir Leid, wenn dieser Eindruck entstanden ist. Darf ich Ihnen noch einmal kurz darstellen, warum ich mich für diesen Studiengang und diese Hochschule entschieden habe. Die wichtigsten Gründe sind …«
- »Seit dem Abitur habe ich mich verändert. Ich habe einen Kurs zur Angstbewältigung besucht und sehr an mir gearbeitet. Die in dem Kurs vermittelten Strategien hängen als goldene Regeln in meinem Zimmer. Ich bin daher ziemlich sicher, Prüfungen in Zukunft gut bewältigen zu können.«
- »Es stimmt, ich wollte eigentlich Tierärztin werden. Da ich aber in den naturwissenschaftlichen Fächern nicht so gut war, bin ich zu der Überzeugung gekommen, dass das wahrscheinlich nicht die richtige Berufswahl wäre. Das Studium der Anthrozoologie kommt meinen Interessen und Begabungen viel mehr entgegen, da es juristische, psychologische und philosophische Fächer umfasst und ich mich später, wie es mein größter Wunsch ist, beruflich mit Tieren beschäftigen kann. Von daher ist mein jetziger Studienwunsch keinesfalls eine Verlegenheitslösung.«

❶ Achtung!
Bleibe ruhig und freundlich! Oft dienen »Stressfragen« nur dazu herauszufinden, wie selbstbeherrscht, schlagfertig und »cool« du bist, bzw. wie leicht oder schwer du dich provozieren lässt.

3.2.6 Sonderfall Fachfrage

Spezifische Fachfragen werden in Auswahlgesprächen zur Vergabe von Studienplätzen so gut wie nie gestellt, weil sie die meisten Studienanfänger überfordern würden und die schulischen Bildungsvoraussetzungen sehr unterschiedlich sind.

Es wird von angehenden Juristen also nicht erwartet, dass sie die Unterschiede zwischen Gutachten- und Urteilsstil nennen können. Einen Volkswirt in spe fragt höchstwahrscheinlich niemand nach den Grundzügen des Fachs Makroökonomik, und ein potenzieller Politologiestudent wird nicht aufgefordert, die wichtigsten historischen Ereignisse zur Zeit der Weimarer Republik vorzutragen.

Allgemeinere Fragen, die mit dem Wunschfach in Zusammenhang stehen, können aber durchaus gestellt werden.

Beispiel
Mögliche Frage an einen Bewerber für das **Fach Rechtswissenschaft**:
Was halten Sie von der Diskussion über eine mögliche Straffreiheit der aktiven Sterbehilfe auf Verlangen, die nicht in Deutschland, aber in anderen europäischen Staaten rechtlich erlaubt ist?
Mögliche Frage an einen Bewerber für das **Fach Volkswirtschaftslehre**:
Wie schätzen Sie die Eurokrise ein, und wie sehen Sie die weitere politische Entwicklung Europas?
Mögliche Frage an einen Bewerber für das **Fach Politikwissenschaft**:
Wie erklären Sie sich die Stimmengewinne der »Alternative für Deutschland«?

Man versucht mit solchen Fragen abzuklären, inwieweit sich jemand für zentrale Gegenstände seines Fachbereichs interessiert, wie aufgeschlossen er gegenüber aktuellen Problemlagen ist und wie gründlich er sich über die Medien informiert.

⊖ Achtung
Informiere dich vor einem Auswahlgespräch möglichst breit über gesellschaftlich relevante Themen, beachte dabei auch die Tagespolitik und vor allem Hintergründe, Diskussionen usw., welche die Brücke zu deinem Fach/Studiengang schlagen.

3.3 Gruppengespräch

Die meisten Auswahlgespräche sind Einzelinterviews. Es sind aber auch Gespräche möglich, die im Gruppensetting stattfinden.

Die Art der Fragen ändert sich dabei nicht, es werden weitgehend dieselben Inhalte und Themen erörtert. Trotzdem ist die Situation natürlich eine andere. Du sitzt Stuhl an Stuhl mit jungen Leuten, die mit dir um einen Studienplatz konkurrieren.

Wichtig ist, nicht verbissen oder gar feindselig zu reagieren oder sich auf Kosten der anderen in Szene zu setzen, indem man zum Beispiel lange Redebeiträge produziert, um die Mitstreiter möglichst nicht zum Zug kommen zu lassen. Auch versteckte Spitzen und aggressive Seitenhiebe sollte man sich verbieten.

Stelle deine Stärken deutlich heraus, aber verhalte dich kameradschaftlich!

Beispiel
Auswahlgespräch für den Studiengang Physik
Die Frage lautete: Welche Stärken qualifizieren jemanden für dieses Studium? Welche Schwächen sind von Nachteil? Bewerber A antwortet u.a., dass er im Mathematik-Grundkurs nur 10 Punkte im Abitur erhielt.
»Wie man es nicht machen sollte!«:
Antwort von Bewerberin B: »Im Unterschied zu Herrn …, der mit Mathematik ja anscheinend auf Kriegsfuß steht, war ich in diesem Fach immer unter den Besten. Ich hatte Mathematik-LK und erreichte im Abitur 15 Punkte. Ich bin der Meinung, dass man ohne sehr gute Mathematikkenntnisse Physik nicht studieren sollte und auch gar nicht studieren kann. Nun zu meinen Schwächen…«
»Wie man es machen sollte!«
Antwort von Bewerber C: »Leichte Defizite in Mathematik wie bei Herrn …, der andererseits aber sehr gute Noten in Physik hat, gehören nicht zu meinen persönlichen Schwächen, da Mathe immer mein Lieblingsfach war. Daher habe ich es auch als Leistungskurs belegt und wurde im Abitur mit 15 Punkten bewertet. Eine Schwäche von mir besteht darin, dass ich …«

3

3.4   Eigene Vorbereitung

Organisation   Kläre rechtzeitig vor dem Gespräch alle organisatorischen Fragen. Wo genau findet das Gespräch statt? Wie kommst du dorthin? Ist unter Umständen eine Übernachtung einzuplanen? Kannst du das Universitätsgelände vom Bahnhof aus zu Fuß erreichen oder musst du auf das öffentliche Verkehrsnetz zurückgreifen? Wirst du mit dem Auto gebracht oder fährst du selbst dorthin? Werden die Fahrtkosten erstattet?

Verschaffe dir einen Überblick über die Stadt und den Campus und plane immer Verspätungen bspw. durch Staus mit ein.

Outfit   Deine Kleidung sollte dem Anlass entsprechen, d.h. nicht zu leger, aber auch nicht übertrieben elegant sein. Du bewirbst dich schließlich als Student/Studentin. Bei Frauen ist ein Hosenanzug immer passend. Eine saubere Jeans mit Bluse oder auch T-Shirt und Blazer werden ebenfalls akzeptiert. Aber bitte keine uralten Turnschuhe dazu tragen oder Jeans, deren Hosenbeine ausgefranst und zudem verschmutzt sind, weil sie ständig auf dem Boden schleifen. Junge Männer müssen nicht unbedingt im Anzug erscheinen, eine Kombination, auch mit Jeans, genügt. Dass du geduscht, mit frisch gewaschenen Haaren sowie unter Einsatz eines Deos deinen Gesprächspartnern gegenübertreten solltest, ist selbstverständlich.

Gewissensfrage   Bevor du aufbrichst, frage dich noch einmal, wie intensiv dein Wunsch ist, an dieser Hochschule das angegebene Fach zu studieren. Bist du bereit, dein Herzblut dafür zu opfern, oder wären eine andere Hochschule und ein anderer Studiengang auch akzeptabel? Wenn es wirklich dein Herzenswunsch ist, genau dieses Fach an deiner Wahluni zu studieren, dann lass diesem Wunsch Taten folgen und tue alles, um deine Chancen zu maximieren. Ist dir der Ausgang des Auswahlgesprächs hingegen nicht so wichtig, musst du damit rechnen, diese innere Einstellung – zumindest wenn du kein begnadeter Schauspieler bist – während des Gesprächs auszustrahlen, was von den Anwesenden wahrscheinlich bemerkt wird und vielleicht zu deiner Ablehnung führt.

Infos einholen   Wissen ist Macht, das gilt auch für das Auswahlgespräch. Je mehr Informationen, und zwar auch sehr detaillierte, du über die Hochschule, das Umfeld, den Aufbau des Studiengangs, die Prüfungsmodalitäten sowie die Berufschancen und den Arbeitsmarkt im Vorhinein einholst, desto größer ist deine Chance, dass du zu den »Auserwählten« gehörst und eine Zusage erhältst. Diese Strategie gilt natürlich auch für die Beschäftigung mit Fragen, die in solchen Gesprächen gerne gestellt werden, anhand der Literatur.

Text lernen   Die Antworten auf Standardfragen wie »Erzählen Sie doch einmal von sich«, »Was sind denn Ihre Hobbys?«, »Welche beruflichen Pläne haben Sie?« usw. solltest du vorher schriftlich ausformulieren, dann auswendig lernen und dir selbst vor dem Spiegel vortragen. Erstens gewinnst du auf diese Weise an innerer Sicherheit und zweitens kannst du mit wohl durchdachten, flüssig präsentierten Antworten schon gleich ein paar Pluspunkte sammeln.

Probeauftritt   Probe deinen »Auftritt« vor den Dozenten mindestens einmal im Rollenspiel. Übergib einer Person, die du für geeignet hältst, eine Palette mit typischen Fragen und lass sie in die Rolle des prüfenden Professors schlüpfen. Du merkst auf diese Weise am besten, bei welchen Ausführungen du ins Schleudern gerätst und welche Nachfragen dich nervös machen. Dann ist noch Zeit, an deinen Antworten zu feilen. Außerdem kannst du ein Feedback über deine nonverbale Ausstrahlung erhalten und deine Selbstdarstellung anhand dieser Rückmeldung verbessern.

3.5   Umgang mit Angst und Ärger!

Ein Auswahlgespräch zu Studienbeginn geht meist mit höheren Stressraten einher als ein Auswahltest, denn hier handelt es sich um eine soziale Bewertungssituation, in der man direkt Kritik und Abwertung erfahren bzw. sich vor Zeugen »bis auf die Knochen« blamieren kann. Übertriebene Angst oder auch Ärger aufgrund von provozierenden Fragen und Kommentaren können in Auswahlgesprächen zum Stolperstein werden. Daher ist es wichtig, diese Reaktionen zu kontrollieren.

3.5.1 Angst

Angst als Ausdruck einer übertriebenen Besorgtheit in Bezug auf den Ausgang einer Challenge geht anders als bloßes Aufgeregtsein meist mit selbstabwertenden Gedanken einher. Tatsächlich lösen diese selbstabwertenden Gedanken das Gefühl der Angst meistens überhaupt erst aus. Damit die Befürchtungen nicht zu selbsterfüllenden Prophezeiungen werden, musst du dich immunisieren, und zwar mit folgenden Strategien.

Erfolgssymbol Was hast du bisher schon erreicht? Viel! Wäre es anders, hätte man dich gar nicht zu einem Auswahlgespräch eingeladen. Mache dir das klar und überlege dann, welches konkrete Erfolgssymbol am besten zu dir passt und dich auf deinem Weg begleiten soll. Für viele Studienanfänger ist das Abiturzeugnis der konkrete, aktuelle Beweis für Erfolg, Intelligenz und Leistungsfähigkeit.

◻ **Abb. 3.2** Erfolgsträume

Zaubersätze Halte dir vor Augen, welche Fähigkeiten und positiven Eigenschaften dich auszeichnen und packe diese in drei »knackige« Sätze, die kurz, positiv, im Indikativ und in der Gegenwartsform formuliert sind. Lerne diese Sätze auswendig und sage sie dir schon Tage vor dem Gespräch und auf dem Weg dorthin immer wieder vor. Sie fungieren als eine Art Kompass, der dich an dein Ziel bringt.

Beispiel
Sätze eines Bewerbers für den Studiengang Ingenieurwissenschaft:

− Ich bin in Mathe richtig gut!
− Ich kann sehr konzentriert lernen!
− Ich will dieses Fach unbedingt studieren!

Zukunftsvision Stelle dir in der Phantasie so anschaulich wie möglich vor, dass du das von dir gewählte Fach erfolgreich studierst. Beobachte dich selbst, wie du in der Vorlesung sitzt, dich in einem Seminar zu Wort meldest, eine Hausarbeit schreibst, für Prüfungen lernst, eine Klausur bestehst und am Ende dein Bachelor- oder Masterzeugnis in Empfang nimmst. Wähle aus diesen Bildern die Zukunftsversion aus, die dir am besten gefällt, und male dir dieses Szenario immer weiter aus (◻ Abb. 3.2).

3.5.2 Umgang mit Ärger

Nicht nur Aufregung und Angst sind verbreitete Emotionen in Auswahlgesprächen, einige Bewerber reagieren auch gereizt auf bestimmte Fragen der »Prüfer« . Letzteres ist vor allem bei Stressfragen der Fall, aber auch bei scheinbar überflüssigen Aufforderungen wie etwa, den Lebenslauf, den man doch schon schriftlich eingereicht hatte, noch einmal vorzustellen.

Natürlich erweist man sich in einer solchen Situation einen Bärendienst, wenn man Ärger zeigt und womöglich feindselig reagiert. Denke immer daran, die Dozenten sitzen am längeren Hebel. Sie – nicht du – entscheiden über die Zulassung.

Also ist das Gebot der Stunde, Ärger und aufkeimende Empörung zu kontrollieren.

Strategien zur Ärgerkontrolle Die folgenden Tipps lassen sich in einem Auswahlgespräch problemlos umsetzen.

▪▪ Zehen anspannen

Balle für die anderen unsichtbar unter dem Tisch die Zehen. Halte die Spannung einige Sekunden und lockere dann die Muskelgruppe. Führe diese

Übung dreimal hintereinander durch. Du lenkst dich auf diese Weise von deinem Ärger ab und wirst rasch ein Gefühl der Entspannung und Beruhigung wahrnehmen.

▪▪ Lächeln oder Lachen

Verhalte dich entgegengesetzt zu deinem augenblicklichen Gefühl, indem du den »Aggressor« anlächelst oder auch anlachst. In dieser Situation ist ein wenig Antichambrieren, das heißt den Mächtigen zu schmeicheln, erlaubt.

Unser Gehirn nimmt Gefühlszustände auch anhand der Mimik wahr. Lächeln und Lachen sind Ausdruck von Freundlichkeit und Wohlbefinden und daher mit Ärger oder gar Wut unvereinbar. Man kann nicht lächeln und sich zugleich ärgern. Änderst du bewusst deinen Gesichtsausdruck, zieht das auch eine Veränderung der begleitenden Emotionen nach sich. Das Hirn empfängt einen Impuls, der ihm vorgibt, alles sei in Ordnung, man freue sich usw. Es reagiert mit der Ausschüttung des Transmitters Serotonin, der die Stimmung positiv beeinflusst. Abgesehen von dieser angenehmen Konsequenz schlägt positiv zu Buche, dass man mit einem freundlichen Lächeln oder Lachen in einer Bewerbungssituation Sympathien gewinnt.

▪▪ Trinken

Während eines Auswahlgesprächs wird dir in der Regel ein Getränk angeboten, sei es Mineralwasser, Saft oder Tee. Greife nach dem Glas oder bitte darum, dir etwas einschenken zu dürfen, wenn du dich ärgerst. Das ist eine kleine, akzeptierte Geste, die wirkungsvoll zur Ärgerreduktion eingesetzt werden kann. Du lenkst dich erstens von deinem Ärger ab, und du setzt zweitens eine Zäsur, indem du deine Ärgergedanken durch eine konkrete Handlung abschneidest. Hinzu kommt der Symbolgehalt des Trinkens im Sinne von »etwas Unangenehmes herunterspülen«. Diesen Symbolgehalt kannst du intensivieren, indem du dir bewusst vornimmst, deinen Zorn jetzt einfach herunterzuschlucken.

3.6   »Todsünden« im Auswahlgespräch!

- Mit Gammel-, Gothic-, Model- oder Punk-Outfit vor dem Gremium erscheinen!

- Ungepflegt mit fettigen Haaren und Jeans, deren schmutzige Enden auf dem Boden schleifen, antreten!
- Dich als »Gesellschaftswauwau« in Szene setzen, indem du auf jeden Anwesenden losstürzt, ihm die Hand reichst und gleich Konversation machen willst!
- Dich als stilles Mäuschen präsentieren, das nervös auf der äußersten Stuhlkante balanciert und Fragen schüchtern mit einem knappen »Ja« oder »Nein« beantwortet!
- Keine klaren oder aber unrealistische Berufsziele (Anspruch in den Wolken) haben!
- Ärger über scheinbar unangemessene Fragen deutlich zeigen und womöglich provozierend mit einer Gegenfrage antworten!
- Wenig über den anvisierten Studiengang wissen!
- Wenig über die Hochschule wissen!
- Das eher mittelmäßige Abi mit unqualifizierten Lehrern oder negativen Lebensereignissen (Umzug, Scheidung der Eltern) begründen!
- Die eigenen Stärken und Schwächen nicht oder nicht genügend kennen!
- Vor einer Erwiderung so lange nachdenken, dass die Gesprächsteilnehmer schon fast einschlafen!
- Sich bei jeder Antwort mit vielen »Ääähs« und »Hmmms« selbst unterbrechen!
- Im Gruppengespräch anderen ins Wort fallen bzw. versuchen, die Mitbewerber oder anwesenden Dozenten tot zu reden!
- Sich abschätzig über Mitbewerber äußern!

3.7   Zehn abschließende Tipps

1. **Chancen der Selbstauskunft nutzen,** das heißt sich bei der schriftlichen Bewerbung bewusst machen, dass die Angaben Anlass zu Nachfragen sein können.
2. **Das Gespräch gründlich vorbereiten.**
3. **Bei anderen Kritik einholen.**
4. **Sich über Hochschule und Studiengang informieren.**
5. **Konkret werden, das heißt Interessen und Studienmotivation durch Fakten untermauern.** Beispiel: Studienwunsch Tiermedizin: Bewerber ist ehrenamtlicher Gassigeher im

Tierheim; Beispiel: Studienwunsch Journalismus: Bewerber hat schon ein Praktikum bei der Lokalzeitung vorzuweisen.

6. **Den Erfolgsfaktor mündliche Selbstdarstellung beachten.**
7. **Das Präsentieren üben.**
8. **Ein positives Klima herstellen,** das heißt freundlich, engagiert, offen und selbstbewusst auftreten.
9. **Das Gespräch so weit wie möglich aktiv lenken,** das heißt, von unangenehmen Fragen weg auf Aspekte lenken, mit denen man sich leicht tut.
10. **Im Falle einer Ablehnung sich mit dem Gedanken trösten, dass Erfolg und Misserfolg nicht ausschließlich von einem selbst abhängig sind.**

(Diese Tipps sind dem Buch »Erfolg im Auswahlgespräch« entnommen.)

Merke

- Überschießende Emotionen müssen im Auswahlgespräch kontrolliert werden!
- Eine exzellente Vorbereitung auf das Gespräch ist der halbe Erfolg!
- Stressfragen im Auswahlgespräch dienen manchmal nur dazu, deine emotionale Stabilität und dein Selbstbewusstsein zu überprüfen.

Literatur

Arbeitsgruppe Studienberatung Freie Universität Berlin (2009). Erfolg im Auswahlgespräch. Der unentbehrliche Ratgeber zur Vorbereitung auf Aufnahmegespräche an allen deutschen Hochschulen.
Herrmann, D. & Verse-Herrmann, A. (2012). Erfolgreich bewerben an Hochschulen. So bekommen Sie Ihren Wunschstudienplatz. Hallbergmoos: Stark Verlagsgesellschaft.
Horndasch, S. (2010). Master nach Plan. Erfolgreich im Masterstudium. Berlin & Heidelberg: Springer Medizin.

Prüfungen im Studium - Nur die Klügsten überleben?

Kapitel 4   Referat – 43
             Gabriele Bensberg

Kapitel 5   PowerPoint-Präsentation – 57
             Gabriele Bensberg

Kapitel 6   Klausur – 63
             Gabriele Bensberg

Kapitel 7   Mündliche Prüfung – 81
             Gabriele Bensberg

Kapitel 8   Mündliche Gruppenprüfung – 97
             Gabriele Bensberg

Referat

Gabriele Bensberg

4.1   **Worauf kommt es an? – 44**

4.2   **Die Redepyramide – 44**
4.2.1   Optik – 44
4.2.2   Akustik – 46
4.2.3   Inhalt – 47

4.3   **Einsatz von Medien – 49**

4.4   **Handout – 50**

4.5   **Thesenpapier – 50**

4.6   **Austausch und Diskussion – 52**

4.7   **Coping von Auftritts- und Redeangst – 52**
4.7.1   Die drei Pfeiler – 52

         Literatur – 55

G. Bensberg, *Dein Weg zum Prüfungserfolg*,
DOI 10.1007/978-3-662-43419-2_4, © Springer-Verlag Berlin Heidelberg 2015

4

» Am Anfang war das Wort. (Genesis)

4.1 Worauf kommt es an?

Was macht ein gutes Referat aus? Dass der Aufbau klar ist, die Inhalte gründlich recherchiert wurden und wissenschaftlich fundiert sind, wirst du vielleicht antworten. Diese Antwort ist aber nur teilweise richtig.

Bei einem Vortrag, und das ist auch bei Referaten nicht anders, entscheiden weitere, zum Teil sehr subtile Faktoren darüber, welche Bewertungen durch die Lehrkraft und die Kommilitonen vorgenommen werden.

4.2 Die Redepyramide

Die folgende Pyramide (❏ Abb. 4.1) veranschaulicht, worauf Zuhörer bei einem Vortrag achten.

Sie achten zunächst einmal darauf, wie sich der Redner **optisch präsentiert**. Der Mensch ist ein »Augentier«, das sich auf seine Augen weit mehr als auf seine Ohren verlässt.

Das Gehör ist aber bereits an zweiter Stelle wichtig. Wie klingt die **Stimme des Vortragenden**? Ist sie angenehm oder unangenehm, heiser oder melodisch, leise oder laut, kaum zu verstehen oder fast schon schreiend?

An dritter Stelle wird auf den **sprachlichen Ausdruck** geachtet. Welcher Sprache bedient sich der Vortragende? Spricht er Hochdeutsch oder Deutsch mit dialektalen Anklängen? Sind die Formulierungen gelungen oder unbeholfen? Sind sie womöglich so komplex, dass man inhaltlich nicht mehr folgen kann?

Als Nächstes wird die **Form** beachtet. Gibt es eine klare Gliederung, die auch optisch realisiert wird? Ist der rote Faden erkennbar?

Und dann erst geht es um den eigentlichen **Inhalt**. Welche Argumente werden vorgebracht? Sind sie nachvollziehbar und gut begründet? Werden sie mit Belegen untermauert und durch Beispiele veranschaulicht? Usw.

Etwas Sozialpsychologie – Der Primacy-Recency-Effekt
Der »Primacy-Recency-Effekt« bedeutet, dass die jeweils erste und letzte Begegnung mit einem Menschen den vergleichsweise stärksten Eindruck hinterlässt. In Vortragssituationen ist immer mit dem Effekt des »ersten Eindrucks« zu rechnen. Beachte: Es gibt für den ersten Eindruck keine zweite Chance!

4.2.1 Optik

Kümmere dich nicht nur um die Inhalte deines Referats, sondern auch um **visuelle Aspekte** deiner Präsentation und sei dir dabei der Wichtigkeit des Sinnesorgans Auge bewusst.

Erscheinungsbild

Stellst du dich sichtlich ungepflegt vor eine Gruppe, so kann dein Erscheinungsbild bewirken, dass man die Inhalte deines Vortrags negativer beurteilt, als ihnen angemessen wäre, da man voreingenommen ist. Die Zuhörer ziehen nämlich oft den Schluss: »Wie der Herr so's Gescherr!« Will heißen: Wer sich nicht einmal ausreichend um sein Äußeres kümmert, wird wahrscheinlich auch sein Referat wenig sorgfältig verfasst haben.

Anders liegt der Fall, wenn du schon als besonders guter Student/besonders gute Studentin aufgefallen bist, also einen Ruf als »Crack« hast. Unter dieser Bedingung hält man dich, wenn dein Outfit schlampig ist, wahrscheinlich für einen Intellektuellen, der mit den Banalitäten des Alltags nichts am Hut hat und irgendwie nicht von dieser Welt ist.

Bist du auffallend teuer und modisch gekleidet, kann man dir das als Arroganz auslegen und ist dann wahrscheinlich besonders kritisch gegenüber deinen Ausführungen. Ein erlesener Kleidungsstil erzeugt Distanz.

Für eine Frau ist es ungünstig, sich in einer Vortragssituation allzu sexy zu kleiden. Bei Kommilitoninnen kann Neid auf die attraktive Geschlechtsgenossin entstehen, bei Kommilitonen mag die Beschäftigung mit den äußeren Reizen der Vortragenden die Konzentration auf die Inhalte des Referats beeinträchtigen.

Die Redepyramide

- Inhalt
- Form
- Formulierung
- Sprechausdruck/Akustik/Klang
- Optik/Körpersprache/Mimik/Gestik

◻ **Abb. 4.1** Redepyramide (in Anlehnung an Papst-Weinschenk, 1995, S. 24)

Die Kleidung eines bestimmten Menschen aktiviert im Gehirn der anderen sogenannte Stereotype!

Etwas Sozialpsychologie – Stereotype
Unter einem Stereotyp versteht man eine **einseitige Wahrnehmungshypothese**. Es genügen bereits wenige meinungskonforme Informationen, um ein Stereotyp zu bestätigen. Umgekehrt bedarf es vieler gegenteiliger Informationen, um ein Stereotyp zu widerlegen. Die Aktivierung eines Stereotyps führt zu verkürzten, unrealistischen Bewertungen von Personen.
Gängige Stereotype:
- Sexy Kleidung: = oberflächlich, hohl, dumm
- Erlesene Markenkleidung: = oberflächlich, arrogant, unsozial
- Schlampige Kleidung: = unangepasst, »Null-Bock-Haltung«
- Usw.

Tipp: Tritt gepflegt in typischer »Studi-Kleidung« vor dein Publikum!

Mimik

Es wirkt »abtörnend«, wenn jemand mit steinerner oder gelangweilter Miene, vielleicht noch ohne jedwedes Lächeln vor eine Gruppe tritt. Ebenso ungünstig ist es, durch seine Mimik Unsicherheit er-

kennen zu lassen, indem man bspw. über die Köpfe der anderen hinweg ins Leere blickt oder nur auf seine Folien starrt oder sogar die Augen wiederholt niederschlägt.

❯ Bemühe dich um einen offenen, freundlichen Gesichtsausdruck. Begrüße die Zuhörer mit einem Lächeln. Halte viel Blickkontakt und sieh nicht nur vage in die Menge, sondern schaue einzelne Zuhörer auch direkt an, natürlich ohne sie mit deinen Blicken zu fixieren. Auf diese Weise vermittelst du den Eindruck, dass du an der Meinung der Kommilitonen interessiert bist, was zu erhöhter Aufmerksamkeit und gesteigertem Interesse führt.

Gestik

Zuhörer nehmen sehr genau wahr, wie sich ein Redner bewegt. Wenig einnehmend wirkt es, wenn jemand stocksteif, womöglich noch mit verschränkten Armen vor dem Auditorium steht. Genauso unangebracht ist es, unruhig hin und her zu hampeln und keine Sekunde still stehen zu können. Die Unruhe und Fahrigkeit des Vortragenden überträgt sich leicht auf die Zuhörer, die sich unter Umständen genervt und von dem Inhalt des Vortrags abgelenkt fühlen.

❯ Versuche, natürlich vor der Gruppe zu stehen und dich unverkrampft zu bewegen. Die Beine stehen etwa schulterbreit auseinander, was auch psychologisch ein Gefühl von Sicherheit vermitteln kann, die Arme hängen locker herunter. Wem gerade Letzteres schwer fällt, kann sich helfen, indem er etwas in der Hand hält, z.B. die Funkmaus oder den Laserpointer (◻ Abb. 4.2).

❶ Achtung!
Andere Länder, andere Sitten!
Achte darauf, ob du deine Präsentation vor einem überwiegend deutschen oder eher internationalen Zuhörerkreis hältst und informiere dich vorher ggf. über landestypische Gepflogenheiten. In den USA ist es bspw. üblich, während eines Vortrags eine

Abb. 4.2   Der ideale Habitus

Hand in die Hosentasche zu stecken. Diese Geste gilt in den Staaten nicht als unhöflich, sondern als Zeichen von Entspanntheit und Souveränität.

4.2.2   Akustik

Nicht nur die visuelle Ebene ist bei einem Vortrag bedeutsam. Auch die Akustik bzw. **Stimme, Sprechweise** und **Formulierungen** des Vortragenden beeinflussen die Wirkung eines Referats.

Stimme

Oft wird bei Vorträgen ohne Mikrofon zu leise gesprochen, was nicht immer mit Schüchternheit zusammenhängt, sondern auch darauf zurückgeführt werden kann, dass das individuelle Stimmvolumen

unterschiedliche Ausprägungsgrade aufweist. Es ist für das Auditorium aber außerordentlich anstrengend, über einen längeren Zeitraum konzentriert zuzuhören, wenn der Redner schwer zu verstehen ist.

Wichtig ist bei Vorträgen jeder Art auch der Klang der Stimme. Niemand hört gerne jemandem zu, der krächzt oder kreischt, heiser ist, nuschelt bzw. verwischt spricht usw. Die Stimme soll rund, warm und tragfähig sein, um Aufmerksamkeit und Sympathie zu wecken.

Sprechweise

Bei einem Referat wird deutlich, ob du das Hochdeutsche perfekt beherrschst bzw. in der Fremdsprache zu Hause bist, solltest du deinen Vortrag auf Englisch halten. Defizite hinsichtlich der Sprechweise tragen dazu bei, auch die Inhalte eines Referats zurückzustufen.

Allgemein gilt, dass man Dialektsprechern meist weniger Kompetenzen zutraut als Hochdeutschsprechern. Auch können dialektale Anklänge bei Zuhörern, die aus einer ganz anderen Region stammen, zu Ironie und Lachanfällen führen.

Fallbeispiel

Eine junge Studentin hielt ein Referat über die Besonderheiten der schwachen Verben im Deutschen. Sie war in Mannheim aufgewachsen und hatte bisher nur »Monnermerisch« gesprochen, was auf dem Gymnasium geduldet wurde.

Bei Referaten und Präsentationen bemühte sie sich zwar, Hochdeutsch zu sprechen, fiel aber während eines Vortrags immer wieder in die heimische Mundart zurück: »Des Fazit vo dere Thes is …« Die Dozentin enthielt sich einer kritischen Bemerkung, aber der Vortrag wurde von Grinsen und Kichern begleitetet, bis sich ein Kommilitone meldete und bat, die Referentin möge Hochdeutsch sprechen, damit er sie besser verstehen könne. Die Studentin fühlte sich bloßgestellt und hätte das inhaltlich übrigens gute Referat am liebsten abgebrochen.

Lies noch einmal in ▶ Kap. 12.4 »Der Zauber der Stimme« nach! Hier findest du zum Thema Stimme weitere wichtige Hinweise.

Merke
- Konzentriere dich darauf, laut zu sprechen, damit du auch noch in der letzten Reihe zu verstehen bist!
- Bemühe dich um eine angenehme, melodische Stimmführung mit klaren, sinnentsprechenden Betonungen!
- Bediene dich des Hochdeutschen, damit deine Kommilitonen keine Verständnisschwierigkeiten haben!

Formulierung
Wie ein Referat aufgenommen wird, hängt auch von dem Formulierungsgeschick des Vortragenden ab. Allzu verschachtelte Sätze mit schwierigen grammatischen Konstruktionen wirken abschreckend, weil der Zuhörer Probleme hat, den Inhalt zu verstehen. Noch mehr gilt das für Schachtelsätze, die noch nicht einmal grammatikalisch korrekt sind.

Als unangenehm werden außerdem lange Sprechpausen empfunden, die aus Unsicherheit oder weil man den Faden verloren hat, zustande kommen. Ebenso »nervig« wirken Referate, die zu bald einem Drittel aus »Ähhs« und »Hmms« bestehen.

Merke
- Achte darauf, flüssig zu formulieren und vermeide »Ähs« und »Hms« sowie inhaltlich nicht angebrachte Sprechpausen!
- Bilde einfache, verständliche und präzise Sätze und hüte dich vor »Bandwurmkonstruktionen«!
- Sprich in grammatisch einwandfreiem und gehobenem Deutsch! Achte auf die korrekte Verwendung des Konjunktivs (»tun würde« vs. »täte«) sowie auf den Gebrauch des Genitivs, der nicht zum Dativ werden sollte (»Argumente des Vorredners« vs. »Argumente von dem Vorredner«)!

Der Königsweg, um die Stimme zu schulen und sich eine flüssige Vortragsweise sowie adäquate Formulierungen anzueignen, besteht darin, **das Referat vorher zu üben** und es sich mehrfach – ca. dreimal – selbst laut vorzutragen. Zusätzlich kannst du Freunden einen kleinen Probevortrag halten. Du merkst so am besten, an welchen Stellen deine Ausführungen holprig sind und du nicht genau weißt, wie du einen Sachverhalt in Worte fassen sollst. Einige Zeit vor dem Referatstermin aber lassen sich diese Defizite noch ausbügeln.

Der Selbstvortrag ist auch wichtig, um die Zeit richtig einzuschätzen. Bei Referaten und sonstigen Vorträgen steht meist ein bestimmtes Zeitbudget zur Verfügung, an das man sich halten sollte. Es ist einer guten Bewertung abträglich und für die Zuhörer unbefriedigend, wenn man sein Referat aus Zeitgründen nicht beenden kann.

Übrigens: Du beginnst erst mit deinem Vortrag, wenn du am Rednerpult stehst und nicht etwa schon auf dem Weg dorthin!

4.2.3 Inhalt

Wichtige inhaltliche Kriterien sind der gelungene **Überblick** über das Thema, der **rote Faden**, die **Fundiertheit der Argumente**, die Art der **Einleitung** und ein überzeugender **Schluss**.

Gliederung
Die Gliederung muss ausgewogen sein und die einzelnen Gliederungspunkte sollen logisch aufeinander aufbauen. Bei einem Vortrag darf die Gliederung nicht zu kompliziert sein, sondern jeder Hauptpunkt ist auf höchstens zwei klar formulierte Unterpunkte zu beschränken. Die Gliederungsüberschriften sollten jeweils eine Zeile nicht überschreiten.

Bei einem historischen Thema empfiehlt es sich, die einzelnen Punkte chronologisch zu ordnen. Ansonsten ist auch eine Ordnung der Gliederungspunkte nach Argumentationsblöcken möglich, denen du am Ende ein Fazit anschließt.

Die bei einem Referat notwendigen **Hauptblöcke** müssen deutlich erkennbar sein!
- Einleitung
- Hauptteil
- Schluss

Einleitung

Die Einleitung führt zum Thema hin und sollte die Aufmerksamkeit der Zuhörer wecken. Es empfiehlt sich daher, mit einer **Anekdote**, einem provozierenden **Zitat**, einem **Fallbeispiel** oder einer an das Publikum gerichteten **Frage** den Vortrag zu eröffnen.

Beispiel

Du studierst Kunst und das Thema deines Referats lautet:

Bedeutende Malerinnen des 19. Jahrhunderts

Einleitend könntest du als kleine Provokation einen Autor aus dem 19. Jahrhundert zitieren, der überzeugt war, dass Frauen nur für Küche, Kinder und Kirche bestimmt sind und ihnen die Fähigkeit abgeht, große Kunstwerke zu schaffen.

Einleitendes Zitat:

» Der schöpferischen Kraft im Schaffen wie im Genuß der Kunst, ist die Frau durchaus unfähig, weil ihr die Triebfeder dazu fehlt: der fanatisch vorwärts drängende Wille. (Scheffler, 1908, S. 29)…
Der feminine Talentreichtum, den wir heute erleben, scheint weniger eine Folge des Willens zur Männerarbeit zu sein, als vielmehr das Ergebnis einer körperlichen Degeneration. Denn es fällt auf, daß weibliche Talente sehr oft aus geistig und körperlich ungesunden Familien stammen, aus Geschlechtern, deren Lebenskraft erschöpft ist, aus Künstlerfamilien vor allem und von weichlichen und neurasthenischen Vätern. (Scheffler, 1908, S. 93–94).

Hauptteil

Referate bestehen zu einem Großteil darin, **Fakten zusammenzutragen** und aus einer Fülle von Texten **Informationen zu selektieren**. Die Bewertung dieser Fakten, zu denen selbstverständlich auch Forschungsmeinungen gehören, ist von den beschreibenden Teilen deutlich zu trennen.

Roter Faden Damit die Zuhörer dem Referat folgen können, muss der »rote Faden« erkennbar sein, den zunächst die Gliederung widerspiegelt. Es ist für die Anwesenden zusätzlich hilfreich, wenn du während des Vortrags kurz erläuterst, an welchem Punkt der Gliederung du dich gerade befindest und an geeigneten Stellen das bisher Gesagte noch einmal zusammenfasst.

Argumentation Zentral für die Bewertung eines Referats sind die wissenschaftliche Fundiertheit und die Überzeugungskraft der von dir vorgetragenen Argumente.

Ausgewogenheit Bei den Ausführungen zu den einzelnen Punkten und Unterpunkten ist auf Ausgewogenheit zu achten, das heißt Großpunkt 4 darf nicht eine Viertelstunde Redezeit beanspruchen und Großpunkt 2 bspw. nur 5 Minuten. Wenn diesbezüglich deutliche Gewichtungsdiskrepanzen auftreten, ist die Argumentationskette in sich nicht stimmig. Argumente sollen aufeinander aufbauen und in einem nachvollziehbaren Zusammenhang stehen.

Pro und Contra Solltest du ein höchst umstrittenes Thema vorstellen, so müssen Pro- und Contra-Argumente einander hinsichtlich des Umfangs und der Gewichtung besonders sorgfältig entsprechen, weil man dir sonst mangelnde Objektivität vorwerfen kann, die für wissenschaftliches Arbeiten aber unbedingt erforderlich ist.

Stilmittel Es ist eine gute Strategie, Stilmittel wie das der Steigerung (schwächere Argumente zu Beginn, die stärksten am Schluss) zu verwenden. Eine weitere Strategie besteht darin, aus aufgestellten Prämissen logische Schlüsse abzuleiten (Wenn … dann …).

Beispiele Denke daran, in deinen Vortrag Beispiele einzufügen. Argumentationsstränge lassen sich plastisch anhand von konkreten Exempeln erläutern und dem Dozenten und den Kommilitonen auf diese Weise nahebringen. Beispiele tragen immer zu einem besseren Verständnis bei.

Schluss

Der Schluss des Referats rundet den Vortrag ab. Du kannst ein zusammenfassendes Fazit einfügen, Hinweise auf notwendige weitere Forschungen geben oder noch offene Fragen stellen, um die Zuhörer zu einer Diskussion zu animieren.

❶ **Achtung!**
Um ein Referat wirklich professionell und überzeugend zu halten, muss man im Vorhinein einen ziemlich hohen Aufwand betreiben. Aber es lohnt sich. Du erhältst wahrscheinlich eine gute Note, und die Zuhörer fühlen sich nicht nur informiert, sondern auch mitgenommen und unterhalten.

4.3   Einsatz von Medien

Die Wirkung eines Referats hängt auch davon ab, inwieweit der Vortragende den Umgang mit Medien beherrscht. PowerPoint-Präsentationen sind mittlerweile eine Selbstverständlichkeit geworden und ersetzen schon lange Folien, die früher per Overheadprojektor gezeigt wurden. Auf die Power-Point-Präsentation geht ▶ Kap. 5 ein.

Es ist für die Zuhörer abwechslungsreich und »würzt« einen Vortrag, wenn du eine gekonnte Mixtur der Medien darbietest. Die Auswahl will aber gut überlegt sein, und es gilt maßzuhalten, um nicht zu viel Unruhe in dein Referat zu bringen.

Medien, die zusätzlich zur klassischen Power-Point-Präsentation bei einem Referat eingesetzt werden können, sind in erster Linie:

- Tafel
- Flipchart
- Pinnwand
- Whiteboard
- Metaplanwand
- Video.

Wenn du diese Medien einbeziehst, müssen sie vor dem Vortrag präpariert werden. Das heißt, auch Flipchart und Tafel sind vorher zu beschriften. Während des Vortrags sollte man möglichst nicht mehr schreiben, denn es ist ein »No-Go«, den Zuhörern womöglich minutenlang schweigend den Rücken zuzukehren.

Das **Flipchart** eignet sich dafür, wichtige Hypothesen und Schlussfolgerungen aus deinem Vortrag noch einmal gesondert darzubieten, sodass sie den Kommilitonen ständig vor Augen stehen. Auch die Gliederung des Referats lässt sich auf einem Flipchart-Bogen präsentieren.

Videos dienen der Veranschaulichung von Inhalten, bspw. können Interviews mit Betroffenen bzw. Experten oder passende Filmszenen eingespielt werden. Bezieht sich dein Thema bspw. auf Formen von Kindesmisshandlung, so lässt sich ein Video zur Illustration nutzen, das die verstörenden Auswirkungen von Ohrfeigen eindrucksvoll veranschaulicht. Befasst sich dein Referat mit Jugendkriminalität, könntest du eine Szene aus dem Film »Wut« zeigen.

Du kannst die **Zuhörer bei geeigneten Themen auch aktiv** einbeziehen, indem du bspw. zu Beginn eine kleine Befragung vornimmst. Wenn du Politologiestudent bist und dein Referatsthema das Procedere bei Umfragen behandelt, könntest du die anwesenden Kommilitonen bitten, auf vorgefertigten Kärtchen ihre Meinung zu einer Frage aus der Politik abzugeben. Du lässt die Statements von einem Kommilitonen auszählen und vergleichst dann, inwieweit sie mit repräsentativen Befragungen übereinstimmen. Du kannst auch Meinungen zu einer bestimmten Partei sammeln und die Kärtchen an die Pinnwand heften, um sie später ebenfalls mit den Ergebnissen wissenschaftlicher Umfragen zu vergleichen.

Bei all diesen Möglichkeiten ist natürlich der **Zeitaufwand** zu berücksichtigen und vorher gut einzuplanen.

4.4   Handout

Ein Handout soll dem Zuhörer den Aufbau des Referats verdeutlichen. Es dient zudem als Memory, um sich die Inhalte des Vortrags später erneut vergegenwärtigen zu können. Handouts sollen den »roten Faden« des Referats abbilden und höchstens drei Seiten umfassen. In manchen Studienfächern sind sie verpflichtend und werden demgemäß benotet.

Gestaltungsprinzipien des Handouts:
- Die Darstellung ist knapp gehalten.
- Das Handout folgt inhaltlich der Gliederung des Referats.
- Wichtige Hypothesen, Fakten, Definitionen, Übersichtstabellen, Abbildungen usw. sind enthalten.
- Die verwendete Sekundärliteratur und die Quellen werden angegeben.
- Die optische Gestaltung soll die Übersichtlichkeit steigern.

Aufbau des Handouts:
1. **Kopf**: Hier sind mindestens zu nennen:
   - Seminar
   - Dozent/-in
   - Thema des Referats
   - Referent/-in
   - Vortragsdatum.

Du kannst auch noch die Hochschule, deinen Studiengang, das aktuelle Semester und die Matrikelnummer hinzufügen.
2. **Gliederung**: Es genügt, die einzelnen Gliederungspunkte stichwortartig aufzuführen.
3. **Einleitung**: Die Einleitung führt zum Thema hin und soll die Aufmerksamkeit der Zuhörer fesseln.
4. **Schluss**: Hier kann eine kurze Zusammenfassung bzw. ein Fazit eingefügt werden.
5. **Fuß**: Du führst die Literatur und die Quellen auf. Um das Handout auch optisch übersichtlich zu gestalten, wählt man für den Kopf und den Fuß eine kleinere Schriftgröße.

Die Hinweise für die Abfassung von Handouts sind zum Teil etwas unterschiedlich. Informiere dich, wie Handouts an deiner Hochschule und in deinem Fachbereich abgefasst werden sollen.

Anbei eine Handout-Checkliste für den Fachbereich Germanistik an der Universität Jena (◘ Abb. 4.3).

4.5   Thesenpapier

Bei vielen Referaten ist es üblich, ein Thesenpapier zu erstellen, das entweder zu Beginn der Veranstaltung oder nach dem Vortrag ausgeteilt wird.

Bei Thesenpapieren sind **zwei Formen** zu unterscheiden:
- Kommentierendes Thesenpapier
- Informierendes Thesenpapier.

Das **informierende Thesenpapier** enthält Hinweise und Fakten, die den Vortrag ergänzen und kann dabei auch auf Bildmaterial und Tabellen zurückgreifen. Es entspricht weitgehend dem eben besprochenen Handout.

Das **kommentierende Thesenpapier** dient hingegen dazu, Kernaussagen zu verdeutlichen. Es subsumiert Thesen zu den Inhalten des Vortrags, die ruhig etwas provozierend sein dürfen. Allerdings müssen sie einer wissenschaftlichen Überprüfung zugänglich sein und sollten nicht »platt« daherkommen. Diese Form des Thesenpapiers stellt Argumente in den Mittelpunkt, die eine nachfolgende Diskussion einleiten. Die Argumente sollen ausformuliert, aber knapp gehalten werden.

Aufbau:
Thesenpapiere umfassen höchsten drei Seiten und sind **dreigliedrig aufgebaut**.
- Den eigenen Namen, das Thema, Datum usw. lässt man als Kopfzeile mitlaufen. Auf ein Deckblatt wird verzichtet.
- Es folgen die durchnummerierten Thesen, die logisch aufeinander aufbauen sollen. Die Reihenfolge nimmt dabei Bezug auf den chronologischen Verlauf des Referats. Die Thesen

G. Bensberg: Prüfungen bestehen

| Checkliste für Handouts | Seite 1 |

Kopf

– Datum
– Ort: Universität Jena
– Bezeichnung der Lehrveranstaltung
– Name des Dozenten/der Dozentin
– Name des Referenten/der Referentin

Titel

– Thema des Vortrags

Hauptteil

– Zentrale Aussagen und Hypothesen, wichtige Zitate
– Beispiele, Listen, Tabellen, Grafiken
– Inhaltlich sinnvolle und typografisch ansprechende Gliederung
– Überschriften und Beispiele (wenn in größerer Anzahl vorhanden: auch Listen, Tabellen und Grafiken) nummerieren
– Das Handout muss mit den anderen Vortragshilfsmitteln (zum Teil Folien, PowerPoint-Präsentation, Wandtafel) koordiniert werden. Wichtig ist insbesondere eine übereinstimmende Nummerierung.

Literaturangaben

– Vollständigkeit ist erst in der Hausarbeit angestrebt – aber die wichtigsten Grundlagen für das Referat sind unbedingt zu nennen
– Weiterführende Lektüre (Empfehlungen für die Zuhörer).

(Quelle: Prof. Dr. Peter Gallmann, Friedrich-Schiller-Universität Jena; URL: www-personal.unijena.de/~x1gape/ Handout.htm)

■ **Abb. 4.3** Checkliste für Handouts

lassen sich durch ein abschließendes Fazit abrunden.
- Den Abschluss bildet eine kurze Bibliografie, die auch Hinweise auf weiterführende Werke enthalten kann.

Aufbau- und Gestaltungsmöglichkeiten, die auch kombiniert werden können:
- These 1 – These 2 usw.
- These 1, Begründung oder Kommentar – These 2, Begründung oder Kommentar usw.
- These 1, Begründung oder Kommentar, Schlussfolgerung – These 2, Begründung oder Kommentar, Schlussfolgerung usw.
- These 1, Antithese – These 2, Antithese usw.
- These 1, Antithese, Synthese – These 2, Antithese, Synthese usw.
- These 1, Begründung oder Kommentar, Antithese, Begründung oder Kommentar, Synthese, Begründung oder Kommentar – These 2, Begründung oder Kommentar, Antithese, Begründung oder Kommentar, Synthese, Begründung oder Kommentar usw.

(Universität Bielefeld, Fakultät für Erziehungswissenschaft, SCS, Service Center Selbststudium; URL: ► www.uni-bielefeld.de/ew/scs; Tag der Einsichtnahme: 12.08.2013)

Ein Beispiel für ein Thesenpapier, bei dem sich an die einzelnen Thesen jeweils eine Begründung bzw. ein Kommentar anschließt, zeigt ◘ Abb. 4.4.

4.6   Austausch und Diskussion

Es ist üblich, den Seminarteilnehmern im Anschluss an ein Referat Gelegenheit zu geben, Fragen zu stellen, Kritik zu äußern und eine Diskussionsrunde zu eröffnen.

Antworten auf mögliche Fragen vorbereiten Bereite dich auf diese abschließende Phase deines Vortrags vor, indem du bereits während der Abfassung des Referats Überlegungen anstellst, welche Fragen oder Diskussionspunkte wahrscheinlich zur Sprache kommen werden. In einem nächsten Schritt formulierst du vorsorglich schon einmal passende Antworten. Da du mit der Materie vertraut bist, denn dein Referat gehört in den thematischen Gesamtzusammenhang einer Lehrveranstaltung, dürfte dir das nicht allzu schwer fallen. Sei auch darauf gefasst, weitergehende Fragen seitens des Dozenten klären zu müssen.

Unbeantwortbare Fragen Wenn du eine Frage beim besten Willen nicht beantworten kannst, so stehe dazu, biete aber zugleich an, die Information nachzutragen oder gib eine Quelle an, welche die Frage des Kommilitonen/der Kommilitonin vermutlich beantworten kann.

Störende Privatgespräche Falls sich während der Austauschphase Kommilitonen mit Privatgesprächen ablenken, zu tuscheln beginnen und ihre Aufmerksamkeit offensichtlich auf andere Dinge richten, kann es eine geschickte Strategie sein, sie direkt anzusprechen, um sie in die Diskussion einzubinden:

Beispiel
»Ihr drei unterhaltet euch gerade so angeregt, vielleicht könnt ihr uns mitteilen, welche Sicht der Dinge ihr habt, damit wir auch davon profitieren können.«
»Ich sehe, dass ihr euch untereinander austauscht. Kann es sein, dass ihr noch Fragen habt?«
Man kann auch offensiver werden: »Könnt ihr private Gespräche bitte später führen. Eure Unterhaltung stört die anderen.«

4.7   Coping von Auftritts- und Redeangst

Stütze dich bereits in der Vorbereitungsphase deines Referats auf **drei massive Pfeiler**, die dir helfen, Stress und Aufregung zu reduzieren und eine positive, ausgewogene Stimmungslage beizubehalten.

4.7.1   Die drei Pfeiler

Exzellente Vorbereitung
Schreibe das Referat nicht in letzter Minute, sodass es wie mit »heißer Nadel« gestrickt erscheint,

G. Bensberg: Prüfungen bestehen	
Thesenpapier	**Seite 1**

Referent: Marius Mustermann

Matrikelnummer: 000000

Seminar: Sozialphilosophische Gerechtigkeitskonstruktionen

Dozent: Prof. Dr. ...

Semester: HWS 2013/14

Vortragsdatum: ---

Thema
Bedingungsloses Grundeinkommen als gesellschaftspolitische Utopie?

1. These: »Belohnung von Leistungsverweigerung«
Menschen lernen durch die Ausgänge ihres Verhaltens, indem bestimmte Verhaltensweisen wie die Verweigerung von Leistung »bestraft« bzw. gesellschaftlich sanktioniert werden. Mit der Einführung eines bedingungslosen Grundeinkommens lernen sie, dass Leistungsverweigerung belohnt wird.

2. These: »Rentnermentalität«
Das bedingungslose Grundeinkommen hat wahrscheinlich eine »Rentnermentalität« zur Konsequenz, die mit Innovationsfeindlichkeit und der Verweigerung von Weiterbildungsmaßnahmen einhergeht.

3. These: Kein Anreiz für Geringverdiener
Gerade für Geringverdiener entfällt der materielle Anreiz, einer sozialversicherungspflichtigen Arbeit nachzugehen. Das hätte einen hohen volkswirtschaftlichen Schaden zur Folge.

4. These: »Braindrain« von Hochqualifizierten
Das bedingungslose Grundeinkommen kann einen verstärkten »Braindrain« von sehr gut ausgebildeten Arbeitskräften nach sich ziehen, da »Besserverdienende« im Unterschied zu anderen Ländern wie etwa der Schweiz schon jetzt steuerlich überdurchschnittlich hoch belastet sind.

5. These: Gefährdung des sozialen Friedens
Das bedingungslose Grundeinkommen kann den sozialen Frieden gefährden, weil hart arbeitende Bürger für potentiell leistungsfähige Mitbürger aufkommen müssen.

6. These: Kollaps der Volkswirtschaft
Ein bedingungsloses Grundeinkommen bedeutet, dass ein sehr hoher Anteil des gesamten Volkseinkommens umverteilt wird, ohne dass hierfür eine Arbeitsleistung erfolgt. Das kann schließlich zum Kollaps der Volkswirtschaft führen.

Fazit:
Die Einführung eines bedingungslosen Grundeinkommens ist sowohl aus psychologischen, gesellschaftlichen als auch volkswirtschaftlichen Gründen abzulehnen.

Literatur: ...

■ **Abb. 4.4** Beispiel für ein Thesenpapier

sondern plane genügend Zeit für mehrfache Überarbeitungen ein.

Schreiben ist ein mühsamer Prozess selbst für Vielschreiber, denen dieses Handwerk Spaß macht. Während es Komponisten gibt, die in einer Mammutaktion in einer einzigen Nacht ein umfangreiches Musikstück mit Ewigkeitswert komponieren, ist eine vergleichbare Leistung der Zunft der Schreibenden kaum möglich. Wissenschaftliche Abfassungen erfordern einen hohen bis sehr hohen Zeitaufwand.

Daraus folgt, dass derartige Texte mehrfach – als Faustregel gilt sieben Mal – zu überarbeiten sind. Das Referat bzw. die Präsentation wie eine Klausur herunterzuschreiben und höchstens noch ein bis zweimal kritisch durchzulesen, ist also wenig zielführend!

Halte den Vortrag weitgehend frei und klebe nicht an den Folien. Um eine freie Vortragsweise professionell zu beherrschen, sollte der Vortrag vor dem Referatstermin einige Male geübt werden.

Run und Relax

Run   Körperliche Bewegung stellt das einfachste und wirkungsvollste Mittel dar, um Aufregung zu reduzieren. In Anforderungssituationen ist das autonome Nervensystem übermäßig aktiviert und schüttet vermehrt Stresshormone wie Adrenalin und Noradrenalin aus, um den Organismus auf eine Fight-Flight-Reaktion vorzubereiten. Die Hormone erhöhen die Atemfrequenz und sorgen für einen schnelleren Puls. Die Aktivität des Darms wird gehemmt und der Blutdruck steigt. Das Blut wird bestimmten Körperteilen wie Großhirnrinde und Haut entzogen und anderen, den Muskeln und endokrinen Drüsen, zugeführt. Der Muskeltonus erhöht sich.

Dies ist eine uralte, sinnvolle somatische Reaktion, die aus der Urzeit stammt, als die ersten Menschen mit Mammuts kämpfen oder vor dem Säbelzahntiger fliehen mussten. Wenn du vor dem Referat joggst, also in den Augen eines Eiszeitmenschen »fliehst«, bauen sich die Stresshormone wieder ab. Daher auch der Tipp, sich »per pedes« zum Vortragsort zu begeben oder mit dem Rad dorthin zu fahren. Wenn du weiter entfernt wohnst, kannst du zwei Haltestellen früher aussteigen oder einen Umweg einplanen.

Relax   Es gibt einfache Entspannungsmethoden, die sich vor einer Auftrittssituation problemlos einsetzen lassen. Eine von ihnen zielt auf die Kontrolle der Atmung ab.

Wenn du bewusst nach bestimmten Vorgaben atmest, signalisierst du deinem Gehirn, dass du dich in einem ruhigen und entspannten Zustand befindest. Sekundär wird auf diese Weise auch das überaktive Herz beruhigt.

Bei einer **Atementspannung** müssen bestimmte Prinzipien beachtet werden. Die Ausatmungsphase sollte deutlich länger sein als die Einatmungsphase, denn nur die Ausatmungsphase ist im Gehirn an Ruhevorstellungen gekoppelt. Man sollte außerdem immer durch die Nase einatmen, um die gesundheitsförderliche Bauchatmung einzuleiten.

Achte kurz vor und während des Vortrags auf eine ruhige Atmung!

Bauchatmung

Einatmen

Lege die Hände in Höhe des Nabels auf den Bauch. Die Mittelfinger liegen direkt auf der Linie des Nabels. Beim Einatmen hebt sich der Bauch, das Zwerchfell und die unteren Lungen füllen sich mit Luft. Die Hände werden dadurch nach oben gedrückt.

Ausatmen

Beim Ausatmen kehrt das Zwerchfell in seine frühere Position zurück. Der Bauch wird flach und die Hände kommen in ihre Ausgangslage zurück.
Übe die Bauchatmung.

Man kann aber auch – du magst ungläubig den Kopf schütteln, es ist aber so – über die Zunge eine Entspannungsreaktion auslösen. Die **Position der Zunge** ist beim Menschen ein deutliches Zeichen für Anspannung einerseits und Entspannung andererseits. Versuche einmal, die Zunge ganz fest an den oberen Gaumen zu pressen. Was geschieht? Die Atmung wird wahrscheinlich flacher und es stellt sich das unangenehme Gefühl von Anspannung ein. Körper und Geist gehen wieder einmal Hand in Hand.

Diese Tatsache kann man nutzen, indem man sich durch eine willentliche Veränderung der Position der Zunge in einen entspannten Zustand versetzt.

> **Kontrolle der Zunge**
> — Lasse die Zunge in den unteren Rachenraum fallen und öffne dabei zugleich ein wenig den Mund.
> — Es stellt sich sogleich ein Gefühl von Entspannung ein.
> — Achte bewusst auf dieses Gefühl und wiederhole die Übung ggf. mehrere Male.

Mantras und Phantasie

Hier kommen wieder die viel beschworenen, weil ungemein hilfreichen Selbstinstruktionen zum Einsatz. Formuliere **drei kurze, positive Sätze**, die dich optimal auf die Auftrittssituation einstimmen, z.B.:
— Ich bleibe ruhig und gelassen!
— Ich bin sehr gut vorbereitet!
— Ich halte einen tollen Vortrag!

Eine ergänzende Möglichkeit sind **Erfolgsphantasien**. Stelle dir des Öfteren vor, z.B. in der Straßenbahn oder im Zug bzw. abends im Bett, wie du deine Präsentation souverän meisterst, wie du gelassen vor der Gruppe stehst, die Inhalte anschaulich präsentierst, hinterher von dem Dozenten/der Dozentin gelobt wirst und dir Kommilitonen rückmelden, das Referat sei super gewesen.

> **Merke**
> — Nicht nur die Inhalte zählen, sondern auch die Art der Darbietung!
> — Die Einleitung soll das Interesse der Zuhörer wecken!
> — Der Aufbau muss klar und logisch sein!
> — Der »rote Faden« soll leuchten!
> — Aktiviere die drei Pfeiler »Vorbereitung«, »Entspannung« und »Selbstsuggestion«!

Literatur

Duden (2011). Präsentationen und Referate. Wissen, Versehen, Checken. Autorin: J. Engst. Mannheim & Zürich: Dudenverlag.

Heister, W., Wälte, D., Weßler-Poßberg, D. & Finke, M. (2007). Studieren mit Erfolg: Prüfungen meistern. Klausuren, Kolloquien, Präsentationen, Bewerbungsgespräche. Stuttgart: Schäffer-Poeschel Verlag.

Pabst-Weinschenk, M. (1995). Reden im Studium. Ein Trainingsprogramm. Frankfurt/Main: Cornelsen Verlag Scriptor.

Scheffler, K. (1908). Die Frau und die Kunst. Berlin: Verlag Julius Bard.

PowerPoint-Präsentation

Gabriele Bensberg

5.1 »Dos« bei PowerPoint – 58

5.2 »Don'ts« bei PowerPoint – 58

5.3 Strukturierungsprinzipien – 58

5.4 Einsatz von Abbildungen – 58
5.4.1 Foto – 58
5.4.2 Grafik – 60
5.4.3 Diagramm – 60
5.4.4 Tabelle – 60
5.4.5 Hyperlink – 61

5.5 Bildschirmpräsentation – 61
5.5.1 Zeitfaktor – 61
5.5.2 Animation – 61

5.6 Einheitliche Foliengestaltung – 62
5.6.1 Hintergrund – 62
5.6.2 Design – 62
5.6.3 Folienmaster – 62

Literatur – 62

G. Bensberg, *Dein Weg zum Prüfungserfolg,*
DOI 10.1007/978-3-662-43419-2_5, © Springer-Verlag Berlin Heidelberg 2015

» Gute Vorträge und gutes Essen haben eines gemeinsam – ausreichend Würze. (Lorenz Hölscher)

🚫 **Achtung!**
Das Kapitel bietet keine Einführung in die technische Handhabung von PowerPoint, sondern gibt Präsentationshinweise. Für die perfekte Beherrschung des Computerprogramms ziehe bitte die einschlägige Literatur zu Rate und besuche entsprechende Kurse.

5.1   »Dos« bei PowerPoint

Alle Hinweise in diesem Kapitel beziehen sich auf Microsoft PowerPoint 2010. Die unten genannten Empfehlungen solltest du bei der **Gestaltung von PowerPoint-Folien** beachten (◻ Abb. 5.1):

- Die klassische Schriftart ist Arial.
- Die Schriftfarbe ist schwarz oder blau.
- Auf den Folien erscheinen nur Kernaussagen.
- Die Formulierungen sind knapp und allgemeinverständlich zu halten.
- Rechtschreibung und Grammatik müssen korrekt sein.
- Pro Folie sollten 6–9 Zeilen nicht überschritten werden.
- Es sind höchstens 5–7 Wörter pro Zeile zu verwenden.
- Hervorhebungen erscheinen »fett« oder rot.
- Abbildungen sind wichtig zur Veranschaulichung von Sachverhalten.
- Auf ein einheitliches Layout (Folienmaster) ist zu achten.
- Das Layout soll nicht »reißerisch«, sondern eher »minimalistisch« sein.
- Die Schlussfolie enthält den Dank für die Aufmerksamkeit der Zuhörer.

5.2   »Don'ts« bei PowerPoint

Zu den häufigsten **Fehlern bei der Erstellung einer PowerPoint-Präsentation** gehören:
- Zu viele Folien
- Zu viel Text auf einer Folie

- Zu kleine Schrift (kleiner als 18 Punkte) (◻ Abb. 5.2)
- Unterschiedliche Hervorhebungen (z.B. fett, kursiv, Kapitälchen)
- Keine einheitliche Gestaltung der Folien (z.B. verschiedene Schrifttypen, abweichende Positionierung von Rahmen und Logo; ◻ Abb. 5.3)
- Zu bunt, zu viele Bilder (z.B. mehr als drei Farben pro Folie)
- Keine visuellen »Eyecatcher« wie etwa Cliparts, Grafiken und Tabellen

5.3   Strukturierungsprinzipien

Eine überzeugende Präsentation setzt eine klare Gliederung und eine übersichtliche Anordnung der Folien voraus. Unverzichtbare Bestandteile sind:
- **Titelfolie,** eventuell in Verbindung mit einem aussagekräftigen Bild
- **Inhaltliche Überblicksfolie** mit jeweils höchstens einem Unterpunkt (◻ Abb. 5.4)
- **Zwischenfolien,** die anzeigen, dass du von einem Großpunkt zum anderen wechselst (◻ Abb. 5.5; ◻ Abb. 5.6). Du kannst auch auf die Inhaltsfolie zurückgreifen und den aktuellen Gliederungspunkt bspw. durch Fettdruck hervorheben.

5.4   Einsatz von Abbildungen

5.4.1   Foto

Ein Bild sagt bekanntlich mehr als tausend Worte! Zur Veranschaulichung einer Botschaft können eigene oder allgemein zugängliche Fotos aus dem Internet eingefügt werden. Bei Abbildungen, die dem Netz entnommen sind, muss das **Urheberrecht** beachtet werden. Es ist gefährlich, Bildmaterial aus unbekannten Quellen zu nutzen. Gestattet ist die Nutzung von Abbildungen, für die das Urheberrecht bereits abgelaufen ist; das ist in Deutschland in der Regel nach 70 Jahren der Fall. Außerdem kann man Bilder aus der Datenbank von Wikipedia verwenden, die der Creative-Commons-Lizenz CC-BY-SA unterliegen. Bei der Verwendung dieser Fotos muss keine Erlaubnis eingeholt werden, nur

Immer mehr Studiengänge

– Insgesamt 16 000 verschiedene
Studiengänge an deutschen Hochschulen
– Davon 7300 Bachelorstudiengänge (HWS
2012/13)
– Davon 5592 Masterstudiengänge (HWS
2012/13)

Abb. 5.1   Beispielfolie ohne Bild

Vorteile von Planungsmethoden

– Der Knappe Faktor Zeit wird ökonomisch eingesetzt.
– Die Lernphasen werden intensiviert.
– Das Erreichen von Zwischenzielen bringt Erfolgserlebnisse und damit
neue Motivation.
– Stresssituationen, vor allem vor Prüfungen, werden durch eine
geplante Arbeitsverteilung gemindert.
– Durch eine Zeitplanung und Aufgabenpräzisierung kann man
rechtzeitig die Beschaffung der notwendigen Arbeitsmaterialien
sicherstellen (z.B. Ausleihe oder Anschaffung von Büchern).
– Ein Plan erfordert zwar Zeitaufwand, erspart dann aber die Mühe
dauernder Entscheidungen darüber, welche Aufgaben und
Tätigkeiten in welcher Reihenfolge durchgeführt werden sollen.
– Planung schafft Freiräume für »Freizeit ohne Reue«:
  – Teile der Semesterferien lassen sich mittel- und langfristig als echte
  Freizeit planen;
  – Wochenenden bieten Entspannung ohne Arbeitsdruck;
  – Tagespläne enthalten fixierte Freistunden.

Abb. 5.2   Beispiel: Zu viel Text und zu kleine Schriftgröße

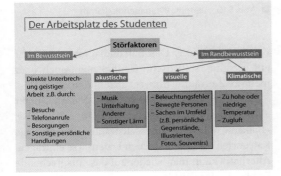

Abb. 5.3   Beispiel: Uneinheitliche und zu bunte Gestaltung der Folie

Inhalt

– 24.09.2013 (vormittags)   – 25.09.2013 (nachmittags)
– Entscheidungsprobleme   – Burnout
  – Ursachen   – Ursachen
  – Symptome   – Symptome
  – Bewältigung   – Bewältigung
– 24.09.2013 (nachmittags)
– Prüfungsangst
  – Ursachen
  – Symptome
  – Bewältigung

Abb. 5.4   Beispiel: Inhaltliche Überblicksfolie

Entscheidungsprobleme
URSACHEN

Abb. 5.5   Beispiel: Zwischenfolie; aktueller Gliederungspunkt: Ursachen

Inhalt

1. Einführung
2. Arbeitbedingungen
3. Lerntechniken
4. Zeimanagement
5. Motivation
6. Konzentration
7. Prüfungsvorbereitung
8. Entspannung

Abb. 5.6   Beispiel: Zwischenfolie; aktueller Gliederungspunkt: Arbeitsbedingungen

die Quelle ist zwingend zu nennen. Auf der sicheren Seite bist du auch, wenn du auf freie Bilder aus
seriösen Quellen, wie z.B. den Stock-Photo-Agen-
turen, zurückgreifst. Hier ist allerdings meist ein
kleines Entgelt zu zahlen.

Befehlsfolge: Auf das entsprechende Symbol
in der Folie klicken und ein zuvor aus dem Internet kopiertes Foto einsetzen. Ein anderer Weg führt
über die Befehlsleiste am oberen Rand des Bild-
schirms, die dasselbe Symbol enthält (**Abb. 5.7**).

5

Amoklauf an der Columbine High School 1999

– Die Schüler Eric Harris und Dylan Klebold richten ein Massaker an.
– Anschließend töten sie sich selbst.

◘ **Abb. 5.7**   Beispiel: Folie mit Foto

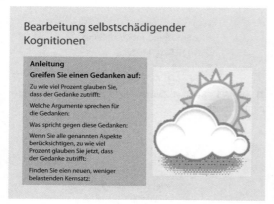

Bearbeitung selbstschädigender Kognitionen

Anleitung
Greifen Sie einen Gedanken auf:

Zu wie viel Prozent glauben Sie, dass der Gedanke zutrifft:

Welche Argumente sprechen für die Gedanken:

Was spricht gegen diese Gedanken:

Wenn Sie alle genannten Aspekte berücksichtigen, zu wie viel Prozent glauben Sie jetzt, dass der Gedanke zutrifft:

Finden Sie eien neuen, weniger belastenden Kernsatz:

◘ **Abb. 5.8**   Beispiel: Auf der rechten Seite der Folie befindet sich eine aus dem Internet ausgeschnittene Grafik

5.4.2   Grafik

Auch Grafiken eignen sich sehr gut zur Veranschaulichung von Inhalten (◘ Abb. 5.8). PowerPoint stellt eine Vielzahl von Grafikelementen zur Auswahl (◘ Abb. 5.9). Zudem lassen sich die grafischen Bildformatvorlagen des Programms zu Gestaltungszwecken nutzen. Auch bei Grafiken, die aus dem Internet heruntergeladen oder aus fremden Quellen entnommen und verwendet werden, ist das Urheberrecht zu beachten.
Befehlsfolge: Siehe oben.

5.4.3   Diagramm

PowerPoint beinhaltet unterschiedliche Diagramm-Varianten, etwa das Organigramm, das Pyramidendiagramm (◘ Abb. 5.10), das Zyklusdiagramm und

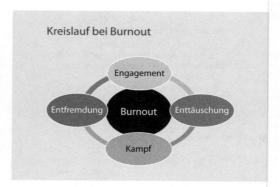

Kreislauf bei Burnout

◘ **Abb. 5.9**   Beispiel: Eine SmartArt-Grafik

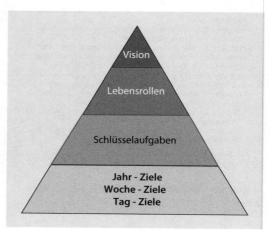

◘ **Abb. 5.10**   Beispiel: Pyramidendiagramm

Balkendiagramme. Das Balkendiagramm ist sehr gut geeignet, statistische Häufigkeiten, auch über mehrere Zeiträume hinweg, abzubilden.
Befehlsfolge: »Einfügen«, »Diagramm«, unter »Vorlagen« die entsprechende Variante, z.B. »Kreis«, »Balken«, »Linie«, »Säule«, auswählen und dann die Kategorien und numerischen Datensätze eintragen. Alternativ kann man wieder auf das entsprechende Symbol in der Folie klicken.

5.4.4   Tabelle

Tabellen dienen dazu, numerischer Daten zu strukturieren und übersichtlich darzustellen (◘ Abb. 5.11).

Befehlsfolge: »Einfügen«, »Tabelle«, die Anzahl der gewünschten Zeilen und Spalten markieren und unter »Tabellenformatvorlagen« das Layout festlegen. PowerPoint bietet hier eine Fülle von Farb- und Gestaltungsvarianten an. Alternativ ist auch hier möglich, in der Folie auf das entsprechende Symbol zu klicken.

5.4.5 Hyperlink

Mit Hyperlinks kann man eine PowerPoint-Präsentation dynamisch und abwechslungsreich gestalten, denn das Einfügen eines Hyperlinks ermöglicht es, bestimmte Folien bspw. mit einer Website, einem Video oder Audio zu verlinken.

Befehlsfolge: Gewünschte Folie auswählen, im Internet die Audio- oder Videodatei abrufen, die Internetadresse kopieren, mit der rechten Maustaste in die Folie einfügen, Leertaste hinter die Internetadresse setzen, mit der rechten Maustaste »Hyperlink bearbeiten« anklicken und einen aussagekräftigen Titel eingeben. Der Hyperlink wird erst bei der Bildschirmpräsentation sichtbar.

5.5 Bildschirmpräsentation

5.5.1 Zeitfaktor

Bei einer PowerPoint-Präsentation ist die Anzahl der Folien unbedingt dem zur Verfügung stehenden Zeitkontingent anzupassen.

Pro Folie sind ca. 2 bis 4 Minuten Sprechzeit einzuplanen! Daraus folgt, dass du dich bei einem 30-minütigen Referat auf ca. 10 bis 12 Folien beschränken solltest. Stehen dir 60 Minuten zur Verfügung, dürfen es ungefähr 20 Folien sein usw.

Es wird oft der Fehler gemacht, zu viele Folien zu zeigen, deren Inhalte aufgrund der Kürze der Zeit von den Zuhörern gar nicht aufgenommen werden können.

Gehe bei der Planung der Präsentation also unbedingt von der vorhandenen Zeit aus und lege zunächst fest, wie viele Folien du dem jeweiligen Gliederungspunkt zugrunde legen wirst. Damit hast du zugleich eine erste Strukturierung und notwendige Beschränkung deines Vortrags vorgenommen.

Ratsuchende der PBS Mannheim: Anstieg von Entscheidungsproblemen			
	2010	2011	2012
Lernen/Leistung	76,6	80,5	80,6
Prüfungsangst	64,8	68,1	64,9
Selbstwertprobleme	51,3	57,3	61,7
Entscheidungsprobleme	48,0	50,1	60,1
Depressionen	63,8	69,4	59,7
Isolation	38,8	40,0	45,0

❏ Abb. 5.11 Beispiel: Probleme von Studierenden in den Jahren 2010 bis 2012

5.5.2 Animation

Um die Bildschirm-Präsentation spannender zu gestalten, können Animationen eingefügt werden. Sie sind aber nicht als Selbstzweck gedacht, sondern dienen zur Veranschaulichung der Inhalte. Es sollte also sparsam mit ihnen umgegangen werden.

Befehlsfolge: »Einfügen«, »Animationen«, entsprechende Folie oder Folienausschnitt markieren, Klick auf »Animation hinzufügen«. Triff eine Auswahl innerhalb der möglichen Animationseffekte, geh dann auf »Bildschirmpräsentation«, und die Animation erscheint, wenn du die entsprechende Folie anklickst.

Es können »Eingangs-«, »Hervorhebungs-« und »Ausgangseffekte« eingefügt werden.

Eingangseffekte Eine Animation ist z.B. sinnvoll, wenn du mehrere Unterpunkte zu einem Thema oder Nebenaspekte einer Theorie präsentieren und erläutern willst. In einem solchen Fall ist es hilfreich, die Elemente auf der entsprechenden Folie nacheinander einzublenden oder einfliegen zu lassen.

Hervorhebungseffekte Diese eignen sich gut, um zu verdeutlichen, dass man von einem Punkt oder Thema zu einem anderen übergeht bzw. um anzuzeigen, wo man sich inhaltlich gerade befindet.

Ausgangseffekte   Auch Ausgangseffekte können deine Botschaft untermauern. Wenn du z.B. verschiedene Forschungsansätze diskutierst und einen schließlich für widerlegt erklärst, kannst du den ad acta gelegten Ansatz durch eine entsprechende Einstellung bei dem Link »Ausgangseffekte« von der Folie verschwinden lassen.

5.6   Einheitliche Foliengestaltung

Eine einheitliche Foliengestaltung ist eines der Grundprinzipien für eine gelungene PowerPoint-Präsentation, wobei gestalterische Elemente kreativ eingesetzt werden können.

5.6.1   Hintergrund

Der Hintergrund muss nicht weiß bleiben, sondern kann von dir einheitlich in einer ansprechenden Farbe oder mit einem interessanten Muster gestaltet werden.
   Befehlsfolge: »Ansicht«, »Entwurf«, dann ein Klick auf »Hintergrundformate«, die dir verschiedene Möglichkeiten und Varianten vorstellen.

5.6.2   Design

Der Vereinheitlichung und Aufpeppung der Folien dient auch die Wahl eines sich durchziehenden Designs. PowerPoint bietet eine große Anzahl an Designvorgaben, unter denen du wählen kannst.
   Befehlsfolge: »Ansicht«, »Entwurf«, »Design«. Es erscheinen verschiedene Vorschläge, die sich probeweise einblenden lassen.

5.6.3   Folienmaster

Der Folienmaster erlaubt es dir, die Präsentation in perfekter Weise einheitlich zu gestalten, ohne dass du jede einzelne Folie bearbeiten und anpassen musst.

» Du findest ihn im Menü »Ansicht«. In der Masteransicht erstellst du die Generalvorlage für deine Präsentation. Du legst beispielsweise Schriftart und Farbe für alle Überschriften fest, definierst einen einheitlichen Hintergrund oder bestimmst, welches Schriftenformat für die Überschriften gelten soll. Auch Hintergrundbilder, die z.B. immer in der rechten Randleiste auftauchen sollen, kannst du im Folienmaster festlegen. Danach schließt du die Masteransicht. Bei jeder neuen Folie, die du öffnest, übernimmt Powerpoint jetzt das, was du im Folienmaster bestimmt hast. Das erspart dir die Mühe, immer gleiche Elemente auf jeder Folie neu definieren zu müssen. (Duden, S. 68).

Merke
- Weniger ist oft mehr bei PowerPoint-Präsentationen!
- Überprüfe, ob du alle »Dos« berücksichtigt hast!
- Stelle sicher, dass sich keine »Don'ts« in deiner Präsentation befinden!

Literatur

Duden (2011). Einfach klasse in Präsentationen und Referate. Wissen, Verstehen, Checken. Mannheim: Bibliographisches Institut.

Garten, M. (2011). PowerPoint. Der Ratgeber für bessere Präsentationen. Aktuell zu PowerPoint 2007 und 2010. Bonn: Vierfarben.

Heister, W., Wälte, D., Weßler-Poßberg, D. & Finke, M. (2007). Studieren mit Erfolg: Prüfungen meistern. Klausuren, Kolloquien, Präsentationen, Bewerbungsgespräche. Stuttgart: Schäffer-Pöschel.

Lowe, D. & Thomas, M. (2010). PowerPoint für Dummies. Weinheim: Wiley-VCH Verlag.

Klausur

Gabriele Bensberg

6.1   **Wichtigkeitsstufen – 64**

6.2   **Lernstrategien – 64**
6.2.1   Ökonomisches Auswendiglernen – 64
6.2.2   »Helikopter«-Lernen – 66
6.2.3   Laut lernen – 66
6.2.4   SQ3R-Methode – 66

6.3   **Klausurformen mit Bearbeitungstipps – 67**
6.3.1   Essay – 67
6.3.2   Juristische Fallklausur – 68
6.3.3   Klausur mit offenen Fragen – 70
6.3.4   Klausur mit geschlossenen Fragen (Multiple-Choice) – 70
6.3.5   Mathematikaufgaben und Grafiken – 72
6.3.6   Mischformen – 73
6.3.7   Verständnisklausuren – 74

6.4   **Vor der Klausur: Zur Ruhe kommen – 75**

6.5   **Klausurstrategie – 76**

6.6   **Was tun bei Blackout? – 77**
6.6.1   Wie kommt ein Blackout zustande? – 77
6.6.2   Wenn es passiert… – 78

6.7   **Nach der Klausur – 78**
6.7.1   Und wenn es schief ging? – 78
6.7.2   Neustart – 78

Literatur – 79

G. Bensberg, *Dein Weg zum Prüfungserfolg*,
DOI 10.1007/978-3-662-43419-2_6, © Springer-Verlag Berlin Heidelberg 2015

» Prüfungen messen, was die Angst übriggelassen hat … (Unbekannt)

6.1   Wichtigkeitsstufen

Wie man sich angemessen auf eine Klausur vorbereitet, hängt auch davon ab, welchen Stellenwert sie innerhalb des Studiums hat. Diesbezüglich ist Klausur nicht gleich Klausur, sondern es lassen sich verschiedene Gewichtungsstufen unterscheiden.

1. Stufe: »Überlebenswichtig« Diese Klausur entscheidet darüber, ob du dein Studium fortsetzen bzw. abschließen kannst. Beispiele sind Klausuren, zu denen du mit »Joker«, das heißt zum endgültig letzten Versuch antrittst. Ein anderes Beispiel ist das Wiederholen der sogenannten Orientierungsprüfung, die nach dem 2. Semester ansteht. Darunter versteht man den Nachweis bestimmter Studienleistungen, welche die Eignung für das gewählte Fach dokumentieren sollen. Auch hier entscheidet Bestehen oder Nichtbestehen über die Möglichkeit, das Studium fortzusetzen oder den Prüfungsanspruch zu verlieren. Ein noch bedrohlicheres Szenario bietet sich Jurastudenten, die beim Staatsexamen durchgefallen und jetzt zum ersten und zugleich letzten Wiederholungsversuch zugelassen sind. Fallen sie noch einmal durch, war alles umsonst und sie verlassen die Hochschule ohne Abschluss.

2. Stufe: »Sehr wichtig« Es sind Klausuren gemeint, für die es entweder sehr viele Credits gibt, die sich also entscheidend auf die Durchschnittsnote auswirken, oder die besonders ins Gewicht fallen, weil man sich in diesem Bereich später bewerben möchte. Zum Beispiel ist das Abschneiden in dem Modul »Internationales Management« für einen BWL-Studenten, der im Ausland arbeiten möchte, hochbedeutsam.

3. Stufe: »Wichtig« Viele Klausuren sind von eher mittlerer Wichtigkeit. Es handelt sich um Pflichtklausuren, die man bestehen muss, für die es aber nicht allzu viele ECTS gibt. Unter Umständen sind auch Fächer betroffen, die für den eigenen Berufswunsch nicht relevant sind.

4. Stufe: »Beliebig wiederholbar« Einzelne Klausuren sind bis zu den Abschlussprüfungen beliebig oft wiederholbar und müssen zum Teil, ohne dass eine Note vergeben wird, nur bestanden werden. Derartige Klausuren gehen für die meisten Studis mit wenig Stress einher.

❶ Achtung!
Lege die Wichtigkeitsstufen der aktuell anstehenden Klausuren fest und berücksichtige die Einstufung bei der Erstellung des Lernplans, indem du die Lernzeiten entsprechend variierst!

6.2   Lernstrategien

Um Klausuren kompetent zu bearbeiten, muss man über ein breites Wissen verfügen, und das heißt in vielen Fällen, es ist eine Menge auswendig zu lernen. Beachte bitte, dass bestimmte Definitionen und Fachbegriffe nicht selten wortgetreu wiedergegeben werden müssen, damit man Punkte für eine Antwort erhält. Den Stoff »nur« verstanden zu haben, genügt oft nicht!

6.2.1   Ökonomisches Auswendiglernen

Unter Auswendiglernen ist nicht »stures Pauken« ohne Sinn und Verstand zu verstehen, sondern gemeint ist die **Verbindung zwischen detailgenauer Einprägung und semantischem Lernen**, also dem geistigen Durchdringen und Verstehen der Inhalte. Diese Strategie ermöglicht das Herstellen von Transferleistungen und die Verknüpfung des Gelernten mit anderen Wissensspeichern und ist daher ein Schlüssel zum Erfolg in vielen Bachelorstudiengängen.

Prinzipien des Lernens von Büchern, Skripten und Slides:

- Keine schriftlichen Zusammenfassungen
- Markierungsprinzip anwenden
- Mind-Maps erstellen
- Helikopter-Lernen
- Laut lernen
- SQ3R-Methode

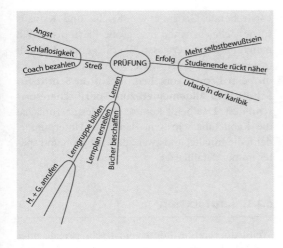

◘ Abb. 6.1   Schaubild Mind-Map (Heugabelmethode)

Keine schriftlichen Zusammenfassungen

Schriftliche Zusammenfassungen von Texten anzufertigen, ist prinzipiell ein geeignetes Mittel, um sich einen Themenkreis zu erschließen. Leider ist dieses Procedere aber auch sehr **zeitaufwendig**. Da sich Bachelorstudiengänge vielfach durch ein dichtes Lehrprogramm auszeichnen, das außerdem mit vielen singulären Prüfungen gespickt ist, solltest du diese Lernmethode eher ad acta legen.

Außerdem gehen zu viele prüfungsrelevante Informationen verloren, wenn du am Ende nur deine Zusammenfassungen lernst. In Klausuren werden Folien, Skripte und Lehrbücher oft sehr detailliert abgefragt, und auch Inhalte von Fußnoten können im Einzelfall Bestandteil einer Frage sein. Schriftliche Zusammenfassungen sollten daher über eine DIN A4-Seite pro Fach nicht hinausgehen und nur Stichworte enthalten.

Markierungsprinzip anwenden

Stattdessen empfiehlt es sich, wichtige Aussagen, Formeln usw. mit **verschiedenfarbigen Textmarkern** hervorzuheben und dabei ein bestimmtes Farbensystem festzulegen, das du dann ständig anwendest, zum Beispiel »gelb« für Definitionen, »rot« für Formeln, »grau« für Beispiele usw. Folien und Skripte sind einseitig auszudrucken, damit auf den Rückseiten Ergänzungen hinzugefügt werden können.

Manuelles Mind-Mapping

Eine zweite wichtige Lernmethode stellt das Mind-Mapping dar, das man später auch im Beruf einsetzen kann. Diese Methode verbindet verbales und bildhaftes Denken. Bei einer Mind-Map handelt es sich um eine Art geistige Landkarte, die durch Schlüsselwörter unter Nutzung von Symbolen und Aspekten des räumlichen Vorstellens strukturiert ist (◘ Abb. 6.1).

Die Methode eignet sich sehr gut, um **Notizen zu erstellen**, das heißt Zusammenfassungen, Gliederungen und Protokolle, ohne sich mit zeitraubenden und langatmigen Exzerpten aufhalten zu müssen.

Eine weitere wichtige Funktion besteht in der Nutzung von Mind-Maps als **Gedächtnisstütze**, da der Vorteil des Zusammenflusses bildlichen und verbalen Vorstellens und Schlussfolgerns genutzt werden kann. Auf diese Weise werden Erinnerungsleistungen gefördert und Lerninhalte tiefenstrukturiert verankert.

Außerdem stellt die Anfertigung einer Mind-Map eine Chance für die **vertiefte Durchdringung eines Themenbereichs** dar. Es ist zwar möglich, ohne intensives Nachdenken lineare schriftliche Aufzeichnungen zu produzieren, die Erstellung von Mind-Maps ist jedoch ohne beständiges Reflektieren nicht denkbar.

Wie geht man vor?

Eine Mind-map zu erstellen, erfordert immer mehrere Durchgänge. Man benötigt zunächst einige weiße, weder karierte noch linierte Blätter, ein Lineal und mehrere bunte Stifte.

Das Blatt legst du im Querformat vor dir auf die Arbeitsplatte und trägst in der Mitte das **Thema** oder Gebiet ein, mit dem du dich näher beschäftigen willst, also z.B. »Quantentheorie«, »Erdzeitalter« etc. Ausgehend von diesem Zentralbegriff werden Hauptlinien gezogen und auf diesen wird – in Druckbuchstaben – jeweils ein das Thema erhellende **Schlüsselwort** vermerkt.

Die Anzahl der Hauptäste sollte um des besseren Überblicks willen auf höchstens sechs begrenzt bleiben. Von diesen Hauptästen gehen in einem zweiten Arbeitsschritt **Verzweigungen** ab, die sich aufspalten und ebenfalls sämtlich mit Schlüsselwörtern versehen werden, die jedoch immer weniger Informationen umfassen.

Bei den so bezeichneten Schlüsselwörtern handelt es sich formal meist um Substantive, Verben oder Adjektive und inhaltlich um Bezeichnungen, die komplexe Wissenseinheiten und Kontextdependenzen in Bezug auf den Zentralbegriff zu »entschlüsseln« vermögen.

Jetzt können in einem weiteren Schritt mithilfe von Pfeilen, Bildern, Symbolen und Farben zusätzliche sinnvolle **Bezüge zwischen den Haupt- und Nebenästen** hergestellt werden, sodass die Tiefenstruktur der jeweiligen Thematik noch ersichtlicher wird.

Die praktisch-konkrete Gestaltung der Linien kann unterschiedlich erfolgen. So zweigen bei der »Fischgrätenmethode« die einzelnen Äste vergleichbar den Gräten eines Fisches von den Hauptästen ab, während sich bei der »Heugabelmethode« der Ast am Ende heugabelgleich in jeweils dreiarmige Unteräste verzweigt. Bei der »Clustermethode« werden die Schlüsselwörter in kleine umrahmte Blasen eingetragen. Prinzipiell sind der Phantasie beim Erstellen einer Mind-Map aber keine Grenzen gesetzt.

Ist eine Mind-Map fertig, gilt es abschließend zu überdenken und ggf. auch zu überprüfen, ob alle wesentlichen Kriterien und inhaltlichen Strukturen der Thematik erfasst sind.

Ist man erst dabei, sich ein Wissensgebiet zu erschließen, so sind neu gewonnene Erkenntnisse der Mind-Map sukzessive zu integrieren, was relativ unproblematisch ist, da neue Äste und Symbole sowohl bei manuellen als auch digitalen Mind-Maps leicht hinzugefügt werden können.

> Digitale Mindmap-Varianten, die man zum Teil kostenlos downloaden kann, sind u.a. MindManager (▶ www.mindjet.com), FreeMind (▶ www.freemind.sourceforge.net/wiki/index.php/Main_Page) und MindMeister (▶ www.mindmeister.com).

6.2.2 »Helikopter«-Lernen

Wenn man sich von einem Helikopter aus einen ersten Eindruck von einer fremden Stadt verschaffen will, überfliegt man diese zunächst aus beträchtlicher Höhe. Der Blick fällt dabei auf hervorstehende Gebäude wie Kirche und Rathaus sowie vielleicht einen See, große Plätze usw. Will man Einzelheiten erfassen, überfliegt man die Stadt in immer geringerer Höhe. Ganz ähnlich solltest du beim Lernen vorgehen, indem du **Schritt für Schritt vom Allgemeinen zum Spezifischen** fortschreitest. Das heißt konkret: Du lernst zunächst die Kapitelüberschriften, dann die Unterpunkte, dann die Inhalte, und zwar zunächst grob und später immer detaillierter.

6.2.3 Laut lernen

Weißt du, wie die Römer einst sehr private oder geheime Botschaften lasen? Sie gingen in einen leeren Raum oder suchten einen abgelegenen Teil des Gartens auf und lasen sich die Nachricht dann laut vor. Das stille Lesen war damals nämlich noch unbekannt, es ist eine späte Entdeckung und dem Menschen ursprünglich fremd. Man kann nachweisen, dass auch lautloses Lesen immer mit neuronalen Impulsen an den Artikulationsorganen verbunden ist.

Lautes Lernen hat den Vorteil, dass ein weiterer Sinneskanal, der auditive, neben dem visuellen aktiviert wird. Je mehr Sinneskanäle in einen Lernprozess einbezogen sind, desto größer ist auch die Behaltensleistung. Außerdem kannst du, indem du dir Inhalte laut vorträgst, besser überprüfen, welche schon beherrscht werden und welche noch nicht richtig »sitzen«. Zudem ist »lautes Lernen« eine probate Methode, um abschweifende Gedanken zu kontrollieren und Konzentrationsprobleme in den Griff zu bekommen.

6.2.4 SQ3R-Methode

Setze zur Bearbeitung von wissenschaftlicher Sekundärliteratur die SQ3R- oder 5-Punkte-Methode ein. Das »S« steht für »Survey«, das »Q« für »Question« und die drei »Rs« meinen »Read«, »Recite« und »Review«.

1. **Überblick gewinnen** (Wie ist das Buch aufgebaut, wer hat es geschrieben? Usw.)
2. **Fragen überlegen** (Warum lese ich diesen Text? Muss ich alles lesen? Usw.)

3. **Abschnittweise lesen** (Wichtiges markieren)
4. **Rekapitulieren** (Fragen beantworten, Notizen machen, Inhalte rekapitulieren)
5. **Repetieren** (Den gesamten Text nochmals überfliegen, Notizen prüfen)

6.3 Klausurformen mit Bearbeitungstipps

Klausuren können hinsichtlich der Art der Fragestellung und der zu erbringenden Leistungen sehr unterschiedlich gestaltet sein. Entsprechend der jeweiligen Klausurform sind die Lernarten und Prüfungsstrategien festzulegen, um sie den diskrepanten Anforderungen anzupassen. Man sollte sich also informieren, wie die anstehende Klausur wahrscheinlich beschaffen sein wird, und danach seinen Lern- und Prüfungsplan ausrichten.

6.3.1 Essay

Essays in Klausurform sind vor allem in **geisteswissenschaftlichen Fächern** wie Anglistik, Germanistik, Philosophie usw. verbreitet. Ein Essay beantwortet im Rahmen einer verbalen Abhandlung eine bestimmte Fragestellung.

In der Wissenschaft überwiegen zwei Essayformen, das »argumentative Essay« – hier wird ein kontroverses Thema behandelt – und das »vergleichende Essay« – hier sind zwei Aussagen, Thesen etc. einander gegenübergestellt. Essaythemen werden sowohl im Rahmen einer Klausur als auch einer Hausarbeit vorgegeben.

❶ Achtung!
Anders als ein wissenschaftliches Referat fordert das Essay die Elaborierung einer subjektiven Stellungnahme, was aber nicht bedeutet, dass du zur Untermauerung deiner Ansichten auf wissenschaftliche Studien, Forschungsergebnisse und grundlegende Theorien verzichten kannst!

Ein Essay gliedert sich in eine Einleitung, die persönliche These, den argumentativen Hauptteil und einen Schluss, der die Beantwortung der Eingangs-

frage und vielleicht noch eine knappe Zusammenfassung des Inhalts enthält.

Die Argumente müssen überzeugend und nachvollziehbar aufgebaut sein, der rote Faden soll sich deutlich herauskristallisieren und die eigene Position ist klar zu umreißen.

Außerdem muss auf einen »flüssigen« Schreibstil geachtet werden. Die Formulierungen sollten dem Sujet angemessen und natürlich nicht umgangssprachlich, sondern gehoben sein.

Beispiele
— Are teens easy prey for the advertising industry? (Fachbereich Anglistik)
— Der schmale Grad zwischen formellen und informellen Strukturen am Beispiel der Causa zu Guttenberg (Fachbereich Politikwissenschaft)
— Monismus vs. Pluralismus in der Moral: Lässt sich mit einem einzigen Prinzip erfassen, welche Handlungen moralisch falsch oder richtig sind? (Fachbereich Philosophie)
— Eliteförderung – heute wichtiger denn je? (Fachbereich Soziologie)
— Welche psychologischen Variablen spielen bei Amoktaten junger Menschen eine Rolle? (Fachbereich Psychologie)
— Welche Ironieformen lassen sich in Shitstorms identifizieren? (Fachbereich Germanistik/Linguistik)
— Nehmen Sie Stellung zu dem Bonhoeffer-Zitat: »Nur wer für die Juden schreibt, darf auch gregorianisch singen!« (Fachbereich Theologie)

Tipps für Essay-Klausuren

Sammle Wissen! Ein Essay in Klausurform bezieht sich auf die Inhalte eines Seminars oder einer Vorlesung, das heißt, die Slides, Referate und die ergänzende Literatur müssen bearbeitet und im Gedächtnis gespeichert werden. Es ist nicht notwendig, einem Essay Zitate einzufügen, aber du musst sachkundig auf wissenschaftliche Positionen, Grundlagen, Theorien usw. verweisen können. Lies andere Essays, damit du einen Eindruck von dem Aufbau, Stil etc. bekommst.

Beziehe Position! Es gibt bei Essaythemen kein Richtig oder Falsch! Hinsichtlich der Benotung sind die Logik der Argumentation, die Beantwortung der Essayfrage und die sprachliche Darstellung ausschlaggebend.

Übe anhand von Essaythemen, dich für die eine oder andere Sichtweise möglichst rasch zu entscheiden. Achte dabei auf dein Bauchgefühl! Je mehr du gefühlsmäßig von einer Position eingenommen bist, desto motivierter sammelst du Argumente und desto überzeugender wird dein Stil.

Übe das Schreiben! Schreibe ein Essay in der vorgegebenen Zeit, damit du einen Eindruck bekommst, wie viele Zeilen du bspw. in 45 Minuten zu Papier bringen kannst. Berücksichtige diese Information bei der Gliederung deines Essays, indem du entscheidest, wie viele Seiten, Abschnitte und Zeilen die einzelnen Punkte umfassen sollen.

Lass deine Essays gegenlesen! Bitte fähige Kommilitonen, ca. drei, von dir verfasste Essays zu lesen und hole ein ausführliches Feedback über die Stärken und Schwächen deiner Texte ein. Erstelle auf der Basis deiner Schwächen eine Checkliste mit den Punkten, auf die du bei der Klausur achten musst, z.B. das Vermeiden stereotyper Formulierungen oder eine korrekte Zeichensetzung.

6.3.2 Juristische Fallklausur

Fallklausuren sind vor allem für den Fachbereich Jura typisch, aber auch im Studiengang Psychologie kommen sie vor. Bei Fallklausuren geht es darum, umfangreiche, in sich zusammenhängende Sachverhalte, die als eine Art »Shortstory« erzählt werden, zunächst **auf der Basis des erworbenen theoretischen Wissens zu analysieren und anschließend begründete Lösungsschritte zu entwickeln.**

Juristen haben, wenn sie sich auf das erste Staatsexamen vorbereiten, den Vorteil, mit Aufgabentypen konfrontiert zu werden, die ihnen aus dem Studium vertraut sind, nämlich Fallklausuren aus den drei großen Rechtsgebieten: Öffentliches Recht, Zivilrecht und Strafrecht. Dennoch ist das juristische Staatsexamen eine »Hammerprüfung«, da unendlich viel Wissen gespeichert und abgerufen werden muss, die Ansprüche sehr hoch und die Benotungen außerordentlich streng sind. Da

verwundern Durchfallquoten von 20 bis 30 Prozent und die geringe Anzahl derer (bundesweit ca. 10–15 %), die mit einem sog. Prädikatsexamen (ab 9 Punkten) die Hochschule verlassen, nicht.

Beispiele
Fall zum Strafrecht im Studiengang Jura
Streit unter Brüdern
Hannes hatte noch nie ein gutes Verhältnis zu seinem Bruder Siegfried, der im Haus der Mutter lebt und diese nach dem Tod des Vaters versorgt hat. Als die Mutter stirbt, erfährt Hannes, dass Siegfried von den Sparbüchern der Mutter alles Geld abgehoben und außerdem sämtliche im Haus befindlichen Wertsachen verkauft hat, um mit dem Erlös seine Spielschulden zu begleichen. Hannes gerät darüber außer sich und will seinem Bruder einen Denkzettel verpassen. Er leiht sich von seinem Freund Martin, der im Besitz eines Waffenscheins ist, eine Pistole und lauert Siegfried am späten Abend auf der Straße auf. Er beschimpft ihn als »Erbschleicher« und »miese Ratte« und schlägt ihn mit dem Griff der Pistole nieder. Siegfried fällt mit dem Kopf auf die Bordsteinkante und zieht sich ein Schädel-Hirn-Trauma zu.
Frage: Wie haben sich H., S. und M. strafbar gemacht?

Fall zum Zivilrecht im Studiengang Jura
Ein voreiliger Kauf
Die 16-jährige Carina erhält von ihrer Patentante zu Weihnachten 500 Euro. Darüber freut sie sich sehr, denn sie wünscht sich sehnlichst ein Apple iPhone, das ihr die Eltern aber nicht kaufen wollen. Mit dem Geld der Patentante geht sie nach den Feiertagen zum Händler und ersteht ein iPhone zum Preis von 640 Euro. Sie zahlt dem Verkäufer V die 500 Euro von der Patentante sowie weitere 50 Euro, die sie gespart hat. Mit dem Verkäufer vereinbart sie, das restliche Geld in monatlichen Raten von 20 Euro abzuzahlen, die sie von ihrem Taschengeld und einem Job als Babysitterin begleichen will. Freudestrahlend nimmt sie ihr iPhone entgegen und geht damit nach Hause, um es den Eltern zu zeigen. Diese sind jedoch alles andere als begeistert und weigern sich, den Kauf zu genehmigen.
Frage: Kann V das iPhone aus § 985 BGB herausverlangen?

Tipps für Juristische Fallklausuren

Achte bei Juraklausuren vor allem auf folgende Punkte:

Lies den Fall dreimal! Informiere dich zunächst über die Inhalte, füge beim zweiten Lesen Markierungen ein und achte beim dritten Durchgang auf Fallen. Erstelle dann Skizzen, um dir einen Überblick über die Personen und Sachverhalte zu verschaffen. Schließe bei sehr komplexen Fällen einen vierten Lesedurchgang an, um sicherzugehen auch wirklich nichts überlesen zu haben, was inhaltlich von Bedeutung ist.

Löse den Fall zunächst intuitiv! Nachdem du den Fall mindestens dreimal gelesen, Wichtiges markiert und Skizzen zur Verdeutlichung des Beziehungsgeflechts zwischen Personen und/oder Sachverhalten erstellt hast, solltest du zunächst überlegen, wie du entscheiden würdest. Welche Lösung erscheint dir auf Anhieb gerecht und einleuchtend? Erstelle erst dann die Lösungsskizze und überprüfe sie auf mögliche Abweichungen von deiner ersten Idee. Bei dieser Vorgehensweise kommst du Denkfehlern und Fehleinschätzungen leichter auf die Spur!

Beachte die Einteilung der Zeit! Es wird allgemein empfohlen, ca. 50 Prozent der zur Verfügung stehenden Zeit für die Niederschrift zu verwenden. Also verbringe nicht zu viele Minuten damit, über dem Fall zu grübeln und eine Lösungsskizze zu erstellen.

Trenne Wesentliches von Unwesentlichem! Füge schon bei der Lösungsskizze die ungefähre Seiten- bzw. Zeilenzahl ein, die ein Ober- oder Unterpunkt voraussichtlich einnehmen wird. Kontrolliere dich auf diese Weise selbst, um nicht auf juristischen Nebenschauplätzen ins Schwafeln zu geraten und wesentliche Punkte womöglich in nur zwei bis drei Sätzen abzuhandeln.

Achte auf deinen Stil! Nicht nur der Einsatz oder Nichteinsatz des Gutachtenstils wird bewertet, sondern auch die sprachliche Kompetenz. Jura-Klausuren sollen in einem guten Stil geschrieben sein. Das heißt auch, dass man nicht fünfmal hintereinander dasselbe Wort gebraucht und nicht dreimal aufeinanderfolgend denselben Satzanfang wählt, was den Stil holprig und unelegant werden lässt.

Denke eigenständig! Jura ist ein Studiengang, der manchmal kreative Lösungsansätze erfordert, indem ein Rechtsgebiet zugrunde gelegt wird, das nicht oder kaum bekannt ist. Unter diesen Bedingungen musst du auf dein basales Jura-Wissen zurückgreifen und einen eigenständigen Lösungsansatz finden. Habe unter dieser Bedingung den Mut, dich »deines eigenen Verstandes zu bedienen«, wie Immanuel Kant und die »Aufklärer« sagen würden.

Bewertung und Punktevergabe

Aus den Korrekturen von Jura-Klausuren geht meist nicht hervor, wie eine Note bzw. Punktzahl zustande gekommen ist. Oft finden sich seitenweise keine Anmerkungen, und nur ein knapper Satz erläutert am Ende die vergebene Punktzahl. Vielfach können sich Studierende der Rechtswissenschaft daher nicht erklären, warum sie besonders gut oder schlecht bewertet wurden, was natürlich ungünstig ist, wenn man seine Leistungen verbessern möchte, aber kaum Hinweise erhält, wo man ansetzen soll.

Die nachfolgende Checkliste zu Benotungskriterien von Jura-Klausuren, die von Fachschaftsmitgliedern zusammengestellt wurde, bringt vielleicht ein wenig Licht ins Dunkel.

Checkliste zu Benotungskriterien bei Jura-Klausuren

1–18 Punkte

1. Kriterium: Alle wichtigen Punkte, Delikte, Paragraphen müssen erkannt und geprüft werden.
2. Definitionen müssen gewusst und hingeschrieben werden. Beispiel: jemand nimmt einen Apfel weg, was bedeutet das, ist das Mundraub, wenn ja, wie definiert sich Mundraub.
3. Dann muss Entscheidung getroffen und begründet werden. Sind die Punkte 1–3 erfüllt, reicht das zum Bestehen.
4. Was sagt der BGH: Welche Urteile gibt es, sind die Urteile strittig? Die Urteile muss man wissen.

5. Was sagt die Literatur, welche Beiträge/
    Stellungnahmen der Rechtswissenschaft
    gibt es?
6. Gute Gliederung ist wichtig, roter Faden
    muss sichtbar sein. Sind die Punkte 1–6
    erfüllt, gibt es bestenfalls 9 Punkte.
7. Um mehr als 9 Punkte zu erzielen, müssen
    eine hohe Sprachkompetenz, ein sehr
    guter, journalistischer Stil, einwandfreie
    Rechtschreibung und Zeichensetzung
    hinzukommen.
8. **Achtung!** Vom Gutachtenstil ist abzu-
    weichen, wenn Sachverhalte oder Urteile
    völlig unstrittig sind.

6.3.3 Klausur mit offenen Fragen

Häufig bestehen Klausuren aus offenen Fragen, die thematisch eng begrenzt sein können und nur in Stichworten oder einigen Zeilen zu beantworten sind. Andere, weiter gefasste Fragen erfordern Antworten von einer halben bis ca. einer Seite Text. Es kommt auch vor, dass offene Fragen so formuliert sind, dass zu ihrer Beantwortung ein kleiner Aufsatz erforderlich ist. Wie ausführlich deine Antworten sein sollen, geht – wenn nicht explizit angegeben – aus der Punktzahl hervor, die du für eine richtige Lösung erhältst. Ein Punkt entspricht dabei einer Minute Bearbeitungszeit.

Beispiel
Aus einer VWL-Klausur; Teilfach: Volkswirtschaft-liche Gesamtrechnung (VGR):
1. Aufgabe 1: Wie unterscheiden sich folgende
    Analyseformen? (2 Punkte)
    ‑ Ex-post-Analyse
    ‑ Ex-ante-Analyse
2. Aufgabe 2: Was bedeutet der Begriff »Aggre-
    gation«? Bitte erläutern Sie diesen Begriff an
    einem Beispiel! (2 Punkte)
3. Aufgabe 3: Was ist der Unterschied zwischen
    dem Bruttoinlandsprodukt (BIP) und dem
    Bruttonationaleinkommen (BNE)? (2 Punkte)
4. Aufgabe 4: Wie unterscheiden sich das reale
    und das nominale BIP? (2 Punkte)

5. Aufgabe 5: Diskutieren Sie die Möglichkeit
    eines Anstiegs der Staatsverschuldung trotz
    der Realisierung einer positiven Ersparnis
    seitens des Staates! (5 Punkte)

Tipps für Klausuren mit offenen Fragen

Es ist zu unterscheiden zwischen Klausuren mit kleinen und solchen mit großen Fragen, die im Aufsatzstil zu beantworten sind. Bei der ersten Variante ist keine besondere Strategie erforderlich. Hier kommt es darauf an, sich im Vorfeld sehr viel Wissen anzueignen, das dann leicht abgerufen und schnell niedergeschrieben werden kann.

Bei Klausuren, in denen Überblicksfragen gestellt werden, ist in der Vorbereitungsphase ebenfalls ein breiter Wissensfundus anzulegen. In der Klausursituation selbst gilt es, die folgenden Punkte zu beachten:

Gliederung erstellen! Beginne nicht spontan mit dem Schreiben, sondern erstelle zuvor eine stichwortartige Gliederung. Überprüfe, ob die Gliederungspunkte logisch aufeinander aufbauen und der sogenannte rote Faden deutlich wird. Bestimme dann den ungefähren Umfang der einzelnen Gliederungspunkte, indem du notierst, wie viele Zeilen, halbe und ganze Seiten du für den jeweiligen Punkt veranschlagst.

Gewichtung beachten! Die initiale Umfangbestimmung trägt dazu bei, dass man sich beim Schreiben nicht »vergaloppiert«, was in Stresssituationen wie Prüfungen leicht passiert.

Vermeide unter allen Umständen, Nebenschauplätze breit abzuhandeln, dich bei wichtigen Punkten hingegen auf zwei bis drei Sätze zu beschränken. Damit ist die Gewichtung der einzelnen Klausurteile verzerrt, und die Note wird entsprechend in den Keller gehen.

6.3.4 Klausur mit geschlossenen Fragen (Multiple-Choice)

MC-Klausuren sind weit verbreitet, und es gibt sie in mehreren Varianten. So ist die Anzahl der Vorgaben unterschiedlich, wobei generell gilt, je mehr Alternativen existieren, desto schwieriger ist es auch, die richtige Lösung zu finden. Zum Teil muss man sich nicht nur für eine Lösung entscheiden, sondern es sind jeweils zwei Lösungen zu markieren.

Beispiel

Aus einer Klausur des Studiengangs Humanmedizin: Inneren Medizin

Beachten Sie: Es können eine Antwort, mehrere Antworten oder keine Antwort richtig sein!
Welche beiden Faktoren begünstigen die Entstehung von Gallensteinen:

a. Familiäre Disposition
b. Hysterektomie mit Adnexen
c. Diabetes mellitus Typ II
d. Adipositas
e. Arterielle Hypotonie

Bei einer 42-jährigen Patientin besteht der Verdacht eines Alkoholentzugssyndroms nach der stationären Aufnahme in eine HNO-Klinik. Welche Laborwerte unterstützen den Verdacht, dass Alkoholabusus vorliegt?

a. GPT (ALT): 80 U/L
b. Quick (TPZ): 100 %
c. Triglyzeride: 250 mg/dL
d. CDT: 8 %
e. Erythrozyten /pl: 4,13

Welches der unten genannten Symptome ist nicht typisch für das Krankheitsbild der akuten Pankreatitis?

a. Obstipation
b. Ikterus
c. Hypertonie
d. Pleuraerguss
e. Aszites

Allgemeine Hinweise Übe den Umgang mit diesem Klausurtyp und achte in der Vorbereitungszeit gezielt auf Gemeinsamkeiten bzw. Unterschiede in Bezug auf Theorien, Definitionen und sonstige wissenschaftliche Phänomene, da entsprechende Fragen gerne gestellt werden. Lies jede Aufgabe dreimal durch und wende das Aufgabenmarkierungsprinzip an.

Achtung Punktabzug! Überprüfe, ob falsche Antworten mit Punktabzug geahndet werden. Dies ist eine recht »perfide« Strategie, mit der verhindert werden soll, dass Studierende durch Halbwissen oder schieres Raten Punkte erhalten.

Sollte es einen Punktabzug für falsche Antworten geben, so setze dein Kreuz nur, wenn du dir absolut sicher bist, denn unter dieser Bedingung kann man durch das Auslassen von Aufgaben eine höhere Punktzahl erhalten, als wenn man alle zu lösen versucht, ohne sich hinsichtlich der Lösungen hundertprozentig sicher zu sein.

Achtung Raten! Raten ist immer dann angebracht, wenn es keinen Abzug für falsche Ankreuzungen gibt. Nach den Gesetzen der Wahrscheinlichkeit ist es, wenn nur eine Antwortalternative zutrifft, durchaus möglich, mit dieser Vorgehensweise einzelne Zusatzpunkte einzuheimsen. Sind jeweils zwei vorgegebene Antworten korrekt, stößt diese Strategie aber bereits an ihre Grenzen.

Achtung Falle! Achte bei MC-Fragen auf Präpositionen wie »nie«, »immer«, in allen Fällen« usw. Diese kleinen Wörter dienen oft als Fallen, die genutzt werden, um eigentlich richtige Aussagen in falsche zu verwandeln. Gehe den Prüfern nicht auf den Leim!

Tipps für Multiple-Choice-Klausuren

Bearbeite die Aufgaben zügig! Untersuchungen haben gezeigt, dass Studierende, die nicht lange über einzelnen Items brüten, bessere Ergebnisse erzielen als jene, die sämtliche Antwortmöglichkeiten hinterfragen und dabei vom Hölzchen aufs Stöckchen kommen.

Versuche zunächst, die Fragen selbst zu beantworten! Sofern du gut vorbereitet bist, wirst du hinsichtlich der Lösung eine Idee haben, die meist in die richtige Richtung weist. Decke also die vorgegebenen Alternativen erst einmal ab.

Die erste Lösungsidee ist bei MC-Aufgaben meist die richtige! Diese Aussage gilt, wenn du intensiv gelernt hast und ein Grundverständnis für das betreffende Fachgebiet aufbringst. Unterlasse daher bitte, falls dir am Ende Zeit bleibt, bereits beantwortete MC-Fragen noch einmal akribisch zu überprüfen. Ansonsten kann es leicht passieren, dass du eine Aufgabe »zergrübelst« und am Ende die richtige Antwort durch eine falsche ersetzt.

Beschäftige dich bei verbleibender Restzeit mit den ungelösten Aufgaben und bearbeite die anderen nur nach, wenn dir spontan ein offensichtlicher Denkfehler auffällt.

Völlig unbekannte Aussagen schließe aus den Antwortmöglichkeiten aus! Aussagen, die dir noch nie begegnet sind, treffen mit hoher Wahrscheinlichkeit auch nicht zu.

Antworten mit übertriebenen Verallgemeinerungen sind meist unzutreffend! In der Wissenschaft geht es immer darum, Lösungen für spezifische Fälle und bestimmte Bedingungen zu entwickeln. Allzu generalisierende Aussagen sind unwissenschaftlich, da sie empirisch nicht überprüft werden können.

Die einzige »unähnliche« Antwort ist unter bestimmten Bedingungen zutreffend! Wenn es vier Antwortvorgaben gibt, von denen drei einander ähneln und eine aus dem Rahmen fällt, ist letztere oft die richtige Lösung.

Die Alternative »Alle Antworten sind richtig« ist unter bestimmten Bedingungen korrekt! Wenn dir drei von vier Antwortmöglichkeiten zutreffend erscheinen und die vierte Alternative besteht in der Aussage »Alle Antworten sind richtig«, dann ist diese wahrscheinlich die korrekte Lösung.

6.3.5   Mathematikaufgaben und Grafiken

In den naturwissenschaftlichen bzw. mathematisch geprägten Fächern bestehen Klausuren oft darin, Beweise zu führen und/oder umfangreiche Berechnungen vorzunehmen bzw. die Befähigung zu grafischen Lösungsansätzen zu demonstrieren.

Beispiele
Aus einer VWL-Klausur: Volkswirtschaftliche Gesamtrechnung (VGR)
Aufgabe 3:
In der unten stehenden Tabelle finden Sie den Entwicklungsverlauf des realen Bruttoinlandsproduktes (BIP) der Bundesrepublik Deutschland in Milliarden Euro. Außerdem sind die Werte des Kettenindex angegeben.

	BIP	Kettenindex
2008	2459	102,3
2009	2467	105,7
2010	2491	107,1

Nehmen Sie eine Berechnung der durchschnittlichen jährlichen Wachstumsrate des realen BIP vor und legen Sie Ihren Rechenweg offen. (2 Punkte)

Aus einer Psychologie-Klausur: Deskriptive Statistik
Aufgabe 2:
Bei n = 20 Frauen zwischen 20 und 40 Jahren wurde die Körpergröße (cm) in folgender Tabelle festgehalten:

X_1	X_2	X_3	X_4	X_5	X_6	X_7	X_8	X_9	X_{10}
156	172	179	168	181	161	167	155	169	167

X_{11}	X_{12}	X_{13}	X_{14}	X_{15}	X_{16}	X_{17}	X_{18}	X_{19}	X_{20}
159	160	165	165	176	151	168	168	174	163

Bilden Sie die empirische Verteilungsfunktion dieser Stichprobe grafisch ab. (3 Punkte)

Tipps für Klausuren mit Mathematikaufgaben und Grafiken

Üben! Üben! Üben! Bei Klausuren, in denen Aufgaben rechnerisch oder grafisch zu lösen sind, ist Üben zentral. Man sollte in der Vorbereitungsphase so viele Probeklausuren und Übungsaufgaben wie möglich lösen, um Routine bei der Vorgehensweise zu erhalten, damit man während der eigentlichen Klausur nicht lange nachdenken muss und vielleicht mit den begrenzten Zeitvorgaben in Konflikt gerät.

Beim Bearbeiten einer Probeklausur ist auf die reale Zeitvorgabe zu achten, denn nur dann erhält man einen realistischen Einblick in das eigene Können!

Aufgaben, die einem Schwierigkeiten bereiten, sollte man markieren und am Tag vor der Klausur noch einmal gezielt durchgehen.

Lerngruppe bilden! Neben dem intensiven Üben besteht das zweite Standbein bei derartigen Klausuren in der Bildung einer Lerngruppe. Innerhalb der Gruppe besteht Gelegenheit, sich eine Aufgabe erklären zu lassen oder aber anderen zu erläutern, was ebenfalls zu einem vertieften Verständnis des Lehrstoffs führt. Außerdem kann man gemeinsam den Dozenten aufsuchen, um eventuell noch bestehende Verständnislücken endgültig zu schließen. Die Gruppe sollte nicht mehr als drei Personen umfassen, die alle dieselbe Klausur schreiben und zumindest durchschnittlich begabt und motiviert sind.

6.3.6 Mischformen

Viele Klausuren stellen Mischformen sehr unterschiedlicher Aufgabentypen dar, um das Fähigkeitsspektrum der Studierenden auszuloten und nicht einseitig jene zu bevorzugen oder zu benachteiligen, die mit bestimmten Aufgabentypen sehr gut oder sehr schlecht zurechtkommen.

Beispiel
Determinanten Internationaler Geschäftstätigkeiten
Klausurfragen aus dem Studiengang Internationales Management
Aufgabe 1:
2 Punkte
Wenn der Franken im Vergleich zum Euro stärker ist, welche Effekte hat das für die Geschäftsbeziehungen der Schweiz mit Euro-Ländern?
1. Schweizer Unternehmen müssen für Importe aus einem Euro-Land weniger zahlen
2. Schweizer Unternehmen müssen ihre Exporte in die EU drosseln
3. Abnehmende Exporte in Länder der EU führen zu niedrigeren Einkünften und Gewinnen
4. Alle genannten Vorgaben sind richtig

Aufgabe 2:
20 Punkte
Führen Sie aus, warum aufstrebende Märkte immer interessanter für etablierte Unternehmen werden. Gehen Sie auf die Vorteile und Risiken ein, die entstehen, wenn Sie mit einem aufstrebenden Markt Geschäftsbeziehungen eingehen.

Wenn Sie der Produktmanager eines Shampoos wären, wie würden Sie den Verkauf innerhalb eines aufstrebenden Marktes organisieren. Welchen aufstrebenden Markt bzw. welche aufstrebenden Märkte würden Sie auswählen und warum?

Diese Klausur besteht zum Teil aus MCs und zum Teil aus offenen Fragen. Der zweite Teil der mit 20 Punkten bewerteten Aufgabe erfordert eine Transferleistung, indem Erlerntes eigenständig auf eine praktische Problemstellung angewendet werden soll.

Tipp für Klausuren mit gemischten Aufgabentypen

Präferenzen abklären Bei Klausuren, die unterschiedliche Aufgabentypen beinhalten, z.B. ein Teil aus Multiple-Choice-Fragen, ein anderer aus Rechenaufgaben besteht, ist es wichtig, bereits vor der Klausur festzulegen, welche Präferenzen man persönlich hat. Will man eher mit trickreichen MCs, die sich durch einfaches Ankreuzen oder nur einen Antwortsatz lösen lassen, einsteigen oder mit komplexen Rechenaufgaben, bei denen man sich zwar verrechnen kann, deren Lösungsansatz jedoch klarer ist.

Durch diese Vorentscheidung sparst du in der Klausursituation Zeit und verfällst nicht in den Fehler, mit der Bearbeitung der ersten Aufgabe, gleichgültig ob sie dir liegt oder nicht, zu starten (▶ Kap. 6.5).

Die gleiche Strategie gilt für Klausuren, bei denen von vornherein klar ist, dass unterschiedliche Teilbereiche abgefragt werden:

Beispiel
Statistik
Statistikklausuren bestehen in der Regel aus den Teilen:
— deskriptive Statistik
— induktive Statistik
— explorative Statistik.

Jeder sollte sich überlegen, welcher Bereich ihm mehr liegt und in der Prüfungssituation mit der Bearbeitung des individuell bevorzugten Teilgebietes beginnen. Eine solche Vorabklärung dürfte, wenn man sich auf die Klausur gut vorbereitet und den Stoff gründlich repetiert, nicht allzu schwer fallen.

6

6.3.7 Verständnisklausuren

Klausuren, in denen kein abgespeichertes Wissen abgefragt wird, sondern ein tiefgehendes Verständnis des Stoffs gefordert ist, bereiten oft die größten Probleme. Mit derartigen Klausuren sehen sich typischerweise Studierende der Fächer Mathematik oder Philosophie konfrontiert, aber auch in naturwissenschaftlichen Fächern sind sie beliebt. In Mathematik wird oft die Durchführung mathematischer Beweise gefordert, in Philosophie die Anwendung der Prädikatenlogik. Logikklausuren gelten als besonders schwierig und sind daher gefürchtet, wozu auch die allgemein hohen Durchfallquoten – im Extremfall bis zu 90 Prozent – beitragen.

Beispiel

Aus einer Logikklausur

Aufgabe 4:

Die Schweiz möchte ein besonderes Wintersportereignis in mehreren bekannten Wintersportorten zelebrieren. Ins Auge gefasst werden Saas-Fee, Davos, St. Moritz und Zermatt. Die Planung erweist sich jedoch als schwierig. Es ergeben sich nämlich folgende Probleme: Falls man sich für Saas-Fee entscheidet, muss man auch Zermatt einbeziehen. Soll das Ereignis in Davos stattfinden, ist aus Gründen der »political correctness« St. Moritz ebenfalls zu berücksichtigen. Wenn man Zermatt berücksichtigt, entfällt der Austragungsort Davos aus finanziellen Gründen. Und sofern man das Event in St. Moritz verortet, müssen in die Sportwettkämpfe auch Saas-Fee und Zermatt eingebunden werden.

a) Stellen Sie die obigen Ausführungen in Aussagenlogik dar.

b) Demonstrieren Sie anhand der Resolutionsmethode, dass Davos als Lokalität ausfällt.

20 Punkte (a) 8 Punkte, b) 12 Punkte)

Aufgabe 5:

Leiten Sie den Vollständigkeitssatz aus dem Modellexistenzsatz her und beweisen Sie anschließend aus dem Vollständigkeitssatz den Kompaktheitssatz. (6 Punkte)

Tipps für Verständnis-Klausuren

Versuche, die Inhalte auf eine vereinfachte Ebene herunterzubrechen, damit du die Grundprinzipien verstehst. Manchmal ist es nur die Aufbereitung des Stoffs bzw. die Abfassung von Sachverhalten in einer sehr theoretischen, wissenschaftsschwangeren Sprache, die den Zugang erschwert.

Dummie-Bücher In diesem Zusammenhang können sog. »Dummie-Bücher«, die seit einigen Jahrzehnten auf dem Markt sind, ausgesprochen hilfreich sein. Ihre Aufmachung ist immer dieselbe und das Cover in den Farben Schwarz und Gelb gehalten. »Dummie« kommt von englisch »dummy« und bedeutet im Deutschen u.a. »dumm«. Die Bücher wurden aber nicht für Personen geschrieben, die intelligenzmäßig etwas schwach auf der Brust sind. Die Zielgruppe besteht eher aus Laien bzw. Menschen, die gerade anfangen, sich in ein für sie schwieriges Sachgebiet einzuarbeiten oder sich auf einem Gebiet, das nichts mit ihrer Berufsausbildung oder ihrem Studiengang zu tun hat, Grundkenntnisse aneignen wollen. Ein Beispiel wäre eine Romanistik-Studentin, die mit einem neuen Computerprogramm vertraut werden möchte.

Dummie-Bücher sind Sachbücher, die im Verlag Wiley-VCH erscheinen, kurz und knapp gehalten und dabei außerordentlich verständlich abgefasst sind, wobei wichtige Inhalte durch einfache bildhafte Darstellungen veranschaulicht werden. Mittlerweile werden immer mehr Themen aus dem Studium abgedeckt.

Dummie-Bücher mit studienrelevanten Themen:

- Mikroökonomie für Dummies
- Personalmanagement für Dummies
- Die Geschichte der Philosophie für Dummies
- Anorganische Chemie für Dummies
- Lernpaket Physik für Dummies
- Statistik Prüfungstrainer für Dummies
- Wirtschaftsmathematik für Dummies
- Usw.

Nachhilfe Wenn das Herunterbrechen auf eine einfache Ebene nicht genügt, um die Grundprinzipien des Fachs oder Teilgebiets zu verstehen, hilft nur eines, nämlich Nachhilfe zu nehmen. Besorge dir einen guten Nachhilfelehrer, einen fitten Tutor zum Beispiel, der ca. einmal pro Woche die Aufgaben mit dir durchgeht und den theoretischen Hintergrund bzw. die Lösungsansätze erklärt.

Wenn nichts hilft Wenn sich dir auch durch Expertenhilfe viele Inhalte deines Fachs nicht erschließen, obwohl du wirklich motiviert bist und viel Zeit investiert hast, dann – sorry – ist es vielleicht nicht der für dich geeignete Studiengang. Diese Erkenntnis ist absolut keine Schande! Aber du solltest rechtzeitig die Konsequenzen ziehen und nach ausführlichen Beratungsgesprächen mit Experten (Dozenten, Psychologen, Berufsberater) in einen anderen Studiengang oder eine Ausbildung wechseln, bevor du den Prüfungsanspruch verlierst und man dir auf diese unschöne Weise die Entscheidung abnimmt.

Ein Interview mit Prof. Roswitha Stenzel findest du auf ► www.lehrbuch-psychologie.de (Klick auf das Buchcover).

6.4 Vor der Klausur: Zur Ruhe kommen

Im Vorfeld sollte man sich Gedanken über den **praktischen Ablauf des Prüfungstags** machen:
- »Wann stehe ich auf?«
- »Ergreife ich besondere Maßnahmen, um nicht zu verschlafen?«
- »Was muss ich mitnehmen?«
- »Wie kann ich mich beruhigen?« usw.

Falls du mit dem Bus oder Zug zum Prüfungsort fährst, rechne immer mit Verspätungen, breche also früher als gewöhnlich auf.

Wenigstens ein Stück deines Weges solltest du zu Fuß zurücklegen, da körperliche **Bewegung** ein probates Mittel ist, um Aufregung zu reduzieren.

Man sollte sich auch überlegen, ob man den Kontakt zu Freunden und Kommilitonen unmittelbar vor der Prüfung eher suchen oder aber vermeiden möchte. Die Erfahrung, mit anderen in einem Boot zu sitzen, kann hilfreich sein, vermag aber auch Angst auszulösen, indem die Panik einzelner ansteckend wirkt.

Visualisierungsübung Wenn du im Seminarraum oder Vorlesungssaal sitzt und die Klausuren ausgeteilt werden, führe zunächst eine Visualisierungsübung durch.

Der rote Ballon
Stelle dir einen großen roten Heißluftballon vor, an dem eine Holzkiste befestigt ist. In diese Kiste packst du alle negativen Gedanken – »die Klausur wird sicher unheimlich schwer« – und Selbstzweifel – »ich werde es wieder nicht schaffen« – hinein. Verschließe die Kiste mit Nägeln, damit sie sich nicht mehr öffnen lässt. Entferne dann die Halteseile des Ballons, der sich sogleich vom Boden erhebt. Blicke dem Ballon nach, wie er immer höher in den Himmel steigt und deine selbstzerstörerischen Befürchtungen mit sich nimmt. Schließlich ist nur noch ein kleiner Punkt am Horizont zu sehen, der wenig später ebenfalls verschwindet.

Atemübung In Stresssituationen ist nicht nur die Muskulatur angespannt, sondern auch die Atmung beschleunigt und das Herz schlägt schneller. Diese normalen Phänomene können sich bis zu unangenehmem Herzrasen und einer sehr flachen Atmung bzw. Hyperventilation steigern. Bei der Hyperventilation wird zu viel Sauerstoff ein- und zu wenig Kohlendioxid ausgeatmet, was zu Benommenheit, Kribbeln und Schwindel bis hin zur Ohnmacht führen kann.

Auf diesen Beobachtungen basieren Entspannungstechniken, die auf eine Kontrolle der Atmung abzielen und sehr rasch erlernt werden können, ohne dass es dazu eines Kurses oder ausgebildeter Leiterinnen und Leiter bedarf.

Indem man bewusst nach bestimmten Vorgaben atmet, signalisiert man dem Gehirn, dass man sich in einem ruhigen und entspannten Zustand befindet. Sekundär wird auf diese Weise auch das überaktive Herz beruhigt.

Bei einer Atementspannung müssen bestimmte Prinzipien beachtet werden. Die Ausatmungsphase sollte deutlich länger sein als die Einatmungsphase, denn nur die Ausatmungsphase ist im Gehirn an Ruhevorstellungen gekoppelt. Man sollte außerdem immer durch die Nase einatmen, um die entspannende Bauchatmung einzuleiten (▶ Kap. 4.7.1).

Mantras   Gerade im Spitzensport und in der Wirtschaft werden zunehmend Mentaltrainings zur Leistungsoptimierung eingesetzt. Positive Selbstinstruktionen sind ein wichtiger Bestandteil derartiger Trainings. Sie wirken autosuggestiv und sprechen auch unbewusste Schichten der Persönlichkeit an. Damit sie wirksam werden, gibt es einige Formulierungsregeln, die man beachten sollte, da das Unbewusste eigenen Gesetzen folgt.

Positive Selbstinstruktionen sollten gegenwartsbezogen sein, keine Konjunktive oder negativen Formulierungen enthalten und aus kurzen, knappen Aussagen bestehen.

Der rosarote Elefant
Versuche, dir auf gar keinen Fall einen rosaroten Elefanten vorzustellen:
Was passiert? Mindestens 99 % von euch werden deutlich einen rosaroten Elefanten gesehen haben, der gewissermaßen automatisch vor ihrem inneren Auge erschienen ist.
Bei negativen Formulierungen - etwa »Ich will *nicht* durch die Prüfung fallen« – versteht das Unbewusste eher die Botschaft »Durchfallen« und bahnt damit ggf. den Misserfolg an.

Falsche und richtige Formulierungen
1.a **Falsch**: Ich werde gut vorbereitet in die Klausur gehen. (Futur)
1.b **Richtig**: Ich gehe gut vorbereitet in die Klausur.
2.a **Falsch**: Ich würde gerne gut vorbereitet in die Klausur gehen. (Konjunktiv)
2.b **Richtig**: Ich gehe gut vorbereitet in die Klausur.
3.a **Falsch**: Ich gehe gut vorbereitet in die Klausur, um zu zeigen, was in mir steckt und weil das für den Abschluss wichtig ist. (zu lang)
3.b **Richtig**: Ich gehe gut vorbereitet in die Klausur.

Finde deine eigenen Mantras und verinnerliche ihre Botschaft! Auf dem Weg zur Prüfung solltest du

dich in ganz besonderer Weise auf diese Sätze konzentrieren und sie dir immer wieder in einer vorher festgelegten Reihenfolge im Inneren vorsprechen!

6.5   Klausurstrategie

Prüfungserfolg hat auch etwas mit einer ausgeklügelten strategischen Vorbereitung und Durchführung zu tun. Das heißt, nicht derjenige, der am intelligentesten ist, trägt automatisch den größten Erfolg davon, sondern nicht selten jener, der einen gut durchdachten Plan erstellt. Eine effiziente Klausurstrategie besteht aus **drei Schritten**.

Aufgabe dreimal lesen!   Jede längere Frage/Aufgabe liest du dreimal. Du liest sie zunächst, um den Inhalt zu verstehen und zu wissen, um was es geht. Beim zweiten Lesen markierst du Wichtiges und notierst Stichworte auf Schmierpapier. Anschließend liest du die Aufgabe noch ein drittes Mal, um mögliche Fallen zu identifizieren. Zum Beispiel kann eine Aufgabe wie eine Standardaufgabe erscheinen, aber indem ein Wort hinzugefügt oder weggelassen wurde, was man sehr leicht übersieht, ist es keine Standardaufgabe mehr.

Aufgaben markieren!   Bei vielen Hochschulklausuren sind die angegebenen Punkte, die man für eine komplett richtige Lösung erhält, gleichbedeutend mit den Minuten, welche die Klausurkonstrukteure für die Bearbeitung dieser Aufgabe veranschlagt haben. Man hat also einen Anhaltspunkt, wie viel Zeit einem pro Aufgabe zur Verfügung steht. Du solltest dich aber nicht sklavisch an diese Vorgaben halten, denn selbstverständlich gibt es bei der Bearbeitungszeit ganz normale individuelle Schwankungen, und zwar nach oben wie nach unten.

Gilt dieses Prinzip nicht, ist es ratsam, die Anzahl der Aufgaben durch die vorhandenen Minuten zu teilen, damit man ungefähr weiß, wie viel Zeit einem pro Aufgabe zur Verfügung steht. Erscheint einem eine Aufgabe als völlig unlösbar, lässt man sie bei der Division einfach weg.

Bevor man mit der Bearbeitung der Klausuraufgaben beginnt, ist es bei schriftlichen Prüfungen ratsam, alle Fragen einem kurzen »Check-up« zu unterziehen und nach den Kriterien »sofort lösbar« (+++), »wahrscheinlich lösbar« (++), »zunächst nicht lösbar« (+) zu markieren.

Du kannst dir selbstverständlich auch ein anderes Zeichensystem erdenken und mit Sternchen (⋆, ⋆⋆, ⋆⋆⋆) arbeiten oder dem Schema (+, 0, -). Der Phantasie sind hier keine Grenzen gesetzt.

Hat man alle Items entsprechend gekennzeichnet, wendet man sich zuerst den »sofort lösbaren« Fragen und Aufgabenstellungen zu, dann geht man zur mittelschweren Gruppe über, und erst am Ende führt man sich die Problemfälle zu Gemüte. Mit einem Polster gelöster Aufgaben und beantworteter Fragen im Rücken erweist sich so manche harte Nuss als knackbar, u.a. da es einem die vorangegangenen Erfolgserlebnisse erleichtern, sich gedanklich voll auf die Prüfungsinhalte zu konzentrieren.

Wenn man sich bei der Einschätzung nach diesem Dreierprinzip einmal geirrt haben sollte, das heißt, eine Aufgabe ist doch nicht so leicht wie erwartet, bricht man aufgrund der schon genannten Zeitknappheit die Bearbeitung sofort ab und wendet sich der nächsten Aufgabe zu.

Aufgaben nach Punkten sortieren Anders als in der Schule sind viele Klausuren an den Hochschulen so konzipiert, dass es prinzipiell kaum möglich ist, in der vorgegebenen Zeit alle Aufgaben zu bearbeiten. Das heißt, du kannst im Extremfall mit 25 Prozent richtiger Lösungen noch bestehen und erhältst mit 80 Prozent richtiger Lösungen sogar eine sehr gute Note.

Die einfache, meist zutreffende Rechnung aus Schulzeiten: Null Fehler gleich »Sehr gut« bzw. die Hälfte der Aufgaben richtig gleich »Ausreichend«, gilt so absolut nicht mehr. Du musst jetzt strategisch klug vorgehen und dir möglichst rasch ein sattes Punktepolster sichern.

Das heißt konkret, man sollte die als »sofort lösbar« markierten Aufgaben in einem zweiten Durchgang noch einmal danach beurteilen, wie hoch der Zeitaufwand und die Gefahr, Flüchtigkeitsfehler zu begehen, bei der Bearbeitung sind.

Man beginnt natürlich mit denjenigen Aufgaben, die den geringsten Lösungsaufwand bedeuten. Wenn beispielsweise die eine von zwei Aufgaben, die als leicht eingestuft wurden, darin besteht, etwas

Auswendiggelerntes niederzuschreiben, während die andere eine Rechnung erfordert, entscheidet man sich für die »Abspulaufgabe«, denn auch bei einer simplen Rechenaufgabe besteht immer die Gefahr, einen Flüchtigkeitsfehler zu begehen. Außerdem raten wir, zu den Aufgaben, die kaum oder gar nicht lösbar erscheinen, alles zu notieren, was dir dazu einfällt, eine Formel, eine Definition usw. Dafür kann man, wenn man Glück hat, wichtige und unter Umständen rettende Teilpunkte erhalten.

6.6 Was tun bei Blackout?

Bei einem Blackout hat man das subjektive Gefühl, überhaupt nichts mehr zu wissen, von den Klausurinhalten noch nie etwas gehört zu haben bzw. nicht einmal mehr die Fragen zu verstehen.

6.6.1 Wie kommt ein Blackout zustande?

Ein Blackout ist eine funktionelle, **psychogen bedingte** und damit nicht organische **Gedächtnisstörung**.

Im Gehirn wird das sog. »Angstnetzwerk« aktiviert, ein Schaltkreis zwischen verschiedenen Hirnteilen (u.a. Thalamus, Amygdala, Hippocampus), das den Körper in Alarmbereitschaft versetzt und für eine lebensrettende körperliche Kraftanstrengung (Urzeit) – Flucht oder Angriff – fit macht. Die Verbindungen zu höheren Gehirnteilen werden dabei blockiert, sodass akademisches Wissen für den Moment nicht mehr abrufbar ist. Physiologisch lässt sich ein Blackout auch dadurch erklären, dass die Stresshormone Adrenalin und Cortisol das Gehirn überfluten.

Das Gelernte ist dabei weiterhin vorhanden. Nicht die Speicherung wird bei einem Blackout beeinträchtigt oder gar gelöscht, sondern die Übertragungsprozesse zwischen den relevanten Nervenzellen sind angstbedingt kurzfristig blockiert.

❶ Beuge dem Blackout vor!
Zur Vorbeugung sollte man erstens den eigenen Anspruch etwas senken und zweitens in

einer Klausur nicht unbedingt alle Aufgaben lösen wollen. Es genügt meistens, ca. 80–90 % der Aufgaben zu bearbeiten, um eine gute oder sogar sehr gute Note zu erhalten.

6.6.2   Wenn es passiert...

Um den Abrufprozess wieder zu ermöglichen, besteht die oberste Regel darin, Distanz zum angstauslösenden Reiz, das heißt der Klausurfrage oder -aufgabe zu schaffen und dann gezielt Angstantagonisten – Entspannung, positive Selbstverbalisationen usw. – einzusetzen.

Einzelne **Maßnahmen**:

- Distanz zur Klausur herstellen, aus dem Fenster schauen, falls möglich den Raum verlassen (zur Toilette gehen)
- Sich seine Mantras vergegenwärtigen
- Atemtechnik einsetzen
- Die frühere Lernsituation visualisieren und sich daran erinnern, den Stoff vorbereitet und verstanden zu haben
- Mit einer anderen Frage/Aufgabe wieder einsteigen.

❗ Achtung!
Diese Tipps sind nur hilfreich, wenn es sich um einen Lernstoff handelt, den man zumindest gutdurchschnittlich behalten und verstanden hat. Ist man defizitär vorbereitet bzw. überfordern einen die Klausurinhalte, liegt kein eigentlicher Blackout vor.

6.7   Nach der Klausur

» Ultra posse nemo obligatur! (Lateinisches Sprichwort)

» Niemand ist verpflichtet, mehr zu leisten, als es seinen Fähigkeiten entspricht!

Wenn du nach einer Klausur das Gefühl hast, dein Bestes gegeben zu haben, ist deine Leistung auf jeden Fall ein persönlicher Erfolg, für den du dich belohnen solltest, selbst wenn die Note nicht wunschgemäß ausfällt oder du sogar durchgefallen bist. Die Bewertung von Studienleistungen ist von

vielen Faktoren abhängig: den Gepflogenheiten des Fachbereichs (in Psychologie sind gute Noten bspw. leicht, in Jura schwer zu erhalten), der Persönlichkeit des Dozenten (will er »aussieben« oder eher viele Studis zum erfolgreichen Abschluss bringen), dem eigenen Anspruchsniveau und den Erwartungen des Umfeldes, u.a. der Eltern. Diese Einflussfaktoren entziehen sich aber weitgehend deiner Kontrolle.

Beispiel
Tina hatte ihren Bachelorstudiengang mit der Endnote 2,3 bestanden. Für sie war das ein gutes Ergebnis und sie freute sich darüber. Ihre ehrgeizigen Eltern, die beide promoviert hatten, waren jedoch von der Note enttäuscht. Als Tina vorschlug, das Studienende ein wenig zu feiern, meinten sie: »Was, bei einem solchen Ergebnis willst du auch noch feiern? Zum Feiern besteht ja wohl kein Anlass!« Tina war sehr enttäuscht, tat dann aber das einzig Richtige. Sie ging abends mit Freunden aus, um sich zu belohnen und dem Tag etwas Glanz zu verleihen.

6.7.1   Und wenn es schief ging?

Solltest du eine für dich sehr wichtige Klausur tatsächlich »versiebt« haben, dann gönne dir Zeit, um deinen Misserfolg innerlich zu verarbeiten. Weinen erleichtert die Verarbeitung von Enttäuschungen ebenso wie das Gespräch mit nahestehenden Menschen. Manche Studis, die sich für den Misserfolg schämen, ziehen sich jedoch zunächst lieber zurück. Hilfreich sind in diesem Fall eher Ablenkungen durch Computerspiele, Filme, Bücher und anderes. Wichtig ist, das zu tun, was man selbst in dieser Situation als tröstlich empfindet.

6.7.2   Neustart

Spätestens nach einigen Tagen gilt es dann aber, sich aufzuraffen, sein Leben anzupacken und neue Weichen zu stellen. Je nachdem wie wichtig die Klausur war, musst du vielleicht deinen Studienplan ändern, eventuell auf ein Auslandssemester verzichten oder sogar das Studienfach wechseln.

Handelte es sich um eine Klausur, die du ein drittes Mal mit Joker geschrieben und endgültig nicht bestanden hast, verlierst du den Prüfungsanspruch. In diesem Fall solltest du dir professionelle Hilfe suchen, die fachbezogene oder allgemeine Studienberatung aufsuchen und dich vielleicht zusätzlich – je nach Belastungsgrad – an die psychotherapeutische/psychologische Beratungsstelle für Studierende wenden.

Merke

- Die Lerntechniken müssen den unterschiedlichen Klausurformen angepasst sein!
- Der Erfolg hängt auch von einer guten Klausurstrategie ab!
- Bei einem Blackout ist oberstes Gebot, Distanz zur Aufgabe zu schaffen!
- Sei stolz auf dich, wenn du dein Bestes gegeben hast, ganz gleich wie das Klausurergebnis ausfällt!

Literatur

Bringewat, J. (2013). Klausurenschreiben leicht gemacht. Aufbau und Form der juristischen Klausur. 18., überarbeitete Aufl. Berlin: Kleist-Verlag.

Metzig, W. & Schuster, M. (2009). Lernen zu lernen. 6. verbesserte Aufl. Berlin & Heidelberg: Springer Medizin.

Wolf, D. & Merkle, R. (2001). So überwinden Sie Prüfungsängste. Psychologische Strategien zur optimalen Vorbereitung und Bewältigung von Prüfungen. Mannheim Pal Verlagsgesellschaft.

Mündliche Prüfung

Gabriele Bensberg

7.1 **Charakteristika mündlicher Prüfungen – 83**
7.1.1 Varianten – 83
7.1.2 Ablauf – 83
7.1.3 Mündlich gleich multidimensional – 84

7.2 **Vorbereitung auf mündliche Prüfungen – 84**
7.2.1 Breites Wissen – 84
7.2.2 Vortragsstil – 84
7.2.3 Rollentausch – 85
7.2.4 Lerngruppe – 85

7.3 **Nebenkriterien mit Knalleffekt – 86**
7.3.1 Verbale Kompetenz – 86
7.3.2 Sicheres Auftreten – 86
7.3.3 Umgangsformen und Diplomatie – 86
7.3.4 Outfit – 87

7.4 **Überzeugend antworten – 87**
7.4.1 Schweigen ist Silber, Reden ist Gold! – 87
7.4.2 Das Wichtigste zuerst – 87
7.4.3 Nischenwissen einfließen lassen – 88
7.4.4 Eigene Ideen entwickeln – 88

7.5 **Fragen, Fragen, Fragen – 89**
7.5.1 Unverständlich formulierte Fragen – 89
7.5.2 Überraschende Fragen – 89
7.5.3 Teilweise unbeantwortbare Fragen – 89
7.5.4 Unbeantwortbare Fragen – 90

7.6 **Persönlicher Stil des Prüfers – 90**
7.6.1 Das »Pokerface« – 90
7.6.2 Der »Wasserfall« – 91
7.6.3 Mr. oder Mrs. »Ironisch« – 92

G. Bensberg, *Dein Weg zum Prüfungserfolg*,
DOI 10.1007/978-3-662-43419-2_7, © Springer-Verlag Berlin Heidelberg 2015

7.7   **Coping von Angst und Aufregung – 92**

7.7.1   Die vier Ebenen der Angst – 92

7.7.2   Kognitive Ebene: Immunisierung von Angstgedanken – 93

7.7.3   Emotionale Ebene: Erfolgsphantasien – 94

7.7.4   Körperliche Ebene: Entspannung und Schlafhygiene – 94

7.7.5   Verhaltensebene: Reale und imaginative Konfrontation – 94

7.8   **Albtraum Blackout – 95**

Literatur – 96

» Professor zu einer hochschwangeren Studentin während des mündlichen Examens: »Jetzt sind Sie schon zu zweit hier und haben dennoch keine Ahnung …« (Universität Köln, Jura)

7.1 Charakteristika mündlicher Prüfungen

Die Anforderungen, die in mündlichen und schriftlichen Prüfungen gestellt werden, sind sehr unterschiedlich. Es gibt daher Studis, die sich nur vor schriftlichen oder nur vor mündlichen Examina fürchten neben jenen, für die jede Art Prüfung ein Graus ist.

7.1.1 Varianten

Prüfung ist nicht gleich Prüfung, sondern es existieren Besonderheiten, auf die man sich einstellen muss.

Schriftlich plus mündlich … Viele Endnoten kommen durch die Kombination von schriftlichen und mündlichen Prüfungsleistungen zustande. Oft wird zunächst eine Klausur geschrieben, auf die ein mündliches Examen folgt.

Glaubt man den Prüfungsordnungen, so stellt die mündliche Prüfung eine eigenständige Leistung dar und soll unabhängig von der schriftlichen Prüfung bewertet werden. In der Realität beeinflussen Klausurnoten dessen ungeachtet häufig die mündliche Prüfung, indem die Fragen dem Ergebnis angepasst werden. Wer ums Bestehen kämpft, erhält andere Fragen als jemand, der schon eine mit »Sehr gut« bewertete Klausur vorgelegt hat. Es ist eher selten, dass ein Student im Mündlichen ein vom Schriftlichen weit abweichendes Resultat erzielt. Das heißt, man sollte eher nicht erwarten, durch eine gute mündliche Leistung die schlechte Klausurnote deutlich verbessern zu können.

Einzeln oder im Doppelpack … Zum Teil wird in mündlichen Prüfungen nur ein Fach geprüft. In einem solchen Fall gibt es einen Prüfer und einen Beisitzer. Letzterer ist für das Protokoll zuständig, denn jede Prüfung muss dokumentiert werden, damit das Ergebnis – z.B. bei eventuellen Beschwerden – belegt und sein Zustandekommen nachvollziehbar ist. Im Protokoll sind festgehalten: Name des/der Studierenden, das Fach, Ablauf der Prüfung, die Fragen und Antworten sowie die Note und deren Begründung.

Vielfach werden in einer Prüfung aber auch verschiedene Teilfächer geprüft. In diesem Fall sind zwei oder drei Prüfer anwesend, die nacheinander innerhalb einer bestimmten Zeitspanne ihre fachspezifischen Fragen an den Kandidaten richten und wechselseitig das Protokoll erstellen.

Für eine mündliche Prüfung vereinbart man zum Teil Spezialgebiete, oder es wird ein Schwerpunktthema abgesprochen, über das der Kandidat einleitend, z.B. in den ersten 10 Minuten, referiert. Bei dieser Präsentation fließen nicht nur die Inhalte, sondern auch das Auftreten, die Rhetorik usw. in die Bewertung ein.

Einzeln versus Gruppe … Im Normalfall handelt es sich bei mündlichen Prüfungen um Einzelprüfungen. In bestimmten Fächern und im Rahmen einzelner Studiengänge werden aber auch mehrere Studierende zugleich geprüft, wobei für jeden einzelnen ein bestimmter Zeitraum zur Verfügung steht. Dieses Vorgehen ist u.a. im Studiengang Rechtswissenschaft der Fall (▶ Kap. 8).

7.1.2 Ablauf

In der Regel wird zu Beginn der Prüfung gefragt, ob sich der Student/die Studentin wohl fühlt und bestätigt, der Prüfung gewachsen zu sein. Diese Frage stellt man, um sich gegen nachträgliche Anfechtungen des Prüfungsergebnisses mit der Begründung, man sei körperlich oder seelisch hochgradig beeinträchtigt gewesen, abzusichern.

Es folgen dann der eigentliche Prüfungsteil und die anschließende Beratung über die Note. Während dieser Beratung muss der Prüfungskandidat das Zimmer verlassen. Zum Schluss wird die Note bekannt gegeben und meistens auch zumindest kurz begründet.

7.1.3 Mündlich gleich multidimensional

Der größte Unterschied zu schriftlichen Prüfungen besteht darin, dass mündliche Prüfungen schwerer kontrollierbar sind, da unvermittelt überraschende Fragen gestellt werden können und der Verlauf etwas chaotisch sein kann. Andererseits ist es in mündlichen Prüfungen etwas einfacher, eine gute Note zu bekommen, weil weniger Detailwissen abgefragt wird und man schwierige Fragen leichter umschiffen kann.

Die Prüferinnen und Prüfer sind bei der Auswahl der Fragen wenig eingeschränkt. So kann im Studiengang Medizin ein Kardiologe bspw. durchaus eine Frage aus der Orthopädie stellen, ohne dass man ihm dies ankreiden könnte. Erlaubt sind alle Fragen, sofern der Bezug zum Studienfach gegeben ist.

Ein weiterer wichtiger Unterschied zwischen schriftlichen und mündlichen Prüfungen ist darin zu sehen, dass das Auftreten und die verbale Kompetenz des Prüflings sowie seine soziale Intelligenz das Ergebnis beeinflussen können.

Es gibt Menschen, die sich über Dinge, von denen sie eigentlich gar nichts verstehen, in beeindruckender Weise auslassen können, und es gibt andere, denen genau diese Kunst sehr schwer fällt oder sich ihnen gar nicht erschließt. Letztere haben in einer mündlichen Prüfungssituation meist schlechtere Karten als die Erstgenannten.

Soziale Intelligenz ermöglicht es, im Gesicht des Prüfers zu lesen, ob er eine Antwort goutiert oder aber kritisiert und darauf rasch zu reagieren, indem man die ursprüngliche Aussage erweitert oder korrigiert.

Ein selbstsicheres Auftreten lässt bei Prüfern den Eindruck entstehen, der Absolvent sei gut vorbereitet und verfüge über viel Wissen. Und dass verbale Kompetenz in einer mündlichen Prüfung von Vorteil ist, muss wohl nicht näher erläutert werden.

7.2 Vorbereitung auf mündliche Prüfungen

Errichte vier Säulen, auf die du dich während der Prüfung stützen kannst: Breites Wissen, Lernen im Vortragsstil, Vornahme eines Rollentauschs, Anschluss an eine Lerngruppe!

7.2.1 Breites Wissen

Bei mündlichen Prüfungen sollte man nicht darauf vertrauen, dass man sich zur Not »herausreden« kann. Der Lernstoff ist eher etwas breiter abzudecken, da auch Fragen gestellt werden können, die sich auf Nebenaspekte der eigentlichen Thematik beziehen.

Um sicher zu sein, auch solche Fragen beantworten zu können, ist es hilfreich, Überblicksartikel bei Brockhaus oder Wikipedia zu lesen. Was dort steht, solltest du dir einprägen als eine Art Basiswissen, das zur fachlichen Allgemeinbildung gehört.

Bedenke, wie kurz eine mündliche Prüfung ist und wie wenig Zeit für die Beantwortung einer Frage zur Verfügung steht. Wenn du das genannte Grundwissen gespeichert hast, kannst du die Prüfer schon fast totreden! Außerdem fühlst du dich sicherer, wenn du auch um ein Thema »drumherum« etwas weißt.

Fallbeispiel

Eine Absolventin hatte das Nibelungenlied bei der 1. Staatsprüfung als Spezialgebiet vereinbart und bereitete nach Absprache mit der Prüferin spezifische Textstellen vor. Um sich den letzten Schliff zu geben, nahm sie eine Prüfungssimulation in der PBS in Anspruch. Dabei stellte sich heraus, dass sie allgemeine Fragen, z.B. zum Verfasser und zur Versform, nicht beantworten konnte. Es wurde ihr dringend empfohlen, diese Lücken bis zur Prüfung zu schließen. Nach dem Examen berichtete sie, dass dieser Tipp hilfreich gewesen sei, denn sie habe tatsächlich eine allgemeine Frage gestellt bekommen.

7.2.2 Vortragsstil

Bei der Vorbereitung sollte »laut« gelernt werden. Indem du dir die Inhalte laut vorträgst, kannst du am besten überprüfen, welche du schon beherrschst und welche noch nicht richtig »sitzen«.

Erst eine sich selbst oder anderen laut vorgetragene Zusammenfassung oder Stellungnahme ermöglicht die Kontrolle, inwieweit man imstande ist, das Gelernte einem Zuhörer verständlich und kompetent zu vermitteln, das heißt, es wird die Fähigkeit des Formulierens, Strukturierens und Straffens der Lerninhalte erfasst und geübt.

Diese Techniken zu trainieren, ist eminent wichtig, da gerade bei mündlichen Prüfungen, die zeitlich terminiert sind, nicht viel Raum für längere Überlegungen bleibt, sondern es darauf ankommt, zentrale Punkte in wenigen, wohlgewählten Worten präsentieren zu können. Dir stehen jeweils nur wenige Minuten pro Frage zur Verfügung, um dein Wissen an den Mann oder die Frau zu bringen.

Außerdem hat das laute Lernen den Vorteil, dass es mehr Abwechslung in den Lernvorgang bringt, denn man kann dabei bspw. im Zimmer umherwandern und sich je nach Ausmaß seiner selbstdarstellerischen Anteile ein großes Publikum oder aber die taube Tante vorstellen, das bzw. die man von seinen neu gewonnenen Erkenntnissen überzeugen will. Abwechslung beugt dem Lernfrust vor und fördert überdies die Behaltensleistung.

Lautes Lernen hat zudem den Vorteil, dass ein weiterer Sinneskanal, nämlich der auditive, neben dem visuellen aktiviert wird. Je mehr Sinneskanäle in einen Lernprozess einbezogen sind, desto größer ist auch die Behaltensleistung.

7.2.3 Rollentausch

Mit »Rolle« sind alle Verhaltenserwartungen, die sich an einen bestimmten Status oder eine bestimmte Situation wie beispielsweise eine Prüfung knüpfen, gemeint.

Ein Rollenspiel kann man mit sich selbst durchführen, indem man sich vorstellt, welche Fragen und Nachfragen der Prüfer sinnvollerweise stellen kann und sich diese Fragen dann selbst beantwortet. Es ist wichtig, auch einmal die Perspektive des Prüfers einzunehmen, das führt zu mehr Souveränität in der Prüfungssituation und reduziert Gefühle des »Ausgeliefertseins« und der fehlenden Kontrolle.

Wenn ein offizieller (von Dozenten erstellt) oder inoffizieller (von früheren Prüfungskandidaten erstellt) Fragenkatalog existiert, ist der natürlich gezielt zu bearbeiten. Beschäftige dich darüber hinaus aber gedanklich damit, welche auch abseits deines Themas gelegenen Fragen gestellt werden

könnten. Sammle diese Fragen und Diskussionspunkte auf einer gesonderten Liste. Diese Strategie hilft dir, den Prüfungsstoff tiefer zu durchdenken und in der Prüfung gelassen zu reagieren.

Zum Teil liegen auch von ehemaligen Prüflingen erstellte Gedächtnisprotokolle vor, in denen der Ablauf einer Prüfung und die abgefragten Wissensgebiete festhalten sind. Frage bei der Fachschaft nach, ob es so etwas für dein Fach gibt. Du erhältst auf diese Weise äußerst hilfreiche Insidertipps.

Beschaffe dir Informationen über den Prüfer/ die Prüferin, z.B. von höhersemestrigen Kommilitonen, durch Kommentare im Internet, durch persönliche Gespräche im Sprechzimmer usw. Versuche herauszufinden, welche »Steckenpferde« der Prüfer hat. Diese lassen sich u.a. anhand der Publikationsliste, die bei den meisten Dozenten im Netz steht, sowie der Inhalte seiner Lehrveranstaltungen feststellen. Die meisten Professorinnen und Professoren mögen es, wenn der Prüfling ihre eigenen Forschungsmeinungen vorträgt.

7.2.4 Lerngruppe

Die Prüfungssituation ist durch bestimmte Rollenerwartungen und -anforderungen gekennzeichnet, die sowohl den Prüfer als auch den Prüfling betreffen.

So gilt die selbstverständliche Regel, dass Studenten das Prüfungsgebiet vorbereitet haben, dass der Prüfer, nicht der Prüfungskandidat, die Fragen stellt, dass Letzterer nicht allzu dominant auftritt, sondern das situativ bedingte »Machtgefälle« erkennt und akzeptiert usw.

Andererseits ist aber auch bei mündlichen Prüfungen ein gewisser Handlungs- und Auftretensspielraum gegeben, der von Prüfung zu Prüfung und von Prüfer(in) zu Prüfer(in) differieren kann. So toleriert ein »liberaler« Prüfer wahrscheinlich ein breiteres Verhaltensspektrum des Kandidaten als ein eher »konservativer« Prüfer.

Rollenspiele in der Lerngruppe zielen darauf ab, die gefürchtete Situation vorwegzunehmen und anhand wiederholter Simulationen immer kompetenter zu bewältigen.

Problematische Verhaltensweisen können so erfasst und schrittweise korrigiert, neue getestet und adäquate Reaktionen eingeübt werden. Durch die wachsende Vertrautheit mit der Situation und die Entwicklung von Bewältigungsstrategien wächst die Chance, auch in der realen Prüfungssituation ein angemessenes Verhalten zu zeigen.

Normalbedingungen Unter der »Normalbedingung«, bei der ein Prüfungsgebiet von mittlerem Schwierigkeitsgrad ausgewählt wird, übernimmt ein Teilnehmer die Rolle des Prüfers, ein anderer die des Prüfungskandidaten. Die anderen Gruppenmitglieder fungieren als Beobachter und sollten sich Notizen machen. In der Rolle des Prüflings kann man selbst Fragen zusammenstellen, darüber hinaus müssen aber auch spontane Fragen möglich sein, denn es ist für eine wirkungsvolle Prüfungsvorbereitung wichtig, Kompetenzen für die Beantwortung ganz unerwarteter Fragen zu entwickeln.

Stressbedingungen Unter der »Stressbedingung« wird abweichend zur »Normalbedingung« ein Prüfungsgebiet bzw. eine Fallkonstruktion (Jura) gewählt, die besondere Schwierigkeiten bereiten. Das Verhalten der Kommilitonin/des Kommilitonen in der Rolle des Prüfers kann dabei von freundlich-wohlwollenden über ironische bis hin zu autoritären oder auch kalt-distanzierten Kommunikationsformen reichen.

Bei dem sich anschließenden Feedback sind folgende Punkte besonders zu berücksichtigen:

- Wie hat der Prüfungskandidat die Situation erlebt? In welchen Momenten ging es ihm schlecht, in welchen hat er sich gut gefühlt?
- Welche Stärken, zu denen auch nonverbale Cues gehören, hat der Prüfungskandidat gezeigt?
- Welche Schwächen können benannt werden, und wie sind diese zu eliminieren?
- Es ist jeweils zu begründen, warum ein Verhalten als problematisch eingeschätzt wird und welche konkreten Übungs- und Verbesserungsvorschläge es gibt.

7.3   Nebenkriterien mit Knalleffekt

Zu diesen Kriterien gehören verbale Kompetenz, sicheres Auftreten, Umgangsformen und Diplomatie sowie das Outfit.

7.3.1   Verbale Kompetenz

In mündlichen Prüfungen sind Studis, die über gute verbale Fähigkeiten verfügen und flüssig vortragen können, eindeutig im Vorteil. Sie präsentieren den Lernstoff gefälliger als andere und vermitteln durch ihre Wortwahl und das Beherrschen von Grammatik und Satzbau den Eindruck von Kompetenz (muss nicht den Tatsachen entsprechen!). Assoziativ legt das Beherrschen grammatisch anspruchsvoller Strukturen wie Konjunktiv 1 und 2 und ein relativ breites Repertoire an Fremdwörtern auch höhere Intelligenz nahe (muss ebenfalls nicht den Tatsachen entsprechen!). Daher ist es wichtig, dass du die Hinweise in ▶ Kap. 7.2.2 beachtest und für die mündliche Prüfung laut lernst, um an deinem Ausdruck und Satzbau zu feilen.

7.3.2   Sicheres Auftreten

Ein sicheres Auftreten sorgt für Pluspunkte. Das hat damit zu tun, dass viele Prüfer glauben, jemand, der das Fach beherrscht und gut vorbereitet ist, hat keine Prüfungsangst. Dieser postulierte und durchaus nicht immer zutreffende Zusammenhang impliziert leider auch den Negativschluss, dass ein ängstlich wirkender Prüfungskandidat wenig weiß oder von seinem Fach nicht viel versteht und daher begründete Angst vor der Prüfung hat. Prüfer sind in der Regel keine Psychologen! Beachte daher die Tipps in ▶ Kap. 7.7 zur Bekämpfung von übermäßiger Aufgeregtheit.

7.3.3   Umgangsformen und Diplomatie

Subtilen Einfluss auf die Benotung nimmt auch, inwieweit der Prüfungskandidat höflich und freundlich auftritt. Also vergiss deine (hoffentlich!) gute Kinderstube nicht und denke daran, bei der Begrüßung und im Prüfungsverlauf auch einige Male zu lächeln. Zur Beachtung höflicher Umgangsformen gehört auch, den Prüfer bzw. die Prüferin mit ihren Titeln (Frau Professor, Herr Doktor) anzureden, es sei denn, dass klar ist, dass sie keinen Wert darauf legen.

Meist – und viele Studis können davon ein Lied singen –, halten Hochschuldozenten das eigene

Fach für den Nabel der Welt. »Und es ging ihm nichts darüber«, wie der König von Thule den Becher seiner verstorbenen Liebsten besingt. Das heißt, es ist überaus unklug, kund zu tun und sei es auch nur durch nonverbale Cues, dass das Prüfungsfach für einen selbst nur »Pflicht«, nicht aber »Kür« oder sogar ein ausgesprochenes »Hassfach« ist. Du schadest dir damit!

Fallbeispiel

Eine Germanistikstudentin musste aufgrund der Umstrukturierung der Prüfungsordnung gezwungenermaßen auch das Fach Ältere Sprache und Literatur abdecken. Sie verhielt sich psychologisch völlig ungeschickt, indem sie zu Beginn der mündlichen Prüfung darüber lamentierte und ihr Desinteresse am Mittelalter im Allgemeinen und an mittelalterlicher Sprache und Literatur im Besonderen kundtat. Der Prüfer, ein empfindlicher Mensch, reagierte äußerst verschnupft. Als die Absolventin am Ende der Prüfung zwischen zwei Notenstufen stand, entschied er sich für die schlechtere.

7.3.4 Outfit

Es sollte selbstverständlich sein, frisch geduscht und in sauberer, ordentlicher Kleidung zum Prüfungstermin zu erscheinen. Auch das gehört zur Demonstration von Wertschätzung gegenüber dem Fach und der Prüfungssituation. Darüber hinaus haben Prüfer aber unterschiedliche Bekleidungsvorlieben. Die einen mögen es eher konservativ bzw. ein wenig elegant, für die anderen sind Jeans und T-Shirt völlig o.k. Das ist zum Teil je nach Fachbereich unterschiedlich, zum Teil aber natürlich von persönlichen Präferenzen abhängig. Letztere findest du am ehesten heraus, indem du beobachtest, welchen Kleidungsstil der Prüfer selbst bevorzugt. Passe dich diesem ein wenig an, sofern du dich dabei nicht allzu sehr verbiegen musst.

7.4 Überzeugend antworten

Nicht nur die Breite deines Wissens und deine inhaltlichen Ausführungen sind in mündlichen Prüfungen bedeutsam, sondern auch die Art der Dar-

bietung bzw. die Verpackung der Inhalte. Außerdem kommt es darauf an, strategisch geschickt zu reagieren und auch weniger verständliche Fragen bzw. solche, die nicht gründlich vorbereitete Sachgebiete tangieren, noch so zu beantworten, dass du Fachkompetenz erkennen lässt. Verinnerliche daher folgende Hinweise!

7.4.1 Schweigen ist Silber, Reden ist Gold!

Bei mündlichen Prüfungen gilt das Prinzip: Schweigen ist Silber, Reden ist Gold! Je mehr man selbst erzählt – natürlich möglichst nur Richtiges –, desto weniger kann der Prüfer fragen. Die meisten Prüfer freuen sich, wenn der Prüfling viel weiß und unterbrechen eher selten.

Das Ungünstigste ist, in einer mündlichen Prüfung zu verstummen und den Prüfer nur noch mit weit aufgerissenen Augen wie eine von der Katze gejagte Spitzmaus anzustarren. In einer Prüfungssituation gehst du mit dieser Attitüde absolut baden.

Wenn man auch nur die Befürchtung hat, die Situation könne einen so ängstigen, dass man sich unter Umständen in einen Fisch verwandelt, sollte man sich rechtzeitig um psychologische Hilfe bemühen und eine Beratungsstelle für Studierende aufsuchen, die es an fast allen Hochschulstandorten gibt.

Lege prinzipiell keine Sprechpausen in Passagen ein, bei denen du dir unsicher bist. Auf diese Weise forderst du den Prüfer geradezu auf nachzuhaken. Mache Pausen an der richtigen Stelle, nämlich dann wenn es um Inhalte geht, bei denen du noch Wissen in petto hast. Diese Strategien lassen sich beim Lernen im Vortragsstil, in der Gruppe und im Rahmen von professionellen Prüfungssimulationen üben.

7.4.2 Das Wichtigste zuerst

Bei mündlichen Prüfungen ist es wichtig, dass du deine Antworten nach dem Prinzip »Vom Allgemeinen zum Besonderen« strukturierst. Das heißt, du gibst zuerst einen Überblick und gehst dann in die Details. Wie das praktisch aussieht, verdeutlichen die folgenden Beispiele:

Beispiel für das Fach Geschichte
Mündliche Prüfung
Spezialgebiet »Französische Revolution«
Frage: Bitte nennen Sie wichtige Ursachen für die Französische Revolution.
Richtige Antwort:
»Wichtige Ursachen waren die wirtschaftliche Rezession mit hohen Defiziten im Staatshaushalt, die Verelendung der meisten Angehörigen des dritten Standes, eine Veränderung des Denkens durch die vorangegangene Aufklärung, die Blockade notwendiger Reformen durch den Adel usw.«
Erst wenn du alle dir bekannten verursachenden Faktoren genannt hast, gehst du in die Details: »Durch den Siebenjährigen Krieg und die Beteiligung Frankreichs am amerikanischen Unabhängigkeitskrieg sowie verschwenderische Ausgaben des Hofes hatte sich der Staat extrem verschuldet. Die Ausgaben überstiegen deutlich die Einnahmen usw.«
Falsche Antwort:
»Eine Ursache für die Französische Revolution war die Verelendung der meisten Angehörigen des dritten Standes. Im Jahr 1788/89 erreichte die Krise ihren Höhepunkt, denn eine Missernte hatte die Brotpreise in die Höhe getrieben. Außerdem war der Winter furchtbar streng, und viele Manufakturarbeiter wurden arbeitslos usw.«
Wenn du in dieser Weise antwortest, vermittelst du dem Prüfer den Eindruck, dass du nur über den Einflussfaktor »Verelendung des dritten Standes« Bescheid weißt. Gefragt war aber nach **wichtigen Ursachen** für die Französische Revolution.

Beispiel für das Fach Geografie
Mündliche Prüfung
Spezialgebiet »Klimazonen«
Frage: Welche zentralen Klimazonen unterscheidet man?
Richtige Antwort:
Insgesamt unterscheidet man fünf Klimazonen, nämlich Polargebiete, Subpolargebiete, gemäßigte Zone, Subtropen und Tropen. Polargebiete sind Kältewüsten mit Temperaturen, die ständig unter oder nur knapp über Null Grad liegen…

Falsche Antwort:
Zu den zentralen Klimazonen gehören die Polargebiete. Polargebiete sind Kältewüsten mit Temperaturen, die ständig unter oder nur knapp über Null Grad liegen usw.
Diese Art zu antworten kann man üben, indem man sich zu Hause mögliche Prüfungsfragen nach diesem Schema selbst beantwortet.

7.4.3   Nischenwissen einfließen lassen

In allen Forschungsbereichen existieren Theorien und Meinungen, die vom Mainstream abweichen und eine isolierte Position einnehmen. Zum Teil werden sie beachtet und zitiert, zum Teil aber auch nicht. Es spricht für die Breite deines Wissens und die Sorgfalt deiner Vorbereitung, wenn du im Rahmen eines vereinbarten Prüfungsthemas auch solche Positionen skizzieren kannst.

Beispiel »Mindermeinung«
Im Studiengang Rechtswissenschaft wird unterschieden zwischen der »Herrschenden Meinung«, welche die meisten Juristen vertreten, und der »Minderen Meinung« oder sog. »Mindermeinung«, der nur wenige oder ganz vereinzelte Fachvertreter anhängen. Für eine gute Benotung genügt es nicht, nur die herrschenden Meinungen zu Rechtsthemen zu kennen, sondern man soll sich auch mit Außenseiterpositionen beschäftigt haben. Allerdings ist es ratsam, den Begriff »Mindermeinung« in der mündlichen Prüfung nicht direkt zu erwähnen, sofern man nicht ausschließen kann, dass der prüfende Professor die Meinung selbst vertritt. Günstiger ist es, die »Exotenmeinungen« als andere oder strittige Positionen zu bezeichnen.

7.4.4   Eigene Ideen entwickeln

Um eine sehr gute Note zu erhalten, reicht es meist nicht, den Stoff gründlich präpariert zu haben und alle wichtigen Fakten herunterspulen zu können. Du sollst das Gelernte auch durchdacht und die Sekundärliteratur kritisch unter die Lupe genommen haben. Hast du dir eigene Gedanken gemacht und bist zu kreativen Schlussfolgerungen gelangt, die du zudem gut begründen kannst, wirst du in der Prüfungssituation wahrscheinlich richtig punkten können. Lass dir diese Chance also nicht entgehen und entwickle in der Vorbereitungszeit eigene Ideen!

Fallbeispiel
Eine sehr gute Masterabsolventin konnte in den Fächern Sozialpsychologie sowie Arbeits- und Organisationspsychologie ihre Prüfer derart beeindrucken, dass beide ihr unabhängig voneinander eine Promotionsstelle anboten. Diese Studentin war nicht nur ausgesprochen intelligent und wusste überzeugend zu argumentieren, sondern sie hatte noch ein Übriges getan und wissenschaftliche Experimente, die zu ihren Themengebieten gehörten, auf deren Schlüssigkeit, Versuchsanordnung und Auswertungsmethoden genauestens überprüft, um nicht zu sagen »seziert«. Auf diese Weise war es ihr gelungen, den Initiatoren der Studien, zum Teil hochrangige Professoren, Fehler nachzuweisen.

7.5   Fragen, Fragen, Fragen

Und nun einige Tipps zum Umgang mit Fragen, die in jeder Prüfung eine echte Herausforderung darstellen und auf die kein Studi »amused« reagiert.

7.5.1   Unverständlich formulierte Fragen

Es kommt häufig vor, dass eine Frage nur deshalb nicht verstanden wird, weil sie sehr kompliziert formuliert und mit seltenen Fachtermini bzw. Fremdwörtern gespickt wurde.

Beispiel: Studiengang Biotechnologie, Fach: Gentechnik
»In welcher Richtung progrediert die Polymerase entlang des DNA-Moleküls bei der Transkription und welches sind die beiden DNA-Bestandteile, die die DNA-Polymerase-Reaktion hauptsächlich manövrieren bzw. fazilitieren?«
In diesem Fall hilft, höflich zu bitten, die Frage noch einmal zu wiederholen – auf diese Weise gewinnst

du Zeit – und vielleicht etwas anders zu formulieren. Eine zweite Möglichkeit besteht darin, die Frage zu interpretieren und gemäß der eigenen Interpretation zu beantworten.
»Ich nehme an, Ihre Frage meint, zielt darauf ab …«

7.5.2   Überraschende Fragen

Um bei überraschenden Fragen nicht in eine Art Schreckstarre zu verfallen, sollte man sich bereits in der Vorbereitungsphase überlegen, welche gedanklichen Assoziationen bei bestimmten Themen möglich sind. Es gilt, angesichts »seltsamer« Fragen cool zu bleiben und nicht unmittelbar zu reagieren, sondern sich etwas Zeit zum Nachdenken zu nehmen. Wenn du vermeiden willst, dass die Prüfung ins Stocken gerät, kannst du zur Überbrückung deiner Schweigeminute den Inhalt der Frage selbst noch einmal wiederholen oder auf bestimmte Aspekte einengen.

Beispiel
»Das ist eine sehr interessante Frage. Ich muss einen Augenblick darüber nachdenken. Ich denke, Ihre Frage zielt darauf ab, dass …«

7.5.3   Teilweise unbeantwortbare Fragen

Manchmal bestehen Fragen aus zwei oder mehr Teilen, in denen unterschiedliche Aspekte thematisiert werden. Es kommt vor, dass man mit einer Teilfrage gar nichts anfangen, die andere aber beantworten kann. In diesem Fall ist es geschickt, den Fragenteil, den man beherrscht, ausführlich zu erläutern und den Prüfer dann auf eine andere Fährte zu locken, indem man zu Inhalten überleitet, die einem liegen. Diese Taktik führt in vielen Fällen zum Erfolg, indem Prüfer die eingangs gestellte Schachtelfrage nicht mehr wiederholen.

Beispiel: Fach Pädagogik
Frage: »Welches sind die gesetzlichen Grundlagen für die Elternarbeit in der Gesamtschule?«

Du weißt zwar einiges über Elternarbeit in der Gesamtschule, aber – sorry – die zugehörigen gesetzlichen Grundlagen hast du nicht parat. Daher fängst du einfach selbstbewusst an, dein Wissen über Formen und Bedeutung der Elternarbeit an Gesamtschulen an den Mann oder die Frau zu bringen. Am Ende deiner Ausführungen leitest du zu einem anderen Aspekt über, z.B. inwiefern sich Elternarbeit am Gymnasium von Elternarbeit an einer Gesamtschule unterscheidet oder wie Elternarbeit in anderen europäischen Ländern aussieht. Auf diese Weise kannst du dich als »Wissender« profilieren und den Prüfer ggf. erfolgreich auf einen Nebenpfad locken. Ein kleines Quäntchen Glück gehört natürlich dazu!

7.5.4   Unbeantwortbare Fragen

Es kann auch in einer Prüfung, auf die man sich sehr gut vorbereitet hat, einmal eine Frage gestellt werden, die für einen selbst ein Buch mit sieben Siegeln ist. Das kommt vor allem dann vor, wenn der Prüfungskandidat sehr leistungsstark ist und auf »1« geprüft werden soll bzw. der Prüfer bestimmte Hoffnungen in ihn oder sie als potenzielle wissenschaftliche Mitarbeiter setzt. In diesem Fall hilft nur, entweder offen zuzugeben, dass man diese Frage leider nicht beantworten kann, oder – besser noch – zu dem Gebiet, in das die Frage gehört, einige zutreffende Bemerkungen zu machen, um wenigstens etwas Richtiges gesagt zu haben.

Beispiel: Fach Volkswirtschaftslehre
»Welche Strategien sollten zur Wohlfahrtsmaximierung eingesetzt werden, wenn bei der Herstellung eines Gutes negative Externalitäten entstehen?«
Du kannst leider nur mit dem Begriff Wohlstandsmaximierung etwas anfangen, die Frage an sich aber nicht beantworten, da du u.a. nicht weißt, was negative Externalitäten sind. In deiner Antwort gehst du dann einfach nur auf den Begriff Wohlstandsmaximierung ein:
»Die Wohlstandsmaximierung innerhalb einer Gesellschaft ist von hoher Bedeutsamkeit, weil …«

Blackout   Gerade zu Beginn einer Prüfung, wenn der Angstpegel noch sehr hoch ist, kann es vor-

kommen, dass man auch eine einfache Frage, die der Prüfer gewissermaßen als »Warming-up« stellt, nicht beantworten kann, sondern das Gefühl hat, der Kopf sei völlig leer. In diesem Fall liegt ein Blackout vor und es gelten die in ▶ Kap. 6.6 und ▶ Kap. 7.8 genannten Ratschläge.

Beispiel: Fach Germanistik
Warming-up-Fragen zu dem Spezialgebiet »Thomas Mann: Buddenbrooks« in der mündlichen Prüfung:
»Welche Stadt ist Schauplatz der Geschehnisse?«
»Für welches Werk erhielt Thomas Mann 1929 den Nobelpreis für Literatur?«

7.6   Persönlicher Stil des Prüfers

Die meisten Prüfer sind um Fairness bemüht. Sie beachten Absprachen hinsichtlich der Themen und wünschen ihren Studierenden gute Noten. Aber auch die gutwilligsten Prüfer haben ihren persönlichen Frage- und Redestil, mit dem sich einige Studentinnen und Studenten unter Umständen schwer tun. Um vor unliebsamen Überraschungen sicher zu sein, gilt wieder der Ratschlag, den Prüfer vorher kennenzulernen oder wenigstens Informationen über seinen Prüfungsstil einzuholen. Wenn man sich den Prüfer aussuchen kann, sollte man sich überlegen, mit welchen persönlichen Eigenarten und Redestilen man gut oder eben nicht so gut kann.

7.6.1   Das »Pokerface«

Es gibt schweigsame Prüfer, welche die Ausführungen des Kandidaten kaum kommentieren, selbst wenn dieser den größten Unsinn schwatzt, sondern dabei mit stoischer Miene ins Leere blicken und die »Leistung« erst am Ende der Prüfung mit der passenden Note quittieren (◻ Abb. 7.1).

Ich kann's   Bei Professoren, die sich das Motto zu eigen gemacht haben: »sic tacuisses philosophus mansisses« – »Hättest du geschwiegen, wärst du ein Philosoph geblieben«, ist es wichtig, die Antworten gut zu strukturieren und jeweils einen deutlichen

■ Abb. 7.2   Wasserfall

■ **Abb. 7.1**   Pokerface

Schlusspunkt zu setzen, damit der Prüfer weiß, wann er die nächste Frage stellen kann.

Beispiel

»Ich denke, Ihre Frage damit beantwortet zu haben.« Oder: »Das ist meine Sichtweise dieses Problems.« Die Stimme am Ende senken!

Außerdem ist es wichtig, das eigene Selbstvertrauen im Vorhinein durch den Einsatz von Erfolgsphantasien (► Kap. 7.7) und selbstwertsteigernden Mantras etwas zu puschen, um sich durch die mangelnde Resonanz seitens des Prüfers nicht verunsichern zu lassen.

7.6.2   Der »Wasserfall«

Das Gegenteil der großen Schweiger sind Prüfer, die sich selbst so gerne reden hören, dass sie die Antworten des Prüflingskandidaten wie eine Diva im Interview nur als Stichworte begreifen, um sich in eigenen Ergüssen zu suhlen. Zu den »Quasselprüfern« gehören aber auch jene, denen es weniger darum geht, sich in jeder Situation zu profilieren, sondern die derart für ihr Fach »brennen«, dass selbst während einer Prüfung manchmal die Gäule mit ihnen durchgehen und sie sich zu weitschweifigen wissen-

schaftlichen Ausführungen verleiten lassen, die der Situation wenig angemessen sind (■ Abb. 7.2).

Loslegen wie eine Dampfwalze   In diesen Fällen hilft nur, freundlich aber bestimmt zu unterbrechen. Andernfalls läufst du Gefahr, dass sich Prüfer und Beisitzer am Ende fragen: »Ja, was hat die Kandidatin/der Kandidat denn eigentlich gesagt?«

Einen Professor, der sich auch während einer Prüfung vor allem selbst reden hören möchte, musst du höflich lächelnd, aber nachdrücklich stoppen. Um es sich zu erleichtern, den Dozenten verbal »abzuwürgen«, empfiehlt es sich, seinen Worten zunächst zuzustimmen und die Inhalte seiner Rede zu »loben«, dann aber konsequent mit dem eigenen Beitrag fortzufahren. Und selbst wenn er oder sie Anstalten macht, dir ins Wort zu fallen, lässt du dich nicht beirren, sondern bittest ruhig darum, deinen Satz zu Ende bringen zu dürfen. Um den anderen möglichst davon abzuhalten, dich zu unterbrechen, solltest du in diesem Fall den Blickkontakt eher meiden.

Beispiel

»Ihre Ausführungen sind sehr aufschlussreich und ich stimme Ihrer Sichtweise auch prinzipiell zu, Frau Professor, aber ich möchte in diesem Zusammenhang doch noch auf einen anderen interessanten Aspekt zu sprechen kommen, der darin besteht … «

Diese Art der Unterbrechung sollte man ggf. vorher vor dem Spiegel und in der Lerngruppe üben.

7.6.3 Mr. oder Mrs. »Ironisch«

Manche Prüfer, wohl diejenigen, die sich für besonders geistreich halten, bedienen sich gerne der Ironie, um Studierende »auf den rechten Weg« zu bringen, sei es in ihren Kommentaren zu bestimmten Antworten, sei es in einer abschließenden ironischen Stellungnahme. Auch hier gilt, dass die Geschmäcker verschieden sind. Es gibt Studis, die ironische Dozenten ganz amüsant finden, während sie für andere nur unausstehlich sind.

Fallbeispiel: »Wenn die Bäume blühen, sehen wir uns wieder ...«
Ein Jura-Prof sagte am Ende des ersten mündlichen Staatsexamens zu einem Kandidaten: »Stehen Sie bitte auf und treten Sie mit mir vor das Fenster. Sehen Sie draußen den Baum?« »Ja«, beeilte sich der Student zu versichern. »Was ist das für ein Baum?« »Eine Kastanie.« »Sehr gut«, lobte der Professor in übertrieben wohlwollender Weise. »Beschreiben Sie ihn!« »Der Baum steht in voller Blüte.« »Richtig«, kommentierte der Prüfer mit süffisantem Lächeln, »und denken Sie nur, wenn dieser Baum das nächste Mal blüht, sehen wir beide uns wieder.«

Zum einen Ohr rein zum anderen raus!   Bei ironischen Kommentaren, die dein Wissen und Können in Zweifel ziehen, ist oberstes Gebot, Ruhe zu bewahren und höflich zu bleiben. Balle die Faust in der Tasche, aber zeige sie nicht. Denke daran, dass du den Prüfer nach bestandenem Examen wahrscheinlich nie mehr wiedersehen musst und ihm sogar einen bösen Brief schreiben kannst.

Ein Interview mit Prof. Michael Erbe findest du auf ► www.lehrbuch-psychologie.de (Klick auf das Buchcover).

7.7   Coping von Angst und Aufregung

Vor allem mündliche Abschlussprüfungen erzeugen oft massive Angst. Daher soll der Umgang mit Prüfungsangst in diesem Kapitel ausführlich besprochen werden.

7.7.1   Die vier Ebenen der Angst

Angst äußert sich meist auf mehreren Ebenen: der gedanklichen, der gefühlsmäßigen, körperlichen und der handlungsbezogenen Ebene. Gedanklich und gefühlsmäßig erlebt man den Angstzustand als Anspannung, die von massiven Befürchtungen begleitet ist. Angst geht oft mit belastenden psychosomatischen Symptomen wie Schlafstörungen einher. Auf der Verhaltensebene wird die angsterzeugende Situation gerne vermieden – Studis melden sich von der Prüfung ab – oder nur unter ausgeprägtem innerem Stress ausgehalten. Nicht selten ist aber eine Ebene stärker als die anderen Ebenen betroffen und vereinzelt kann es vorkommen, dass ein Bereich absolut dominiert. In der überwiegenden Mehrzahl der Fälle wird Angst durch Gedanken ausgelöst.

Fallbeispiele
Thorsten K. – 7. Sem. Germanistik und Romanistik
»Ich versuche, mich so gut wie möglich auf die beiden mündlichen Prüfungen vorzubereiten. Aber mit den Gedanken bin ich oft ganz woanders. Ich denke viel darüber nach, ob ich es schaffe, so gute Noten zu haben, dass ich nach dem Referendariat auch in den Schuldienst übernommen werde. Meine Fächerkombination ist ziemlich überlaufen. Schon von daher habe ich keine so guten Karten für die Verbeamtung. Manchmal sehe ich mich schon als gescheiterten, arbeitslosen Junglehrer. Dann geht es mir richtig dreckig, und mit Lernen ist gar nichts mehr.«
Maria S. – 6. Semester Chemische Technik
»Wenn ich ein Lehrbuch aufschlage oder versuche, das Skript zu lernen, bekomme ich manchmal so eine Angst, dass ich den Stoff überhaupt nicht aufnehmen oder verstehen kann. Ich versuche immer, jeden Gedanken an die Klausur und das Durchfallen zu vermeiden, aber es hilft nicht gegen diese furchtbare Angst. Wenn das so weiter geht, kann ich die Prüfung knicken.«
Sina B. – 2. Semester BWL
»Ein paar Wochen vor einer Prüfung kann ich überhaupt nicht mehr normal einschlafen. Ich versuche, früh schlafen zu gehen, weil man den Schlaf ja braucht, aber ich liege dann stundenlang wach,

wälze mich von einer Seite auf die andere oder versuche, zwischendurch zu lesen, ohne dass es etwas bringt. Manchmal schlafe ich erst in den frühen Morgenstunden ein. Ab und zu kann ich auch eine ganze Nacht lang nicht schlafen. Am anderen Tag fühle ich mich dann ganz furchtbar und kriege auch Kreislaufprobleme, vor allem wenn es sehr warm ist. Dann geht es mir so schlecht, dass ich überhaupt nicht mehr lernen kann. Wenn ich am Wochenende zu meinen Eltern fahre, ist es besser. In meinem alten Bett schlafe ich leichter ein, vielleicht weil ich mich da auch mehr geborgen fühle.« Severin K., – 5. Semester Wirtschaftsinformatik

»Ich weiß, dass ich eigentlich richtig pauken müsste, gerade weil es bis zum Bachelor nur noch zwei Semester sind. Jetzt habe ich die letzte Chance, meinen Schnitt zu heben. Ich nehme mir auch immer vor, sofort zu lernen, wenn ich von der Uni komme. Aber es klappt einfach nicht. Zu Hause esse ich erst mal was, dann fällt mir ein, dass ich meine Mails checken muss. Meist lese ich dabei noch Spiegel online oder schau in der Küche nach, ob ich Kumpels treffe. Oder ich denke, dass ich keine sauberen Klamotten mehr habe und erst mal waschen sollte. Also gehe ich in den Keller vom Wohnhaus und schmeiße die Waschmaschine an. Irgendwann ist es dann zu spät, um mit dem Lernen anzufangen. Ich nehme mir vor, es heute ganz sein zu lassen und am nächsten Tag neu durchzustarten. Aber der nächste Tag läuft auch nicht besser, und so gehen die Wochen dahin.«

7.7.2 Kognitive Ebene: Immunisierung von Angstgedanken

Am Anfang steht die Selbstbeobachtung. Du notierst, wenn du am Schreibtisch bzw. vor dem PC sitzt und fühlst, wie die Angst aufsteigt, alles, was dir gerade durch den Kopf geht. Dann gehst du die Angstgedanken durch und markierst typische, wiederkehrende Inhalte. Meist ist das gesamte Angstszenario um drei bis maximal fünf Kernaussagen aufgebaut.

Beispiel
Notieren der Gedanken
Ich schaffe es nicht. Ich kann mir nie und nimmer diese Massen an Stoff merken. Wenn ich gestern etwas gelernt habe, weiß ich morgen schon nicht mehr, um was es eigentlich ging, jedenfalls kommt mir das so vor. Ich weiß nicht, wie die anderen das machen, die haben mit Sicherheit ein besseres Gedächtnis.

Ich frage mich, wie das sein wird in der Prüfung? Diesmal geht es um alles. Ich kann das nicht aushalten. Schon bei nicht so wichtigen Prüfungen war ich extrem aufgeregt und morgens wurde mir schlecht. Wie wird das jetzt erst sein, wo so viel davon abhängt. Vielleicht wird mir so schlecht, dass ich gar nicht hingehen kann. Oder ich muss mich während der Prüfung übergeben. Das wäre dann so peinlich, dass ich mich gar nicht mehr an die Uni trauen würde.

Zur Bearbeitung derart selbstschädigender Gedanken kann man die Zweispaltentechnik einsetzen, da sie wirkungsvoll und wenig aufwendig ist. Mithilfe dieser Technik werden die negativen Gedanken hinterfragt, auf ihren Realitätsgehalt überprüft und Lösungsmöglichkeiten notiert.

Beispiel
Zweispaltentechnik

Ich kann mir nichts merken!	Wenn ich mir wirklich nichts merken könnte, hätte ich die bisherigen Prüfungen nicht bestanden.
Mir wird in der Prüfung womöglich so schlecht, dass ich mich übergeben muss!	Mir ist noch nie so schlecht geworden, dass ich mich übergeben musste, es ist daher unwahrscheinlich, dass es passiert. Um auf der sicheren Seite zu sein, werde ich mir in der Apotheke ein Medikament zur Beruhigung der Magennerven besorgen.

Hat man seine Gedanken in dieser Weise bearbeitet, sollte man ein bis zwei positive Mantras anschließen (▶ Kap. 4.7.1, ▶ Kap. 6.4).

Beispiel
Positive Mantras
Ich habe ein gutes Gedächtnis!
Mein Magen ist in Ordnung!

7.7.3 Emotionale Ebene: Erfolgsphantasien

Emotionen entstehen nicht aus dem Nichts, auch wenn einem das oft so erscheint, sondern werden durch Gehirnaktivitäten – Gedanken, Befürchtungen, Interpretationen usw. – ausgelöst. Daher ist es nicht nur logisch, sondern auch empirisch bestätigt, dass sich Gefühle analog zu veränderten Gedanken wandeln.

Wenn man also den eigenen, selbstschädigenden Gedanken mithilfe dieser Strategien die Spitze genommen hat, schwächt sich in der Regel auch die Emotion Angst ab. Diesen Vorgang kann man noch intensivieren, indem man zusätzlich passende Erfolgsphantasien (▶ Kap. 4.7) entwickelt.

Ein Mittel, um auch während harter Prüfungszeiten eine optimistische Gemütslage aufrechtzuerhalten und die aufsteigende Angst zu bekämpfen, sind prüfungsbezogene Erfolgsphantasien, die man bewusst entwickeln und einsetzen kann.

Du versetzt dich in der Phantasie in die Prüfungssituation und stellst dir vor, wie du während der mündlichen Prüfung die Fragen souverän beantwortest, sodass die Prüferinnen und Prüfer beeindruckt sind und dir am Ende lächelnd mitteilen, mit einem sehr guten Ergebnis bestanden zu haben.

Selbstverständlich sind diese Phantasien, damit sie nicht ins völlig Unrealistische abdriften, den eigenen Leistungsvoraussetzungen anzupassen. Wer zum zweiten Mal in Jura zum 1. Staatsexamen antritt, sollte sich besser nicht vorstellen mit einer zweistelligen Punktezahl abzuschneiden, wohl aber die Phantasie nähren, ein Prädikatsexamen abzulegen.

7.7.4 Körperliche Ebene: Entspannung und Schlafhygiene

Massive Angst geht mit körperlichen Begleiterscheinungen einher, die aus einer Überaktivierung des autonomen Nervensystems resultieren. Diese Erscheinungen sind zwar äußerst unangenehm, aber meistens auch völlig harmlos.

Um körperliche Angstsymptome zu reduzieren, greife auf die in den ▶ Kap. 2.4.4 und ▶ Kap. 4.7 beschriebenen Entspannungstechniken zurück.

Wenn trotz aller Immunisierungsmaßnahmen die angstvolle Anspannung bestehen bleibt und sich vielleicht in Schlaflosigkeit und einem erhöhten Blutdruck äußert, kann es notwendig sein, einen Arzt hinzuzuziehen und für einen begrenzten Zeitraum mithilfe verschreibungspflichtiger Medikamente – zum Beispiel Betablocker – der Überaktivierung des autonomen Nervensystems entgegenzuwirken.

Zu den typischen körperlichen Angstsymptomen in Prüfungszeiten gehören Schlafstörungen, die sich in Form von Einschlaf- und Durchschlafproblemen oder zu frühem Erwachen nach etwa vier bis fünf Stunden Schlaf äußern können. Damit es gar nicht dazu kommt, gibt es wichtige Regeln zur Schlafhygiene, mit denen man Schlafstörungen vorbeugen kann.

Regeln zur **Vorbeugung und Behebung von Schlafstörungen**

— Verzichte spätestens eine Stunde vor dem Schlafengehen auf alle körperlich oder geistig anstrengenden Aktivitäten!
— Versuche dich eine Stunde vor dem Schlafengehen zu entspannen, z.B. durch leichte Lektüre, Musik, eine Entspannungs-CD. Mach es dir dabei in einem Sessel oder auf der Couch bequem!
— Schaffe ein Schlaf-Ritual, indem du bspw. vor dem Zubettgehen eine Tasse Kakao trinkst, deine Sachen für den kommenden Tag richtest usw.!
— Lerne oder lese nicht im Bett! Dein Bett sollte nur zum Schlafen (und natürlich Sex, haha) genutzt werden!
— Verzichte ab dem späten Nachmittag auf koffein- bzw. teeinhaltige Getränke!

7.7.5 Verhaltensebene: Reale und imaginative Konfrontation

Begib dich in die Höhle des Löwen   Die Konfrontation ist eine äußerst effektive Methode und baut Angst in relativ kurzer Zeit ab. Bei diesem Vorgehen konfrontiert man sich direkt mit der angstauslösenden Situation. Auf diese Weise wird die Verkettung von katastrophisierenden Bewertungen und der daraus oft resultierenden Vermeidung entsprechender Situationen durchbrochen, indem die negativen Vorannahmen auf ihren Realitätsgehalt hin überprüft werden und sich damit die Möglichkeit ergibt, die Situation als gut bewältigbar zu erfahren.

An manchen Hochschulen und in bestimmten Fachbereichen bieten Dozenten Rollenspiele zur Vorbereitung auf den Ernstfall Prüfung an. Falls dies an deiner Hochschule der Fall sein sollte, nutze diese Chance und nimm auf jeden Fall teil.

Es gibt auch Studiengänge, die Videoaufnahmen fiktiver mündlicher Prüfungen als positive Beispiele ins Netz stellen, um den Verlauf der Prüfung und die anschließende Beratung über die Benotung transparent zu machen, so z.B. der Fachbereich Informatik der Technischen Universität Darmstadt (▶ www.informatik.tu-darmstadt.de/de/studierende/studienbuero/pruefungshilfen/muendliche-pr).

Informiere dich, ob es dieses Angebot auch für dein Fach gibt und schaue dir die Videos mit den zugehörigen Kommentaren an.

Mündliche Prüfungen sind prinzipiell nicht öffentlich. Es ist aber möglich, auf Antrag und mit Zustimmung des Prüfungskandidaten Zuhörer, die wie Kommilitonen ein berechtigtes Interesse nachweisen können, zuzulassen. Sollte diese Möglichkeit bestehen, kann es sehr hilfreich sein, eine reale Prüfung mitzuerleben.

Bei einem problematischen Prüfer und bestehender großer Prüfungsangst sollte man sich auf die Prüfungssituation anhand professioneller Simulationen in der Psychologischen Beratungsstelle für Studierende vorbereiten. Fast alle Beratungsstellen an den Hochschulorten bieten derartige Simulationen an. Sofern du dich unsicher fühlst, frage nach und lass dir ggf. einen Termin geben.

Phantasiereise der anderen Art Bei der von dem Psychotherapeuten Joseph Wolpe begründeten Systematischen Desensibilisierung werden angsterregende Situationen in eine hierarchische Ordnung gebracht und je nach ihrem angstauslösenden Inhalt auf einer Skala (z.B. zwischen 10 und 100) gewichtet. Zugleich wird eine Entspannungsmethode vermittelt. Anschließend sind die zusammengestellten Situationen, beginnend mit der am wenigsten angsterzeugenden, nacheinander in der Vorstellung – unter Beibehaltung eines entspannten Zustandes – abzuarbeiten. Grundsätzlich wird erst dann zu dem nächsten, schwierigeren Vorstellungsinhalt übergegangen, wenn der vorangegangene angstfrei imaginiert werden kann. Die Systematische Desensibilisierung wurde schon häufig erfolgreich bei Prüfungsängstlichen eingesetzt.

Diese Methode aus der Verhaltenstherapie kann man etwas abwandeln und selbst zu Hause üben. Man versetzt sich in einen entspannten Zustand und geht die gefürchtete Situation in allen Einzelheiten in der Vorstellung durch und erlebt dabei in der Phantasie, dass und wie man sein Verhalten ändert.

Man sieht sich also, wie man – anders als bisher – in der mündlichen Prüfungssituation selbstbewusst argumentiert, die Fragen beantwortet und sich nicht als kleines, verhuschtes Etwas präsentiert. Auch hier sollte man den Schwierigkeitsgrad variieren, sich also zunächst eine leichte Prüfung vorstellen und dann eine schwierigere, wobei man schließlich auch eine extrem herausfordernde Situation in der Imagination kompetent bewältigt und darin erfolgreich agiert.

7.8 Albtraum Blackout

Ein möglicher Blackout während einer mündlichen Prüfung, etwa der Abschlussprüfung, ist zu Recht noch mehr gefürchtet als Blackouts in schriftlichen Prüfungen. Bei schriftlichen Prüfungen kannst du, ohne dass es bemerkt wird, kurzzeitig aussteigen, dich beruhigen und sammeln, ohne prinzipiell mit negativen Konsequenzen bei der Benotung rechnen zu müssen.

Folgende **Gegenstrategien** sind daher eigens für den Einsatz bei mündlichen Prüfungen gedacht:
Gegenstrategien
- Versuche nicht, dich mit aller Gewalt zu erinnern. Gehst du so vor, klappt voraussichtlich gar nichts mehr und du wirst immer panischer und verzweifelter.
- Versuche, Zeit zu gewinnen, indem du dir die Frage noch einmal wiederholen lässt oder sie

selbst wiederholst: »Sie möchten von mir wissen, wie …« »Es geht also jetzt um die Frage, ob …«

— Distanziere dich von der Prüfungssituation, indem du kurz aus dem Fenster schaust oder auf den Schreibtisch des Prüfers blickst und die dort befindlichen Gegenstände zählst.
— Um die überschüssige Energie abzuleiten, die der Körper in dieser Situation für eine Flucht- oder Kampfreaktion bereitstellt, spanne und entspanne im Wechsel mehrfach die Beinmuskulatur. Ziehe in der Anspannungsphase die Zehen an.
— Rufe dein hilfreichstes Mantra ab und schreibe es in der Vorstellung über dem Kopf des Prüfers an die Wand, am besten in Flammenschrift oder Neonbuchstaben, auf jeden Fall groß und eindrucksvoll.
— Steige mit einem Nebenaspekt der Frage ein. Die Wahrscheinlichkeit ist groß, dass dir alles Weitere, während du sprichst, wieder einfällt.

Beachtest du diese Strategien, hast du große Chancen, den Blackout zu überwinden und die Prüfung doch noch gut zu bestehen. Wenn allerdings gar nichts mehr geht, musst du dich »outen« und dem Prüfer offen mitteilen, dass du einen Blackout hast und seine Frage im Augenblick nicht beantworten kannst. Manche Prüfer sind so fair, dass sie die Prüfung in solchen Fällen für kurze Zeit unterbrechen, damit sich der Studi wieder beruhigen kann.

Merke

— Mündliche Prüfungen sind in ihrem Verlauf schwerer zu kontrollieren als schriftliche!
— Für die »Bestnote« muss man über »Nischenwissen« und eigene Ideen verfügen!
— Den persönlichen Stil des Prüfers sollte man kennen und sich gezielt darauf vorbereiten!
— Bekämpfe Prüfungsangst möglichst umfassend, nämlich auf der körperlichen, gedanklichen, gefühlsmäßigen und verhaltensbezogenen Ebene!
— Bei einem Blackout ist die oberste Regel, Distanz zu den Prüfungsinhalten und der -situation zu schaffen!

Literatur

Fehm, L. & Fydrich, Th. (2011). Prüfungsangst: Fortschritte der Psychotherapie. Göttingen: Hogrefe.
Krengel, M. (2012). Bestnote: Lernerfolg verdoppeln – Prüfungsangst halbieren. Berlin: Eazybookz.
Metzig, W. & Schuster, M. (2009). Prüfungsangst und Lampenfieber: Bewertungssituationen vorbereiten und meistern. Berlin & Heidelberg: Springer Medizin.

Mündliche Gruppenprüfung

Gabriele Bensberg

8.1   Warum Gruppe und nicht einzeln? – 98

8.2   Varianten der Gruppenprüfung – 98

8.3   Prüfungen in Medizin und Jura – 99

8.4   Stress bei Gruppenprüfungen – 100

8.5   Tipps – 100
8.5.1   Verbale Ebene – 101
8.5.2   Nonverbale Ebene – 101

G. Bensberg, *Dein Weg zum Prüfungserfolg,*
DOI 10.1007/978-3-662-43419-2_8, © Springer-Verlag Berlin Heidelberg 2015

» Prüfungen sind deshalb so scheußlich, weil der
größte Trottel mehr fragen kann, als der klügs-
te Mensch zu beantworten vermag. (Charles
Caleb Colton)

8.1   Warum Gruppe und nicht einzeln?

Vielen von euch ist die Gruppenprüfung wahrscheinlich vom Abi her bekannt. Vor allem in den
Fremdsprachen, z.B. Englisch oder Französisch,
werden häufig Gruppenprüfungen im mündlichen
Teil des Abiturs durchgeführt. Die Vorbereitungszeit ist dabei auf wenige Minuten beschränkt, und
die Prüfungszeit selbst ist zeitlich ebenfalls sehr begrenzt.

Gründe für die Durchführung von Gruppenprüfungen sind meist ökonomischer Art. Diese
Prüfungsform bietet die Möglichkeit, mehrere
Kandidaten gleichzeitig zu prüfen. Außerdem benötigt man weniger Lehrpersonen, da ein Prüfer
mehrere Kandidaten prüfen kann.

Darüber hinaus gibt es aber auch inhaltliche
Gründe. Eine Gruppenprüfung ermöglicht im
Unterschied zu einer Einzelprüfung den direkten
Vergleich zwischen Prüflingen und kann daher zu
einer objektiveren Beurteilung des Einzelnen und
vielleicht auch zu gerechteren Benotungen führen.

8.2   Varianten der Gruppenprüfung

Bei Gruppenprüfungen existieren mehrere **Varianten**:

- Gruppenprüfungen, die eigentlich Einzelprüfungen sind, indem jeder Kandidat innerhalb
der Gruppe ausschließlich individuell befragt
wird (häufigste Form)
- Gruppenprüfungen, in denen nicht beantwortete Fragen an den Sitznachbarn weitergeben
werden
- Gruppenprüfungen, in denen offene Fragen
gestellt werden

Bestimmte Hochschulprüfungen sind als Einzelprüfungen konzipiert, können aber auf Antrag auch

als Gruppenprüfung durchgeführt werden wie z.B.
das Erziehungswissenschaftliche Abschlusskolloquium. Hier wird geprüft, ob der Bewerber über
jenes pädagogische Wissen verfügt, das als Grund-
lage für den Lehrerberuf obligatorisch ist.

Beispiel
Erziehungswissenschaftliches Abschlusskolloquium
- Obligatorischer Teil der 1. Staatsprüfung
- Einzelprüfung: Dauer 45 Minuten bei einer
Einzelprüfung
- Gruppenprüfung: Verlängerung der Zeit ent-
sprechend der Anzahl der Prüflinge
- Prüfungsgremium besteht aus 3 Prüfern (Hoch-
schule und schulischer Bereich)
- Vertreter aus dem schulischen Bereich (z.B.
Studienseminar) ist Vorsitzender

Bei Gruppenprüfungen sind auch Kombinationen
von separater mündlicher Einzelprüfung und sich
anschließender Gruppenprüfung bekannt, z.B. die
Approbationsprüfung für Psychologische Psychotherapeuten, die am Ende einer mehrjährigen Zusatzausbildung abgelegt wird.

Nach der schriftlichen Prüfung folgt in mehr-
wöchigem Abstand zunächst eine halbstündige
Einzelprüfung vor dem Prüfungsgremium, an die
sich noch am selben Tag die Gruppenprüfung anschließt.

Beispiel
**Approbationsprüfung für Psychologische Psy-
chotherapeuten (Baden-Württemberg)**
- Es werden 4 Prüflinge von 4 Prüfern exami-
niert.
- Der erste Prüfer stellt Prüfling A eine Frage, der
zweite Prüfer befragt Prüfling B, der 3. Prüfer
prüft Kandidat C und der vierte Prüfer Kandidat D. Nachdem diese Sequenz abgeschlossen
ist, ändert sich die Reihenfolge. Der erste Prüfer stellt nun Prüfling D eine Frage, der zweite
Prüfer befragt Prüfling C usw.
- Diese Sequenzen wechseln, bis die zur Verfügung stehenden 120 Minuten vorüber sind.
- Bleibt ein Kandidat eine Antwort schuldig, ist
es dem Prüfer erlaubt nachzufragen oder eine
andere Frage zu stellen.

- Der Prüfungsvorsitzende kontrolliert den Ablauf und wacht darüber, dass jeder Kandidat in etwa die gleiche Redezeit erhält.
- Die Prüfung ist keine echte Gruppenprüfung, da unbeantwortete Fragen nicht weitergegeben werden.

8.3 Prüfungen in Medizin und Jura

Auch die Gruppenprüfungen im Studiengang Medizin, die für die 1. Ärztliche Prüfung anstehen, stellen eigentlich Einzelexamina dar, bei denen für jeden Kandidaten eine bestimmte Prüfungszeit vorgesehen ist. Bei der 1. Juristischen Staatsprüfung ist das anders. Hier werden unbeantwortete Fragen an den Nachbarn weitergeben bzw. es kann seitens der Prüfer auch »durcheinander« gefragt werden.

Da hier stark frequentierte Studiengänge angesprochen sind, wird auf das jeweilige Procedere näher eingegangen.

Beispiel
Studiengang Jura: Die mündliche Prüfung
Grundsätzliches
In der **mündlichen Prüfung** sitzt der Kandidat mit einigen Mitstreitern einer Anzahl von Prüfern gegenüber, welche Fragen aus den **drei großen Rechtsgebieten** (im **zweiten Examen** einschließlich **Prozessrecht**) an die Prüflinge richten, meist am Beispiel eines konstruierten Falles. Im Gegensatz zur Klausur sind die Prüfungsfragen sehr viel weniger vorhersehbar, auch weil hier an nur einem Termin der gesamte Prüfungskanon als Quelle dienen kann. Da man hier in der **Regel wenig Zeit hat**, nicht präsentes Wissen aus Gesetzestext oder **Kommentar** herauszusuchen, sind Prüflinge mit gutem Gedächtnis für Details hier klar im Vorteil.

Ablauf
Die Prüfungen laufen nach einem festgelegten Muster ab. Vor **Beginn der Prüfung** wird jeder Kandidat einzeln zum Vorsitzenden der Prüfungskommission zu einem **Vorgespräch gebeten**, das dem Zweck dient, dem Vorsitzenden einen ersten persönlichen Eindruck von dem Prüfling zu verschaffen und diesem Gelegenheit zu geben, etwaige Schwierigkeiten anzusprechen. Anschließend

beginnt die eigentliche Prüfung, wobei jedem Prüfungsabschnitt etwa 45 Minuten eingeräumt werden. Im **Zweiten Staatsexamen** beginnt die Prüfung mit dem Aktenvortrag. Gewöhnlich gibt es nach zwei bis drei Abschnitten eine Pause von noch einmal 45 Minuten.

Prüfer
Jede **Prüfungskommission** setzt sich aus Universitätsprofessoren, Staatsanwälten, Richtern oder Anwälten zusammen, von denen einer den Vorsitz führt. Da der Pool der Prüfer in jedem Land begrenzt ist und ihre Namen vorher bekanntgegeben werden, ist es sicher von Vorteil, die **von anderen Prüflingen angefertigten Protokolle** zu Rate zu ziehen, denen man vorab Informationen über den Charakter sowie die Vorlieben und Abneigungen jedes Prüfers entnehmen kann. Von Prüfer zu Prüfer zeigen sich naturgemäß Unterschiede, einige sind berechenbar, andere nicht. Die Protokolle werden gewöhnlich von privaten Firmen angeboten. Jeder Prüfer hat sich im Vorfeld über jeden Kandidaten aufgrund der Aktenlage ein Bild gemacht, so dass diese für sie keine völlig Unbekannten sind. Grundsätzlich haben die Noten aus dem **schriftlichen Examen** auf die Einschätzung und die Notenvergabe keine Auswirkungen.
(C. Meyer-Kretschmer: URL: ▶ www.juraindividuell. de/blog/die-muendliche-pruefung/)

Beispiel
Studiengang Humanmedizin: Physikum
Mündlich-praktische Prüfung
Termin ist ab 3 Tage nach der schriftlichen Prüfung bis ca. einen Monat später. Genauen Zeitpunkt, Ort und Prüfer erfährt man im Ladungsbescheid, den man beim LPA bekommt (siehe auch »Anmeldung«).
Der mündliche Teil umfasst die Fächer
- Anatomie
- Physiologie
- Biochemie/Molekularbiologie

und wird von den Hochschullehrern der Uni Gießen abgehalten.
Einer der Prüfer (meist die Person mit dem höchsten akademischen Grad) bestimmt als Vorsitzender das Fach, in welchem der praktische Teil stattfindet.

8

Dieser findet an dem Vortermin statt, der i.d.R. etwa eine halbe Stunde vor der eigentlichen Prüfung liegt.

Die Form der praktischen Prüfung gestaltet sich je nach ausgewähltem Fach.

In der Anatomie kann man z.B. histologische Präparate bekommen, die man zu studieren hat, bei Physiologie kann man einen Versuch aus dem Praktikum erneut auswerten (oder durchführen), ähnlich auch bei der Biochemie, wo man z.B. Graphen zu bewerten und Fragen zu beantworten hat. Je nach Prüfer sind die Aufgaben anders und werden anschließend bei der mündlichen Prüfung besprochen oder aber separat gewertet.

Die Prüfung selbst findet in Dreiergruppen statt und besteht aus einem etwa 20-30minütigen Prüfungsgespräch je Fach.

Im Voraus hat jeder Prüfling (zur Identifikation) dem Vorsitzenden der Prüfungskommission den Ladungsbescheid und einen gültigen Reisepass/Personalausweis vorzulegen.

Der mündlich-praktische Teil ist beschränkt öffentlich, es können demnach bis zu 5 Studierende der Medizin, die zur gleichen Prüfung zugelassen sind, als Zuhörer anwesend sein. Von diesem Recht wird jedoch nur selten Gebrauch gemacht.

Der schriftliche und der mündliche Teil können separat bestanden werden. Wer also den schriftlichen Teil nicht besteht, kann den mündlichen bestehen und muss im nächsten Anlauf nur noch die schriftliche Prüfung nachholen. Der 1. Abschnitt der ärztlichen Prüfung trägt zu einem Drittel, der 2. Abschnitt der ärztlichen Prüfung zu zwei Dritteln zur späteren Examensgesamtnote bei.
(▶ www.fsmed.net/studium/physikum/)

8.4   Stress bei Gruppenprüfungen

Für viele ist eine Gruppenprüfung mit mehr Stress verbunden als eine Einzelprüfung. Das gilt vor allem für Studis, die sozial ängstlich sind und sich in fremden Gruppen, die nicht aus guten Freunden oder langjährigen Bekannten bestehen, generell unwohl fühlen.

Aber auch die meisten sozial nicht übermäßig ängstlichen Studierenden haben mehr Probleme, sich in einer Gruppe bzw. vor mehreren Prüfern zu äußern als in der vergleichsweise kuscheligen Zweiersituation mit nur einem Prüfer und einem in der Regel stumm protokollierenden Beisitzer Fragen zu beantworten.

Die anwesenden Kommilitonen, deren Namen zum Teil bekannt sind, können einschüchternd wirken, wenn es sich z.B. um besonders leistungsstarke oder verbal versierte bzw. dominante Studentinnen und Studenten handelt, gegen die »anzustinken« schwer fällt. Gerade im Beisein solcher Studierender bedarf es einer guten Strategie, um in dieser Situation nicht unterzugehen, sondern dafür zu sorgen, dass man selbst und die eigenen Beiträge genügend Beachtung finden.

Die Gegenspieler der etwas unsicheren Kandidaten sind Studierende, denen es schwer fällt, an sich zu halten, wenn sie eine Frage beantworten können, die der gerade »ausgequetschte« Kommilitone nur mit erschrockenem Schweigen quittiert. Sie flüstern oder murmeln die Antwort halblaut vor sich hin, wenn sie nicht gar laut mit ihr herausplatzen.

Allgemein sind sich Studentinnen und Studenten – unabhängig von bestimmten Charaktertypen – oft unsicher, wie man sich innerhalb einer Gruppenprüfung optimal verhält, da ihnen das Setting nicht vertraut ist.

8.5   Tipps

Beherzige sämtliche Hinweise, die in ▶ Kap. 7.7 zur mündlichen Einzelprüfung zusammengestellt sind!

Bei einer Gruppenprüfung besteht die Kunst darin, sich in Szene zu setzen, ohne übertrieben forsch oder »mittelpunktbedürftig« zu erscheinen. Es ist natürlich wichtig, auch nicht in das Gegenteil zu verfallen und wie das bescheidene Veilchen im Moose von den anderen kaum wahrgenommen zu werden. Schüchternheit und Bescheidenheit passen wenig zu akademischen Berufsfeldern und könnten dir als Eigenschaften angekreidet werden, die dich für deinen Beruf nicht allzu geeignet erscheinen lassen.

8.5.1 Verbale Ebene

Versuche nicht, dich auf Kosten anderer zu profilieren, indem du übermäßig viel Redezeit beanspruchst. Ein solches Verhalten wirkt nicht einnehmend, sondern eher abstoßend, da es auf wenig soziale Kompetenz schließen lässt. Beachte, dass allzu langes Diskutieren anderen Kandidaten die Zeit nimmt, sich zu äußern.

Fange keine Grundsatzdiskussion oder verbissene Auseinandersetzung mit einem Prüfer an, indem du eisern auf deiner Meinung beharrst, auch wenn deutlich ist, dass der andere sie nicht teilt. Halte dich zurück, selbst wenn du nicht aus »Sansthausen« stammen solltest! Willst du eine abweichende Position vertreten, so stelle diese ruhig und freundlich mit möglichst stichhaltigen Argumenten vor.

8.5.2 Nonverbale Ebene

Neben der verbalen ist auch die nonverbale Ebene von großer Bedeutung. Hier kannst du schon durch dein äußeres Erscheinungsbild positiv auffallen, indem du besonders gepflegt und gut gekleidet auftrittst und deine Kleidung eventuell mit einem markanten Farbtupfer krönst, z.B. ein auffallendes Seidentuch zum Kostüm oder eine besonders schicke Krawatte zum Anzug oder zur Kombination trägst.

Zeige folgendes Verhalten:
- Bemühe dich durchgängig um einen offenen, interessierten Gesichtsausdruck, wirke auf keinen Fall gelangweilt!
- Signalisiere durch deine Körperhaltung Aufmerksamkeit und Aufgeschlossenheit! Verschränke also nicht die Arme und verknote nicht die Beine!
- Wende dich dem Sprechenden durch deine Haltung deutlich zu!

Wenn ein Kandidat, der gerade individuell geprüft wird, eine Frage nicht beantworten kann, so lass dezent erkennen, dass du die Antwort weißt, indem du diskret den Zeigefinger hebst, nicht aber wie vielleicht in der Schule oder im Seminar den

❏ **Abb. 8.1** Übersprunghandlung

ganzen Arm und dazu womöglich noch mit den Fingern schnippst. Hat der Prüfer die Frage frei gegeben, kannst du nachdrücklicher zu erkennen geben, dass du über das nötige Wissen verfügst.

Vermittle auch durch deine Mimik, dass du dich in dem betreffenden Sachgebiet auskennst, z.B. durch Kopfschütteln bei einer falschen Antwort und durch bestätigendes Nicken, wenn der Prüfer die Ausführungen eines Kandidaten korrigiert.

Mit dieser Strategie lässt sich in Gruppenprüfungen, bei denen Fragen nicht weitergegeben werden, auch »Lügenpoker« spielen, indem man anhand nonverbaler Cues vorgibt, Antworten zu wissen, die man eigentlich nicht oder wenigstens nicht genau kennt.

Vermeide folgendes Verhalten:
- Blicke nicht gebannt aus dem Fenster, um einem Streit zu lauschen, den draußen laut krächzend ein erbostes Krähenpaar austrägt!
- Mustere nicht fasziniert die Titel im Bücherregal, als seiest du auf der Suche nach einem Porno oder bluttriefenden Thriller.
- Starre nicht verzückt auf die schönen Beine deiner attraktiven Kommilitonin, die du erstmals in einem kniekurzen Kostüm siehst! (❏ Abb. 8.1)

Du glaubst, die letztgenannten Verhaltensbeispiele kommen gar nicht vor, weil alle auf die Prüfung konzentriert sind? Du irrst dich. Gerade in Situationen äußerster Anspannung neigen wir Menschen ebenso wie unsere tierischen Verwandten leicht zu sog. »Übersprunghandlungen«.

Eine Übersprunghandlung entsteht in einer hochgradig angespannten Situation, in der sich zwei Motive, z.B. Flucht und Angriff, gegenseitig hemmen. Ein Hund, der sich nicht sicher ist, ob er einen anderen angreifen oder sich lieber unterwerfen soll, kratzt sich z.B. plötzlich am Hals. Beim Menschen erscheinen Übersprunghandlungen als sogenannte Verlegenheitsgesten und unangemessene Reaktionen, indem man in einer schwierigen Prüfungssituation z.B. seinen Ring nervös hin und her dreht, an der Krawatte nestelt oder plötzlich laut lacht. Die Übersprunghandlung selbst ist in der Situation wenig zielführend.

Merke

- Es gibt verschiedene Varianten von Gruppenprüfungen!
- Gruppenprüfungen werden im Vergleich zu Einzelprüfungen meist als stressiger erlebt!
- Die nonverbale Ebene ist bei einer Gruppenprüfung von größerer Bedeutung als bei Einzelprüfungen!

8

Prüfungen am Studienende – Survival of the fittest

Kapitel 9   Rund um die Bewerbungsmappe – 105
                 Gabriele Bensberg

Kapitel 10   Online-Bewerbung – 127
                 Gabriele Bensberg

Kapitel 11   Tests für Hochschulabsolventen – 139
                 Gabriele Bensberg

Kapitel 12   Telefoninterview – 147
                 Gabriele Bensberg

Kapitel 13   Einstellungsinterview – 159
                 Gabriele Bensberg

Kapitel 14   Assessmentcenter – 179
                 Gabriele Bensberg

Rund um die Bewerbungsmappe

Gabriele Bensberg

9.1   **Das AGG – 106**

9.2   **Obligatorische Mappeninhalte – 106**
9.2.1   Anschreiben mit Beispielen – 106
9.2.2   Lebenslauf mit Beispielen – 107
9.2.3   Anlagen mit Beispielen – 113

9.3   **Optionale Mappeninhalte – 113**
9.3.1   Deckblatt mit Beispielen – 113
9.3.2   »Dritte Seite« mit Beispielen – 114
9.3.3   Referenz mit Beispielen – 114

9.4   **Anordnung und Layout – 114**
9.4.1   Formale Neuerungen – 120
9.4.2   Mappenart – 120
9.4.3   Papier – 120
9.4.4   Druck – 120
9.4.5   Kopien – 120
9.4.6   Foto – 120

9.5   **Bitte keine Fliegenbeine zählen! – 120**

9.6   **Leichen im Keller? – 121**
9.6.1   Bewerbung für einen Studienplatz – 121
9.6.2   Bewerbung für einen Job – 122

9.7   **Inneres Auge und Vier-Augen-Prinzip – 124**

Literatur – 125

G. Bensberg, *Dein Weg zum Prüfungserfolg,*
DOI 10.1007/978-3-662-43419-2_9, © Springer-Verlag Berlin Heidelberg 2015

» Wähle einen Beruf, den du liebst, und du musst
   nie wieder arbeiten. (Konfuzius)

Die klassische Bewerbungsmappe ist immer noch
nicht völlig aus der Mode gekommen. Kleine und
mittelständische Betriebe, aber auch einige große
Unternehmen greifen weiterhin auf sie zurück.

9.1   Das AGG

Am 18. August 2006 trat das Allgemeine Gleich-
behandlungsgesetz (AGG) in der Bundesrepublik
Deutschland in Kraft. Dieses Gesetz zielt darauf ab:

» Benachteiligungen aus Gründen der Rasse
   oder wegen der ethnischen Herkunft, des Geschlechts, der Religion oder Weltanschauung,
   einer Behinderung, des Alters oder der sexuel-
   len Identität zu verhindern oder zu beseitigen
   (§ 1 AGG).

Dabei wird zwischen mittelbarer und unmittelba-
rer Benachteiligung unterschieden.

Eine **unmittelbare Benachteiligung** liegt z.B.
vor, wenn ein Bewerber wegen seines Geschlechts
oder seiner Hautfarbe nicht eingestellt wird. Eine
mittelbare Benachteiligung ist gegeben, wenn an
sich neutrale Beurteilungskriterien zugrunde gelegt
werden, die aber mittelbar zu einer nicht gerecht-
fertigten Diskriminierung führen. Es handelt sich
bspw. um eine mittelbare Benachteiligung, wenn
ein Controller abgelehnt wird, weil seine Mutter-
sprache nicht Deutsch ist.

Das AGG hat deutliche Auswirkungen auf das
Arbeitsrecht, u.a. auf die erlaubten Fragen im Bewerbungsinterview, aber auch auf die Gestaltung
von Bewerbungsmappen. Bei der Bewerbung
müssen das Alter, der Familienstand, Kinder, die
Religions- und Staatsangehörigkeit sowie die Mut-
tersprache nicht mehr genannt werden. Auch ein
Lichtbild ist nicht länger obligatorisch, denn das
Foto könnte bewirken, dass jemand wegen seiner
ethnischen Zugehörigkeit nicht zum Vorstellungsgespräch eingeladen wird. Einem Bewerber, der
sich diskriminiert fühlt, steht der Rechtsweg offen,
wobei die Beweislast auf Seiten des potenziellen
Arbeitgebers liegt.

Einige Punkte des AGG werden jedoch unterschiedlich ausgelegt, und unter bestimmten Voraussetzungen ist eine mittelbare Benachteiligung
bzw. Ungleichbehandlung gestattet. Zum Beispiel
ist die Religionszugehörigkeit ein akzeptiertes Aus-
wahlkriterium bei Kandidaten, die sich bei einer
kirchlichen Institution bewerben. Es ist außerdem
erlaubt, Deutschkenntnisse auf muttersprachli-
chem Niveau vorauszusetzen, wenn diese für die
berufliche Tätigkeit unabdingbar sind, indem z.B.
eine Lektoratsstelle besetzt werden soll. Bewirbt
sich jemand als professioneller Berater einer Les-
ben- und Schwulengruppe, kann er oder sie aufgrund eigener homosexueller Orientierung bevorzugt werden. In diesem Fall liegt eine sogenannte
zulässige Ungleichbehandlung vor, welche Benachteiligungen bestimmter Bewerbergruppen verhindert oder ausgleicht (§ 5 AGG). Aus diesem Grund
ist es auch gestattet, bei Stellenausschreibungen den
Passus hinzuzufügen, »Schwerbehinderte werden
bei gleicher Eignung bevorzugt eingestellt.«

Auf bestimmte Angaben kann nach der neuen
Gesetzeslage zwar verzichtet werden, es ist andererseits aber nicht verboten, sie dennoch zu machen.
So sollte bspw. ein Lichtbild der Bewerbung auf jeden Fall beigefügt sein (◘ Abb. 9.1).

9.2   Obligatorische Mappeninhalte

Es gibt unverzichtbare Inhalte von Bewerbungsmappen und solche, die nach eigenem Gutdünken
hinzugefügt oder auch weggelassen werden können. Unverzichtbar sind auf jeden Fall das Anschreiben, der Lebenslauf und die Anlagen.

9.2.1   Anschreiben mit Beispielen

Bitte eröffne dein Schreiben nicht mit der Grußformel »Sehr geehrte Damen und Herren«, sondern
finde vorher heraus, wer der Personalverantwortliche ist und wende dich namentlich an diese Person.

Verzichte bei den einleitenden Sätzen auch
auf die abgegriffene Floskel »Hiermit bewerbe ich
mich für …« Sie wirkt steif und völlig unkreativ
(◘ Abb. 9.2).

Beachte, dass die von dir genannten Voraussetzungen und Fähigkeiten direkt auf das Anforderungsprofil der Stellenausschreibung bezogen sind.
Wenn du einzelne Anforderungen nicht erfüllst,
kannst du diese Defizite eventuell durch andere Fähigkeiten und Nachweise ausgleichen. Handelt es
sich nur um ein kleines Defizit unter vielen Anforderungen, die du voll erfüllst, ist es geschickter, den
entsprechenden Punkt ganz zu übergehen.

Insgesamt sollte ein Anschreiben nicht länger
als 1 bis höchstens anderthalb oder im Ausnahme-
fall 2 Seiten umfassen und nicht als Block, sondern
Flattersatz formatiert werden.

Berücksichtige bei der Abfassung des Anschreibens das AIDA-Prinzip (▶ Kap. 1.4; ◘ Abb. 9.3).

Kommentar zu ◘ Abb. 9.2

Das Anschreiben enthält mehrere Kritikpunkte,
was eigentlich bedauerlich ist, da der Kandidat von
seinen fachlichen Voraussetzungen her viel zu bieten hat.

Schon bei der Anrede handelt sich der Bewerber den ersten Minuspunkt ein. Er hat sich nicht die
Mühe gemacht herauszufinden, wer für die Durch-
sicht und Beurteilung eingehender Bewerbungen
verantwortlich ist, sondern richtet seine Grußformel anonym an Damen und Herren.

Die Motivation für die eigene Bewerbung mit
dem Wunsch nach einem Ortswechsel zu begründen, ist alles andere als überzeugend. Hier sollten
inhaltliche, auf die Tätigkeit bezogene Argumente

als ausschlaggebend für das Interesse an der zu be-
setzenden Stelle genannt werden.

Die Schlusspassage wirkt überheblich, und der
Bewerber vergreift sich eindeutig im Ton.

Kommentar zu ◘ Abb. 9.3

Diese Bewerbung zeugt von Professionalität und
vermag zu überzeugen.

Positiv wirken bereits in der ersten Zeile die na-
mentliche Anrede des Empfängers und die Tatsache, dass die Bewerberin vor dem Versenden ihrer
Mappe das Gespräch gesucht hat.

Inhaltlich verweist das Anschreiben – obwohl
von einer Hochschulabsolventin verfasst – auf
wichtige Erfahrungen und Kompetenzen, die für
die genannte Stelle von Bedeutung sind. Da diese
Nachweise zum Teil auf Nebentätigkeiten bezogen
sind, die parallel zum Studium aufgenommen wurden, kann angenommen werden, dass es sich bei
der Bewerberin um eine hochmotivierte, besonders
belastbare Absolventin handelt.

Das AIDA-Prinzip ist verwirklicht:

- Die genannten Erfahrungen erwecken Auf-
merksamkeit (A).
- Die erläuternden Ausführungen erregen Inter-
esse an der Bewerberin (I).
- Das Interesse lässt den Wunsch entstehen, die
Bewerberin persönlich kennen zu lernen (D).
- Daraus folgt höchstwahrscheinlich die Einla-
dung zu einem Vorstellungsgespräch (A).

Die Schlussformel »Ich freue mich« strahlt Selbstbewusstsein aus und hebt sich damit positiv von
dem üblicheren »Ich würde mich freuen« ab.

9.2.2 Lebenslauf mit Beispielen

Der Lebenslauf (◘ Abb. 9.4, ◘ Abb. 9.5) ist das
Herzstück der Bewerbungsmappe. Tabellarische
Darstellungen gelten – von ganz vereinzelten Ausnahmen abgesehen – mittlerweile als ein Muss, da
sie sehr übersichtlich, strukturiert und damit leser-
freundlich sind.

Grundsätzlich ist es nicht möglich, einen Lebenslauf einmal zu erstellen und dann wiederholt
zu verwenden, denn er sollte der jeweiligen Stellenausschreibung angepasst sein. Du fragst jetzt
vielleicht, wie diese Variabilität zustande kommen

G. Bensberg: Dein Weg zum Prüfungserfolg		
Abb. 9.2	**Anschreiben: negatives Beispiel**	**Seite 1**

Chemiker (w / m)

Medizinische Fakultät

Ludwig-Maximilians-Universität München

Sehr geehrte Damen und Herren,

hiermit möchte ich mich auf Ihre Stellenanzeige bewerben, da mich die ausgeschriebene Position sehr interessiert und ich gerne nach München übersiedeln möchte.

Im SS 2012 habe ich meine Diplomprüfung in Chemie bestanden. Das Studium absolvierte ich an der Universität München mit sehr gutem Erfolg. Ich habe an verschiedenen akademischen Weiterbildungen teilgenommen und versichere Ihnen, dass ich mit der Präsentation von Forschungsstudien und dem Procedere der Antragstellung zur Einholung von Forschungsmitteln sehr vertraut bin.

Davon abgesehen habe ich verschiedene Praktika innerhalb des Bereichs Molekulare Neurosensorik absolviert und mich in diesem Zusammenhang auch mit Fragen der Biochemie zellulärer Signalwege beschäftigt. Während meiner Beschäftigung als wissenschaftliche Hilfskraft habe ich bereits zwei eigenständige Publikationen veröffentlicht.
Die von Ihnen zu besetzende Position stellt für mich eine große, spannende Herausforderung dar.
Besonders spricht mich an, dass ich die Möglichkeit erhalte, Entwicklungsprojekte leiten zu können und auf dem Gebiet der Grundlagenforschung eingesetzt zu werden.

Es wäre also angesagt, ins Gespräch zu kommen, worüber ich mich sehr freuen würde. Dann kann ich Ihnen gerne weitere, vertiefte Informationen über meine Person geben. Ich stehe für ein Bewerbungsinterview jederzeit zur Verfügung. Kontaktieren Sie mich einfach.

Mit freundlichen Grüßen

◘ **Abb. 9.2**   Anschreiben 1

| Abb. 9.3 | Anschreiben: prostives Beispiel | Seite 1 |

Bewerbung als Assistent (m/w) Human Resources

Sehr geehrter Herr Müller,

besten Dank für das informative Telefonat und Ihr Interesse an meiner Bewerbung. Wie vereinbart, übersende ich Ihnen meine Bewerbungsunterlagen. Für die ausgeschriebene Position bringe ich umfassende Erfahrungen aus mehreren Praktika und Nebenjobs mit.

In der Personalabteilung der … AG habe ich das Bewerbungsmanagement (Erstellen von Stellenanzeigen, Vorauswahl der Bewerber, Koordination von Bewerbungsgesprächen, Absagen) durchgeführt, Zeugnisse erstellt sowie die Reisekostenabrechnungen geprüft und angefertigt. Zur Vertiefung meiner Kenntnisse bei der Abfassung von Zeugnissen besuchte ich das Seminar »Zeugniserstellung« der … Akademie. Darüber hinaus wirkte ich in Projektgruppen bei der Einführung der Recruitment Score Card und dem internetbasierten Bewerbungsmanagementsystem d.vinci mit.

Im Personalamt der Stadtverwaltung in … war mir die Pflege der Personalakten (Stundenzettel, Urlaubs-/Krankheitsnachweise) der Mitarbeiter anvertraut.

Weitere Erfahrungen in der Personalbeschaffung und -auswahl sammelte ich neben meinem Praktikum bei der … AG auch während meiner Werkstudententätigkeit bei der … Consulting GmbH. Dort zählten die Kandidatenidentifizierung, Telefoninterviews mit den Kandidaten und die Auswahl der geeigneten Bewerber zu meinen Kernaufgaben.

Die grundlegenden Kenntnisse im Lohnsteuer-, Sozialversicherungs- und Arbeitsrecht eignete ich mir während meines Studiums der Betriebswirtschaftslehre an der Universität Köln mit dem Schwerpunkt Personalwesen an.

Meine Stärken bestehen in konzeptionellem, analytischem Denken und einer ausgeprägten Kommunikationsfähigkeit. Mein Arbeitsstil ist geprägt durch Eigeninitiative und Verantwortungsbereitschaft. Eine hohe Lernfähigkeit und Motivation zeichnen mich ebenfalls aus.

Da ich mein Studium zur Diplom-Kauffrau zum 25.07.2013 abgeschlossen habe, kann ich Ihnen daher zum nächstmöglichen Zeitpunkt zur Verfügung stehen.

Über die Einladung zu einem persönlichen Gespräch freue ich mich.

Freundliche Grüße

Anlagen

◘ Abb. 9.3 Anschreiben 2

G. Bensberg: Dein Weg zum Prüfungserfolg

Abb. 9.4	Lebenslauf: negatives Beispiel	Seite 1

Name

Kontaktdaten

Foto

LEBENSLAUF

Seit 02/2012	Dozent auf Honorarbasis: Fächer: Psychologie, Psychopathologie, Diagnostik
07 – 12/2012	Diplom-Psychologe im Berufsbildungswerk Himmelsstadt,
	Tätigkeiten: Leistungsdiagnostik, psychologische Betreuung von Auszubildenden
04/09 – 06/10	Psychologischer Psychotherapeut in Ausbildung im Psychiatrischen Zentrum Hamburg,
	Fachklinik für Suchttherapie und Entwöhnung
	Tätigkeiten: Aufnahme, Behandlung und Entlassung von Patienten mit Doppeldiagnose,
	Differentialdiagnostik sowie Vermittlung in indizierte Weiterbehandlungen
Seit 10/2008	Ausbildung zum Psychologischen Psychotherapeuten, KFKH e.V., Schleswig
04-11/08	Honorarkraft im Psychologischen Dienst des Berufsbildungswerkes der Johannes-Anstalt
10/07 – 03/08	in Schleswig
	Interviewer und Verfasser von Berichten bei Professor Saarburg und Partner, Hamburg
	Tätigkeiten: Durchführung von Befragungen und deren Nachbearbeitung
10/02002-10/2007	Studium der Psychologie, Universität Hamburg
	Abschluss: Diplom mit Durchschnitt 1,3
05/2005-12/2006	wissenschaftliche Hilfskraft an der Universität Hamburg im Bereich der Differentiellen
	Psychologie
	Tätigkeiten: Literaturrecherche, Erstellen von Texten, Satz, Dateneingabe, Korrekturlesen
1996-1997	Soziales Jahr, Diakonisches Werk Bethus, Schleswig
1991-1996	Staatliches Gymnasium Marie Curie
	Abschluss: Abitur

☐ **Abb. 9.4** Lebenslauf 1

G. Bensberg: Dein Weg zum Prüfungserfolg

| Abb. 9.5 | Lebenslauf: positives Beispiel | Seite 1 |

Lebenslauf:
postives Beispiel

Maren Liebig

Istienstr. 12
12345 Wunnenstein
0000/1234567
anneliebig.@...
geb. 30.07.1980 in Düsseldorf

Foto

Seit 02/2008	Wirtschaftsredakteurin bei der Wirtschaftswoche, Hildesheim
Seit Herbst 2011	Lehrbeauftragte der Universität Düsseldorf (Germanistisches Seminar/Journalistisches Schreiben)
01/2006 – 12/2006	Volontärin, Westfälischer Anzeiger, Hamm/tz
09/2005 – 12/2005	Wissenschaftliche Mitarbeiterin im Dekanat der Wirtschaftswissenschaftlichen Fakultät der Universität zu Bielefeld
bis 2005	Studium der Kulturwissenschaft an der Universität Mannheim und der Université Blaise Pascal, Clermont-Ferrand, Abschluss Bachelor
Autorin für	dpa, Bielefelder Tageblatt, Litauische Deutsche Zeitung, Spiegel Online, Rhein-Neckar-Zeitung, Westfälischer Anzeiger, Wortgestoeber
Germanistische Mitarbeit	Museum Köln, Museum Leverkusen
Moderatorin	Literaturfestival Berlin (seit 20120)
Jurorin	Literaturpreis der Arnold-Becker-Stiftung in Berlin
Mitgliedschaften	AICA, djv

☐ **Abb. 9.5** Lebenslauf 2

kann, da sich deine Lebensstationen im Nachhinein ja nicht verändern. Das ist richtig, aber deren Gewichtung und chronologische Reihenfolge sind modifizierbar. Ein Praktikum kann einmal an erster Stelle mit einer relativ breiten Ausführung seines Inhalts genannt und bei anderer Gelegenheit vielleicht nur am Rande erwähnt werden.

Wichtig ist, dass das Curriculum Vitae keine größeren, erklärungsbedürftigen Lücken enthält, die Personaler misstrauisch werden lassen und zu allerlei Vermutungen Anlass geben: Bewerber war in der »Klapse«, im »Knast«, hat ein Drogenproblem, ist ein notorischer Faulenzer usw.

Von Bedeutung ist auch, dass der Lebenslauf einen roten Faden erkennen lässt.

Unverzichtbare Angaben:

- Persönliche Daten
- Schul- und Hochschulbildung
- ggf. Ausbildung und Berufstätigkeit
- ggf. Weiterbildung
- Besondere Kenntnisse (z.B. PC-Kenntnisse, Sprachen)
- Sonstiges (z.B. ehrenamtliches Engagement, Auslandsaufenthalte, Hobbys)
- Ort, Datum und Unterschrift

Erläuterungen:

Die Reihenfolge der einzelnen Lebensstationen muss nicht chronologisch sein. Es ist auch möglich, aktuelle Stationen an den Anfang zu stellen. Diese zeitlich verkehrte Chronologie empfiehlt sich vor allem für Hochschulabsolventen, die noch keine Berufserfahrung in der eigentlichen Wortbedeutung nachweisen können. Erfahrungen aus Praktika und Werkstudententätigkeiten können aber unter dem Oberbegriff »Praktische Tätigkeiten« subsumiert und an die Spitze des CVs gestellt werden. Es ist auch möglich, eine Extraseite mit Praktika und berufsrelevanten Weiterbildungen anzulegen.

Nach den AGG-Bestimmungen müssen die Religionszugehörigkeit, der Familienstand und die Staatsangehörigkeit grundsätzlich zwar nicht mehr genannt werden, das heißt aber nicht, dass in allen Fällen auf diese Angaben verzichtet werden sollte und kann (▶ Kap. 9.1).

Religionszugehörigkeit Die Religionszugehörigkeit ist von Bedeutung, wenn man sich bei einer kirchlichen Institution bewirbt.

Familienstand Junge Frauen, nicht aber junge Männer sollten unter Familienstand besser auf die Angabe »nicht verheiratet, keine Kinder« verzichten. Diese Angabe wirkt auf potenzielle Arbeitgeber oft abschreckend, da sie erwarten, dass die neue Mitarbeiterin kurz nach der Einstellung schwanger wird. Bei jungen Männern hingegen wird dieselbe Angabe oft mit Flexibilität und der Bereitschaft, an wechselnden Standorten tätig zu sein, gleichgesetzt.

Kinder Solltest du bereits Kinder haben, so führe deren Alter nur an, wenn sie mindestens 12 Jahre alt sind, da Arbeitgeber ansonsten eine Vielzahl von Problemen und Ausfallzeiten auf sich zukommen sehen.

Staatsangehörigkeit Die Staatsangehörigkeit sollte bei ausländisch klingenden Namen angegeben werden, da es für jeden Arbeitgeber interessant ist, aus welchem Land ein Bewerber stammt. Fehlt diese Angabe, wird unter Umständen auf die Einladung zum Vorstellungsgespräch verzichtet. Beachte auch, dass bei Bewerbungen für den Öffentlichen Dienst die deutsche Staatsangehörigkeit Voraussetzung ist.

Noten Noten im Lebenslauf bitte nur erwähnen, wenn sie gut sind, z.B.: »Abitur (Durchschnittsnote 1,3)«.

Hobbys Ob man persönliche Interessen angibt, ist umstritten. Einigkeit besteht aber darüber, dass keine banalen Hobbys wie »Lesen« oder »Schwimmen« dem Lebenslauf einzufügen sind. Die Hobbys sollen den Bewerber interessant und in einem positiven Licht erscheinen lassen, indem sie zum Beispiel auf Führungsqualitäten oder ein überdurchschnittliches Bildungsstreben hinweisen.

Beispiele für akzeptierte Hobbys:

- Trainer der Jugend-Schwimmmannschaft SC 2000
- amerikanische Thriller im Originaltext lesen
- Sprachreisen nach Fernost

Kommentar zu ◘ Abb. 9.4

Dieser Lebenslauf ist von der Gestaltung her wenig ansprechend und wirkt wie schnell und lieblos hingeworfen.

Zum Teil sind die Jahreszahlen ausgeschrieben, zum Teil abgekürzt. Die Erläuterungen zu den einzelnen Stationen sind an mehreren Stellen zu breit ausgeführt oder aber beinhalten Banalitäten (Gymnasium: Abitur). Der Lebenslauf erscheint insgesamt unübersichtlich, da es keine Zwischenüberschriften oder Untergliederungen in Abschnitte gibt. Psychologisch versierte Personaler schließen aus einer derart mit heißer Nadel gestrickten Vita gerne auf eine relativ geringe Leistungs- und Arbeitsmotivation.

Kommentar zu ◘ Abb. 9.5

Der zweite abgebildete Lebenslauf ist sehr übersichtlich und ästhetisch ansprechend gestaltet. Zugleich strahlt seine Form viel Selbstbewusstsein aus. Das quadratische, Normalmaß etwas überschreitende Foto zeugt von einem positiven Selbstbild der Bewerberin.

Die wichtigsten Stationen sind zwar knapp, aber dennoch inhaltsvoll skizziert. Es handelt sich dabei um relevante, eindrucksvolle berufliche Stationen, die neugierig machen auf die Bewerberin. Dieses eher minimalistische Curriculum Vitae verzichtet bewusst auf alle schmückenden, letztlich überflüssigen Schnörkel. Eine solche Gestaltungsform, die mit viel Understatement arbeitet, empfiehlt sich allerdings nur, wenn man real über beeindruckende Erfahrungen und Kompetenzen verfügt.

9.2.3 Anlagen mit Beispielen

Auf die Anlagen, die deiner Bewerbung beigefügt sind, verweist du im Anschreiben unter der Unterschrift in der letzten Zeile.

Wenn die Anzahl der Anlagen überschaubar ist, genügt dieser Hinweis. Handelt es sich aber um mehr als ca. fünf bis sieben Dokumente, solltest du ein Anlagenverzeichnis beifügen. Grundsätzlich gilt bei Anlagen, dass sie nach ihrer Aktualität und Wichtigkeit geordnet werden, die aktuellsten und wichtigsten liegen zuoberst.

Für das sogenannte Anlagenverzeichnis ist ein gesondertes Blatt vorgesehen.

Beispiel
Anlagenverzeichnis
- Master-Zeugnis
- Bachelor-Zeugnis
- 2 Praktikumszeugnisse
- 3 Weiterbildungsbescheinigungen
- 1 Zertifikat
- Ausbildungszeugnis Einzelhandelskauffrau
- Abiturzeugnis

Man kann innerhalb des Anlagenverzeichnisses auch Oberpunkte bilden und die einzelnen Nachweise untergliedern, wie das folgende Beispiel zeigt.

Beispiel
Anlagenverzeichnis
Zeugnisse
- Master-Zeugnis
- Bachelor-Zeugnis
- Abiturzeugnis

Praktika
- Ernst & Young
- Unilever

Sprachnachweise
- TOFEL-Test
- Wirtschaftsitalienisch (B2-C1)

9.3 Optionale Mappeninhalte

Zu den optionalen und teilweise kontrovers diskutieren Inhalten einer Bewerbungsmappe zählen das Deckblatt, die sogenannte »dritte Seite« sowie persönliche Referenzen.

9.3.1 Deckblatt mit Beispielen

Durch die Gestaltung eines Deckblatts kann eine Bewerbung etwas »aufgepeppt« werden und einladender erscheinen.

Das Deckblatt enthält deine Kontaktdaten, ein Foto und nennt meist den potenziellen Arbeitgeber sowie die angestrebte Position. Man kann auf dem Deckblatt prinzipiell auch einen aussagefähigen Leitsatz unterbringen. Aber Achtung: Bitte nicht übertreiben! Sofern du auch noch eine dritte Seite anlegst, könnte es zu viel des Guten bzw. der »weisen Sentenzen« sein.

Es kann sinnvoll sein, auf dem Deckblatt die Inhalte der Bewerbungsmappe stichwortartig aufzulisten. Das hat den Vorteil, dass der Leser bereits auf den ersten Blick über die Zusammensetzung der Mappe informiert wird. Mit einem professionellen, wirklich gelungenen Foto, auf dem du kompetent und zugleich sympathisch erscheinst, kannst du zusätzlich für deine Person werben.

Das Deckblatt kannst du frei gestalten, dabei ist aber immer der zukünftige Arbeitgeber im Auge zu behalten. Es ist ein großer Unterschied, ob du dich bei einer konservativen Bank oder einer flippigen Werbeagentur bewirbst. Das Layout des Deckblatts ist in solchen Fällen entsprechend zu variieren.

Das folgende Beispiel illustriert mögliche Gestaltungsvarianten (◻ Abb. 9.6).

9.3.2 »Dritte Seite« mit Beispielen

Die sogenannte dritte Seite, die vor allem Jürgen Hesse und Hans Christian Schrader bekannt gemacht haben, wirbt noch einmal in ganz persönlicher, individueller Weise für einen Bewerber. Hinsichtlich der Gestaltung gibt es keine Vorgaben. Man sollte sich aber mit höchstens einer Seite begnügen und auf bloßes Wortgeklingel verzichten.

Die dritte Seite enthält im besten Fall noch einmal anschauliche oder gar »dichterisch« verpackte Argumente, warum ihr Verfasser der genau passende Bewerber ist. Sie umfasst Aussagen zur Persönlichkeit, zu eigenen Werten, Kompetenzen und der Motivation (◻ Abb. 9.7).

Man kann die dritte Seite auch wie bei dem folgenden Beispiel an den Anfang stellen, um Interesse an den Inhalten der Mappe zu wecken (◻ Abb. 9.8).

9.3.3 Referenz mit Beispielen

Referenzen können positive Selbstbeschreibungen und Inhalte von Zeugnissen in überzeugender Weise untermauern, denn sie werden bspw. im Unterschied zu einem qualifizierten Arbeitszeugnis, auf

das Arbeitnehmer ein einklagbares Recht haben, freiwillig erstellt und wirken daher oft viel glaubwürdiger.

Damit eine Referenz aber auch tatsächlich glaubwürdig erscheint, dürfen die Referenzgeber natürlich keine Verwandten oder Freunde sein. In Frage kommen bei Studierenden und Absolventen Ausbildungsleiter, Vorgesetzte in Praxisphasen, Lehrer und Dozenten.

Eine Empfehlung enthält u.a. Angaben zu Fähigkeiten und Kenntnissen bzw. besonderen Eigenschaften des Referenznehmers sowie zur Art und Dauer des Verhältnisses zwischen Referenzgeber und -nehmer. Eine Empfehlung hat im Vergleich zu einem Arbeitszeugnis einen viel persönlicheren Charakter. Sie ist immer in der Ich-Form abgefasst und im angelsächsischen Raum wird in dem Schreiben nur der Vorname des Referenznehmers genannt.

Im Unterschied zu einem regulären Zeugnis gibt es für Referenzen keine besondere »Zeugnissprache«, du musst also nicht auf eventuell eingeschobene, verklausulierte Botschaften achten.

Wenn man seiner Bewerbung mehrere schriftliche Empfehlungen beifügt, sollte man sie im Anlagenverzeichnis gesondert aufführen. Da ein Referenzgeber unter Umständen vom zukünftigen Chef kontaktiert wird, sind – selbstverständlich nach Absprache – auch die Kontaktdaten mitzuteilen.

Die nachfolgenden Beispiele veranschaulichen Abfassungsform und Inhalte einer Referenz (◻ Abb. 9.9).

9.4   Anordnung und Layout

Das Deckblatt befindet sich in der Bewerbungsmappe zuoberst. Falls du dich gegen ein Deckblatt entscheidest, wird die Mappe mit dem Lebenslauf, auf dem oben rechts dein Foto positioniert ist, aufgemacht. Es folgen evtl. die sog. »dritte Seite« und das Anlagenverzeichnis. Innerhalb des Anlagenverzeichnisses werden die einzelnen Belege nach Wichtigkeit und Aktualität geordnet.

G. Bensberg: Dein Weg zum Prüfungserfolg		
Abb. 9.6	**Bewerbungsmappe – Deckblatt**	**Seite 1**

BEWERBUNGSUNTERLAGEN

als Assistent (m/w) Human Resources

Muster GmbH & Co Hamburg

ELENA MARIA MUSTERFRAU

MUSTERWEG 16

12345 MUSTERSTADT

TELEFON: 0000 / 12 345 67

Mein großer Motivator ist der Spaß an der Arbeit, am Erfolg!

(Siegfried Luther)

INHALT

Anschreiben

Lebenslauf

Zeugnisse

Zertifikate

Bescheinigungen

ELENA MARIA MUSTERFRAU · MUSTERWEG 16 · 12345 MUSTERSTADT ·

TELEFON: 0000 / 12 345 67 · EMAIL: EMMUSTERFRAU@googlemail.de

Abb. 9.6 Bewerbungsmappe: Beispiel für die Gestaltung eines Deckblatts

G. Bensberg: Dein Weg zum Prüfungserfolg		
Abb. 9.7	**Bewerbungsmappe: Beispiel 3. Seite**	**Seite 1**

Martin Mayer
Diplom-Kaufmann

Meine persönliche Haltung

Langzeitige Planungen und Visionen sowie das Bemühen um eine ständige Optimierung des Angebots sind Bedingungen für die Stabilität des Unternehmenserfolgs.

Lösungsorientierung und Flexibilität sind unabdingbare Eigenschaften für einen erfolgreichen Unternehmer. Dazu gehört eine realistische Sicht der Dinge im Verein mit positivem Denken.

Nachhaltigkeit stellt für mich ein zentrales Handlungsprinzip dar, um die Bewahrung von Ressourcen und die Fähigkeit zur Regeneration der Produktion zu gewährleisten.

Unterschrift

München, den 07.03.2014

Abb. 9.7   Bewerbungsmappe: Beispiel dritte Seite

G. Bensberg: Dein Weg zum Prüfungserfolg

Abb. 9.8	Bewerbungsmappe: Beispiel 3. Seite	Seite 1

Meine Einstellung als Psychotherapeutin ...

Mein Ziel ist es, Symptome sorgfältig zu diagnostizieren und ganzheitlich unter Berücksichtigung der Lebenswelt des Patienten zu verstehen.
Dabei ist meine Vorgehensweise strukturiert und zielorientiert. Es ist für mich selbstverständlich, die Therapieziele in Zusammenarbeit mit dem Patienten zu definieren und innerhalb des therapeutischen Prozesses für Kritik seitens des Patienten offen zu sein. Wichtig ist für mich der regelmäßige Austausch mit Kollegen in Intervisionen und Supervisionen, um kontinuierlich dazuzulernen.

Meine Persönlichkeit ...

Das Psychologiestudium und die Weiterbildung zur Psychologischen Psychotherapeutin haben mir bestätigt, dass die Beratung und Behandlung von Menschen mit psychischen Problemen mein Traumberuf ist.
Meine Kollegen beschreiben mich als offen, angenehm im Umgang, teamorientiert und sozial kompetent.
Da ich mich sehr für Menschen interessiere, habe ich an allem Interesse, was mit Kommunikation zu tun hat.
Es macht mir außerdem Freude, mein Wissen im Rahmen von Workshops und Kursen weiterzuvermitteln und dabei auch meine Befähigung als Dozentin unter Beweis zu stellen.

Mehr über mich auf den folgenden Seiten ...

◼ **Abb. 9.8** Bewerbungsmappe: Beispiel dritte Seite

9

G. Bensberg: Dein Weg zum Prüfungserfolg		
Abb. 9.9	**Referenz: Beispiel**	**Seite 1**

Dipl.-Psych. Dr. Teresa Meyer-Schrote

Klinik und Poliklinik für Psychiatrie und Psychotherapie

Universität Würzburg

97080 Würzburg

Herr

Dr. Dr. Hans-Georg Müller

Zentralinstitut für Seelische Gesundheit Mannheim

68159 Mannheim

Empfehlungsschreiben für Frau Eva Kleistmann

Mit diesem Schreiben empfehlen wir Frau Eva Kleistmann, geboren am … in … für die praktische psychotherapeutische Tätigkeit im Rahmen der Weiterbildung zur Psychologischen Psychotherapeutin.

Aufgrund ihrer hervorragenden akademischen Leistungen (Durchschnittsnote 1,0) boten wir ihr an, im Rahmen einer Hilfskrafttätigkeit ihre Arbeit innerhalb eines übergeordneten Forschungsprojektes in unserer Klinik zu schreiben. Vom … bis … war sie als wissenschaftliche Hilfskraft für uns tätig und verfasste unter meiner Betreuung ihre Masterarbeit.

Frau Kleistmann arbeitete sich sehr rasch in die Abläufe der Abteilung ein und konnte schon bald anspruchsvolle Aufgaben übernehmen. Insbesondere oblag ihr die Durchführung diverser Gruppenangebote wie Entspannung, Selbstsicherheitstraining und Aggressionsbewältigungstraining.

Im Rahmen dieser eigenverantwortlichen Tätigkeiten erlangte sie sehr gute Einblicke in psychotherapeutische Strategien und leistete einen wichtigen Beitrag bei der Behandlung und Betreuung unserer Patienten. Auch oblag ihr das Führen von Einzelgesprächen und die Durchführung von diagnostischen Tests. Sie führte diese Aufgaben jederzeit mit hohem Engagement und hoher Kompetenz eigenverantwortlich und äußerst zuverlässig aus. Frau Kleistmann lieferte konstant eine weit überdurchschnittliche Arbeitsqualität. Bei neuen Aufgaben zeichneten sie hohe Flexibilität und Belastbarkeit aus. Wir waren mit ihren Arbeitsleistungen stets und im hohen Maße zufrieden. In Teambesprechungen zeichnete sie sich durch Engagement und kreative Beiträge aus. Mehrfach brachte sie wertvolle eigene Ideen in die Abteilung ein.

◻ **Abb. 9.9**   Referenz: Beispiel

G. Bensberg: Dein Weg zum Prüfungserfolg

| Abb. 9.9 | Referenz: Beispiel | Seite 2 |

Ihr freundliches Wesen ermöglichte ihr die rasche Integration in unser Team. Bei Vorgesetzten, Mitarbeitern wie Patienten war sie gleichermaßen geschätzt. Von den Patienten wurde sie zweimal zur Mitarbeiterin des Monats gewählt.

Auch ihre akademischen Qualitäten stellte sie in eindrucksvoller Weise unter Beweis, indem sie die Masterarbeit in der vorgeschriebenen Zeit mit der Bestnote 1,0 abschloss. Ihre Arbeit trug entscheidend dazu bei, unser Forschungsprojekt voranzubringen.

Wir bedanken uns für die außerordentlich gute Zusammenarbeit und empfehlen Frau Kleistmann nachdrücklich für die Arbeit in Ihrer Klinik. Wir sind in jeder Hinsicht davon überzeugt, dass sie aufgrund ihrer persönlichen und fachlichen Eignung diese Tätigkeit hervorragend meistern und ein wertvoller Zugewinn für Ihr Team und Ihre Einrichtung sein wird.

Mit besten Grüßen

Dipl.-Psych. Dr. Teresa Meyer-Schrote

Abteilungsleiterin

◘ **Abb. 9.9** Fortsetzung

9.4.1 Formale Neuerungen

- Im Anschriftfeld gibt es keine Leerzeile mehr.
- Bei einstelligen Tages- oder Monatsziffern wird die Null eingefügt, also 02.04.2013.
- Den Monat kann man auch ausschreiben.
- Bei Telefonnummern wird die örtliche Vorwahl angegeben.

9.4.2 Mappenart

Jedes gut sortierte Warenhaus oder Schreibwarengeschäft bietet eine breite Palette von Bewerbungsmappen an. Gegenwärtig sind Mappen mit Plastikfolie auf der Vorder- und Rückseite sowie inwendigem Schieber und die kartonierten, dreiseitig aufklappbaren Varianten im Trend. Es gibt mittlerweile auch Werbeagenturen, die anbieten, Mappen mit individuellen Motiven zu gestalten, die als Unikate natürlich entsprechend teuer sind. Ob sich dieser Aufwand lohnt, will gut überlegt sein.

9.4.3 Papier

Das Papier sollte von besserer Qualität und höherer Dichte sein, als die üblicherweise zum Kopieren genutzten Blätter. Offsetpapier und das hochwertige Postpapier sind empfehlenswert. Die Dichte kann zwischen 80 und 150g/qm liegen.

9.4.4 Druck

Der Druck muss einwandfrei sein. Achte darauf, dass er nirgendwo verwischt oder in der Tiefe unregelmäßig ist. Wenn ein Teil der Unterlagen mehrfarbig ist, sollte dir deine Bewerbung so viel wert sein, dass du einige teure Farbkopien erstellen lässt.

9.4.5 Kopien

Es versteht sich von selbst, dass alle Kopien einwandfrei und von höchster Qualität sein müssen.

9.4.6 Foto

Dein Bewerbungsfoto sollte von einem sehr guten Fotografen professionell erstellt sein. Da alle Fotos digital angefertigt werden, ist es heute sehr einfach, ein wirklich gutes Bild herauszusuchen. Wichtig ist, dass du sympathisch, offen und kompetent wirkst, sodass dein Foto für dich wirbt. Die Kleidung ist »businesslike« zu wählen, das heißt kein Schlabberpulli bei den Herrn oder ein Shirt mit tiefem Ausschnitt bei den Damen – du suchst schließlich weder einen Job als Tramp noch als Bardame. Lange Haare bei Frauen schaden, wenn sie gepflegt sind, dem seriösen Eindruck nicht unbedingt. Solltest du dich aber bei einem sehr konservativen Unternehmen bewerben, rate ich, sie hochzustecken. Sicher ist sicher!

Das Foto wird weder aufgeklebt noch geheftet, sondern mit Klebeecken befestigt, sodass man es, ohne das Blatt zu beschädigen, wieder herauslösen kann. Bitte unterschätze die Bedeutung des Fotos nicht!

> **Der schöne Schein ...**
> Auch bei Politikern trägt das äußere Erscheinungsbild erheblich zu ihrem Erfolg oder Misserfolg bei.
> Es gibt begründete Hinweise, dass Richard Nixon die Präsidentenwahl gegen John F. Kennedy 1960 auch deshalb verlor, weil er in dem entscheidenden Fernsehduell nach einer vorausgegangenen Krankheit blass und geschwächt auftrat und sich mehrfach den Schweiß von der Oberlippe abtupfen musste. Gegen seinen jüngeren, gutaussehenden, erholt und braungebrannt wirkenden Rivalen Kennedy hatte er keine Chance.

9.5 Bitte keine Fliegenbeine zählen!

Nicht selten fragen Absolventen, wie genau der Abstand zwischen Absender und Adresszeile sein soll, ob das Foto farbig oder schwarzweiß sein muss, der Lebenslauf immer mit blauer Tinte zu unterschreiben ist usw. Sich mit solchen Fragen lange zu beschäftigen, heißt meist, Fliegenbeine zählen.

⬛ **Abb. 9.10**   Leichen im Keller

Es gibt nämlich in der Mehrzahl der Fälle keine verbindlichen Antworten! In Bezug auf die Gestaltung von Bewerbungsunterlagen existieren nur wenige Vorgaben, die zwingend zu beachten sind. So gehört das Anschreiben immer auf die Mappe, denn es ist nicht Teil der eigentlichen Bewerbung. Der Lebenslauf sollte keine Lücken aufweisen und alle genannten Stationen sind zu belegen. Grammatik und Rechtschreibung müssen absolut korrekt sein usw.

Die meisten Tipps in Bewerbungsratgebern sind aber »Kann-Hinweise«, das bedeutet, es hängt vielfach vom individuellen Geschmack des einzelnen »Personalers« bzw. der jeweiligen Institution ab, welche Bewerbungsunterlagen Gefallen finden und welche frühzeitig aussortiert werden.

Eine Befragung von Personalrecruitern im Januar 2012 durch die Zeitschrift Focus (▶ http://www.focus.de/finanzen/karriere/bewerbung/bewerbungsunterlagen/tid-6562/bewerbugnsmappen_aid_63172.html) ergab ein sehr differenziertes Bild. Ein Teil der Befragten begrüßt ein Deckblatt, der andere Teil lehnt es ab. Auch in Bezug auf die Mappenart herrscht keine Einigkeit. Die einen bevorzugen die Mappe aus Plastik, die anderen spricht die Variante aus Hartkarton mehr an. Die sogenannte

dritte Seite war von jeher umstritten. Einige Personalverantwortliche finden sie ansprechend, andere nennen sie künstlich und überflüssig.

Prinzipiell gilt also eher das Motto: Chacun à son gout! Daher mein Rat: Versuche, deine Bewerbung so sorgfältig wie möglich zusammenzustellen und beachte dabei alle tatsächlich existierenden Vorschriften. Gestalte deine Mappe darüber hinaus jedoch so, dass sie dir selbst gefällt und deiner Persönlichkeit entspricht. Mit dieser Strategie fährst du am besten.

9.6   Leichen im Keller?

Aufgrund deines jungen Alters können sich glücklicherweise noch nicht allzu viele Leichen im Keller angesammelt haben. Mit denen, die real vorhanden sind, heißt es aber pfleglich umzugehen (⬛ Abb. 9.10).

9.6.1   Bewerbung für einen Studienplatz

Grundsätzliches

– »Leichen«, die nicht zwingend aus deinen Unterlagen hervorgehen, sollten gar nicht erwähnt, sondern vornehm verschwiegen werden.

– Offensichtliche »schwarze Löcher« können durch leuchtende Sterne verdeckt werden, das heißt, du stellst deine Erfolge und Stärken umso deutlicher heraus, je mehr Defizite du andererseits hast.

– Es kann empfehlenswert sein, »dunkle Punkte« bereits im Anschreiben zu erwähnen, um dem Entscheidungsträger Wind aus den Segeln zu nehmen und ihn aufgrund deiner Ehrlichkeit für dich einzunehmen.

Aufenthalt in einer psychiatrischen Klinik?

Einen Psychiatrieaufenthalt, der nicht dazu geführt hat, dass du eine Klasse wiederholen musstest, solltest du diskret für dich behalten. Es kommt nicht so selten vor, dass ein junger Mensch wegen Suchtgefährdung, einer Essstörung oder Depressionen stationär behandelt werden muss. Dabei kann es sich um passagere Entwicklungsprobleme handeln, die später nicht mehr auftreten.

Selbst wenn du an einer Psychose leiden solltest und dauerhaft auf Medikamente angewiesen bist, musst du darüber keine Auskunft erteilen, da es der Gesetzgeber erlaubt, Krankheiten bei Bewerbungen zu verschweigen. Es gibt allerdings auch Ausnahmen, die zu beachten sind.

So müssen ansteckende Krankheiten wie etwa Tuberkulose auf jeden Fall genannt werden und die Frage nach dem Vorliegen einer Schwangerschaft ist z.B. unter der Bedingung zulässig, dass eine Bewerberin für ein zeitlich befristetes, sagen wir einjähriges Forschungsprojekt eingestellt werden soll. Solltest du zum Zeitpunkt des Bewerbungsinterviews im 2. Monat schwanger sein, kannst du dich ca. 5 Monate später ins Privatleben zurückziehen, um dich auf die vielgepriesenen Mutterfreuden vorzubereiten. Dein Arbeitgeber aber wird verständlicherweise nicht begeistert sein, dass du gerade in der heißen Projektphase ausfällst und auch nicht mehr für die Auswertung und Präsentation der Ergebnisse zur Verfügung stehst.

Klasse wiederholt?

Wenn du jenen Altersgruppen angehörst, die – je nach Bundesland – noch den G9- oder schon den G8-Zug durchlaufen konnten, fällt das »Pappenbleiben«, wenn du Glück hast, gar nicht auf.

Andernfalls stellt der Hinweis auf einen Umzug in ein anderes Bundesland mit veränderten schulischen Anforderungen eine plausible Erklärung dar. Da unser Land bildungsmäßig einem bunten Flickenteppich gleicht, sprich die Schulsysteme sehr unterschiedlich sind, macht eine solche Begründung Sinn. Manchmal ist auch Ehrlichkeit angesagt. Du bist mit den falschen Freunden zusammen gewesen und hast nur noch Party gemacht. Du warst zum ersten Mal richtig verliebt und hast dich in dieser Zeit kaum für die Schule interessiert usw.

Das sind Beispiele für Begründungen, die auch bei älteren Erwachsenen meist auf Verständnis stoßen. Anfügen solltest du aber auf jeden Fall, dass du dich schließlich wieder aufgerafft und gelernt hast, um das Abitur zu bestehen.

9.6.2   Bewerbung für einen Job

Lebenslauf mit Zickzackkurs?

Es wirkt immer noch wenig einnehmend, wenn der Lebenslauf keine klare Linie erkennen lässt, sondern viele Unterbrechungen und Kehrtwendungen aufweist, du also bspw. eine Ausbildung abgebrochen und zweimal den Studiengang gewechselt hast.

Zunächst gilt, alle Abweichungen vom »geraden Weg«, die du nicht erwähnen musst, beiseite zu lassen.

Beispiel
Von BWL zu Jura …
Helge hatte sich nach dem Abitur für BWL eingeschrieben, aber bereits in den ersten Semesterwochen gemerkt, dass dieser Studiengang nichts für ihn war und daher beschlossen, stattdessen Jura zu studieren. Um sich auf das neue Studium vorzubereiten, absolvierte er ein halbjähriges Praktikum in einer Kanzlei und war in BWL nur noch pro forma eingeschrieben.
In einem solchen Fall sollte man das BWL-Studium bei einer Bewerbung gar nicht erwähnen, sondern nur angeben, dass man von Anfang an Jura studieren wollte und geplant hatte, vor dem Studium ein längeres Praktikum einzuschieben, um erst einmal Berufspraxis zu schnuppern. Das Praktikum sollte natürlich mit einem Zeugnis belegt werden können.

Versuche den Lebenslauf so zu gestalten, dass der rote Faden deutlich wird. Dazu kann es notwendig sein, auch frühere, eher sekundäre Aktivitäten zu erwähnen.

Beispiel
Vom Lehramt zur Sozialpädagogik
Amelie war zunächst 3 Semester lang in einem Lehramtsstudiengang eingeschrieben und wechselte dann zum Studium der Sozialpädagogik über, um später in einem Kinderheim zu arbeiten. Diesen Wechsel begründete sie u.a. damit, dass ihr die Arbeit mit Kindern schon während der Schulzeit viel Freude bereitet und sie daher regelmäßig als Babysitter gejobbt hatte. Mit diesem Hinweis konnte sie argumentativ untermauern, dass der Fachwechsel nicht aus einem Impuls heraus erfolgt war.

Du kannst auch versuchen, Zickzackkurse positiv zu deuten, indem du sie mit wünschenswerten Eigenschaften erklärst: Du bist bspw. ein kreativer Mensch mit vielseitigen Interessen und Begabungen. Daher ist es dir zwangsläufig sehr schwer gefallen, dich auf eine Richtung festzulegen usw.

Verschiedene abgebrochene Studiengänge sind besser unter einem Oberbegriff zusammenzufassen.

Beispiel
Negatives Beispiel:
WS 2008: Studium der Physik
WS 2009: Studium der Chemie
WS 2010: Studium der Biotechnologie
Positives Beispiel
Ab WS 2008: Studium der Naturwissenschaften

Lange Studiendauer?

Eine lange Studiendauer lässt sich am überzeugendsten durch ein breit gefächertes außeruniversitäres Engagement erklären.

– Du warst neben deinem Studium in der Fachschaft aktiv, hast dich bei AEGEE (= Association des Etats Généraux des Étudiants de l'Europe) engagiert und dich außerdem der KHG (= Katholische Hochschulgruppe) angeschlossen.

Außeruniversitäres Engagement wird im CV eines Hochschulabsolventen immer häufiger seitens der Unternehmen nachgefragt und ist durchaus geeignet, sonstige Defizite wettzumachen.

Kannst du keine Beteiligung an extracurricularen Initiativen nachweisen, lässt sich eine lange Studiendauer auch mit dem Hinweis auf eine deutliche Praxisorientierung erklären.

– Du bist eher der praktische Typ, dem es schwer fällt, sich trockene Theorien anzueignen. Deshalb willst du auch gleich nach dem Bachelorabschluss beruflich einsteigen.

Hat sich dein Studium durch ein Halbjahrespraktikum oder Auslandsjahr verlängert, ist das natürlich ein Pluspunkt, sodass du eine Studiendauer jenseits der Regelstudienzeit normalerweise gar nicht rechtfertigen musst.

Keine Praktika oder sonstige berufsnahe Erfahrungen?

Diese Tatsache ist bei den meisten Bewerbungen ein Manko, das sich auch durch noch so gute Argumente kaum wettmachen lässt. Ich rate dir daher, vor der Bewerbungsphase noch eine praktische Tätigkeit einzulegen, um Berufsluft zu schnuppern und dein Zeugnis entsprechend aufzupeppen.

Schlechte Noten?

Kein glänzendes Zeugnis zu haben, in dem die Einser nur so prangen, bedeutet nicht automatisch, beruflich erfolglos zu bleiben. Liegen die Noten sämtlich in einem mittleren Bereich, kannst du wieder darauf verweisen, eher der »Praxistyp« zu sein. Umfassen die Noten hingegen eine große Spannweite, lässt sich dieses Bild sehr gut mit einseitigen Begabungen und speziellen Interessen erklären. Die exzellenten Noten sollten sich natürlich in jenen Fächern finden, die mit dem Studiengang, für den du dich bewirbst, oder dem Job, den du antreten möchtest, in enger Verbindung stehen.

Außerdem kannst du versuchen, mit sonstigen Kompetenzen, Leistungen, Engagements etc. zu punkten, um die Scharte im Bereich Noten auszuwetzen. Hast du bspw. während des Studiums eine Jugendfreizeit begleitet, bitte den Pastor oder Betreuer, dir – wenn nicht bereits geschehen – ein besonders gutes Zeugnis auszustellen.

Prinzipiell solltest du dich trotz »mittelprächtiger« Noten selbstbewusst präsentieren, denn mäßige Schul- oder Studiennoten bedeuten noch nicht das Aus für eine beruflich erfolgreiche Zukunft.

> Das beste Zeugnis hat Noten von 1 bis 6…
> Dieser Ausspruch stammt von einer recht bekannten Dozentin, die junge Absolventen u.a. nach diesen Kriterien für eine Hochschullaufbahn auswählte.
> Es gibt viele Berühmtheiten, die in der Schule keine Helden waren. Albert Einstein brillierte während seiner Schulzeit zwar in Mathematik und Arithmetik, nicht aber in den anderen Schulfächern und weigerte sich grundsätzlich, etwas zu lernen, das ihn nicht interessierte.

9

Keine Auslandsaufenthalte?

Fehlende Auslandsaufenthalte lassen sich bei Bewerbungen im Bereich der Wirtschaft unter Umständen damit erklären, dass man sein Studium sehr schnell beenden wollte, z.B. um möglichst rasch in den Beruf einzusteigen. Durch Auslandssemester verzögert sich das Studium aber wegen unterschiedlicher Vorlesungszeiten und Problemen bei der Anrechnung von Studienleistungen oft um ein ganzes Semester.

Auch der Hinweis auf finanzielle Engpässe wird im Allgemeinen akzeptiert. Deine Eltern haben bspw. drei studierende Kinder und müssen sich sehr einschränken, um dir und deinen Geschwistern das Studium zu ermöglichen. Du warst daher bestrebt, dein Studium sehr zügig durchzuziehen, damit deine Eltern möglichst bald entlastet sind.

Ehrlich währt am längsten?

Dieser Spruch gilt bei Bewerbungen nicht uneingeschränkt! Selbstverständlich sollte man sich auf keinen Fall zu realen Täuschungsmanövern verleiten lassen und bspw. ein Zeugnis fälschen oder sich selbst eine Referenz ausstellen. Fi donc! Wer könnte auch auf einen so abscheulichen Gedanken kommen? Das ist erstens kriminell und kann zweitens bei einer Entdeckung schwerwiegende Folgen nach sich ziehen, nämlich die fristlose Kündigung und ggf. eine polizeiliche Anzeige!

Andererseits handelt es sich bei Bewerbungen um Selbstmarketing-Aktionen, bei denen man die Spielregeln kennen und beherrschen muss, um seine Erfolgschancen zu optimieren. Und dabei sollte man sich zwar neunzigprozentig, aber nicht hundertprozentig von Wahrheitsprinzipien leiten lassen.

Individuelle Bewerbungschancen werden letztlich durch Angebot und Nachfrage gesteuert. Gibt es mehr Bewerber für einen Studiengang oder einen Job, als Plätze bzw. offene Stellen vorhanden sind, muss man als Suchender taktisch klug vorgehen. Werden andererseits für bestimmte Bereiche händeringend Fachkräfte gesucht und du gehörst zu einer besonders seltenen und gefragten Spezies, dann kannst du dir den Luxus absoluter Ehrlichkeit weit eher leisten. Selbst wenn du gleich in den ersten Minuten des Bewerbungsinterviews darauf hinweist, dass du an einer Hundephobie leidest und

Mopsdame Fifi, die friedlich unter dem Schreibtisch des Abteilungsleiters schnarcht, daher zu entfernen sei, bleibt deinem potenziellen Arbeitgeber unter Umständen nichts anderes übrig, als dich trotz dieser »Chutzpe« einzustellen.

9.7 Inneres Auge und Vier-Augen-Prinzip

Auch hinsichtlich der Gestaltung deiner Bewerbungsmappe gilt wieder, dass eine Erweiterung der Beurteilungskanäle von Vorteil ist. Bereits beim Zusammenstellen deiner Mappe solltest du dich fragen, wie die Unterlagen wohl auf den Leiter einer Personalabteilung oder eines Studienbüros wirken, der gewöhnlich eine Flut von Mappen auf seinem Schreibtisch vorfindet. Versuche, dich in diese Situation hineinzuversetzen und stelle dir dabei folgende Fragen:

- Enthält deine Bewerbung Eyecatcher und inhaltliche Highlights, oder handelt es sich um eine typische Standardbewerbung?
- Hast du das Anschreiben nach dem AIDA-Prinzip gestaltet? Erweckt es Interesse und lädt zum Weiterlesen ein?
- Wirkst du auf dem Foto wie ein Leistungs- und Sympathieträger?
- Enthält deine Bewerbung alle Unterlagen, die dich empfehlen können, oder hast du aus Bequemlichkeit vielleicht versäumt, ein noch ausstehendes Praktikumszeugnis einzuholen?
- Wurden persönliche »Baustellen«, sprich kleinere Mankos und Defizite, geschickt umschifft?

Ziehe abschließend andere Personen zu Rate, damit sie deine Bewerbung von einem objektiveren Standpunkt aus beurteilen. Ihnen fällt vielleicht noch etwas auf oder ein, was du selbst übersehen hast, da du zu sehr in das Bewerbungsprocedere involviert bist. Frage Freunde, was sie zu deiner Selbstpräsentation meinen. Vielleicht kennen sich auch deine Eltern diesbezüglich aus, oder es gibt in deren Freundes- und Bekanntenkreis Menschen, die sich von Berufs wegen mit Bewerbungen beschäftigen und deren Feedback du einholen kannst. Die Career Services der Hochschulen bieten zum

Teil einen professionellen Bewerbungsmappen-Check an, den du nutzen solltest.

Merke

- Beachte, dass jede Bewerbung eine Art Selbstmarketing ist!
- Es gibt kein allgemeingültiges Rezept für die optimale Bewerbungsmappe!
- Gestalte deine Mappe so, dass sie sich in positiver Weise von Standardbewerbungen abhebt!
- »Hebe das Helle«, das heißt, betone das Positive!

Literatur

Hesse, J. & Schrader, H.C. (2012). Die perfekte schriftliche Bewerbung. Formulieren, gestalten, überzeugen – schriftlich, per Mail und online. Hallbergmoos: Stark Verlagsgesellschaft.

Hesse, J. & Schrader, H.C. (2006). Die perfekte Bewerbungsmappe für Hochschulabsolventen. Inklusive Initiativbewerbung, Stellengesuch und Internet. Frankfurt/Main: Eichborn.

Öttl, Ch. & Härter, G. (2010). Schriftliche Bewerbung. 8. überarb. Aufl. München: Gräfe und Unzer.

Püttjer, Ch. & Schnierda, U. (2012). Das große Bewerbungshandbuch. Frankfurt/Main: Campus Verlag.

Online-Bewerbung

Gabriele Bensberg

10.1   **Drei Formen der Online-Bewerbung – 128**
10.1.1   Die Online-Initiativbewerbung – 128
10.1.2   Die Online-Mappe – 129
10.1.3   Das Online-Bewerbungsformular – 133

10.2   **»Knigge« für Online-Bewerbungen – 134**
10.2.1   Seriöse Email-Adresse – 134
10.2.2   Professionelle Signatur – 135
10.2.3   Korrekte Absenderadresse – 135
10.2.4   Aussagefähiger Betreff – 135
10.2.5   Erstellen einer Attachment-Liste – 135
10.2.6   Versenden einer Testmail – 136
10.2.7   Eingang der Mail überprüfen – 136

10.3   **Strittige Punkte – 136**
10.3.1   HTML-Datei? – 136
10.3.2   Anschreiben? – 136
10.3.3   Namenszug? – 136

10.4   **Präsentiere dich selbstbewusst! – 136**

          Literatur – 137

G. Bensberg, *Dein Weg zum Prüfungserfolg*,
DOI 10.1007/978-3-662-43419-2_10, © Springer-Verlag Berlin Heidelberg 2015

» Um Erfolg zu haben, brauchst du nur eine einzige Chance! (Jesse Owens)

Umfragen zufolge greifen mittlerweile ca. 60 % aller Unternehmen auf Online-Bewerbungen zurück, und diese Zahlen werden in Zukunft weiter steigen.

Online-Bewerbungen haben viele Vorteile. Sie sparen Kosten und verhindern das Auftürmen von Papierbergen. Bewerber müssen keine teuren Bewerbungsmappen kaufen oder hohe Postgebühren entrichten. Unternehmen können auf arbeits- und kostenintensive postalische Rücksendungen der eingegangenen Unterlagen verzichten. Darüber hinaus kann die Vorauswahl von Bewerbern schneller und einfacher erfolgen, indem softwaregestützte Filterungsprozesse eingesetzt werden.

10.1   Drei Formen der Online-Bewerbung

Prinzipiell lassen sich drei Formen von Online-Bewerbungen unterscheiden:
1. Online-Initiativbewerbung
2. Online-Bewerbungsmappe
3. Online-Formular

10.1.1   Die Online-Initiativbewerbung

Hier bewirbt man sich auf eine nicht öffentlich ausgeschriebene Stelle. Gerade große Unternehmen stellen Informationen über offene Stellen immer häufiger nur noch auf ihrer eigenen Website ein. Auf diese Weise verringert sich die Bewerbungsflut, da nur Insider oder an dem Unternehmen besonders interessierte Bewerber von den Jobangeboten erfahren.

Stellen, die nicht oder noch nicht ausgeschrieben sind, lassen sich aber auch über persönliche Kontakte eruieren, z.B. im Rahmen einer Bewerbermesse oder durch Nachfragen bei Unternehmen, für die man als Praktikant gearbeitet hat. Auf diese Art kann man Hinweise auf eine demnächst frei werdende oder in der Planung befindliche Stelle erhalten.

Die Tatsache, dass sich ein Bewerber selbst initiativ um seinen künftigen Arbeitsplatz bemüht, beeindruckt manche Personalrecruiter. Und wenn du hinsichtlich deiner Ausbildung und sonstigen Kompetenzen einiges zu bieten hast, kann es gut sein, dass man sich für dich einsetzt und schließlich zum Vorstellungsgespräch einlädt.

Bevor man eine Initiativbewerbung online versendet, sollte man den Personalverantwortlichen kontaktieren und sich in der Mail auf das Gespräch beziehen.

Da zunehmend junge Fachkräfte fehlen, werden die Chancen, bei Initiativbewerbungen erfolgreich zu sein, in Zukunft wahrscheinlich noch deutlich steigen.

Gestaltungstipps Die typische Initiativbewerbung enthält nur ein Anschreiben und den Lebenslauf, bei dem man sich auf die wichtigsten Daten beschränkt. Auf Attachments sollte man zunächst verzichten, da es für den Empfänger aufwendiger ist, einen Anhang zu öffnen als eine Mail zu lesen, zumal man sich durch ein Attachment auch Viren einfangen kann.

Die Zeilenlänge ist möglichst kurz zu halten, da du nicht weißt, wie sich dein Text auf dem PC des Empfängers darstellt. Hesse und Schrader raten, über 60 Anschläge pro Zeile nicht hinauszugehen.

Durch einen HTML-Text können Bewerbungen individuell und kreativ gestaltet werden. Man kann Farbtupfer setzen, einen Hintergrund einfügen und Graphikelemente einfließen lassen. Prinzipiell gilt: Je standardmäßiger, um nicht zu sagen »langweiliger« deine Initiativbewerbung ausfällt, desto geringer ist deine Chance, einem »Personaler« im Gedächtnis zu bleiben und positiv aufzufallen.

Wenn dem Unternehmen dein Profil interessant erscheint, wird man sich mit dir in Verbindung setzen und dich bitten, die noch fehlenden Bewerbungsunterlagen per Post oder online nachzureichen.

Trau dich was ...

Hast du schon einmal den Namen Alizarin Waissberg gehört? Dahinter verbirgt sich eine junge Israelin, die eine Zulassung für den Masterstudiengang »Interaktive Telekommunikation« an der New York University erhielt. Leider sah sie sich jedoch nicht in der Lage, die Studiengebühren zu bezahlen und ihren Aufenthalt in den USA zu finanzieren.

Da hatte sie den Einfall, sich bei dem Eigentümer der Werbeagentur, für die sie während ihres Bachelorstudiums in Israel gearbeitet hatte, um ein Stipendium zu bewerben. Sie erstellte eine kreative Infografik und postete das Bewerbungsplakat auf ihrem Blog, ihrer Facebook-Seite und der Facebook-Seite der Agentur. Der Inhaber der Agentur, der Amerikaner Michael Roth, meinte, dass man der jungen Frau helfen müsse. Alizarin erhielt ein lukratives Jobangebot in einer New Yorker Werbeagentur, die zur Investmentfirma von Roth gehört. Damit hatte Alizarin Waissberg einen entscheidenden Schritt getan, um sich das Studium in den USA zu ermöglichen.

Anschreiben und Lebenslauf Fasse dich bei der Abfassung des Anschreibens (🔘 Abb. 10.1, 🔘 Abb. 10.2) kurz und beschränke dich inhaltlich auf folgende drei Punkte:

- Persönlicher Hintergrund (akademisch und/oder beruflich)
- Kompetenzen und Persönlichkeitsmerkmale
- Berufliche Ziele (wo möchtest du wie eingesetzt werden)

10.1.2 Die Online-Mappe

Die online versandte Bewerbungsmappe enthält alle Bestandteile einer postal verschickten Mappe. Einige Besonderheiten, die sich durch das virtuelle Medium ergeben, müssen jedoch beachtet werden.

Optimierungstipps E-Mail: In der E-Mail kann man sich auf zwei bis drei Sätze beschränken, die das Bewerbungsanliegen darstellen und auf die im Anhang befindlichen Unterlagen verweisen. Die Mail kann aber auch eine verkürzte Wiedergabe der Inhalte des Anschreibens enthalten, die den Empfänger auf den ersten Leseblick über wichtige Einzelheiten der Bewerbung informiert.

Das eigentliche Anschreiben befindet sich im Anhang und wird genauso sorgfältig ausformuliert und formatiert, als wolle man es per Post versenden.

Grußformel: Meistens genügt es, den Vor- und Zunamen auszuschreiben, ohne die Unterschrift einzuscannen. Einige Personalrecruiter wissen eine gescannte Unterschrift jedoch zu schätzen, da der entsprechende Bewerber mehr Aufwand betrieben hat als einer, der seinen Namen nur eintippt.

Foto: Das Bewerbungsfoto muss natürlich eingescannt werden. Dabei ist auf eine angemessene Auflösung, die zwischen 72 bis 150 dpi liegen sollte, zu achten. Bei Fotos und Zeugnissen empfiehlt es sich, JPEGs zu erzeugen, da der Dateiumfang im Unterschied bspw. zu TIFF-Grafiken geringer ist und alle gängigen PC-Programme dieses Format unterstützen.

Anlagen: Alle Anlagen wie etwa die beigefügten Zeugnisse sind selbstverständlich ebenfalls zu scannen. Auch bei diesen Scans ist eine Auflösung zwischen 72 und 150 dpi zu wählen. Das Scannen kann mit einem eigenen Softwareprogramm oder aus dem Textverarbeitungsprogramm heraus erfolgen.

PDF-Datei: Sämtliche Anhänge sollten als eine Datei abgespeichert und versandt werden, damit dem Empfänger die Mühe erspart bleibt, mehrere einzelne Dateien abrufen zu müssen. Es empfiehlt sich, eine PDF-Datei zu erstellen, da diese von fast allen PCs geöffnet werden kann.

Falls dein PC nicht über das entsprechende Programm verfügt, lassen sich mit dem Acrobate Reader PDF-Dateien kreieren. Den Acrobate Reader kannst du kostenlos aus dem Internet downloaden(▶ http://www.get.adobe.com/de/reader/).

Die einzelnen Dateien werden in der zur Print-Mappe analogen Reihenfolge gespeichert: Zuerst das Anschreiben, dann folgen der Lebenslauf, die Zeugnisse und sonstige Bescheinigungen.

Empfangsbestätigung: Um sicherzugehen, dass die Bewerbungsmail auch angekommen ist, solltest du eine Empfangsbestätigung anfordern, dabei allerdings auf die Variante mit Mousecklick durch den Adressaten verzichten. Um dem Empfänger unnötigen Aufwand zu ersparen, empfiehlt es sich, eine automatische Empfangsbestätigung einzurichten.

G. Bensberg: Dein Weg zum Prüfungserfolg

Abb. 10.1	Anschreiben: Beispiel	Seite 1

Sehr geehrte Frau Dr. Bensberg,

besten Dank für das freundliche und sehr informative Telefongespräch. Wie mit Ihnen vereinbart, schicke ich Ihnen hier meine Kurzbewerbung als Honorarkraft an der Psychologischen Beratungsstelle des Studentenwerks Mannheim.

Zu meiner Person:

Diplompsychologin (RKU Heidelberg, 33 Jahre alt)

In Ausbildung zur Psychologischen Psychotherapeutin

Klinische Psychologin in Halbtagsstellung

Meine wichtigsten Persönlichkeitseigenschaften sind Empathie, Kommunikationsfreude, Offenheit und Geduld sowie emotionale Stabilität, Stressresistenz und die Fähigkeit zu effizientem Zeit- und Selbstmanagement.

Ich würde sehr gerne junge Studierende durch den Einsatz meiner bisher erworbenen beruflichen und persönlichen Kompetenzen in ihrer besonderen Lebenssituation bei studienbezogenen Problemkonstellationen unterstützen. Ich bin überzeugt, mich auf diese Weise auch selbst beruflich und persönlich weiterentwickeln und qualifizieren zu können.

Ich freue mich auf die Einladung zu einem persönlichen Gespräch

Mit freundlichen Grüßen

Maren Meyer

☐ **Abb. 10.1** Beispiel Anschreiben

G. Bensberg: Dein Weg zum Prüfungserfolg

| **Abb. 10.2** | **Kurzlebenslauf: Beispiel** | **Seite 1** |

Meine Daten in Kurzform

Maren Meyer, geboren am 21.05.1979 in Mainz

Akademische Bildung

10/2003 – 06/2008

JLU Gießen

Diplomarbeit: »Einfluss des COMT VAL158MET-Polymorphismus auf die Kapazität des Arbeitsgedächtnisses (Note: 1,3)

04/2009 – laufend

Curriculare Ausbildung zur Psychologischen Psychotherapeutin am IVT Kurpfalz

Berufserfahrung

05/2011 - laufend

Anstellung als klinische Psychologin in Halbtagsstellung in der Freud-Klinik für Allgemeine Psychiatrie und Psychotherapie in Bad Dürkheim

Berufsausbildung

03/1999 – 02/2002

Ausbildung zur Mediengestalterin Fachrichtung Design

Sprachkenntnisse

■ **Abb. 10.2** Beispiel Kurzlebenslauf

G. Bensberg: Dein Weg zum Prüfungserfolg		
Abb. 10.2	**Kurzlebenslauf: Beispiel**	**Seite 2**

Englisch sehr gut; Französisch Grundkenntnisse

EDV-Kenntnisse

SPSS, Officeprogramm, HTML-Editoren; Gängige Layout-, Fotobearbeitungs- und Grafikprogramme

Maren Meyer (Dipl.-Psych.)

Mannheimer Straße 23

67000 Bad Dürkheim

Telefon: 06223/201314

Email: m.meyer@gmx.de

Abb. 10.2 Fortsetzung

Der Tipp von Duden, um allen Problemen aus dem Weg zu gehen

»Setzen Sie einfach Ihre eigene E-Mail-Adresse in das Feld »bcc«. Die Abkürzung steht für »blind carbon copy« und bedeutet »Blindkopie« – wörtlich heißt »carbon copy« »Kohlepapierdurchschlag«. Steht Ihre Adresse im bcc-Feld, sind Sie für das Unternehmen, bei dem sie sich bewerben, nicht als zweiter Empfänger ersichtlich. Sie sehen in Ihrem Posteingang, ob, wann und in welchem Zustand Ihre E-Mail tatsächlich versandt worden ist« (Erfolgreich online bewerben, S. 27).

Master-Datei Es ist sinnvoll, während der Bewerbungsphase eine sogenannte Masterdatei anzulegen, in der sämtliche Dokumente abgespeichert sind, die dann bei singulären Bewerbungen individuell zusammengestellt werden können. Die Masterdatei ist also eine Art Sammelbecken für Unterlagen, die du prinzipiell benötigst. Existiert eine Masterdatei, können die aktuell benötigten Nachweise leicht kopiert und je nach Ausschreibungstext neu zusammengefügt werden.

Beispiel

Am einfachsten ist es, einen sogenannten »Koffer« in folgenden Schritten anzulegen (Windows XP):

- Arbeitsplatz
- C:
- Datei
- Neu
- Ordner
- Dateiname vergeben
- Enter

Und schon befindet sich der »Koffer« auf deiner Festplatte und du kannst nach Belieben Dateien einfügen.

10.1.3 Das Online-Bewerbungsformular

Vor allem Unternehmen von Weltrang bzw. sogenannte Global Players nutzen Online-Formulare, u.a. um der Fülle eingehender Bewerbungen Herr zu werden.

Vor- und Nachteile Einige Vorteile von Online-Bewerbungen, die auch für das Bewerbungsformular gelten, wurden bereits genannt. Sie sind kostengünstiger, und man häuft keine Dokumentenberge an. Außerdem kann man sein Profil bei Stellenportalen und in virtuellen Netzwerken platzieren und so die Chancen bei der Stellensuche prinzipiell steigern.

Ein Nachteil besteht bei Online-Formularen jedoch darin, sich durch die korsettartigen Vorgaben nicht individuell und daher vielleicht auch nicht optimal präsentieren zu können.

Da diese Formulare häufig anhand einer automatisierten Suche nach Schlüsselbegriffen durchforstet werden, fallen einige hochqualifizierte Bewerber durch das Raster, weil sie bestimmte Kompetenzen und Zusatzqualifikationen vielleicht unwissentlich nicht genannt haben. Solche Bewerber erreichen dann leider nicht die nächste Bewerbungsstufe.

Da also die Besonderheit eines Bewerbers leicht untergeht, ist es umso wichtiger, die freien Felder, in die selbst formulierte Texte einzugeben sind, sehr überlegt und sorgfältig zur Eigenwerbung zu nutzen.

Generell gilt, dass man das Ausfüllen eines Online-Formulars zunächst anhand einer fingierten Bewerbung üben sollte.

Datenschutz Es ist empfehlenswert, sich vor dem Absenden eines virtuellen Bewerbungsformulars mit Fragen des Datenschutzes zu beschäftigen. Wichtige Punkte sind u.a.:

- Wie lange werden die Daten gespeichert?
- Wer hat Zugang zu den Daten?
- Kann man seinen Eintrag nachträglich noch ansehen oder ändern?
- Stößt man auf die betreffende Bewerbung, wenn man den eigenen Namen in eine Suchmaschine eingibt?

Schlüsselwörter Die Auswertung von Online-Bewerbungsformularen geschieht meist nicht durch Menschenhand, sondern ist vollständig oder zumindest teilweise automatisiert. Das heißt, der PC filtert bestimmte Keywords heraus, nach denen das Unternehmen Bewerber sortiert, um anschließend eine Vorauswahl zu treffen. Diese Keywords können sich auf Abschlüsse, Noten, Kompetenzen etc. beziehen.

Es ist daher von zentraler Bedeutung, vor dem Ausfüllen des Online-Formulars zu recherchieren, welche Schlüsselwörter für ein bestimmtes Unternehmen wichtig sind. Dabei kann man sich zunächst an der Stellenausschreibung orientieren, indem man die dort genannten Schlagworte aufgreift, etwa »Auslandserfahrung«, »Führungskompetenz« usw. Clever ist es, darüber hinaus weitere Infos über die Unternehmenskultur einzuholen, um auch versteckte Initialbegriffe zu finden.

Beispiel
Unilever
Dieser britisch-niederländische Konzern, ein Riese auf dem Gebiet der Herstellung von Verbrauchsgütern, ist sehr international geprägt. Von Mitarbeitern werden u.a. eigenverantwortliches Arbeiten und hohe kommunikative Fähigkeiten gefordert. Mit den Schlüsselbegriffen »interkulturelle Kompetenz«, »Auslandserfahrung« und »eigenverantwortliches Arbeiten« wirst du wahrscheinlich punkten können.

Fallbeispiel
Nicht immer passen Unternehmenskultur und Bewerber zusammen. Eine Klientin, die BWL studierte, absolvierte bei Unilever ein Praktikum und wollte sich nach dem Masterabschluss dort bewerben. Sie berichtete, dass das junge Team aus smarten, sportlichen Mitarbeitern bestand, die alle Aufgaben scheinbar mit Leichtigkeit bewältigten. Dieser Eindruck hielt sie davon zurück, sich bei Problemen und inhaltlichen Fragen Hilfe zu suchen. Stattdessen machte sie immer mehr Überstunden und konnte auch nach Feierabend nicht mehr abschalten. Zusätzlich fühlte sie sich durch die Erwartung, einen Teil ihrer Freizeit gemeinsam mit dem Team bei sportlichen Aktivitäten zu verbringen, unter Druck gesetzt. Sie hätte sich mehr Unterstützung und Rückzugsmöglichkeiten für sich selbst gewünscht. Die Klientin erkannte am Ende des Praktikums, dass die Unternehmenskultur von Unilever, von der andere begeistert sind, zu ihr nicht passte.

Beispiel
Oetker
Eine andere Geschichte und auch Unternehmensphilosophie hat der traditionsreiche, ebenfalls international agierende deutsche »Backkaiser« »Dr. August Oetker KG«, der sich gerne auch als »Oetker-Familie« definiert. Hier werden Werte wie ein menschliches Miteinander, die Verknüpfung von Tradition und Innovation, Engagement für soziale, kulturelle und ökologische Belange etc. sehr hoch gehalten.
Solltest du dich also bei Oetker bewerben, sind zum Teil andere Schlüsselbegriffe von Bedeutung, etwa »soziales Engagement«, natürlich untermauert durch entsprechende Belege, »kulturelle Interessen«, z.B. regelmäßiger Theaterbesuch, usw.

Freies Feld: »Zusatzqualifikationen« Bei Unilever kann die Teilnahme an einem »Intercultural Workshop«, die Leitung von Sportgruppen oder Jugendfreizeiten Zusatzpunkte einbringen.

Bei Oetker sorgst du mit dem Besuch des »Dr. Oetker Talent Days«, der einmal im Jahr stattfindet und bei dem sich das Unternehmen vorstellt, für einen positiven Eindruck. Außerdem können fundierte Fremdsprachenkenntnisse genannt werden.

10.2 »Knigge« für Online-Bewerbungen

Im Folgenden findest du einige beachtenswerte Hinweise, die zur Netiquette bei Online-Bewerbungen gehören. Also auf jeden Fall beachten und umsetzen!

10.2.1 Seriöse Email-Adresse

E-Mail-Adressen, die Spitz- oder Kosenamen enthalten wie »Schnucki« oder »Dicki« sind nicht seriös. Ebenso wenig genügen E-Mail-Adressen, die bestimmte weltanschauliche Haltungen transportieren etwa »Emanze21« oder »Socialfighter« den Ansprüchen an Seriosität (◘ Abb. 10.3). Seriöse E-Mail-Adressen beziehen sich auf den Vor- und Zunamen einer Person.

Beispiele:
- Edwin Müller = e.mueller@web.de
- Lisa Meiner = lisa20meiner@t-online.de
- Sara Weinholde = saraweinhold@gmx.de

10.2.2 **Professionelle Signatur**

Eine Signatur ist ein eingefügter Textbaustein, der automatisch unter jeder Mail erscheint. Er enthält die vollständige Adresse und sämtliche anderweitige Kontaktmöglichkeiten wie Festnetz- und Handynummer. Es verstößt gegen die übliche Netiquette, Kontaktdaten wie bei Briefen in der Mail selbst über der Adresse des Empfängers einzufügen.

Beispiel

Diplom-Kaufmann Dr. Roman Münch
Abteilungsleiter
Click&Co-GmbH
Mozartstr. 77 / A-1000 Wien
Telefon: …
Telefax: …
r.muench@Click-Co-Gmbh

10.2.3 **Korrekte Absenderadresse**

Sorge dafür, dass dein Vor- und Zuname vor deiner E-Mail-Adresse erscheinen, wenn der Empfänger die Bewerbung erhält. Dazu gehst du bei Outlook Express wie folgt vor:
- Menü
- Extras
- Konten
- Eigenschaften
- Allgemeines
- Kontoname: In diese Spalte trägst du deinen Namen ein

10.2.4 **Aussagefähiger Betreff**

Die Angabe des Betreffs sollte weder banal und nichtssagend noch sehr lang und umständlich sein. Im ersten Fall kann es passieren, dass die Mail als nicht relevant eingeschätzt oder gleich als Spam gelöscht wird. Der Betreff kann das Ausschreibungsmedium oder die Berufsbezeichnung aufgreifen.

Beispiele
- Bewerbung als Grafik-Designer (Bereich Kreation)
- Ihre Stellenanzeige in der FAZ vom 14.10.2012
- Bewerbung als Arzt im Praktikum

10.2.5 **Erstellen einer Attachment-Liste**

Es ist ratsam, bereits in der E-Mail auf die Attachments, deren Anzahl und Umfang knapp zu halten sind, hinzuweisen und deren Inhalte zu benennen. Es ist für den Empfänger einer Online-Bewerbung äußerst lästig, wenn er erst eine Vielzahl von Attachments öffnen muss, um zu wissen, worum es sich bei den einzelnen Dateien handelt. Dies ist umso lästiger, da eine Bewerbung manchmal schon aufgrund des Lebenslaufs ad acta gelegt werden kann.

Beispiel
- Datei: Lebenslauf
- Datei: Master-Zeugnis
- Datei: Praktikumszeugnis
- Datei: Anschreiben
- Datei: …

10.2.6 Versenden einer Testmail

Es ist auf jeden Fall empfehlenswert, die Online-Bewerbung zunächst probeweise an einen Freund/eine Freundin zu versenden, der/die über eine durchschnittliche PC-Ausstattung und gute, aber nicht exzellente PC-Kenntnisse verfügt. Auf diese Weise kannst du testen, ob sich alle Dateien ohne Schwierigkeiten öffnen lassen und gelesen werden können.

10.2.7 Eingang der Mail überprüfen

Eine Mail versenden, ist nicht gleichbedeutend damit, dass sie ihren Bestimmungsort auch erreicht. Es kommt gar nicht so selten vor, dass E-Mails in einem unbekannten Bermuda-Dreieck aus unerklärlichen Gründen verschwinden. Wenn du keine Antwort erhältst, gilt daher, spätestens nach 14 Tagen nachzufragen, ob die Mail angekommen ist, und zwar sicherheitshalber telefonisch.

10.3   Strittige Punkte

Es gibt keine hundertprozentig richtigen oder falschen Vorgaben für die Gestaltung von Online-Bewerbungen. So werden vor allem die folgenden Punkte kontrovers diskutiert.

10.3.1 HTML-Datei?

Meist wird geraten, die Mail selbst nicht im HTML-Format, sondern im »Nur-Text-Format« zu versenden, weil nicht jedes E-Mail-Programm geeignet ist, HTML-Dateien zu öffnen bzw. die Formatierungen zu übernehmen. Du weißt also nicht, ob der Empfänger deine Mail in ihrer ursprünglichen Form auch tatsächlich erhält.

Andererseits lässt sich mit dem HTLM-Format eine Mail sehr ansprechend und individuell gestalten, sodass du dich von anderen Bewerbern positiv abheben kannst. Schon die Tatsache, dass du dich überhaupt der Mühe unterzogen hast, deine Bewerbung in besonderer Weise zu bearbeiten, kann dir Pluspunkte verschaffen.

Um etwaige Schwierigkeiten von vornherein zu vermeiden, ist es ratsam vorher abzuklären, ob das Programm des Empfängers geeignet ist, eine HTML-Mail zu öffnen.

10.3.2 Anschreiben?

Zum Teil wird geraten, das eigentliche **Anschreiben als Anhang** abzuspeichern und sich in der Mail mit zwei bis drei Hinweissätzen zu begnügen.

Eine zweite Möglichkeit besteht darin, das **Anschreiben in die Mail** zu stellen und dem Anhang nur den Lebenslauf und ggf. weitere Anlagen beizufügen.

Eine dritte und häufig empfohlene Möglichkeit ist, die **Mail als verkürzte Version des eigentlichen Anschreibens** zu formulieren. Hesse und Schrader weisen darauf hin, dass viele Unternehmen diese Variante bevorzugen.

10.3.3 Namenszug?

Einige Bewerbungsexperten halten dafür, den vollständigen Namen nur einzutippen, da eine gescannte Unterschrift zu viel Speicherplatz beanspruche und die meisten Unternehmen darauf keinen Wert legten. Zum Teil heißt es aber, man solle sich die Mühe machen, die Unterschrift einzuscannen, da dies als Ausdruck der Wertschätzung einen positiven Eindruck hinterlasse, indem deutlich wird, dass keine Serienmail verschickt wurde.

Ich rate dir, bei eher konservativen Unternehmen wie Banken die Unterschrift zu scannen und bei »jungen«, eher unkonventionellen Unternehmen wie etwa SAP darauf zu verzichten.

10.4   Präsentiere dich selbstbewusst!

Gleichgültig, welches Medium für deine Bewerbung vorgeschrieben ist – sei es der konventionelle Postweg oder der PC – demonstriere auf jeden Fall Selbstbewusstsein. Stelle dich positiv dar und rücke deine Kompetenzen und bisherigen Leistungen, ohne angeberisch zu wirken, ins rechte Licht.

Eine positive Sichtweise der eigenen Person schlägt sich in der Gestaltung und Formulierung einer Bewerbung nieder und bringt unabhängig von den Inhalten schon einmal Pluspunkte ein.

Kein Arbeitgeber ist an einem akademischen Mitarbeiter interessiert, der bei Teamgesprächen die Zähne nicht auseinander bekommt und seine vielleicht guten Ideen nicht überzeugend vertreten kann oder sich bei einem geselligen Beisammensein in einen stillen Winkel zurückzieht bzw. bei einer Präsentation stotternd und zittrig vor dem Plenum steht.

Sollte diese Beschreibung auf dich zutreffen, dann werde aktiv und verändere dich, indem du dir professionelle Hilfe suchst. Bei bestehenden Selbstunsicherheiten ist eine Verhaltenstherapie das Mittel der Wahl. In jedem größeren Ort gibt es mittlerweile verhaltenstherapeutische Praxen, die über die Krankenkassen abrechnen. Eine solche Therapie kostet dich also keinen Pfennig, wenigstens nicht, wenn du gesetzlich versichert bist.

Durch folgende Strategien kannst du dein Selbstbewusstsein noch etwas konsolidieren:

- Notiere deine persönlichen Fähigkeiten und Erfolge und finde dazu Beispiele! Ergänzend kannst du deine Freunde fragen, welche Stärken sie bei dir sehen.
- Versuche, Zielklarheit in Bezug auf deinen Berufsweg und die einzuleitenden nächsten Schritte herzustellen. Auch dies trägt dazu bei, sich überzeugend und selbstbewusst präsentieren zu können.
- Überlege dir drei »Zaubersätze«, zum Beispiel:
  - Ich kann was!
  - Aus mir wird was!
  - Ich habe einem Arbeitgeber viel zu bieten!

Du kannst dich nicht oder nur sehr schwer überwinden, solche Sätze zu dir selbst zu sagen? Aber warum? Dass du etwas aus dir machen willst und nicht planst, dein Lager demnächst auf der Straße aufzuschlagen, um die Zahl der Obdachlosen um eine weitere Person zu erhöhen, ist sicher eine Tatsache. Warum sonst hättest du das Buch kaufen bzw. dieses Kapitel lesen sollen? Ich vermag auch nicht zu glauben, dass du *nichts*! kannst. »Dumm« wirst du nicht sein, denn dann hättest du dein Studium nicht geschafft und wärst jetzt gar nicht in der Lage, dich zu bewerben. Und dein Wert für einen künftigen Arbeitgeber? Erfahrungsgemäß verfügen junge Bewerber oft über mehr Kompetenzen, als sie selbst glauben und an sich zu schätzen wissen. Denke diesbezüglich einmal intensiv über dich nach.

Sollte dein Ergebnis im »roten Bereich« liegen, das heißt, du bist überdurchschnittlich »besorgt« in Bezug auf die eigene Person und siehst deine Schwächen, nicht aber die Stärken in gleißendem Licht, kommen als erste Hilfsmaßnahmen ebenfalls die gerade genannten Strategien in Frage.

Merke

- Präsentiere dich selbstbewusst!
- Verfasse die Online-Bewerbung genauso sorgfältig wie eine Print-Bewerbung!
- Beachte den »Knigge« für Online-Bewerbungen!
- Recherchiere gründlich über das Unternehmen deiner Wahl, um im Online-Bewerbungsformular passende Schlüsselbegriffe einzufügen!

Literatur

Hesse, J. & Schrader, H. Ch. (2012). Die erfolgreiche Online-Bewerbung. Online-Formular, E-Mail-Bewerbung, Social-Networks. Hallbergmoos: Stark-Verlagsgesellschaft.

Hofert, S. (2009). Praxismappe für die perfekte Internet-Bewerbung. Online-Formulare, Online-Assessment, Online-Bewerbung auf Englisch. Frankfurt/Main: Eichborn Verlag.

Kipp, J. J. in Zusammenarbeit mit der Dudenredaktion (2010). Erfolgreich online bewerben. Mannheim u.a. Dudenverlag.

Schimbeno, A. (2009). Online bewerben für Dummies. Weinheim: Wiley-VCH Verlag GmbH & Co. KGaA.

Tests für Hochschulabsolventen

Gabriele Bensberg

11.1 **Wirtschaftsunternehmen: Tests werden immer beliebter – 140**

11.1.1 In allen Sprachen: Der »Reasoning Test« von Procter & Gamble – 140

11.1.2 Persönlichkeit ist gefragt: Der Trainee-Eignungstest von Daimler – 141

11.1.3 Hoch hinaus: Das Auswahlverfahren der Lufthansa – 141

11.1.4 Tipps – 142

11.2 **Öffentlicher Dienst: Plauderstündchen beim Psychologen – 143**

11.2.1 Das Auswahlverfahren des Auswärtigen Amtes – 143

11.3 **Masterstudiengang: Steiniger Testweg – 144**

11.3.1 Der GMAT – 144

11.3.2 Tipps – 145

Literatur – 145

G. Bensberg, *Dein Weg zum Prüfungserfolg,*
DOI 10.1007/978-3-662-43419-2_11, © Springer-Verlag Berlin Heidelberg 2015

» Erfolgreich zu sein, setzt zwei Dinge voraus: Klare Ziele und den brennenden Wunsch, sie zu erreichen. (Johann Wolfgang von Goethe)

Zur allgemeinen Vorbereitung auf Absolvententests sind die Tipps in ▶ Kap. 2 zu berücksichtigen. Wenn du unter starker Aufregung und Testangst leidest, beachte auch die Hinweise in ▶ Kap. 2.4.4 und ▶ Kap. 7.7. Gehe noch einmal zu den entsprechenden Seiten zurück und vergegenwärtige dir die dort vorgestellten Strategien.

Tests am Ende des Studiums werden vor allem von Unternehmen, aber auch vom Öffentlichen Dienst für die Besetzung hochrangiger Positionen eingesetzt.

Sowohl bei Tests für Studienanfänger als auch solchen für Hochschulabsolventen geht es in erster Linie um die Überprüfung der intellektuellen Leistungsfähigkeit und weniger um die Erhebung von Persönlichkeitseigenschaften.

Die drei großen Dimensionen der Intelligenz »Sprachbeherrschung«, »rechnerisch-mathematisches Verständnis«, »räumliches Denken und Vorstellen« sind, wenn auch in etwas anderem Gewand, prinzipiell Bestandteile beider Auswahlsettings.

Daneben gibt es aber wichtige Unterschiede, auf die im Folgenden eingegangen wird.

11.1   Wirtschaftsunternehmen: Tests werden immer beliebter

Unterschiede zu Studieneingangstests bestehen vor allem darin, dass bei den Verfahren der Unternehmen sprachliche Fähigkeiten in den Hintergrund treten. Subtests wie »Wortwahl«, »Gemeinsamkeiten finden« und »Analogien« sind den Instrumentarien kaum integriert. Testaufgaben für Berufsanfänger sind vielfach fachbezogen und können auch spezifische, auf das Unternehmen bezogene Aufgabenstellungen enthalten. Anders als in Intelligenztests werden nicht selten Fremdsprachen- und Rechtschreibkenntnisse überprüft.

Beispiel Rechtschreibtest
Welche Schreibweise ist korrekt?
a.   Der Koch kam gestern abend.
b.   Der Koch kam gestern Abend.

c.   Der Coch kam Gestern abend.
d.   Der Koch kam Gestern Abend.
  a.   unentgeldlich
  b.   unendgeltlich
  c.   unentgeltlich
  d.   unentgeltlig
    a.   vorausschauend
    b.   voraus schauend
    c.   Voraus schauend
    d.   Vor ausschauend

Bitte die jeweils richtige Lösung markieren.
Lösungen:
1) a; 2) c; 3) a

11.1.1   In allen Sprachen: Der »Reasoning Test« von Procter & Gamble

Der »Reasoning Test« von Procter und Gamble, einem US-amerikanischen, weltweit agierenden Konzern für Konsumgüter, enthält drei Testteile:
1.   Numerisches Denken
2.   Logisches Denken
3.   Formenbezogenes Denken

Das Unternehmen hat einen Probetest ins Netz gestellt, der in ca. 40 Sprachen erhältlich ist. Du findest ihn unter folgendem Link: ▶ https://pg.sitebase. net/pg_images/taleo/practicetest.htm

Die Lösungen sind in englischer Anleitung unter diesem Link subsummiert: ▶ https:// pg.sitebase.net/pg_images/taleo/reasoning_tests/ Practice_Reasoning_Test_-_Answer_Sheet_-_7.9.08. pdf

Numerisches Denken   In diesem Testteil werden Aufgaben gestellt, die sich ihrer Struktur nach auch in Intelligenztests als »Rechenaufgaben« bzw. »eingekleidete Rechenaufgaben« finden. Allerdings sind die Aufgaben bei Procter & Gamble auf Unternehmensprobleme bezogen. So soll bspw. das Gesamtgewicht von Platten zur Abdeckung einer Lagerhalle berechnet oder das Jahresvolumen bei der Vermarktung eines Produkts auf die einzelnen Tage des Jahres heruntergebrochen werden.

Logisches Denken Auch die Aufgaben zum logischen Denken greifen Unternehmensprobleme auf. Es wird zum Beispiel in der Aufgabenstellung ausgeführt, was unter der Weisungsbefugnis von Vorgesetzten zu verstehen ist. Daraus werden mögliche Schlussfolgerungen abgeleitet, deren logische Korrektheit überprüft werden soll.

Formenbezogenes Denken Bei diesem Testteil unterscheiden sich die Items nicht von typischen sonstigen Aufgabenstellungen zum räumlichen Vorstellungsvermögen und Schlussfolgern (▶ Kap. 2.3.1).

11.1.2 Persönlichkeit ist gefragt: Der Trainee-Eignungstest von Daimler

Auch um eine Traineestelle zu erhalten, sind in vielen Fällen zuvor Eignungstests zu bestehen. Für die Aufnahme in das **Traineeprogramm CAReer** des Autoriesen Daimler AG besteht das Bewerbungsprocedere aus folgenden Bausteinen, die in der unten stehenden Abfolge eingesetzt werden:
— Online-Formular
— Online-Test
— Ggf. Telefoninterview
— Zweitägiges Assessment Center

Beachte bitte, dass Daimler auch Persönlichkeitstests einsetzt. Erhoben werden u.a. die Leistungsmotivation und die individuelle Ausprägung in den sog. »Big Five«, den fünf grundlegende Dimensionen der Persönlichkeit:
— Emotionale Stabilität bzw. Neurotizismus
— Gewissenhaftigkeit
— Offenheit für Erfahrungen
— Verträglichkeit
— Extraversion

Erfasst wird die graduelle Ausprägung des jeweiligen Merkmals. Günstig ist ein hohes Maß an emotionaler Stabilität, Gewissenhaftigkeit, Extraversion und Offenheit für Erfahrungen. Offenheit für Erfahrungen korreliert im Übrigen mit Kreativität, eine bei der Besetzung anspruchsvoller Positionen ebenfalls sehr erwünschte Eigenschaft. Die

Ausprägung des Merkmals »Verträglichkeit« sollte sich dagegen eher in Grenzen halten, denn allzu viel davon verträgt sich nicht gut mit der Übernahme von Führungsaufgaben.

Lies am besten noch einmal in ▶ Kap. 2.5.2 nach. Dort findest du einige Tipps zum Umgang mit Persönlichkeitsfragebogen.

11.1.3 Hoch hinaus: Das Auswahlverfahren der Lufthansa

Auch die Lufthansa testet Hochschulabsolventen und verfügt im Übrigen über ein äußerst anspruchsvolles Auswahlverfahren. Die Fragen und Aufgaben sind meist direkt auf das Unternehmen bezogen. Die Lufthansa hat einen Probetest unter dem Link ▶ http://www.be-lufthansa.com/rumd-um-ihre-bewerbung/online-test-training/ins Netz gestellt, der folgende Bereiche abdeckt:
— Englischtest
— Konzentrationstest
— E-Mail-Aufgaben
— Analytisches Denken
— Wortschatztest
— Rechentest
— Arbeitssituationen

Beispiel
Aus dem Test »Arbeitssituationen«:
Sie arbeiten an der Rezeption im Hotel einer Messestadt. Ein junges Paar kommt nach der ersten Nacht zu Ihnen und beschwert sich, dass ihr Zimmer, das zur Straße geht, viel zu laut ist. Da zurzeit eine Messe in der Stadt statt findet, ist Ihr Hotel restlos ausgebucht.
1. Ich gebe dem Pärchen ein anderes Zimmer, das in den Garten geht, und verlagere den Geschäftsmann aus diesem Zimmer in das Zimmer an der Straße. Er wird sich möglicherweise nicht so sehr an dem Lärm stören.
2. Ich erkläre den beiden, dass ich ihnen leider kein anderes Zimmer anbieten kann, und empfehle ihnen, sich mit Ohrenstöpseln gegen den Lärm zu wappnen.
3. Ich sehe zwar momentan keine Lösung, möchte den Gästen aber nicht gleich die Hoffnung nehmen. Ich verweise die beiden deshalb

an einen erfahrenen Kollegen in der Abend-
schicht.

4. Ich erkläre dem Pärchen, dass Lärm zur Mes-
    sezeit normal ist. Sie sollen einfach die Fenster
    schließen und sich nicht so anstellen. Immer-
    hin könne ich wegen Ihnen nicht die Messe
    verbieten.

5. Ich erkläre dem Pärchen die Situation und ent-
    schuldige mich dafür. Ich bitte um Verständnis,
    dass ich Ihnen leider kein anderes Zimmer
    anbieten kann. Stattdessen biete ich einen
    Rabatt auf die Übernachtungen an.

Die 5 Varianten sind in eine Reihenfolge zu bringen, das heißt die deiner Meinung nach beste Alternative setzt du an die erste Stelle, die schlechtes-
te an die letzte.
Richtige Lösung: Die einzelnen Lösungsvorgaben
werden online ausführlich kommentiert und gewichtet.

Auch der **Wortschatztest** enthält unternehmensspezifische Inhalte. Hier müssen Sätze vervollstän-
digt werden, die einen bestimmten Begriff erklären,
das heißt, die zwei Lücken sind mit jeweils einer
der darunter stehenden vier Alternativen zu füllen.

Beispiel
Ein FLUGZEUG ist ein Luftfahrzeug,
das _____ist
und_____ nutzt.

ausschließlich für die Passa-gierbeförderung gedacht	Solarenergie
schwerer als Luft	Treibstoff zum Antrieb
immer mit Triebwerken aus-gestattet	den Erdmagnetismus
schneller als das Licht	den aerodynamischen Auftrieb

Richtige Lösung: Ein Flugzeug ist ein Luftfahrzeug, das schwerer als Luft ist und den aerodyna-
mischen Auftrieb nutzt.

Beispiel
Aus dem »Englischtest«
Eine Antwort ist richtig.

Bitte vervollständigen Sie die Lücke im Text durch
Mausklick auf eine der 4 Optionen.
I go to work _____.
with the bus
by bus
on bus
with bus
Richtige Lösung: by bus

Die unterschiedlichen Aufgaben sind selbstverständlich jeweils unter Zeitvorgabe zu bearbeiten.

11.1.4   Tipps

Da die Anforderungen der Auswahltests zum Teil
deutlich von den Vorgaben in standardisierten Intel-
ligenz- und Studieneingangstests für Abiturienten
abweichen, indem u.a. Rechtschreib- und Fremdsprachenkenntnisse sowie berufs- und unterneh-
mensspezifisches Wissen überprüft werden, musst
du deine Vorbereitung entsprechend variieren.

**Mache dich mit der neuen Rechtschreibung ver-
traut!**   In Duden findest du auf den ersten Seiten
eine Zusammenfassung aller wichtigen Regeln zur
Rechtschreibung, Grammatik und Zeichensetzung.
Präge sie dir anhand von Beispielen ein!

**Verinnerliche das Anforderungsprofil deines Traum-
jobs!**   Da jobbezogene Fragen und Aufgabenstellungen den Auswahlverfahren gerne beigefügt
werden, solltest du dich intensiv mit den Voraussetzungen und besonderen Herausforderungen
deiner zukünftigen Tätigkeit vertraut machen. Das
gilt sowohl für Hard als auch für Soft Skills.

Vertiefe deine Fremdsprachenkenntnisse!   Übe
mit entsprechenden Büchern bzw. CDs oder besuche einen Sprachkurs, um deine Englischkenntnis-
se aufzufrischen und zu erweitern. Entsprechende
Kurse werden an den Hochschulen innerhalb des
Studiums Generale angeboten. Das Repertoire umfasst meist auch spezifische »Lessons« zum Wirt-
schaftsenglisch.

**Besorge dir alle zugänglichen Informationen über
das Unternehmen!**   Studiere gründlich die Website und rufe im Internet alle Infos über dein

Wunschunternehmen ab. In den Tests finden sich Fragen und Aufgaben, die unternehmensspezifische Kenntnisse erfordern. Du solltest mit dem Unternehmen deiner Wahl daher vertraut sein.

❗ **Achtung Schwierigkeitsgrad!**
Beachte bitte, dass der Schwierigkeitsgrad bei Tests zum Berufseinstieg oder zur Zulassung für einen Masterstudiengang deutlich höher ist als bei den üblichen Intelligenztests und den Verfahren, die bei Studienanfängern verwendet werden!

11.2 Öffentlicher Dienst: Plauderstündchen beim Psychologen

Nicht nur Wirtschaftsunternehmen kommen als Arbeitgeber für Hochschulabsolventen infrage, sondern natürlich auch der Öffentliche Dienst. In diesem Bereich sind Tests ebenfalls keine Seltenheit mehr. Viele Absolventen wünschen sich eine Anstellung beim Auswärtigen Amt, um in den Entwicklungsdienst einzutreten oder die Diplomatenlaufbahn einzuschlagen. Dabei überrascht oft, wie »blauäugig« Studis von der Realisierbarkeit dieses Wunsches ausgehen, und wie wenig sie sich mit den harten Aufnahmebedingungen sowie dem Zahlenverhältnis derer, die sich bewerben zu jenen, die eingestellt werden, beschäftigt haben.

11.2.1 Das Auswahlverfahren des Auswärtigen Amtes

Alle Hinweise und Übungsaufgaben zum Auswahlverfahren für den Höheren Dienst findest du unter dem Link: ▶ http://www.auswaertiges-amt.de/DE/AusbildungKarriere/AA-Taetigkeit/HoehererDienst/Auswahlverfahren_node.html

Bewerbungen werden online über das Bewerbungsportal entgegengenommen. Danach folgen ggf. der schriftliche und mündliche Prüfungsteil. Zwischen dem schriftlichen und dem mündlichen Teil liegen immer mehrere Wochen bzw. Monate.

Anforderungen im schriftlichen Auswahlverfahren:

- Schriftliche Analyse eine Themas aus Politik und Wirtschaft
- Psychologischer Eignungstest
- Überprüfung von Sprachkenntnissen
- Überprüfung der Allgemeinbildung und des Kenntnisstandes in Geschichte, Politik, Wirtschaft und Völker-, Europa- und Staatsrecht

Anforderungen im mündlichen Auswahlverfahren:

- Vorstellungsgespräch mit dem Auswahlausschuss
- Einzelgespräch mit dem Psychologen
- Kurzplädoyer von ca. fünf Minuten vor dem Auswahlausschuss
- Zwei Gruppenübungen
- Unter Umständen noch eine mündliche Sprachprüfung

Beispielaufgaben

Schriftliche Analyse eines Themas aus Politik und Wirtschaft Für die Analyse eines Gegenstandes aus Politik und Wirtschaft stehen 3 Themen zur Auswahl, von denen eines zu bearbeiten ist.

Beispiel
Mögliches Thema
Die Bundesrepublik sowie Organisationen, die aus Staatsmitteln gefördert werden, finanzieren Projekte in der Karibik mit dem Ziel, zum Wasserressourcenmanagement und zur Armutsminderung beizutragen. Die Kosten sind hoch und die Finanzierung ist mittlerweile gefährdet.
Der verantwortliche Referatsleiter wird in den Haushaltsausschuss des Deutschen Bundestages geladen und wirbt durch seinen Vortrag für eine Weiterführung der Finanzierung.
Entwerfen Sie diesen Redebeitrag.

Psychologischer Eignungstest Der Psychologische Eignungstest enthält die Untertests:

- Zahlenreihen
- Buchstabenreihen
- Allgemeinwissen
- Verschiedene Beziehungen

— Syllogismen
— Gleichungen
— Grundrechnen

Bei Syllogismen müssen formallogische Schlussfolgerungen gezogen werden.

Der Test Allgemeinwissen enthält Fragen zur Umweltkunde, Informatik, Geographie, Rechtschreibung und zum Interkulturellen Wissen.

Bitte niemals »Keine Antwort« anklicken, sondern im Zweifelsfall stets raten (▶ Kap. 2.5.1).

11.3   Masterstudiengang: Steiniger Testweg

Den Bachelor mit guten Noten in der Tasche zu haben, genügt nicht immer, um problemlos einen konsekutiven Masterstudiengang anschließen zu können, sondern es sind zuvor oft einige mehr oder weniger knifflige Tests zu bestehen.

Wer etwa den Master in Chemie an der RWTH in Aachen anstrebt, muss sich trotz seines Studienabschlusses mündlich prüfen lassen. Wer an der FH Köln den Master in Markt- und Medienforschung anvisiert, hat zunächst an einem Statistiktest teilzunehmen.

Vor allem in wirtschaftswissenschaftlichen Studiengängen sind derartige Aufnahmetests für Masterstudiengänge verbreitet. Zur Königsdisziplin gehört dabei der bekannte GMAT. Eine hohe Punktzahl ist Voraussetzung, um in bestimmte BWL-lastige Masterstudiengänge aufgenommen zu werden.

11.3.1   Der GMAT

Der sogenannte »**Graduate Management Admission Test**« ist ein international anerkanntes Verfahren, um zu überprüfen, ob ein Bewerber die Voraussetzungen für einen wirtschaftswissenschaftlichen Masterstudiengang erfüllt. Er stellt für die meisten internationalen Hochschulen neben anderen notwendigen Voraussetzungen das zentrale Zulassungskriterium dar. Der Test wird gegen Gebühr von hierzu autorisierten Veranstaltern in englischer Sprache und ausschließlich als PC-Version angeboten. Die GMAT-Aufgaben sind mit Ausnahme der Essays als Multiple-Choice-Tests konzipiert.

Bestandteile des GMAT:
— Zwei Essays
— Fragebogen »Quantitative Section«
— Fragebogen »Verbal Section«

Die Besonderheit des GMAT besteht darin, dass die Fragen dem intellektuellen Leistungsvermögen eines Bewerbers angepasst werden. Scheitert ein Bewerber bspw. an einer mittelschweren Frage wird ihm anschließend eine leichtere gestellt, wodurch sein Gesamtscore natürlich sinkt.

Der »total score« besteht aus den Punkten, die in der quantitativen und verbalen Sektion erreicht wurden, und kann zwischen 200 bis 800 Punkten liegen. Die beiden Essays werden gesondert bewertet.

Zum GMAT-Training hat das Institut Staufenbiel, ein führender Anbieter für die Karriereplanung von Akademikern sowie professionelles Personalmarketing und -recruiting, Testaufgaben ins Netz gestellt: (▶ http://www.mba-master.de/mba/gmat/training.html).

Beispiel Essaythema
Du hast 30 Minuten Zeit, um ein Essay zu einem bspw. kontrovers diskutierten Thema zu verfassen, dass anhand eines Textbeispiels erläutert wird.

GMAT Verbal Section   Beispiel Critical Reasoning Aufgabe
Hier besteht die Anforderung darin, einen Text, der Fakten aus dem politischen oder wirtschaftlichen Sektor vorgibt, zu prüfen und unter mehreren Antwortmöglichkeiten die korrekte Alternative zu markieren.

GMAT Quantitative Section   Data Sufficiency Aufgabe
Es werden mathematische Textaufgaben gestellt, die zu analysieren sind, um aus vorgegebenen Antwortmöglichkeiten die zutreffende herauszufinden.

Um das gesamte Training zu absolvieren und die Lösungen zu erfahren, musst du dich als Mitglied im Staufenbiel Career Club registrieren lassen.

Beispiel
Hochmut kommt vor dem Fall
Eine internationale Studentin, die in ihrem Land ein sehr gutes Abitur abgelegt und in der Schule immer

zu den Besten gehört hatte, studierte in Mannheim BWL. Nach dem Bachelor strebte sie den Master an. Ihr Ziel war es, an einer noblen amerikanischen Hochschule der »Ivy League« den MBA zu erwerben. Sie wusste, dass sie den GMAT hierzu mit einem exzellenten Score (> 600) bestehen musste. Dennoch weigerte sie sich, dem Rat zu folgen, eine intensive Vorbereitungsphase für diesen Test einzuplanen. Die junge Frau war überzeugt, ihre Intelligenz und das im Studium erworbene fachspezifisches Wissen seien ausreichend, um zu den besten 10 Prozent der Studienaspiranten zu gehören. Leider war dem nicht so, und sie gelangte weder zum Studium in die USA noch wurde sie in den Masterstudiengang Management an der Universität Mannheim aufgenommen.

11.3.2 Tipps

Sicher hat jeder von euch erkannt, dass die GMAT-Testaufgaben ausgesprochen schwierig und die Fragestellungen gerade für europäische Studierende gewöhnungsbedürftig sind. Das heißt wiederum, die Chancen, überdurchschnittlich gut abzuschneiden, sind nicht sonderlich hoch. Der GMAT ist aber andererseits kein Intelligenztest, daher kann man seine Leistung durch ein spezielles Training ganz beträchtlich verbessern. Du solltest **auf alle Fälle** eine mehrmonatige Vorbereitungszeit mit folgenden Übungselementen einplanen:

Arbeite die beiden zum GMAT angegebenen Bücher durch! Auf diese Weise gewinnst du einen Überblick über die Aufgaben und ein grundsätzliches Verständnis für die Testformen. Zum anderen wirst du mit den typischen Prüfungsfragen in englischer Sprache konfrontiert und kannst sie in Ruhe bearbeiten.

GMAT Online-Training! Absolviere online ein GMAT-Training, wie es u.a. Staufenbiel anbietet. Dort findest du zu allen Bereichen Übungsaufgaben. Der Übungssituation gleicht dabei dem »Ernstfall«, da du die Aufgaben am PC bearbeiten musst.

Nimm an einem Vorbereitungskurs teil! Bundesweit werden Vorbereitungskurse zum GMAT angeboten. Diese können eine Seminareinheit, einen Tag oder auch mehrere Wochenenden umfassen und sind teils kostenfrei, teils kostenpflichtig. Du kannst dich über das umfangreiche Angebot informieren, indem du das Stichwort »Vorbereitungskurs GMAT« in eine Suchmaschine eingibst. Wenn ein solcher Kurs in deiner räumlichen Nähe existiert, solltest du auf jeden Fall teilnehmen.

Merke

— Tests für Berufseinsteiger und Masteraspiranten weisen einen höheren Schwierigkeitsgrad auf als Intelligenz- und Studieneingangstests!
— Auswahltests für Berufseinsteiger enthalten oft Fragen, die auf den künftigen Beruf und das Unternehmen bzw. die Institution bezogen sind!
— Für den GMAT solltest du eine lange und gründliche Vorbereitungszeit einplanen!

Literatur

Giesen, B. (2012). Das MBA-Studium. Das aktuelle Standardwerk zum MBA. 13. Aufl. Köln: Staufenbiel Institut.

Hasik, J., Rudnick, S. & Hackney, R. (2012). McGraw-Hill's GMAT with CD-ROM 2013 Edition. 10 practice tests. 6. Aufl. New York: Mcgraw-Hill Professional.

Hatch, S., Hatch, L. Schmitz, R. (Übersetzter) & Schneider, J. H. (Übersetzer) (2009). GMAT für Dummies. Weinheim: Wiley-VCH Verlag.

Hesse, J. & Schrader, H. Ch. (2011). Testtraining Höherer Dienst. Auswahl- und Aufstiegsverfahren im Öffentlichen Dienst erfolgreich bestehen. Hallbergmoos: Stark Verlagsgesellschaft.

Hoi, M. & Menden, S. (2011). Das Insider-Dossier: Brainteaser im Bewerbungsgespräch: 140 Übungsaufgaben für den Einstellungstest. Köln: Squeaker.net GmbH

Telefoninterview

Gabriele Bensberg

12.1   **Warum ein Telefoninterview? – 148**
12.1.1   Offene Fragen klären – 148
12.1.2   Kommunikative Fähigkeiten erfassen – 148
12.1.3   Fremdsprachenkenntnisse überprüfen – 148
12.1.4   Stressresistenz testen – 149

12.2   **Optimale Rahmenbedingungen! – 149**
12.2.1   Festnetz statt Handy – 149
12.2.2   Telefonetikette beachten – 150
12.2.3   Ruhiges Umfeld – 150
12.2.4   Seelisch ausgeglichener Zustand – 150
12.2.5   Bewerbungsunterlagen bereithalten – 151

12.3   **Inhaltliche Vorbereitung – 151**
12.3.1   Gründliche Recherchen – 151
12.3.2   Fakten wissen – 151
12.3.3   Einminütige Selbstpräsentation – 151
12.3.4   Probeinterview führen – 152
12.3.5   Fünf Don'ts – 152

12.4   **Der Zauber der Stimme – 152**
12.4.1   Sprich Hochdeutsch – 153
12.4.2   Der schöne Klang – 154
12.4.3   Sprachfluss – 154
12.4.4   Lautstärke – 155

12.5   **Stimmtraining – 155**
12.5.1   Sauerstoff und Flüssigkeit – 155
12.5.2   Bonbons und Gesang – 155
12.5.3   Zwei »Hildegard-Rezepte« – 155

12.6   **Ergänzende Verhaltenstipps – 156**
12.6.1   Ruhe bewahren – 156
12.6.2   Als-ob-Verhalten praktizieren – 156

          Literatur – 157

G. Bensberg, *Dein Weg zum Prüfungserfolg,*
DOI 10.1007/978-3-662-43419-2_12, © Springer-Verlag Berlin Heidelberg 2015

» Kurze Zeit, nachdem die Mutter das Haus verlassen hatte, klopfte es und eine Stimme rief: »So öffnet mir, ihr lieben Geißenkinder. Eure Mutter ist wieder da und hat euch etwas Schönes mitgebracht.« Aber die sieben Geißlein waren misstrauisch und erkannten den Wolf an seiner tiefen und rauen Stimme. Sie antworteten daher im Chor: »Du bist nicht unsere Mama. Unsere Mama hat eine weiche, wohlklingende Stimme. Du musst der böse Wolf sein und dem machen wir nicht auf.« (»Die sieben Geißlein« aus der Märchensammlung der Brüder Grimm)

12.1   Warum ein Telefoninterview?

Das Telefoninterview wird auch der kleine Bruder des eigentlichen Vorstellungsgesprächs genannt, vergleichbar dem Schlaf, der als kleiner Bruder des Todes gilt. Und so wie du nach einer erholsamen Nacht am Morgen vielleicht erfrischt und tatendurstig aufwachst, kannst du nach einem erfolgreichen Telefoninterview schon einmal probeweise auf der Sunnyside des Erfolgs lustwandeln, denn du hast eine weitere Stufe im Bewerbungsprocedere genommen.

Ein Telefoninterview steht nämlich erst an, wenn ein Bewerber bereits mehrere Auswahlstationen durchlaufen und dabei eine Vielzahl von Konkurrenten hinter sich gelassen hat. Wenn ein Telefoninterview vereinbart wird, haben sich die Reihen der potenziellen Bewerber bereits merklich gelichtet.

Telefoninterviews dauern meist zwischen 15 und 45 Minuten und gehen dem eigentlichen Bewerbungsgespräch in der Regel voraus. Sie sind zeit- und kostenökonomischer als das Vorstellungsgespräch, weil Anreisen entfallen und nur eine Person das Interview führt und werden nicht zuletzt aus diesen Gründen eingesetzt.

Ziele des fernmündlichen Interviews sind vor allem:

- Offene Fragen klären
- Kommunikative Fähigkeiten erfassen
- Fremdsprachenkenntnisse überprüfen
- Stressresistenz testen

12.1.1   Offene Fragen klären

Bevorzugt wird während eines Telefoninterviews Aufklärung über »dunkle Punkte«, widersprüchliche Angaben und Lücken im Lebenslauf verlangt. Brüche innerhalb der Vita wirken mittlerweile nicht mehr so diskriminierend wie noch vor einigen Jahren. Ihre Bedeutung geht zurück und wird von der bundesrepublikanischen Realität eingeholt, da immer mehr junge Menschen mit abgeschlossener akademischer Ausbildung nur Zeitverträge erhalten oder sich nach dem Studienabschluss zunächst einmal mit einem Praktikum begnügen müssen. Außerdem ist das Merkmal Flexibilität in einer sich rasch wandelnden Welt immer mehr gefragt.

Noch aber ist eine klare Linie innerhalb des CVs überwiegend gerne gesehen, zumal wenn der Interviewer der etwas älteren Generation angehört. Du bist also auf der sicheren Seite, wenn du »weiße Flecken« nachvollziehbar begründen kannst und solltest dir daher diesbezüglich passende Argumente zurechtlegen.

12.1.2   Kommunikative Fähigkeiten erfassen

Inwieweit jemand kommunikativ versiert ist und während eines Gesprächs Sympathiepunkte sammeln kann, geht nicht unbedingt aus den Bewerbungsunterlagen hervor und lässt sich auch durch Tests kaum erfassen. In bestimmten Arbeitsbereichen, in denen es etwa um Kundenakquise, Wissensvermittlung und Beratung geht, sind kommunikative Kompetenzen aber von zentraler Bedeutung. Um festzustellen, ob ein Absolvent diesbezüglich begabt ist, eignet sich das Telefoninterview in besonderer Weise.

12.1.3   Fremdsprachenkenntnisse überprüfen

Es ist üblich, dass wichtige und vom Bewerber vielleicht vorschnell angegebene Fremdsprachenkenntnisse während des telefonischen Tête-à-tête direkt überprüft werden, indem zumindest ein

Teil des Interviews in einer anderen Sprache geführt wird. So kann es dir passieren, dass man dich vielleicht schon zu Beginn des Gesprächs fragt, ob es möglich ist, das Interview auf Englisch, Französisch, Russisch, Polnisch oder Spanisch zu führen.

Beispiel
Schockfrage beim Telefoninterview
»Is it possible to speak English?«
»Puis-je parler en Français?«
»Я хочу вести наш разговор по-русски. Вы согласны?«
»Rozmowy mogą być przeprowadzane również w języku polskim?«

◘ **Abb. 12.1** Eiskalt erwischt

Selbstverständlich ist diese Frage nur eine rhetorische, denn schon im nächsten Satz wird munter in der anderen Sprache geplaudert und von dir erwartet, dass du sofort, wie vielleicht vorschnell behauptet, gekonnt parlieren kannst.

Daher gilt: In Bezug auf Fremdsprachenkenntnisse sollte man nicht allzu sehr hochstapeln. Schöne deine Kenntnisse um ca. 10 bis 15 Prozent, aber lass es dabei bewenden. Ist deine Familie bspw. eingewandert und du verstehst die Sprache deiner Herkunftsregion noch ganz gut, während dein aktiver Wortschatz und die grammatikalischen Kenntnisse zu wünschen übrig lassen, dann stelle dieses Faktum bitte auch so dar! Du könntest sonst böse auf die Nase fallen, sowohl beim Telefoninterview als auch während des eigentlichen Vorstellungsgesprächs.

12.1.4 Stressresistenz testen

Manchmal dient ein fernmündliches Interview auch dazu, die Stressresistenz eines Bewerbers zu testen. Das ist typischerweise der Fall, wenn der zukünftige Job hohe Anforderungen in Hinblick auf unregelmäßige Arbeitszeiten, Termindruck, anspruchsvolle Kunden usw. stellt. Dann kann es passieren, dass du unangemeldet zu einer ungewöhnlichen Zeit angerufen wirst, da man überprüfen möchte, ob du selbst in dieser Situation höflich, professionell und freundlich reagierst (◘ Abb. 12.1).

12.2 Optimale Rahmenbedingungen!

Beim Telefoninterview können die Rahmenbedingungen dem Erfolg förderlich oder hinderlich sein. Die meisten Ausgangsvoraussetzungen sind jedoch kontrollierbar.

12.2.1 Festnetz statt Handy

Für ein anstehendes Telefoninterview sollte man auf seine Festnetznummer verweisen und das Gespräch möglichst nicht per Handy führen. Bei einem Handy ist der Empfang oft deutlich schlechter als bei der Festnetzverbindung. Außerdem verführt das Handy dazu, den Anruf auch in einer ungeeigneten Situation entgegenzunehmen.

Du sitzt beispielsweise in einer überfüllten Straßenbahn, in die gerade zwei Erzieherinnen mit einer Schar entzückender, aber lärmender Kleinen eingestiegen sind, als dein Handy klingelt und der Personaler am anderen Ende der Leitung ist.

Es ist außerdem sinnvoll, einen Anrufbeantworter anzuschaffen, der den Anruf deines potenziellen Arbeitgebers aufzeichnen kann, solltest du gerade nicht zu Hause sein. Besitzt du schon einen AB, dann achte darauf, dass der Ansagetext seriös und auf dem aktuellen Stand ist.

Beispiel
Negativbeispiel
Du bist längst aus dem Urlaub zurück, aber dein AB enthält noch folgende Botschaft: Hier wohnen Jan-

ni und Jan. Tja, wir sind zurzeit in Goa unterwegs und daher leider nicht erreichbar. Versucht es doch in einigen Wochen noch einmal.
Bitte sofort ändern!

Auch zu flapsige Botschaften sind nicht geeignet und stoßen bei Personalverantwortlichen meistens auf wenig Gegenliebe:
Weitere Negativbeispiele:
- Hallo, hier ist Mike. Bin zurzeit beschäftigt, rate mal womit, haha. Du kannst ja später noch mal anrufen. Vielleicht habe ich dann mehr Zeit!
- Niemand ist da, aha, aha, nur der AB, o weh, o weh!
- Justin Bieber ist nicht da, Daniela Katzenberger ist nicht da, die Geissens sind nicht da, mein Schatzi ist nicht da, und ich bin leider auch nicht da!
- Hi, hier ist Jimmi. Ich bin gerade mit 'n paar Kumpels unterwegs zu Tom, um sein Notebook wieder auf Vordermann zu bringen. Quatsch einfach deinen Namen auf den AB, und wenn ich Bock hab, ruf ich zurück.

12.2.2 Telefonetikette beachten

Zur Telefonetikette gehört, dass man sich zumindest bei Festnetzverbindungen nicht einfach mit »Hallo« meldet – eine Unsitte, die immer mehr um sich greift –, sondern entweder seinen Nachnamen oder besser noch Vor- und Nachnamen nennt. Die »Benimmregeln« beinhalten auch, dass du das Telefon bei einem Rückruf nicht endlos klingeln lässt, wenn niemand abhebt. Als vertretbar gilt ca. fünfmaliges Läuten, bevor man wieder auflegt. Außerdem sollte es selbstverständlich sein, zeitnah zurückzurufen, sofern einen der Interviewer nicht angetroffen hat.

12.2.3 Ruhiges Umfeld

Telefoniere bitte nur, wenn du dich in einer ruhigen Umgebung befindest. Falls die Handwerker gerade das Bad erneuern und mit Presslufthammer oder Bohrmaschine hantieren, dann verschiebe

das Gespräch. Es ist äußerst anstrengend, während eines Telefonats laute Hintergrundgeräusche zu hören, sodass man kaum versteht, was der andere sagt und ständig nachfragen muss.

Hänge ein Schild mit »Bitte nicht stören!« an deine Tür um sicherzugehen, dass niemand während des Gesprächs in dein Zimmer platzt.

12.2.4 Seelisch ausgeglichener Zustand

Wenn du zu den Nachtmenschen gehören solltest, also morgens misslaunig bist und lange brauchst, um in die Gänge zu kommen, versuche, ein Telefonat, das in aller Herrgottsfrühe geführt werden soll, mit stichhaltigen (auch erfundenen) Argumenten auf eine spätere Uhrzeit zu verlegen. Eine kleine Lüge ist in diesem Zusammenhang erlaubt.

Du solltest natürlich auch kein Bewerbungsgespräch führen, wenn du dich in einem psychisch aufgewühlten Zustand befindest, etwa weil dein Freund gerade per SMS mit dir Schluss gemacht hat oder du vor zehn Minuten erfahren hast, dass dein Vater mit einem Herzinfarkt in der Klinik liegt. Auch in solchen Fällen gilt: Verschiebe das Gespräch mit freundlichen Worten und sei dabei höflich, aber bestimmt.

Beispiel
Guten Tag Herr/Frau… Ich freue mich sehr über Ihren Anruf und Ihr Interesse an meiner Bewerbung. Leider ist es mir nicht möglich, mit Ihnen jetzt ein längeres Gespräch zu führen, da ich in einer halben Stunde einen wichtigen Termin habe und schon im Aufbruch bin. Können wir bitte einen anderen Gesprächstermin ausmachen? Diesen werde ich selbstverständlich zuverlässig einhalten.

Wenn der Interviewer wissen möchte, um welchen Termin es sich handelt, bietet sich an, bspw. die Konsultation eines Arztes oder einen Termin zur Nachbesprechung der Bachelor-/Masterarbeit vorzuschieben.

Du solltest nicht gleich deine Familiengeschichte und deinen aktuellen Liebeskummer vor einem völlig Fremden ausbreiten. Halte dich diesbezüglich eher zurück und kontrolliere deine Selbstoffenbarungen. Erfahrungsgemäß verrät man in emotional aufgewühlten Situationen meist ohnehin mehr von sich selbst, als man eigentlich wollte.

12.2.5 Bewerbungsunterlagen bereithalten

Die Bewerbungsunterlagen sind, wenn ein Telefoninterview ansteht, in der Nähe des Telefons zu deponieren, sodass du sofort auf wichtige Unterlagen zurückgreifen kannst. Die Unterlagen griffbereit zu halten, heißt aber nicht, dass du bei üblichen Bewerbungsfragen erst einmal minutenlang in deinen Dokumenten blättern musst, bevor du die Antwort gibst.

Negativbeispiel
»Äh, wann mein Abschluss in Wirtschaftsingenieurwesen war – sorry, da muss ich rasch nachschauen, ach ja, da steht es. Das war der 1. Mai 2012, und die Note war 1,3.«

Beachte zusätzlich folgende Hinweise:
- Halte einen Block bereit, damit du dir Notizen machen kannst.
- Halte eigene sowie zentrale Aussagen des Interviewers fest.
- Zeichne das Gespräch ggf. auf, damit du es dir noch einmal in Ruhe anhören kannst.

12.3 Inhaltliche Vorbereitung

Und nun kommt noch etwas »Butter bei die Fische«! Wie kannst du die Essenz deiner bisherigen Leistungen und Kompetenzen am besten vermitteln und deine Selbstpräsentation überzeugend gestalten?

12.3.1 Gründliche Recherchen

Wieder ist es an der Zeit zu betonen, wie wichtig es ist, sich auf das Interview gut vorzubereiten, das heißt so viel Wissen über den Arbeitgeber, die Struktur des Interviews, das Bewerbungsprocedere an sich usw. zu sammeln.

Bringe in Erfahrung, wie viel Zeit das Interview bei dem potenziellen Arbeitgeber normalerweise umfasst, welche Fragen in der Regel gestellt werden, welche Antworten gerne gehört sind usw.

Setze hierzu Suchmaschinen ein, besuche entsprechende Internet-Foren, gehe auf ► www.kununu.de, dort sind Bewertungen von Unternehmen veröffentlicht. Vielleicht gelingt es dir auch, eine Kontaktperson aufzutun, die das Unternehmen gut kennt.

12.3.2 Fakten wissen

In deinem Alter hält es wohl niemand für möglich, dass du an einer Frühform von Alzheimer leidest. Und sollte man dir dies tatsächlich unterstellen, kannst du die Chancen auf den Job ohnehin an den Nagel hängen.

Die wichtigsten Fakten deines Lebens musst du kognitiv gespeichert haben und regelrecht herunterspulen können. Das betrifft vor allem den Lebenslauf, dein individuelles Stärken- und Schwächen-Profil sowie deine Zukunftsziele. Antworten hierauf sind, wie bereits angemerkt, detailliert vorzubereiten, sodass du sie sicher präsentieren kannst.

12.3.3 Einminütige Selbstpräsentation

Stelle eine ca. einminütige Selbstpräsentation zusammen, die du vorher probst und dem Interviewer auf die Frage nach deinem Werdegang flüssig vortragen kannst.

Beispiel
Ich habe 2010 mein Masterstudium in Psychologie an der Universität Heidelberg mit der Note 1,3 abgeschlossen. Das vorausgegangene Bachelorstudium absolvierte ich an der Universität Mannheim. Ich verfüge daher über sehr gute Methodenkenntnisse, da dieser Aspekt in Mannheim sehr betont wird.
Während meines Studiums habe ich Praktika an der Schulpsychologischen Beratungsstelle Pforzheim, an der Psychiatrischen Universitätsklinik in Würzburg und an der HEMERA Klinik in Bad Kissingen absolviert.

Seit 2011 befinde ich mich in einer mittlerweile weit fortgeschrittenen Zusatzausbildung zur Psychologischen Psychotherapeutin am Institut für Fort- und Weiterbildung in klinischer Verhaltenstherapie in Bad Dürkheim.

Das vorgeschriebene Psychiatriejahr leistete ich am Zentralinstitut für Seelische Gesundheit in Mannheim ab.

Meine Stärken sind hohes Verantwortungsbewusstsein, Belastbarkeit, Freude am Umgang mit Menschen, Empathie, rasche Auffassungsgabe und große Lernbereitschaft.

12.3.4 Probeinterview führen

Mache die Probe aufs Exempel und führe ein simuliertes Interview mit einem guten Freund/einer guten Freundin durch, dem/der du zuvor eine Liste mit üblichen Bewerbungsfragen aushändigst. Es ist natürlich noch empfehlenswerter, das Probeinterview mit jemandem zu führen, der »vom Fach« ist, sich also auf professioneller Ebene mit Personalentscheidungen beschäftigt. Solltest du also über derartige »Connections« verfügen, nutze sie!

Glaube mir, es werden im Rahmen eines solchen Rollenspiels meist Aspekte offenbar, die dir gar nicht aufgefallen sind, von anderen aber sogleich als besonders positiv oder unbedingt verbesserungsbedürftig eingeschätzt werden.

12.3.5 Fünf Don'ts

Wie bei allen offiziellen Bewertungssituationen besteht auch während eines Telefoninterviews die Möglichkeit, schwerwiegende Fauxpas zu begehen und sich selbst um den Erfolg zu bringen.

Führe das Interview nicht unvorbereitet! Das ist die Todsünde überhaupt! Wenn du die Stelle eigentlich gar nicht antreten möchtest, weil du es vorziehst, vom Erbe deiner Großeltern oder von Vater Staat zu leben bzw. auf den Kapverdischen in einer Hängematte zu schaukeln, dann steige beherzt und ganz spontan, ohne dir vorher irgendwelche unnützen oder gar beschwerlichen Gedanken zu machen, in das Interview ein. Das ist die Strategie der Wahl

für all jene, die sich eigentlich nur bewerben, um den Eltern oder dem Freund/der Freundin einen Gefallen zu tun.

Stelle keine Frage zum Gehalt! Sollte dich dein Gesprächspartner am Telefon fragen, welches Gehalt du dir vorstellst, dann nenne eine angemessene Spanne, nachdem du zuvor entsprechende Recherchen über die branchenüblichen Gehälter angestellt hast. Sprich das Thema von dir aus am Telefon aber bitte nicht an. Gehaltsfragen werden in der Regel während des realen Vorstellungsgesprächs geklärt, sofern die Gehaltsstufe nicht bereits aus dem Ausschreibungstext hervorgeht.

Stelle sinnvolle Fragen! Nein, die Fragen sollten sich nicht auf die Anzahl freier Tage und Sonderleistungen wie Urlaubs- und Weihnachtsgeld oder sonstige Gratifikationen beziehen, sondern Inhalte deines Jobs und Belange des Unternehmens thematisieren.

Rede den Interviewer nicht tot! Erstes Gebot: Lass den anderen aussprechen. Zweites Gebot: Rede, auch wenn du an der Reihe bist, nicht wie ein Wasserfall, sodass dein Gesprächspartner entnervt den Hörer vom Ohr weghält. Erzähle keine ausufernden Geschichten und rede nicht um den heißen Brei herum.

Verwandele dich nicht in einen Fisch! Verfalle aber auch nicht in das Gegenteil, indem du dir alle Informationen mühsam aus der Nase ziehen lässt. Vermeide es, stereotyp mit einsilbigem »Ja« oder »Nein« oder in Ein-Wort-Sätzen wie ein Kleinkind, das gerade das Sprechen erlernt, zu antworten. Ein solches Verhalten ist eine gute Möglichkeit, um sich als Bewerber zu disqualifizieren. Denke daran, dass ein Telefoninterview auch dazu dient, kommunikative Fähigkeiten zu überprüfen.

12.4   Der Zauber der Stimme

Teste vor einem fernmündlich geführten Interview, wie deine Stimme am Telefon klingt, indem du bspw. einen Anrufbeantworter besprichst oder ein Telefongespräch aufzeichnest. Du machst wahrscheinlich die erstaunliche Entdeckung, dass du dich ganz anders anhörst, als du dachtest. So werden u.a. dialektale Anklänge, die einem selbst beim Sprechen gar nicht mehr auffallen, deutlich. Auch viele »Ähhs« und »Hmms«, die den Redefluss stören, treten zutage.

Denke daran, dass bei einem Telefonkontakt alle Zusatzinformationen, die man durch Mimik und Gestik erhält, entfallen. Du kannst deinen Aussagen nicht durch ein humorvolles Augenzwinkern oder feines Lächeln die Spitze nehmen. Du vermagst auch nicht, vage Formulierungen durch einen souveränen Habitus überzeugender erscheinen zu lassen.

Es kommt bei einem Telefoninterview entscheidend auf deine Stimme und die Art zu sprechen an. Diese Variablen entscheiden neben den Inhalten deiner Antworten maßgeblich über den Erfolg.

12.4.1 Sprich Hochdeutsch

Bitte versteh mich nicht falsch und sei nicht gleich beleidigt, wenn du selbst Dialekt sprichst. Gegen Dialekte ist prinzipiell nichts einzuwenden. Sie bereichern unsere Sprache und verbinden Menschen mit ihren Heimatregionen. Ein Dialekt kann sich in Grammatik, Phonologie und Wortschatz deutlich von der Hochsprache unterscheiden. Bestimmte dialektale Wendungen lassen sich außerdem kaum oder nur unzulänglich ins Hochdeutsche übersetzen. Einige Sprachforscher unterscheiden darüber hinaus zwischen Dialekt und Mundart. Letztere wird mit der abweichenden Artikulation hochdeutscher Wörter gleichgesetzt. Im Siegerländer Platt entfällt zum Beispiel inlautend das »r«. So wird das Wort »Kirmes« zwar korrekt geschrieben aber wie »Kiemes« ausgesprochen.

In einem Vorstellungsgespräch sollte man sich generell des Hochdeutschen bedienen und Ausdrücke aus dem Dialekt sowie auffallende Besonderheiten der Aussprache, soweit es geht, vermeiden. Andernfalls positionierst du dich unter Umständen als Mitarbeiter, der nicht überall eingesetzt werden kann. So ist ein Consultant, der breites Schwäbisch spricht, in vornehmen hanseatischen Kreisen ein Unding.

Außerdem machst du deutlich, dass du nicht beide Sprachen, nämlich Hochdeutsch und deinen Heimatdialekt, so souverän beherrschst, dass du zwischen ihnen »switchen« kannst. Da in bestimmten Regionen Deutschlands – keinesfalls in Bayern und Schwaben! – der heimische Dialekt eher als die Sprache der ungebildeten Unterschicht gilt, unterstellt man dir außerdem vielleicht noch eine entsprechende familiäre Herkunft, was dir auch nicht unbedingt Bonuspunkte einbringt.

Es ist übrigens psychologisch erwiesen, dass Menschen in Extremsituationen – tiefer Kummer oder große Freude – in die Sprache zurückfallen, die sie als erste in ihrer Kindheit gelernt haben, also bspw. den Dialekt.

Beispiele zum Schmunzeln!
Der Personaler: »Wir überlegen ernsthaft, Ihnen die Stelle anzubieten. Trauen Sie sich diese Position auch wirklich zu?«
Die Schwäbin: »Heiligsblechle! Freilee, däd scho sa! Gellât Se!«
Der aus Bremen stammende Personaler versteht leider kein Wort.
Ein Sachse, der sich bemüht, Hochdeutsch zu sprechen, äußert gegenüber dem Personaler, der ihn zur Unzeit anruft, die Bitte:
»Hätten Se die Giete, das ich geeschen 14 Uhr zurückrufen kann?«
Die Personalverantwortliche, die in Hannover aufgewachsen ist, reizt die Antwort zum Lachen und sie beherrscht sich nur mühsam.

Wie dialektale Anklänge wirken, ist übrigens sehr unterschiedlich. Schwäbisch und Sächsisch stehen nicht hoch im Kurs, sondern laden eher zu Spötteleien ein oder rufen sogar Lachsalven hervor. So liegt Sächsisch in der Beliebtheitsskala auf dem letzten Rang, ganz im Unterschied zu Bayerisch. Bayerisch ist sexy.

Bayerisch wird von den Deutschen immer wieder als der sympathischste Dialekt eingestuft und außerdem als der erotischste. Diese Tatsache liegt u.a. in dem Selbstbewusstsein begründet, mit dem Bayern zu ihrem Dialekt stehen. Bei einem Bayern wird vermutet, dass er Hochdeutsch beherrscht, aber bewusst Bayerisch spricht. Einem Sachsen oder Schwaben unterstellt man hingegen: Er kann's nicht besser! Wenn du also aus Bayern kommst und deine Aussprache leichte Anklänge an deine Heimat erkennen lässt, dann bringt dir das vielleicht Sympathiepunkte (oder sogar eindeutig-zweideutige Anträge) ein.

12.4.2 Der schöne Klang

Wann wirken Stimmen angenehm und sympathisch? Vor allem dann, wenn sie klar und melodisch klingen! Unangenehme Stimmen sind krächzend, tonlos, brüchig und werden in Filmen oft den »Schurken« zugeordnet. Um den Sprachklang zu erzeugen, benötigen wir eine Vielzahl von Muskeln und den Einsatz verschiedener Körperteile wie Mund, Kehlkopf, Nase usw. Nervosität und Angst wirken sich sofort auf den Klang unserer Stimme aus.

Eher tiefe Stimmen mit angenehmem Timbre wirken bei Männern sympathisch und vertrauenerweckend. Bei Frauen sind es eher eine höhere Tonlage und ein melodiöser Klang, die Sympathien erzeugen. Aber auch tiefe Stimmen können für Frauen vorteilhaft sein, weil man ihren Trägerinnen maskuline Anteile unterstellt und daher mehr zutraut. Eine tiefe weibliche Stimme kann andererseits aber auch unsympathisch wirken, da sie als wenig feminin empfunden wird. Es kommt in dem Fall auf das Gegenüber an. Eine sehr hohe Stimme lässt Frauen mädchenhaft erscheinen und wird oft mit mangelnder Kompetenz assoziiert. Generell wirken übertrieben hohe Stimmlagen eher unangenehm, vor allem wenn sie ins Kreischende oder Schrille übergehen.

Beispiel
»Eine Stimme wie eine Geige«
Stimmen können so einnehmend sein, dass man darüber den Inhalt des Gesagten fast vergisst. So ist es den Assessoren während einer Assessmentcenter-Simulation der Psychologischen Beratungsstelle des Studentenwerks Mannheim einmal ergangen. Bei der AC-Übung »Kurzvortrag« fiel eine studentische Teilnehmerin durch eine ungewöhnlich melodische, klingende Stimme auf. Der Eindruck war so stark, dass der Inhalt des Vortrags fast dahinter

zurücktrat. Eine AC-Beobachterin zeigte sich ganz fasziniert von dieser Stimme, die sie mit einer Geige verglich, sodass sie weniger kritisch gegenüber dem Aufbau und Inhalt des Vortrags war.

12.4.3 Sprachfluss

»Ähhs« und »Mhmms« in fast jedem Satz stören ebenso wie ständiges Räuspern oder Hüsteln, wozu manche Menschen in Anspannungssituationen neigen, den Sprachfluss. Lerne Antworten auf Standardfragen, die dir wahrscheinlich begegnen werden, vorher auswendig und sage sie dir mehrfach vor. Auf diese Weise verhinderst du unschöne Stockungen in deiner Rede.

Achte außerdem darauf, in Bogensätzen zu sprechen. Das heißt, du hebst am Anfang eines Satzes die Stimme und lässt sie am Ende wieder abfallen. Wenn du die Stimmhöhe am Satzende nicht senkst, erwartet dein Gegenüber, dass weitere Ausführungen folgen. Er wird seine eigene verbale Reaktion daher zunächst zurückhalten und verwirrt sein, wenn du trotz erhobener Stimme schweigst.

Sowohl eine überhastete als auch betont langsame Sprechweise wirkt auf Mitteleuropäer meist unangenehm und »nervig«. Bei zu schnellem Sprechen ist es schwierig, inhaltlich zu folgen, bei der langsamen Variante stellt sich häufig ein Gefühl von Ungeduld ein. Sehr langsamen Sprechern werden außerdem leicht verzögerte Denkprozesse bzw. intellektuelle Stumpfheit unterstellt.

 Achtung!
Kulturelle Unterschiede
Reaktive Finnen versus dialogorientierte Brasilianer
Die Art zu sprechen, ist im Übrigen in mehrfacher Hinsicht kulturell beeinflusst. Angehörige von sogenannten »Zuhörer-Kulturen« wie etwa Japaner und Finnen sagen eher wenig und sind sehr gut in der Interpretation von nonverbalen Cues. Ihre Kommunikation besteht darin, dass man den anderen erst reden lässt, dann eine Pause macht, um selbst nachzudenken und anschließend die Antwort gibt. Die Pause, die nach dem Redebeitrag

des Gesprächspartners eingelegt wird, gilt als ausgesprochen höflich, wird aber von Angehörigen anderer Kulturen oft mit intelligenzmäßiger »Retardierung« gleichgesetzt. Südamerikaner wie auch Südeuropäer hingegen sind in Gesprächssituationen dialogorientiert. Sie unterbrechen den Gesprächspartner oft durch Fragen und Kommentare, was in diesen Ländern wiederum ein Zeichen von Höflichkeit ist, weil auf diese Weise Interesse an den Äußerungen des anderen signalisiert wird. Außerdem vermeidet man Sprechpausen, weil man Schweigen als äußerst unangenehm empfindet.

Mitteleuropäer, also auch Deutsche, bewegen sich in der Mitte zwischen diesen beiden Extremen.

12.4.4 Lautstärke

Zu lautes Sprechen ist für den Gesprächspartner ebenso unangenehm wie leises Wispern. Wenn jemand übertrieben laut spricht, klingen einem die Ohren und man muss unter Umständen befürchten, einen Hörschaden zu erleiden. Spricht jemand zu leise, versteht man nicht jeden Satz und ist daher gezwungen mehrmals nachzufragen, was ebenfalls unangenehm ist.

Lass andere darüber urteilen, ob du in einer angemessenen Lautstärke sprichst und nimm dich selbst einmal auf, um dein Stimmvolumen zu überprüfen.

12.5 Stimmtraining

Nimm deine Stimme zunächst bewusst wahr, indem du einen Text laut liest, dich dabei aufnimmst und dir die Tonaufnahme anschließend anhörst. Notiere dann, was du ggf. verändern möchtest.

12.5.1 Sauerstoff und Flüssigkeit

Wichtig für eine angenehm klingende Stimme ist Sauerstoffzufuhr. Heizungsluft lässt die Stimme tonloser werden. Gehe also vor dem Telefoninterview

noch kurz an die frische Luft, falls es an einem Wintertag geführt werden soll. Lüfte außerdem gründlich das Zimmer, in dem du telefonieren wirst.

Eine weitere Voraussetzung für eine klangvolle Stimme ist ausreichende Flüssigkeitszufuhr. Die Stimmlippen benötigen viel Flüssigkeit, da sie überwiegend aus Schleimhaut bestehen. Da der Kehlkopf außerdem an der Abzweigung der Luft- von der Speiseröhre liegt, ist er von einem Flüssigkeitsentzug besonders in Mitleidenschaft gezogen.

Also trinke viel, und zwar Wasser, Säfte oder Kräutertee. Thymian-Salbei-Tee, dem etwas Honig beigegeben wird, ist z.B. sehr empfehlenswert. Verzichte aber bitte auf Kaffee oder schwarzen Tee, da diese beiden Getränke dem Körper Flüssigkeit entziehen. Hoher Kaffeekonsum kann die Stimme regelrecht »austrocknen«.

12.5.2 Bonbons und Gesang

Um die Kehle zu »ölen«, eignet sich das Lutschen von Bonbons. Meide aber Produkte, denen Menthol oder Eukalyptus beigefügt ist. Diese Bonbons enthalten ätherische Öle, welche die Schleimhäute austrocknen. Salbei-, Thymian-, Eibisch- oder Honig-Bonbons lassen deine Stimme wieder klingen.

Höre am Tag des Interviews deine Lieblingssongs und versuche mitzusingen. Singen in moderater Lautstärke ist der Stimme förderlich. Auch das Summen bringt die Stimmbänder in Schwung. Besonders wirkungsvoll ist es, wenn du dich dabei bewusst auf den Buchstaben »M« beschränkst: »Mmmmmm….«.

12.5.3 Zwei »Hildegard-Rezepte«

Die berühmte Benediktinerin Hildegard von Bingen (1098–1179), Mystikerin, Schriftstellerin, Ärztin, Reformerin und Klostergründerin, hat sich zeitlebens mit der Wirkung von Heilpflanzen beschäftigt. Sie war Äbtissin des Klosters Rupertsberg bei Rüdesheim und gründete auch das nahegelegene Frauenkloster Eibingen, das heute noch existiert. Die Nonnen von Eibingen halten das Erbe der heiligen Hildegard hoch und verkaufen in ihrem Klostershop Bücher und Kräutermischungen, die auf die große mittelalterliche Lehrmeisterin zurückgehen. Hildegard von Bingen wurde nicht nur heiliggesprochen, sondern im Oktober 2012 von Papst Benedikt XVI auch zur Kirchenlehrerin erhoben. Sie ist damit die vierte Frau und erste Deutsche, die eine derartige Auszeichnung erhalten hat.

Beispiel

Tipp für den Wohlklang der Stimme

Hildegard von Bingen gibt auch Tipps, wie man den Wohlklang der Stimme aufrechterhalten bzw. verbessern kann. Sie empfiehlt in diesem Zusammenhang, auf die Wirkung von Bertram zu vertrauen. Die Heilpflanze Bertram stammt aus dem Mittelmeerraum und hat etwas Ähnlichkeit mit der Kamille, ist im Geschmack aber schärfer. Sie schützt die Schleimhäute und regt die Speichelflüssigkeit an. Daher ist es empfehlenswert, vor Redesituationen jeder Mahlzeit etwas Bertram (ca. 1–2 Messerspitzen) beizugeben. Bertram-Gewürzpulver kann man in Apotheken und Reformhäusern kaufen.

12.6   Ergänzende Verhaltenstipps

Es gibt viele Menschen, denen es weit unangenehmer ist, ein wichtiges Gespräch per Telefon als »face to face« zu führen. Dies liegt daran, dass die eigenen Kontrollmöglichkeiten bei Telefonaten eingeschränkt sind, da man den anderen nicht sieht. Man nimmt also nicht wahr, dass der Interviewer vielleicht gerade hämisch grinst, weil man, ohne es zu wissen, einen Fauxpas begangen hat, oder gekonnt durch die Nase gähnt, da ihn die endlosen Ausführungen des Bewerbers tödlich langweilen.

Bei persönlichen Gesprächen kann man sich nicht nur an den verbal vermittelten Inhalten, sondern auch anhand von Mimik und Körperhaltung orientieren. Auf diese Weise erfasst man leichter, ob der Gesprächspartner beeindruckt ist oder sich in einer genau entgegengesetzten Stimmungslage befindet. Ist Letzteres der Fall, kann man sofort gegensteuern, indem man bspw. die eigene Aussage relativiert oder ihr noch etwas hinzufügt und dabei geeignete mimische und gestische Signale aussendet.

☐ **Abb. 12.2**   Als-ob-Verhalten

12.6.1   Ruhe bewahren

Bitte verzichte auf den beliebten Tranquilizer Nikotin - man merkt am anderen Ende der Leitung, wenn gequalmt wird - oder das Gläschen Sekt zur Auflockerung, das dich leicht allzu redselig werden lässt. Knabber auch nicht vor lauter Nervosität zwischendurch an trockenen Keksen oder Knäckebrot. Du könntest dich verschlucken bzw. einen Hustenanfall bekommen. Bedenke, dass Aufregung ohnehin die Mundschleimhäute austrocknen lässt.

Entscheidend für die Bewältigung von Angst und Aufregung ist eine optimale Vorbereitung. Verinnerliche darüber hinaus drei »Mantras« (▶ Kap. 4.7.1 ▶ Kap. 7.7.2) und kontrolliere deine Atmung. Atme in den Bauch hinein und hüte dich vor der angstbedingten »Hechelatmung«. Beachte dabei die in ▶ Kap. 2.4.4 beschriebenen Atemtechnik.

12.6.2   Als-ob-Verhalten praktizieren

Die Strategie des »Als-ob-Verhaltens«, hier auf Kleidung und Mimik bezogen, lässt sich für ein Telefoninterview sehr gut nutzbar machen (☐ Abb. 12.2).

Kleidung   Wenn ein Termin für das Telefonat vereinbart wurde, dann kleide dich vorher so »businesslike«, als könne dich der Interviewer sehen. Die

Art der Kleidung wirkt sich nämlich auf die innere Befindlichkeit und damit auch auf das Verhalten aus. So ist aus der Modelbranche bekannt, dass etwas schüchterne Mädchen plötzlich sehr selbstsicher auftreten, wenn sie eine kostbare Abendrobe vorführen sollen. Hier nimmt das Kleid kurzfristig Einfluss auf die Persönlichkeit. Wenn du das Gespräch im Businessdress führst, wirst du dich unter Umständen noch seriöser und überzeugender präsentieren.

Mimik Verhalte dich so, als säße dir der Personaler direkt gegenüber. Manchen Bewerbern hilft es, wenn sie beim Telefonat in einen Spiegel schauen, um auf diese Weise ihre Mimik besser beherrschen zu können. Lächele, auch wenn es niemand sehen kann, denn wenn du lächelst, hellt sich deine Gemütslage auf und deine Stimme wirkt sogleich sympathischer. Es ist kaum möglich, strahlend zu lächeln und gleichzeitig innerlich tief verärgert oder deprimiert zu bleiben.

Beispiel
Ein Fall aus der Verhaltenstherapie
Bestimmte Emotionen sind miteinander unvereinbar, zum Beispiel Zorn und Angst. Ein Mann mit einer »Brückenphobie«, der Brücken weitläufig umfuhr, was sein Leben sehr beeinträchtigte, suchte einen Verhaltenstherapeuten alter Schule auf. Dieser gab dem Patienten die »Hausaufgabe«, sich in seinem besten, zuvor aus der Reinigung geholten Anzug ins Auto zu setzen, in der Nähe einer Brücke zu halten und sich dort so lange auf dem Boden zu wälzen, bis der Anzug richtig schmutzig sei. Nachdem der gehorsame Patient diese Aufgabe dreimal ausgeführt hatte, wobei er jeweils näher an die Brücke herangefahren war, schüttelte er in der nächsten Sitzung wütend die Faust vor dem Therapeuten und versicherte, dass er diesen Quatsch nicht mehr mitmachen werde. Der Therapeut fragte freundlich, ob er denn noch Angst habe, unter Brücken hindurchzufahren, was ja eigentlich sein Problem gewesen sei. Der Patient stutzte und meinte dann etwas kleinlaut, nein, die Angst sei in der Wut untergegangen. Er fürchte sich jetzt nicht mehr in der Nähe von Brücken. Und tatsächlich fuhr er von da an mit dem Auto problemlos unter Brücken hindurch.

❶ Achtung!
Häufig gestellte Bewerbungsfragen und angemessene Antwortmöglichkeiten werden anhand konkreter Beispiele im nächsten Kapitel behandelt.

Merke
- Ein Telefoninterview geht dem eigentlichen Vorstellungsgespräch oft voraus!
- Ein Telefoninterview dient vor allem dazu, offene Fragen zu klären und die kommunikativen Fähigkeiten eines Bewerbers zu testen!
- Beim Telefoninterview ist die Stimme von zentraler Bedeutung!
- Bringe vor einem Telefoninterview deine Stimme in Schwung!

Literatur

Amon, I. (2007). Die Macht der Stimme. Persönlichkeit durch Klang, Volumen und Dynamik. 4. aktualisierte u. erweiterte Aufl. Heidelberg: Redline Wirtschaft.
Brenner, D. (in Zusammenarbeit mit der Dudenredaktion) (2011). Telefoninterviews: das Wichtigste für Bewerber. Mannheim & Zürich: Dudenverlag.

Einstellungsinterview

Gabriele Bensberg

13.1   **Das Interview – 160**
13.1.1   Jede Einladung ist ein Erfolg – 160
13.1.2   Ein Baustein neben anderen – 160
13.1.3   Mehrstufiges Auswahlverfahren – 160

13.2   **Vorbereitung – 161**
13.2.1   Selbstwissen – 161
13.2.2   Bewerbungsunterlagen – 162
13.2.3   Outfit – 162
13.2.4   Zielklarheit und Kampfgeist – 163

13.3   **Warming-up-Phase – 164**
13.3.1   Verbale Fettnäpfchen – 164
13.3.2   Falsche Körpersignale – 164
13.3.3   Tipps – 165

13.4   **Mitten drin – 166**
13.4.1   Typische Fragen – 166
13.4.2   Optimale Antworten – 166
13.4.3   Sprache – 171

13.5   **Stressphase – 171**
13.5.1   Brainteaser: Sei schlau, stell dich klug! – 171
13.5.2   Lösungstipps – 172
13.5.3   Zulässige und unzulässige Fragen – 173
13.5.4   Umgang mit zulässigen Fragen – 173
13.5.5   Umgang mit unzulässigen Fragen – 174

13.6   **Abschlussphase – 175**
13.6.1   Eigene Fragen – 175
13.6.2   Verabschiedung – 176

13.7   **Nachbereitung – 176**
13.7.1   Gesprächsanalyse – 176
13.7.2   Konsequenzen – 176
13.7.3   Nachfassbrief – 177

Literatur – 177

G. Bensberg, *Dein Weg zum Prüfungserfolg,*
DOI 10.1007/978-3-662-43419-2_13, © Springer-Verlag Berlin Heidelberg 2015

» Erfolg verändert den Menschen nicht – er entlarvt ihn. (Max Frisch)

13.1 Das Interview

Bewerbungsinterviews können nach dem Grad ihrer Strukturiertheit unterschieden werden. Selten werden sie völlig unstrukturiert geführt. Meist liegt ein Gesprächsleitfaden zugrunde, den der Interviewer individuell ergänzt oder erweitert.

13.1.1 Jede Einladung ist ein Erfolg

Wenn du zu einem Vorstellungsgespräch eingeladen wirst, hast du die Personalverantwortlichen aufgrund deiner Bewerbungsunterlagen und der Bewältigung vorausgegangener Tests bereits ein Stück weit von dir überzeugt. Daher sollte man sich auf ein solches Gespräch – bei aller verständlichen Aufregung – freuen und es als positive Herausforderung betrachten.

Jedes Vorstellungsgespräch gibt dir die Möglichkeit, dich weiterzuentwickeln. Auch eine Absage ist unter dieser Prämisse zu sehen, schließlich blickst du ja nicht auf 20 Jahre Arbeitslosigkeit zurück, sondern stehst am Anfang deiner beruflichen Laufbahn. Ein einzelnes Vorstellungsgespräch ist daher nicht der letzte Rettungsanker, an den du dich mit aller Gewalt klammern musst.

Lehnt man dich ab, solltest du versuchen, die Gründe zu eruieren. Sind sie auf dein Verhalten bezogen, ist es relativ leicht, Veränderungen einzuleiten. Liegen sie in mangelnder Qualifikation begründet, kannst du »Nachbesserungen« planen, z.B. ein zusätzliches Praktikum absolvieren oder eine weitere Fremdsprache erlernen.

13.1.2 Ein Baustein neben anderen

Vorstellungsgespräch ist nicht gleich Vorstellungsgespräch. In mittelständischen Unternehmen ist das Vorstellungsgespräch in der Regel die letzte Hürde, bevor eine Entscheidung über die Einstellung des Bewerbers getroffen wird.

In Unternehmen und Institutionen von Weltrang sind Vorstellungsgespräche oft in ein Assessment Center integriert oder es finden zumindest zwei statt, das erste mit dem Personalverantwortlichen, der keine Fachfragen stellt, das zweite mit dem direkten Vorgesetzten, bei dem es dann ans fachlich »Eingemachte« geht. Es ist auch möglich, dass du an einem Tag eine Vielzahl von Interviews mit ganz unterschiedlichen Gesprächsteilnehmern durchlaufen musst. Diese Variante praktiziert bspw. die BASF, die auf ACs bei der Bewerberauswahl prinzipiell verzichtet, dafür aber Interviews durch Personalverantwortliche, Fachvorgesetzte und Teamleiter führen lässt.

Generell hat sich bei der Besetzung von Stellen, die ein Hochschulstudium voraussetzen, ein mehrstufiges Auswahlverfahren eingebürgert.

13.1.3 Mehrstufiges Auswahlverfahren

Bei Bewerbungen für einen höherrangigen Job gestaltet sich das Procedere in der Regel mehrstufig. Ein Vorstellungsgespräch oder ein Test genügen meist nicht für eine Stellenzusage, sondern es wird eine Kombination aus Tests, Interviews und eventuell einem AC eingesetzt.

Beispiel

Das Bewerbungsverfahren bei der **Lufthansa** besteht aus folgenden Bausteinen, die in der unten abgebildeten Reihenfolge eingesetzt werden:
— Bewerbungsformular
— Online-Test
— Telefoninterview
— Auswahltag (Bewerbungsinterviews, AC-Übungen und/oder weitere Tests)

Du musst jeweils eine Stufe erfolgreich absolvieren, um zur nächsthöheren zugelassen zu werden. Wer also bspw. im Online-Test schlecht abgeschnitten hat, erhält keine Chance mehr, im Telefoninterview oder während des Vorstellungsgesprächs vor Ort doch noch zu überzeugen.

13

13.2 Vorbereitung

Eine gute Vorbereitung auf ein Bewerbungsgespräch beinhaltet, sich umfassend über das Unternehmen bzw. die Organisation, für die man sich entschieden hat, zu informieren. Beachte dabei die in ▶ Kap. 12.3.1 genannten Hinweise.

Bringe außerdem in Erfahrung, wie viel Zeit das Interview bei dem potenziellen Arbeitgeber normalerweise umfasst, welche Fragen in der Regel gestellt werden, welche Antworten gerne gehört sind usw.

Das zweite Standbein einer exzellenten Vorbereitung auf ein Vorstellungsgespräch, das ja oft in letzter Instanz über den Berufseinstieg entscheidet, ist die intensive Beschäftigung mit der eigenen Person, das heißt die Erweiterung des persönlichen Selbstwissens.

13.2.1 Selbstwissen

Um dein Selbstwissen zu vertiefen, kannst du wie folgt vorgehen:

1. Stärkenprofil erstellen (durch Beispiele und Belege untermauern!)
2. Schwächenprofil erstellen (Wie willst du an deinen Schwächen arbeiten?)
3. Zielcollage anfertigen
4. Schlüsselfragen stellen

Die folgenden Beispiele illustrieren diese Vorgehensweise.

Beispiel
Stärken-Profil
(Absolvent der Wirtschaftsinformatik, 24 Jahre alt)

Akademische Ausbildung/Erfolge:
Master in Wirtschaftsinformatik mit 1,3; aufgrund überdurchschnittlicher Studienleistungen Aufnahme in das WiWi-Talents-Programm

Persönlichkeitseigenschaften:
— Ehrgeiz
— Hohe Einsatzbereitschaft
— Zielklarheit (Beleg: Studiengang stand schon in der Oberstufe fest, Informatik-LK, Informatik-AG)

— Belastbarkeit (Beleg: Neben dem Studium gearbeitet, trotzdem Regelstudienzeit mit sehr gutem Abschluss)

Berufserfahrung:
— Werkstudent bei SAP
— Sehr gutes Zeugnis (Beleg Zeugniszitat: »… waren wir mit seinen Leistungen zu jeder Zeit außerordentlich zufrieden!«)

IT-Kenntnisse:
— Oracle Database
— C++/CORBA
— SAP
— Java Script
— HTML
— UNIX/Linux

Sonstiges Engagement:
— Mitglied bei AEGEE, der größten interdisziplinären Studenteninitiative

Fremdsprachenkenntnisse:
— Englisch fließend in Wort und Schrift

Schlüsselfragen zum Stärken-Profil:
— Wie gut ist die Passung zwischen deinen Stärken und dem Anforderungsprofil der Stellenausschreibung? Lege eine Prozentzahl fest!
— Welche Stärken solltest du anhand der Stellenausschreibung und/oder des Unternehmensprofils besonders betonen?
— Welche fehlenden Stärken bzw. Ressourcen sind zusätzlich wichtig, z.B. Auslandserfahrung, umfassendere Fremdsprachenkenntnisse?
— Wie kannst du dich in angemessener Zeit weiterqualifizieren und positiv entwickeln?

Beispiel
Schwächen-Profil
(Absolventin des Bachelorstudiengangs »Kultur und Wirtschaft«, 22 Jahre alt)

Akademische Ausbildung/Erfolge:
Bachelor in »Kultur und Wirtschaft« mit Beifach »Hispanistik« »nur« mit 2,3 abgeschlossen; In der Bachelorarbeit Note 2,7

Persönlichkeiteigenschaften:

- Entscheidungsprobleme
- Berufliche Orientierung unklar

Berufserfahrung:

- Nur ein sechswöchiges Praktikum beim Nationaltheater

Sonstiges:

- Fehlende Auslandserfahrung
- Fehlendes außeruniversitäres Engagement

Schlüsselfragen zum Schwächen-Profil

- Welche Schwächen sind für die Stelle eher uninteressant?
- Welche Schwächen können zum Stolperstein werden?
- Wie kannst du an deinen Schwächen arbeiten?

Beispiel

Zielcollage/Leben in fünf Jahren

(Medizin-Absolventin, AIP, 27 Jahre alt)

Beruf:

- Mindestens ein Jahr in einem Auslandsprojekt von »Ärzte ohne Grenzen« arbeiten
- Facharztausbildung für Frauenheilkunde und Geburtshilfe
- Festanstellung in einer Klinik

Soziales Netzwerk:

- Mit meinem Freund zusammenziehen
- Trotz des Berufs Zeit für Freunde haben

Persönlichkeit:

- Lernen, mich besser durchzusetzen
- Lernen, auch mal »nein« zu sagen

Hobbys:

- Wieder mit dem Reiten anfangen
- Klavierspielen lernen
- Schöne Urlaubsreisen mit meinem Freund machen

Schlüsselfragen zur Zielcollage:

- Inwieweit passt deine Lebensplanung zu der ausgeschriebenen Stelle?
- Welche Abstriche musst du eventuell machen?
- Willst du diese Abstriche machen?

13.2.2 Bewerbungsunterlagen

Bitte führe alle wichtigen Bewerbungsunterlagen mit dir, auch wenn sie dem potenziellen Arbeitgeber bereits vorliegen. Diese Strategie ermöglicht dir, vor dem Gespräch noch einmal Einsicht in einzelne Dokumente zu nehmen. Außerdem solltest du einen Schreibblock dabei haben, um dir Notizen machen zu können.

Schütze die Unterlagen mit Folien vor Kaffeeflecken und Eselsohren. Deine Aktentasche besteht idealerweise aus echtem Leder, auf keinen Fall darf sie alt und abgeschabt aussehen. Bitte greife beim Schreiben nicht auf einen Billigkugelschreiber zurück, den du bei der letzten Weihnachtstombola gewonnen hast. Besser geeignet ist ein qualitativ guter Füllfederhalter.

13.2.3 Outfit

Für die Damen gilt: Kostüm oder Hosenanzug in gedeckten Farben, darunter ein schickes, ruhig farbintensives Oberteil. Bitte kein Shirt für fünf Euro aus dem Schlussverkauf eines Billig-Bekleidungsshops erstehen. Man sieht es! Meide generell die Farben Pink und Braun, denn sie gelten nicht als Business-Farben!

Für ein Bewerbungsgespräch eignen sich Schuhe mit halbhohen Absätzen – natürlich blitzblank geputzt –, aber keine Highheels, die eher an den Auftritt in einer Bar als an eine seriöse Bewerbung erinnern.

Falls du Schmuck tragen möchtest, dann echten und höchstens drei Ringe verteilt auf zwei Hände. Behänge dich bitte nicht wie ein Weihnachtsbaum.

Die Frisur sollte gut sitzen, bei stürmischem Wetter empfiehlt es sich, vor dem Gespräch die Toilette aufzusuchen, um die Haarpracht wieder in Form zu bringen. Bei sehr langen Haaren bist du immer noch auf der sicheren Seite, wenn du sie mit einer schönen Spange zusammenhältst oder hochsteckst. Du kannst ruhig ein paar Strähnen herausziehen, damit du nicht wie eine Erzieherin aus dem 19. Jahrhundert daher kommst.

13

Das Make-up sollte dezent sein. Versuche also nicht, Promis Konkurrenz zu machen, was das »Anmalen« betrifft.

Der Herr trägt einen Anzug – keinesfalls eine Kombination – in ebenfalls gedeckten Farben. Das Hemd kann farbiger und die Krawatte zwar edel, aber auch ein wenig auffallend sein. Schließlich bist du jung und solltest auch etwas »peppig« wirken. Bei Herrenausstattern von Rang findest du sehr ansprechende Oberhemden und Krawatten. Die Krawatte reicht idealerweise bis zum Gürtel der Hose.

Die Schuhe müssen farblich genau zum Outfit passen – die »Herren der Schöpfung« übersehen das manchmal. Die Frisur ist gepflegt. Es empfiehlt sich, vor dem Termin den Friseur aufzusuchen, aber bitte einen, den du kennst, ansonsten erkennst du dich hinterher vielleicht nicht wieder.

Für beide Geschlechter gilt: Bitte sämtliche Piercings und Tattoos entfernen bzw. geschickt verdecken!

❗ Achtung!

Dieser kleine Stilguide gilt vorzugsweise für Bewerbungen im Bereich der Wirtschaft. Bei Arbeitgebern aus anderen Branchen ticken die Uhren zum Teil anders!
Informatiker sind bspw. dafür bekannt, dass sie dem Outfit eines Bewerbers wenig Beachtung schenken. In informationstechnologischen Arbeitsbereichen zählt vor allem, ob du fachlich was drauf hast. In Vorstellungsgesprächen werden daher vergleichsweise viele Fachfragen gestellt. Du kannst als angehender Informatiker unter Umständen auch in einer ordentlichen Jeans mit dazu passendem T-Shirt zum Vorstellungsgespräch erscheinen, ohne dass dir dies Minuspunkte einbringt.
Auch in der kreativen Branche gelten vielfach andere Regeln! Ein angehender Modedesigner, der im klassischen Businessdress zum Vorstellungsgespräch erscheint, wirkt eher deplaciert. Man würde ihm wahrscheinlich unterstellen, dass es ihm an kreativen Ideen mangelt und er daher für diesen Beruf ungeeignet ist. Solltest du bspw. bei Herrn Glööckler um eine Beschäftigung nachsuchen,

wären ein Anzug mit Nadelstreifen oder ein klassisches schwarzes Kostüm fast schon eine Lachnummer!
Dann gibt es noch die sogenannten sozialen Berufe, die meist schlecht bezahlt sind und daher viele gesellschaftskritische Idealisten bzw. »Gutmenschen« anziehen, die oft schon durch ihren gewollten »Cool-Casual-Look« demonstrieren, dass sie mit schnödem Mammon und schönem Schein nicht viel am Hut haben, sondern nur die inneren Werte für sie zählen. Solltest du dich also bspw. als Sozialarbeiter bewerben, bist du gut beraten, eher nicht im Anzug oder Kostüm zu erscheinen, um nicht overdressed zu wirken oder den Eindruck zu erwecken, du seist karrieregeil und überangepasst.
Am besten du verschaffst dir vor dem Bewerbungsinterview einen Eindruck von dem Kleidungsstil, der an deinem zukünftigen Arbeitsplatz goutiert wird, indem du dir Fotos von deinem potenziellen Arbeitgeber und seinem Team im Netz anschaust.

13.2.4 Zielklarheit und Kampfgeist

Vor und in einem Bewerbungsgespräch kommt es darauf an, Zielklarheit und Kampfgeist zu entwickeln.

Zielklarheit heißt in diesem Zusammenhang: Ich will diese Stelle …

- **unbedingt** (es handelt sich um meinen absoluten Traumjob) ☐
- **sehr** (ein tolles Angebot) ☐
- **mittel** (gutes Angebot, aber ich habe noch andere Eisen im Feuer) ☐
- **wenig** (führe das Gespräch in erster Linie zu Übungszwecken) ☐
- **eher nicht** (führe das Gespräch nur zu Übungszwecken) ☐

Kampfgeist bedeutet: »Ich weiß, dass es sich bei dem anstehenden Gespräch um eine Selbstwerbung handelt und bin entschlossen, mich so überzeugend wie irgend möglich zu präsentieren. Auch wenn ich mit noch so unangenehmen Stressfragen konfrontiert sein sollte, lasse ich mich nicht aus der Reserve locken. Ich habe mich auf mögliche Stressfragen vorbereitet und werde souverän mit ihnen umgehen.«

Greife auf diese oder ähnliche Sätze zurück bzw. formuliere andere, genau zu dir passende und lasse sie als selbsterfüllende Prophezeiungen wirksam werden. Sie dienen dir als Kompass auf deinem Erfolgsweg.

13.3   Warming-up-Phase

Es sollte selbstverständlich sein, zu einem Bewerbungsgespräch pünktlich zu erscheinen, das heißt einige Minuten vor dem vereinbarten Termin. Gelingt das nicht, gibst du dich als jemand zu erkennen, der Probleme mit dem Zeitmanagement hast.

Jedes Gespräch beginnt mit einem scheinbar unverfänglichen Anfangsgeplänkel, bei dem der Bewerber aber genau taxiert wird und bei dem man bereits einiges falsch machen kann.

Gerne wird ein Bewerbungsinterview mit der Frage nach der Anreise eröffnet:
- »Hatten Sie eine angenehme Anreise?«
- »Haben Sie uns gut gefunden?«

Hier ist es wichtig, nicht zu klagen oder sich über irgendwelches Unbill zu beschweren, denn auf diese Weise outet man sich als pessimistischer Zeitgenosse, den schon Kleinigkeiten aus der Ruhe bringen können. Beschränke dich in deiner Antwort auf das Positive: die Fahrt war angenehm, das Gespräch mit den Mitreisenden interessant, die Landschaft eindrucksvoll usw.

13.3.1   Verbale Fettnäpfchen

Bemühe dich um ein souveränes, selbstbewusstes Auftreten und wirke in angemessener Weise kommunikativ und kontaktstark. Mache dabei einen großen Bogen um folgende Fettnäpfchen.

Taktlose Kommentare   Enthalte dich allzu privater und daher meist als taktlos empfundener Bemerkungen in Bezug auf den Raum, in dem das Gespräch stattfindet, und/oder das Mobiliar bzw. sonstige Einrichtungsgegenstände.

Negativbeispiele:
- »Ach, Sie haben aber ein kleines Büro. Das hätte ich nicht erwartet. Sie sind wohl ein sehr bescheidener Mensch!«
- »Oh, der Blick aus dem Fenster ist aber toll. Da sind Sie doch sicher oft von der Arbeit abgelenkt und schauen stattdessen auf die Berge. Mir jedenfalls würde es so gehen. Ich bin nämlich eine begeisterte Skifahrerin und Bergsteigerin. Sie auch?«

Getränk ablehnen   Wenn dir ein bestimmtes Getränk angeboten wird und nicht mehrere Getränke zur Auswahl stehen, akzeptiere es oder lehne höflich ab. Verzichte aber bitte auf kritische Anmerkungen.

Negativbeispiel: »Haben Sie kein Mineralwasser ohne Kohlensäure? Wissen Sie, ich trinke eigentlich nur stilles Wasser. Bei dem anderen gibt es leicht diese Problemchen – haha - mit, Sie wissen schon, Aufstoßen und so.«

Verrate auch bitte nicht gleich freimütig deine persönlichen »Wehwehchen«. Niemand interessiert sich innerhalb des Bewerbungssettings dafür.

Negativbeispiel: »Tee vertrage ich leider gar nicht. Vor allem auf grünen und schwarzen Tee reagiere ich mit Herzklopfen und Verdauungsbeschwerden. Ich war deshalb schon bei mehreren Ärzten, sogar bei einem besonders spezialisierten Allergologen. Er hat mehrere Tests bei mir durchgeführt und meinte dann, dass ich ... usw. usw.«

13.3.2   Falsche Körpersignale

Nicht nur verbal, auch per Körpersprache ist es möglich, in Fettnäpfchen zu treten. Beachte bitte folgende Hinweise:

»No-Go-Area«   Werde nicht übergriffig, indem du eigenständig deinen Stuhl/Sessel näher an den des Interviewers rückst. Menschen halten einen gewissen »Sicherheitsabstand« zu anderen ein, der bei dem einen ausgeprägter als bei dem anderen sein kann. Vermeide eine solche Aktion vor allem, wenn du eine junge attraktive Frau bist und dein

☐ **Abb. 13.1**   Korrekte Sitzhaltung

Gesprächspartner ein Mann ist. Du könntest missverstanden werden.

Angsthaltung   Wickle deine Füße nicht um die Stuhlbeine, als wolltest du einer Boa constrictor Konkurrenz machen. Eine solche Haltung wird mit Ängstlichkeit und Unsicherheit gleichgesetzt.

Sitze auch nicht mit zurückgestellten Beinen und aufgesetzten Zehen da, als seiest du wie einst Dr. Kimble (Held einer endlosen, in den Sechzigern sehr beliebten Fernsehserie) auf der Flucht und wolltest demnächst davonstürzen.

Präsentiere dich nicht mit schüchtern gesenktem Kopf unter Vermeidung jeglichen Blickkontakts. Damit disqualifizierst du dich als Bewerber, selbst wenn deine inhaltlichen Beiträge positiv sein mögen. Fixiere dein Gegenüber aber auch nicht permanent, denn das wird nicht nur im Tierreich als Drohgebärde interpretiert.

Rutsche nicht unruhig auf dem Sitz hin und her wie ein Bittsteller, der nicht weiß, wie er es anstellen soll, endlich ein Almosen zu erhalten.

Arroganzhaltung   Flegle dich nicht bequem zurückgelegt in deinem Stuhl – womöglich noch mit lang ausgestreckten Beinen –, als wärst du gerade in deiner Lieblingskneipe oder säßest bei dir zu Hause vor der Glotze.

Vermeide, die Ellenbogen auf dem Tisch aufzustützen. Das ist eine alte Knigge-Vorschrift und die Nichtbeachtung gilt als Verstoß gegen die Benimmregeln.

Verschränke nicht die Arme, denn diese Geste wird als »Dichtmachen« interpretiert und bringt dir Minuspunkte ein.

13.3.3 Tipps

Körperhaltung   Sitze aufrecht in deinem Stuhl und bringe dem anderen durch eine zugewandte, höfliche Haltung Respekt entgegen. Halte den Rücken relativ gerade. Die Hände liegen auf den Lehnen des Sessels oder leicht verschränkt im Schoß bzw. auf dem Tisch. Die Beine stehen leicht geöffnet nebeneinander. Bewerberinnen, die ein Kostüm tragen, können die Beine geschlossen, nach rechts oder links geneigt, nebeneinander stellen. Beim weiblichen Geschlecht gilt auch das Übereinanderschlagen der Beine mittlerweile nicht mehr als grober Schnitzer, wenngleich es nicht ganz »businesslike« ist (☐ Abb. 13.1).

Mimik   Halte Blickkontakt und lächle auch einmal. Leicht geöffnete Lippen und etwas hochgezogene Augenbrauen verraten Offenheit, Konzentriertheit und Wachheit – in einem Vorstellungsgespräch allesamt erwünschte Indikatoren. Achte bei mehreren Interviewern darauf, nicht nur einen anzuschauen oder anzulächeln, wenn du sprichst. Derjenige, der »übersehen« wird, könnte beleidigt sein und sich an dir rächen, indem er dich nicht für die Stelle empfiehlt. Shit happens!

Smalltalk   Gehe auf Smalltalk-Angebote ein, aber ohne dabei allzu ausführlich zu werden. Ungefähr drei Sätze genügen. Bedenke, es handelt sich nur um eine Art Vorgeplänkel, bevor es richtig zur Sache geht. Es kann allerdings Sinn machen, in dieser Situation in taktvoller Art und Weise mit seinem Wissen zu glänzen.

Positivbeispiel: Kunst war eines deiner Lieblingsfächer und du hattest es als Leistungskurs gewählt. Mit den Malern des 20. Jahrhunderts, vor allem Chagall, kennst du dich sehr gut aus. In dem Büro, in dem das Vorstellungsgespräch stattfindet, hängt ein Bild von Chagall. Anscheinend ist dein zukünftiger Chef ein Liebhaber dieses Malers. In dieser Situation böte sich folgende Bemerkung an.

»Oh, ich bin ganz überrascht und sehr erfreut, auf einen Chagall zu treffen. Er ist mein absoluter Lieblingsmaler und ich war auch schon im Fraumünster, um seine Kirchenfenster zu bewundern. Ich würde alles dafür geben, mir einen echten Chagall leisten zu können.«

Wenn du Glück hast, gewinnt dein potenzieller Arbeitgeber den Eindruck, in dir eine Seelenverwandte gefunden zu haben. Ähnlichkeit – alte sozialpsychologische Grundregel – aber schafft Sympathie, die dir wieder zugute kommen kann, indem er bei der Entscheidung über die Stellenvergabe vielleicht dein eifrigster Fürsprecher sein wird.

13.4   Mitten drin

Nach der eher harmlosen Anlaufphase geht es ans »Eingemachte«. Jetzt folgen die eigentlichen Bewerbungsfragen, die dem Kandidaten in nachdrücklicher und manchmal äußerst unangenehmer Weise auf den Zahn fühlen.

13.4.1 Typische Fragen

Viele Fragen in einem Vorstellungsgespräch sind gewissermaßen Standardfragen, das heißt, sie begegnen einem Bewerber in zahlreichen Interviews (◨ Abb. 13.2).

13.4.2 Optimale Antworten

Die Vorschläge zur Beantwortung typischer Fragen in einem Vorstellungsgespräch sind auf den vorliegenden Gesprächsleitfaden bezogen.

Werdegang? Wichtig ist, dass der Werdegang vollständig, aber knapp berichtet wird. Verliere dich nicht in Einzelheiten. Die singulären Ausbildungsschritte sollten mit Bedacht und in Hinblick auf persönliche Ziele gewählt sein. Es kann auch positiv aufgenommen werden, wenn sich Ziele geändert haben, sofern du gute Argumente anführst. Der Werdegang sollte im Ganzen zielorientiert erscheinen und die genannten Stationen sind auf die Bewerbung zu beziehen. Und bitte: Fange bei deinem Bericht nicht in der Kleinkindzeit, sondern beim Abitur bzw. in der Oberstufe an.

Ausnahme: Dein persönlicher Hintergrund ist sehr interessant. Du bist z.B. Halbinderin und hast die ersten zehn Jahre deines Lebens in Madras verbracht und dort eine indische Schule besucht. Eine solche Lebensgeschichte macht dich zu etwas Besonderem und lässt außerdem vermuten, dass du über interkulturelle Flexibilität verfügst.

Warum gerade bei uns beworben? Achtung! Absolute Standardfrage, auf die man sich sehr gut vorbereiten kann. Wichtig ist, über viele positive Informationen über den Arbeitgeber zu verfügen und diese geschickt in die Argumentation einzubauen, indem man begründet, warum das persönliche Profil sehr gut passt.

Beispiel: »Mir ist bekannt, dass Ihr Unternehmen beabsichtigt, eine Niederlassung in China zu gründen. Das finde ich sehr spannend und hat dazu beigetragen, mich bei Ihnen zu bewerben. Mich interessiert der ferne Osten als Wirtschaftsraum und Kulturkreis sehr. Ich habe deshalb ein Praktikum in Hongkong absolviert und bereits zwei Sprachkurse Chinesisch besucht. Sehr gerne würde ich für eine gewisse Zeit in China arbeiten.«

Stärken? Überzeugende Stärken stehen in deutlichem Bezug zum Beruf. Insgesamt sollte man auf Nachfrage hin ca. drei Stärken nennen, aber doppelt so viele in petto haben, die man auf Wunsch anfügen und erläutern kann. Es ist positiv, wenn ein Bewerber von sich aus begründet, warum die Stärken für die angestrebte Tätigkeit von Bedeutung sind. Es empfiehlt sich, alle Stärken mit Beispielen bzw. Belegen zu untermauern. Genannt werden können Hard und Soft Skills:

Beispiele:
- Analytisch-logisches Denken
- Interkulturelle Kompetenz
- Hohe Leistungsmotivation

G. Bensberg: Prüfungen bestehen		
Gesprächsleitfaden		**Seite 1**

Gesprächsleitfaden mit Bewertungsvorgaben

Name/BewerberIn:_____ Name/Interviewer_____

Beurteilungen: Vorstellungsgespräch

Während des Vorstellungsgesprächs auszufüllen:
Einleitung

	--	-	-/+	+	++
B. erläutert präzise die relevanten Aspekte seines/ihres Werdegangs	◯	◯	◯	◯	◯
Der Werdegang erscheint zielorientiert	◯	◯	◯	◯	◯

Warum haben Sie sich gerade bei uns beworben?

	--	-	-/+	+	++
Versucht, positive Informationen über das Unternehmen in die eigene Argumentation einzubauen	◯	◯	◯	◯	◯

Was sind Ihre Stärken und Schwächen?

Erläutert mind. eine Stärke an einem konkreten Beispiel	nein	ja
Erwähnt nur Schwächen, die nicht berufsrelevant oder verborgene Stärken sind	nein	ja

	--	-	-/+	+	++
B. erscheint selbstkritisch bei gleichzeitig positivem Selbstbild	◯	◯	◯	◯	◯

Was war Ihr größter Erfolg/Misserfolg?

Größter Erfolg liegt im berufsbezogenen Bereich	nein	ja
Es wird ein Misserfolg genannt	nein	ja
Es wird erläutert, was aus dem Misserfolg gelernt wurde	nein	ja

Wie sehen Sie Ihren beruflichen Werdegang in den nächsten fünf Jahren?

	--	-	-/+	+	++
B. lässt einen durchdachten Berufsplan erkennen	◯	◯	◯	◯	◯

Was tun Sie, wenn Sie scheitern?

◻ **Abb. 13.2** Gesprächsleitfragen mit Bewertungsvorgaben

G.Bensberg: Prüfungen bestehen					
Gesprächsleitfaden					**Seite 2**

B. geht realitätsangemessen und gleichzeitig konstruktiv mit Rückschlägen um	○	○	○	○	○

Gehaltsvorstellung?

	--	-	-/+	+	++
Die Gehaltsvorstellung wird plausibel begründet	○	○	○	○	○

Auslandsaufenthalt?

B. nennt mehrere wichtige Aspekte wie Sprache, Kultur usw.	○	○	○	○	○
B. macht Wichtigkeit deutlich und führt Aspekte aus.	○	○	○	○	○

Warum sollten wir gerade Ihnen die Stelle geben? Sind Sie wirklich besser als andere BewerberInnen?

	--	-	-/+	+	++
B. argumentiert schlüssig	○	○	○	○	○

Am Ende bzw. nach dem Gespräch auszufüllen:
Stressresistenz

	--	-	-/+	+	++
B. reagiert durchweg souverän auch auf unzulässige Fragen	○	○	○	○	○

Sprache

B. formuliert stets flüssig	○	○	○	○	○
B.'s Sätze sind einfach, verständlich und präzise	○	○	○	○	○
B. spricht grammatikalisch korrektes Deutsch	○	○	○	○	○

Gestik, Mimik, Wirkung

B. zeigt starke Nervosität	○	○	○	○	○
B. hält Blickkontakt mit dem Gegenüber	○	○	○	○	○
B.'s Gesten unterstreichen Bedeutung und Gehalt der Aussagen	○	○	○	○	○

Gesamteindruck

Ich würde den/die B. einstellen	nein		ja	

◘ **Abb. 13.2**   Fortsetzung

- Gutes Zahlenverständnis
- Kreativität
- Begeisterungsfähigkeit
- Teamorientierung

❗ Achtung!
Wichtig ist, dass Stärken und Schwächen nicht frei erfunden sind, sondern wenigstens zu 80 Prozent auf die eigene Person zutreffen! Im Berufsalltag wird sehr rasch deutlich, ob es sich um reale oder aber »erdichtete« Stärken und Schwächen handelt.

Schwächen? Insgesamt sollten höchstens zwei Schwächen genannt werden. Bitte verzichte möglichst auf »abgegriffene« Schwächen, die seit Jahren einen festen Platz in der Ratgeberliteratur haben, zum Beispiel »Perfektionismus« und »Ungeduld«. Sollten diese Schwächen tatsächlich in besonderer Weise auf dich zutreffen, dann lass in deine Antwort einfließen, dass dir die entsprechenden Empfehlungen bekannt sind. Einen guten Eindruck macht es, von sich aus zu bemerken, wie man an seinen Schwächen arbeitet.

Schwächen ohne Bezug zum Beruf Schwächen dürfen nicht für den Beruf disqualifizieren bzw. die Eignung bezweifeln lassen. Sofern dies der Fall sein sollte, ist deutlich zu machen, dass man die genannte Schwäche kontrollieren kann, so dass nicht mit Leistungseinbußen zu rechnen ist.

Ein »No-Go« sind Antworten wie: »Es war schon immer mein Problem, Rechnungen rechtzeitig zu bezahlen, Arbeiten im Studium termingerecht einzureichen, bei Präsentationen und anderen Auftrittssituationen nicht nervös zu werden …«

Beispiele:
- Ich tue mich schwer, abstrakte mathematische Formeln zu verstehen (Germanistikabsolventin, die sich als Lektorin bewirbt)
- Als Handwerker bin ich nicht zu gebrauchen (Informatikabsolvent, der sich als Systemadministrator bewirbt)
- Ich bin völlig unmusikalisch (Juristin mit zweitem Staatsexamen, die sich in einer auf Erbrecht spezialisierten Kanzlei bewirbt)

Schwächen als verborgene Stärken Es kann ein kluger Schachzug sein, Schwächen zu nennen, die sich auch als verborgene Stärken interpretieren lassen.

Beispiele:
- Ich kann mir Fehler nur schlecht verzeihen (Stärke: sorgfältiges Arbeiten)
- Ich habe sehr hohe Erwartungen an mich selbst (Stärke: überdurchschnittliche Leistungsmotivation)
- Ich langweile mich leicht bei Routinearbeiten (Stärke: Wunsch nach beruflichen Herausforderungen)

Offensichtliche Schwächen Es ist außerdem psychologisch geschickt, Schwächen, die sich nicht verbergen lassen, von sich aus anzusprechen. Auf diese Weise kann man ihnen die Spitze nehmen, indem man erklärt, warum diese Schwächen beruflich irrelevant sind oder wie man an ihnen arbeitet.

Beispiele:
- Mangelnde Sprachbegabung (Lebenslauf: Bewerber spricht kaum Englisch)
- Hohes Emotionalitätsniveau (Interview: Bewerber hat gerötete Wangen und verhaspelt sich einige Male leicht)

Das Ziel besteht insgesamt darin, einen persönlich reifen Eindruck, der auch die Fähigkeit zu gesunder Selbstkritik impliziert, zu hinterlassen. Negativ wird vermerkt, wenn du arrogant und selbstüberschätzend wirkst oder aber – umgekehrt – ein sehr negatives Selbstbild durchscheinen lässt.

Größter Erfolg? Der subjektiv größte Erfolg soll einen Bezug zur Bewerbung und damit zur anvisierten Berufstätigkeit haben. Hier den Sieg deines Fußballvereins über die gegnerische Mannschaft von Hintertupfingen zu nennen oder triumphierend zu verkünden, dass du deiner besten Freundin den Dreamboy ausgespannt hast, ist wenig zielführend.

Beispiele:
- Mein Masterabschluss in Management
- Die Note »sehr gut« in meiner Bachelorarbeit
- Mein Auslandspraktikum in den USA

Größter Misserfolg?   Es ist wichtig, dass überhaupt ein Misserfolg erinnert wird, um zu demonstrieren, dass man über ein gesundes Maß an Selbstkritik verfügt. Bitte keine absoluten Lappalien nennen – »habe mit 9 Jahren bei den Bundesjugendspielen keine Medaille bekommen« –, aber auch keinen Misserfolg, der dich für die zu besetzende Position ungeeignet erscheinen lässt – »habe die Marketingklausur erst im dritten Anlauf mit Joker bestanden«. Diese Antwort kann bei einem Bewerber für den Marketingbereich ein K.o.-Kriterium sein. Es ist ratsam sogleich hinzuzufügen, was man aus dem Misserfolg gelernt hat.

Beispiele:
- Durch die Orientierungsprüfung gefallen und anschließend den Lernstil verändert
- Zunächst erfolglose Jobsuche als Werkstudent, dann einen Workshop zur Optimierung von Bewerbungen besucht
- Praktikum abgebrochen und erkannt, dass der Arbeitsbereich nicht zu einem passt

Beruflicher Werdegang in den nächsten fünf Jahren?   Diese Frage zielt auf die berufliche Position ab, die man anstrebt. Wichtig ist, dass du Zielklarheit und Ehrgeiz erkennen lässt und möglichst konkrete Zwischenschritte benennen kannst. Zu konkret solltest du dabei allerdings auch nicht werden. Es stößt auf wenig Gegenliebe, wenn du verkündest: »In spätestens 5 Jahren will ich in Ihrem Sessel sitzen«.
Mögliche Zwischenschritte:
- Mich zunächst sehr gut einarbeiten und mit dem Unternehmen vertraut werden
- Auslandstätigkeit
- Weiterbildung zum Steuerberater
- Berufsbegleitende Promotion
- In zwei bis drei Jahren Führungsposition einnehmen

Reaktion auf das Scheitern?   Bei der Beantwortung dieser Frage ist wichtig, die Möglichkeit des Scheiterns gedanklich überhaupt zuzulassen, sich selbst eine bestimmte Trauerphase einzuräumen, um dann wieder neu durchzustarten. Neben Belastbarkeit ist hier vor allem Flexibilität gefragt, das heißt die Fähigkeit, Pläne, die sich nicht realisieren lassen, zu ändern und sich neue Ziele zu setzen, ohne darüber depressiv und mutlos zu werden.

Gehaltsvorstellung?   Es ist am geschicktesten, eine Gehaltsspanne zu nennen und sich nicht auf eine bestimmte Summe festzulegen, damit man über Verhandlungsspielraum verfügt. Welches Gehalt angemessen ist, kannst du durch deinen Berufsverband erfahren oder unter ► www.monster.de recherchieren. Speziell für Absolventen bietet auch ► www.staufenbiel.de entsprechende Informationen an. Im öffentlichen Dienst informieren Tarifverbände wie Verdi über das zu erwartende Gehalt. Allerdings gibt es im öffentlichen Dienst normalerweise wenig zu verhandeln, da die Gehaltsstufen meist (aber nicht in allen Fällen!) feststehen.

Auslandsaufenthalt?   Es sollten wichtige Aspekte, die bei einer längeren Tätigkeit im Ausland zu berücksichtigen sind, aufgelistet und ausgeführt werden.

Beispiele:
- Erwerb von Sprachkenntnissen, z.B. Sprachkurs besuchen
- Erwerb von Kenntnissen über die Fremdkultur, z.B. Kurs zum interkulturellen Management besuchen
- Familie bzw. Partner in die Planung einbeziehen, z.B. die beruflichen Interessen des Partners berücksichtigen
- In Verbindung mit Freunden bleiben, z.B. durch Skype oder regelmäßige Besuche in der Heimat

Warum sollten wir gerade Ihnen die Stelle geben?   Achtung! Das ist eine sehr schwierige Frage, eine echte Challenge gerade für Berufsanfänger!
Eine schlüssige Argumentation beinhaltet Verweise auf die eigene Qualifikation und das persönliche Stärkenprofil, die Passung zwischen Bewerber und Arbeitsplatz, aber auch den Verzicht darauf, potenzielle Mitbewerber schlecht zu machen. Eine Frau kann u.a. angeben, dass mehr Frauen Führungspositionen innehaben sollten, wenn sie entsprechend qualifiziert sind. Überlege vorher, was dich persönlich zu etwas Besonderem macht, und bekräftige deine Argumentation mit entsprechenden Hinweisen.

Beispiele:

- Deine Mutter stammt aus dem Iran, und dein Vater ist Schotte. Du bist daher in verschiedenen Kulturen zu Hause und in Bezug auf Englisch ein »native speaker«, weil deine Eltern dich zweisprachig erzogen haben.
- Du bist extrem belastbar. Du hast während deines Studiums durchgängig gejobbt, warst zusätzlich in einer Studenteninitiative aktiv und konntest dein Studium trotzdem mit überdurchschnittlich guten Noten innerhalb der Regelstudienzeit abschließen.
- Du realisierst unter der Woche ein überdurchschnittlich hohes Arbeitspensum, indem du dich ca. 10 Stunden pro Tag für dein Studium engagierst, und es macht dir sogar Spaß. (Nicht verwundert den Kopf schütteln! Solche Absolventen gibt es tatsächlich!)
- Du bist ungewöhnlich gut organisiert und verfügst über eine hohe Strukturierungsfähigkeit. Im Unterschied zu den meisten Kommilitonen hast du dezidierte Lernpläne erstellt, deinen Tagesablauf strukturiert und dich an deine Vorgaben gehalten.

13.4.3 Sprache

Bemühe dich, grammatikalisch einwandfreies Deutsch zu sprechen. Inwieweit jemand die deutsche Grammatik beherrscht, lässt sich u.a. an der korrekten Verwendung des Konjunktivs erkennen (»tun würde« vs. »täte«) sowie an dem Vorhandensein des Genitivs, der nicht zum Dativ werden sollte (»Zuverlässigkeit des Mitarbeiters« vs. »Zuverlässigkeit von dem Mitarbeiter«).

Bitte vermeide verschachtelte »Bandwurmsätze«, bei denen man Mühe hat, sie syntaktisch einwandfrei zu beenden. Empfehlenswert ist eine relativ einfache Sprache, die auch komplexe Sachverhalte transparent erscheinen lässt.

Formuliere möglichst flüssig. Flüssige Formulierungen bemessen sich an der Häufigkeit der Verwendung von »Ähs« und »Hms« oder unpassenden Sprechpausen. Auch auf die Verwendung von Füllfloskeln wie »sozusagen«, »also«, »wenn ich so sagen darf« ist zu achten, damit diese nicht zu zahlreich werden.

13.5 Stressphase

Die meisten Vorstellungsgespräche beinhalten eine Stressphase, die für einen frisch gebackenen Absolventen ganz schön schweißtreibend sein kann, indem man bspw. mit völlig überraschenden Aufgabenstellungen konfrontiert wird oder ausgesprochene Stressfragen, die zum Teil nicht einmal zulässig sind, beantworten soll. Da das Setting eines Bewerbungsinterviews in vielen Punkten mit einer mündlichen Prüfung übereinstimmt, berücksichtige zur Reduzierung von übermäßiger Aufregung oder gar Angst die Hinweise in ► Kap. 7.7.

13.5.1 Brainteaser: Sei schlau, stell dich klug!

Brainteaser sind »Kopfnüsse«, die gerne in Vorstellungsgespräche oder schriftliche Tests eingestreut werden. Sie dienen dazu, die Denkfähigkeit und zugleich die Stressresistenz von Bewerbern zu testen. Brainteaser lösen bei Bewerbern, die auf derart ungewöhnliche Fragen nicht vorbereitet sind, oft Verwirrung aus. Es ist daher empfehlenswert, sich mit Brainteasern auseinanderzusetzen, um für alle Eventualitäten gerüstet zu sein.

Denksportaufgaben werden gerade bei besonders qualifizierten Bewerbern, die bereits einige Hürden des Bewerbungsprozesses genommen haben, eingesetzt. Betrachte es daher als eine Art Kompliment, solltest du mit Brainteasern konfrontiert werden.

Bei Brainteasern gibt es anders als bei Intelligenztestaufgaben häufig keine absolut richtige Antwort, sondern mehrere akzeptable Lösungen. Es kommt vor allem darauf an, Ruhe zu bewahren, sich der Herausforderung zu stellen und logisch, aber auch kreativ bzw. »um die Ecke« zu denken.

Beispiel
Warum ist ein Gulli rund?
Diese Frage ist der Klassiker der Brainteaser-Varianten, über den sogar schon die ZEIT berichtet hat und der durch das Unternehmen Microsoft, das seine Bewerber mit dieser Question plagte, berühmt wurde.

Ein Gulli ist ein Kanaldeckel, und Kanaldeckel sind fast auf der ganzen Welt rund. Aber warum um Himmels willen ist das so?

Zwei richtige Antworten:

»Ein runder Kanaldeckel kann anders als ein rechteckiger nicht in den Schacht fallen. Ein quadratischer Gully fällt in den Schacht, wenn man ihn um 45 Grad dreht.«

»Der seitliche Erddruck kann leichter beherrscht werden, wenn der Schacht rund ist.«

Feuerspeiende Drachen und tapfere Rittern

Mitten im Meer leben auf einer Insel drei feuerspeiende Drachen. Die gegenüberliegende Insel wird von drei tapferen Rittern bewohnt. Die Drachen besitzen ein Floß, das aber sinkt, wenn mehr als zwei Personen darin sitzen. Frage: Wie kommen die Ritter auf die Insel der Drachen? Dabei gilt die Einschränkung, dass nie die Drachen die Mehrzahl auf einer Insel bilden dürfen, da sie sonst die Ritter mit ihrem Glutatem töten.

Lösung: Zuerst schickst du einen Drachen allein mit dem Floß los. Anschließend fahren zwei Ritter auf die Insel der Drachen. So sind die Drachen auf keiner der Inseln in der Überzahl. Jetzt muss man einen Ritter zusammen mit einem Drachen losschicken. Andernfalls würde der dritte Ritter, der ja noch allein mit dem dritten Drachen auf der Insel der Ritter ist, getötet werden. Der Drache muss aber auch mit ins Boot, da sonst die Ritter auf der anderen Insel in der Minderzahl wären. Zum Schluss setzen die beiden verbleibenden Ritter auf die andere Insel über.

Wie viele »Pfirsichköpfchen« gibt es in Deutschland?

Um diese Frage zu beantworten, muss man zunächst wissen, was Pfirsichköpfchen sind. Nein, hier ist nicht eine besondere Obstsorte gemeint, sondern eine Papageienart. Diese Papageien sind auch unter dem Namen »Fischers Unzertrennliche« bekannt.

Lösung: Gehe zunächst deinen Bekannten- und Freundeskreis in Gedanken durch und frage dich, wie viele von ihnen diese Papageienart besitzen. Wahrscheinlich niemand. Dann schätzt du einfach frei, dass unter 1000 Einwohnern vielleicht einer einen solchen Vogel besitzt. Rechne das Ergebnis hoch auf die Bevölkerungsanzahl der BRD, also ca. 82 Millionen. Demnach hätten insgesamt 82 000

Deutsche ein Pfirsichköpfchen. Da Papageien in sehr warmen Regionen zu Hause sind, können entflogene Vögel in unseren Breiten kaum überleben. Frei lebende Pfirsichköpfchen musst du bei deiner Rechnung also nicht berücksichtigen. Aber es kommen noch all die Tiere in Zoos, Tierhandlungen, Tierheimen und bei Züchtern hinzu. Du schätzt diese Zahl einfach auf ca. 3000 zusätzliche Vögel. Dann kommst du auf das Gesamtergebnis: 85 000.

Aber halt, hast du nicht einen kleinen Denkfehler gemacht? Der Zweitname für die »Pfirsichköpfchen« lautet »Fischers Unzertrennliche«. Daraus lässt sich haarscharf schließen, dass man diese Papageienart wie fast alle Vögel nicht einzeln, sondern mindestens paarweise halten sollte. Man kann nun schlussfolgern, dass ca. 80 Prozent der Papageienfreunde dies wissen und sich daran halten. Daher verdoppelst du einfach die Zahl von 82 000 und erhältst als Lösung 164 000 Pfirsichköpfchen. Darin enthalten sind auch die 10 Prozent Halter, die diese Vorgabe nicht beachten, deren Zahl aber aufgewogen wird durch jene, die gleich mehrere Vögel besitzen bzw. eine Voliere eingerichtet haben.

Klingt logisch oder nicht? Du siehst, man muss bei den meisten dieser Aufgaben rational schlussfolgern, aber auch um diverse Ecken denken.

13.5.2 Lösungstipps

Bei »Kopfnüssen« dieser Art kommt es darauf an, analytisch vorzugehen. Mithilfe von Brainteasern will man überprüfen, ob du durch schlussfolgerndes Denken zu konstruktiven Lösungen gelangst.

Den Unwillen gekonnt herunterschlucken! Über Sinn und Unsinn solcher Fragen innerhalb eines Bewerbungsprozesses lässt sich natürlich prinzipiell streiten. Du solltest dich aber hüten, eine derartige Diskussion zu eröffnen, wenn dir an dem Stellenangebot etwas liegt. Zeige ein freundliches Lächeln, auch wenn dir die Frage vollkommen dämlich erscheint.

Nachfragen sind o.k.! Während du damit beschäftigt bist, die Lösung zu finden, solltest du mit dem Gegenüber in Interaktion treten. Nachfragen sind in jedem Fall erlaubt. Sie verdeutlichen, dass du dich intensiv mit dem Problem auseinandersetzt.

Lösungsschritte nachvollziehbar entwickeln! Sitze auf gar keinen Fall mit gesenktem Kopf und halb geschlossenen Augen wie ein Säulenheiliger bewegungslos auf deinem Stuhl und präsentiere dann nach fünf bis zehn Schweigeminuten in einem Satz oder schlimmer noch mit nur einem Wort deine Lösung.

Die Interviewer wollen wissen, wie du vorgehst, um das Problem zu lösen, welche Ideen und Denkschritte du dabei entwickelst. Das heißt, du musst sie an dem Prozess teilhaben lassen, indem du deine »Gedankenblitze« laut mitteilst.

Keine spontanen Intuitivlösungen anbieten! Es kommt auch nicht gut an, wenn du ohne nachzudenken wie aus der Pistole geschossen, die erste Antwort, die dir durchs Hirn schießt, hervorsprudelst. Wo bleiben da die gedanklichen Prozesse? Du solltest, wenn du mit einem Brainteaser konfrontiert wirst, zu erkennen geben, dass du angestrengt nachdenkst und Schritt für Schritt deine Ideen prüfst und die Lösung entwickelst.

13.5.3 Zulässige und unzulässige Fragen

Prinzipiell ist zwischen zulässigen und unzulässigen Stressfragen zu unterscheiden. Aber Achtung! Auch die eigentlich unzulässigen Fragen sind in manchen Kontexten zulässig.

Bereits vor der Verabschiedung des AGG (► Kap. 9.1) war rechtlich geregelt, welche Fragen in einem Vorstellungsgespräch gestellt und welche nicht gestellt werden dürfen. Aber nicht alle Arbeitgeber hielten sich an die Vorgaben. Für den Fall, dass ein abgelehnter Bewerber vor Gericht zieht, können Verstöße gegen Antidiskriminierungsvorschriften auf der Basis des AGG den Arbeitgeber mittlerweile teuer zu stehen kommen. Dennoch kannst du dich nicht darauf verlassen, dass unzulässige Stressfragen nicht gestellt werden. Stressfragen dienen dazu, die Belastbarkeit eines Bewerbers zu testen, das heißt inhaltlich sind die Antworten oft weniger von Interesse.

Beispiele für zulässige Stressfragen:

- Ihre Noten in dem Modul Produktionswirtschaft sind ja nun wirklich grottenschlecht. Wie erklären Sie sich das denn?
- Sie haben Ihr erstes Studium Medizin erst nach sechs Semestern abgebrochen? Wieso haben Sie endlos lange gebraucht, um zu erkennen, dass dieser Studiengang nicht der richtige ist?
- Wovor in Ihrem Leben haben Sie die meiste Angst und warum?
- Wo sehen Sie denn beruflich die größten Probleme auf sich zukommen?

Beispiele für **bedingt zulässige Fragen**, die gestellt werden dürfen, wenn es sich um einen »Tendenzarbeitgeber« handelt:

- Welcher Religionsgemeinschaft gehören Sie an? (erlaubt, wenn du dich bei einer kirchlichen Institution bewirbst)
- Welcher Partei gehören Sie an? (zulässig, wenn du dich bei einer Partei oder einer Organisation, die einer bestimmten Partei nahe steht, bewirbst)
- Sind Sie schwanger? (zulässig, wenn du für ein zeitlich befristetes Forschungsprojekt eingestellt werden sollst)
- Sind Sie HIV-positiv? (erlaubt, wenn du dich im Gesundheitsbereich mit Patientenkontakt bewirbst)

Beispiele für unzulässige Fragen:

- Möchten Sie irgendwann einmal heiraten oder betrachten Sie sich als eine Art Dauer-Single?
- Welchen Beruf übt denn Ihr Vater aus?
- Möchten Sie Kinder haben und wenn ja, wie viele?
- Sie sehen etwas fremdländisch aus. Woher stammt denn Ihre Familie?
- Wie verbringen Sie am liebsten Ihre Freizeit?

13.5.4 Umgang mit zulässigen Fragen

Zulässige Stressfragen sind solche, die in (weitem) Zusammenhang mit der angestrebten Berufstätigkeit stehen und an deren Klärung der Arbeitgeber daher ein berechtigtes Interesse hat.

Frage: Ihre Noten in dem Modul Produktionswirtschaft sind ja nun wirklich grottenschlecht. Wie erklären Sie sich das denn?

Antwortmöglichkeit: »Diese Modul lag mir nicht besonders und gehörte nicht zu meinen Interessenschwerpunkten. Ich habe mich stattdessen auf Marketing spezialisiert und bewerbe mich jetzt für entsprechende Positionen. Und wie Sie meinem Zeugnis entnehmen können, habe ich in diesem Modul leistungsmäßig sehr viel besser abgeschnitten.«

Es ist wichtig, persönliches Versagen erstens nicht auf andere zu schieben und zweitens die eigenen Ausführungen mit einem positiven Statement zu beenden.

Frage: Sie haben Ihr erstes Studium Medizin erst nach sechs Semestern abgebrochen? Wieso haben Sie eine Ewigkeit gebraucht, um zu erkennen, dass dieser Studiengang nicht der richtige ist.

Versuche nicht, dich herauszureden oder übermäßig zu rechtfertigen. Versuche stattdessen, diese Tatsache mit Eigenschaften zu erklären, die eher charakterliche Stärken erkennen lassen.

Antwortmöglichkeit: »Es stimmt, ich habe sehr lange für diese Entscheidung gebraucht. Das hat damit zu tun, dass ich eigentlich der Meinung bin, man solle an einer einmal getroffenen Entscheidung festhalten und sich nicht durch Schwierigkeiten und Rückschläge gleich entmutigen zu lassen.«

Frage: Wovor in Ihrem Leben haben Sie die meiste Angst und warum?

Solltest du unter einer behandlungsbedürftigen Phobie leiden (bspw. Flugangst, Höhenangst etc.), ist das der absolut falsche Zeitpunkt, dich diesbezüglich zu »outen«. Es ist auch nicht empfehlenswert zu behaupten, man kenne gar keine Angst, weil dir das niemand glaubt. Es gibt kein Leben und keinen Menschen ohne Angst! Stattdessen empfiehlt es sich, auf Phänomene hinzuweisen, die viele Menschen in nachvollziehbarer Weise ängstigen.

Antwortmöglichkeiten:

- Wenn in den Nachrichten über Terroranschläge berichtet und dabei gesagt wird, dass auch Deutschland im Visier von radikalen Islamisten ist, habe ich schon ein wenig Angst.
- Die Tatsache, dass die Erderwärmung immer mehr ansteigt, was unübersehbare Folgen für unser Klima und das Leben auf der Erde haben kann, macht mir Angst, vor allem wenn ich daran denke, was das für nachkommende Generationen bedeutet.
- Die Möglichkeit, eine sehr schwere und womöglich unheilbare Krankheit zu bekommen, ist für mich mit Angst verbunden.

Frage: Wo sehen Sie denn beruflich die größten Probleme auf sich zukommen?

Bitte deine Interviewpartner jetzt nicht mit einer Vielzahl möglicher und unmöglicher Probleme überhäufen. Beschränke dich auf ein bis zwei Probleme, die typisch für Berufsanfänger sind und deren Nennung man dir daher nicht als mangelnde Kompetenz zum Vorwurf machen kann.

Antwortmöglichkeit: »Ich habe in Bezug auf Mitarbeiterführung noch wenig Erfahrung, da ich ja gerade erst mein Studium beendet habe. Allerdings gehe ich auch nicht ganz unbedarft an diese Aufgabe heran, weil ich schon Erfahrungen im Leiten von Sportgruppen sammeln konnte und auch in der Studenteninitiative AIESEC im Leitungsgremium vertreten war. Außerdem bin ich bereit, mich diesbezüglich weiterzubilden. Ich werde demnächst einen Workshop zum Thema »Führen und Geführtwerden« besuchen.«

13.5.5 Umgang mit unzulässigen Fragen

Bedingt zulässige Fragen   Diese Fragen musst du, falls die in Klammern genannten Besonderheiten zutreffen, du dich also bei einem Tendenzarbeitgeber beworben hast, wahrheitsgemäß beantworten.

In allen anderen Fällen sind diese Fragen unzulässig. Beachte daher die Hinweise zum Umgang mit unzulässigen Fragen.

Unzulässige Fragen   Bei einer unzulässigen Frage ist es möglich, auf deren juristische Problematik zu verweisen oder kurz und knapp zu sagen: »Darauf antworte ich nicht«. Da eine derartige Reaktion die Gesprächsatmosphäre aber meist erheblich stört und der Interviewpartner in aller Regel ohnehin weiß, dass er eine unzulässige Frage gestellt hat, ist diese Strategie nicht die beste.

Ausweichend antworten Es empfiehlt sich eher, nicht auf Konfrontationskurs zu gehen, sondern ausweichend zu antworten und dabei freundlich zu bleiben.

Beispiel

»Möchten Sie Kinder haben und wenn ja, wie viele?«

»Im Augenblick denke ich noch überhaupt nicht ans Kinderkriegen, sondern möchte erst einmal beruflich richtig durchstarten. Mein Freund sieht das im Übrigen genauso. Prinzipiell kann ich mir schon vorstellen, einmal Mutter zu werden. Aber in den nächsten fünf bis sieben Jahren ist das überhaupt kein Thema.«

Bewusst lügen Obwohl es nicht nur gegen das Grundgesetz, sondern auch gegen EU-Richtlinien verstößt, spielt die Herkunft eines Menschen – aus welchem Land, aus welcher Familie er stammt – bei der Besetzung hochrangiger Positionen zum Teil immer noch eine Rolle.

Fallbeispiel

Eine Juristin, die das erste und zweite Staatsexamen mit einem Ergebnis im zweistelligen Bereich abgelegt hatte und sich daher bei sehr noblen Kanzleien bewerben konnte, suchte Rat in der PBS Mannheim. Sie berichtete, dass man sie während eines Vorstellungsgesprächs schon zweimal nach ihrer Familie gefragt habe und ihre Gesprächspartner etwas »verschnupft« reagiert hätten, als sie erfuhren, dass sie aus »kleinen Verhältnissen« stamme. Von anderen, vergleichbar leistungsstarken Kommilitonen wisse sie, dass es von Vorteil sei, wenn man aus einer »Anwaltsdynastie« komme. Die junge Frau wollte wissen, wie sie am geschicktesten auf Fragen nach ihrem familiären Hintergrund reagieren könne.

In solchen Fällen ist eine offene Lüge vertretbar und vom Gesetzgeber sanktioniert. Du befindest dich also in rechtlicher Hinsicht auf der sicheren Seite. Wenn dein Chef nach Dienstantritt herausbekommen sollte, dass du gelogen hast, ist das daher kein Kündigungsgrund. Andererseits ist natürlich zu überlegen, ob du mit einem solchen Vorgesetzten und wahrscheinlich ähnlich »tickenden« Kollegen zusammenarbeiten willst.

13.6   Abschlussphase

Auch wenn man bereits die Zielgerade erreicht hat und das Interview so gut wie beendet ist, kann man sich die Gunst der Interviewer noch verscherzen.

13.6.1 Eigene Fragen

In der Abschlussphase des Interviews gibt man dir normalerweise Gelegenheit, eigene Fragen zu stellen. Das heißt, es ist ratsam, vorher einen kleinen »Fragenkatalog« zu entwerfen. Keine Fragen zu stellen, ist nicht empfehlenswert! Ein derartiges Verhalten legt man dir als Desinteresse und fehlendes Engagement bzw. unzureichende Vorbereitung auf das Bewerbungsgespräch aus.

Hüte dich, die falschen Fragen zu stellen! Falsche Fragen sind solche, die vermuten lassen, dass du nicht allzu leistungsorientiert bist und es dir vor allem auf das Geld ankommt. Natürlich solltest du auch keine Fragen über das Unternehmen stellen, deren Inhalte allgemein bekannt sind oder aus dem Ausschreibungstext hervorgehen.

Beispiele für »falsche« Fragen:

- Wie viele Überstunden fallen im Durchschnitt an?
- Werden alle Überstunden bezahlt?
- Wie steht's mit Sonderleistungen wie Weihnachts- und Urlaubsgeld?

Beispiele für »richtige« Fragen:

- Könnten Sie mir bitte einmal meinen künftigen Arbeitsplatz zeigen?
- Bietet Ihr Unternehmen spezielle Weiterbildungsmöglichkeiten an?
- Gab es die Stelle schon immer oder wurde sie neu eingerichtet?
- Existiert ein Organigramm der Institution, das ich erhalten kann?
- Welches sind die nächsten Schritte im Bewerbungsprozess?

13.6.2 Verabschiedung

Bitte springe nicht auf, um allen Anwesenden die Hand zu reichen, und spurte nicht zur Tür, um sie eigenhändig zu öffnen. Ein solches Verhalten wird als ungeschliffen und übergriffig beurteilt. Warte stattdessen ruhig ab, ob man dir zum Abschied die Hand reichen will und dich zur Tür begleiten möchte.

Normalerweise wird sich der Interviewer noch für das Gespräch bedanken. Jetzt ist es an der Zeit, ebenfalls ein paar Dankesworte einfließen zu lassen und – sollte das Gespräch in deinem Sinne verlaufen sein – die positiven Eindrücke kurz zusammenzufassen. Verlief das Gespräch eher ungünstig, kann man sich auch bedanken und darauf hinweisen, wichtige Erfahrungen gewonnen zu haben.

Wenn man dir eine gute Heimreise wünscht, solltest du bei dieser Gelegenheit ein paar nette Sätze über die Stadt und das Umfeld einflechten. Fand das Bewerbungsgespräch bspw. in München statt, kannst du anmerken, dass du Zeit eingeplant hast, um dir die Stadt und ihre Sehenswürdigkeiten anzuschauen. Damit gibst du zu erkennen, dass du gewillt bist, dich in der neuen Umgebung einzuleben.

13.7   Nachbereitung

Das Interview ist nicht, wie du vielleicht annimmst, beendet, wenn sich die Tür hinter dir geschlossen hat und du wieder in Richtung Heimat fährst. Gleichgültig, ob man ein gutes, schlechtes oder eher »durchwachsenes« Gefühl hat, man sollte unter allen Umständen eine Nachbereitung des Gesprächs vornehmen.

13.7.1   Gesprächsanalyse

Richte dir zu Hause eine »stille Stunde« ein und notiere – am besten am PC, denn Zettel gehen leicht verloren –, welche Teile deiner Selbstpräsentation optimal waren und welche verbesserungswürdig sind.

Analyse des Gesprächs
Was lief gut?
Warming-up-Phase: Du konntest einige positive Statements über die Stadt einfließen lassen und hast keinen Fauxpas begangen.
Stärken und Schwächen: Du hast geeignete Stärken genannt und mit passenden Beispielen untermauert. Du konntest erläutern, wie du an deinen Schwächen arbeitest.
Frage nach dem Unternehmen: Du hast viele, auch nicht so bekannte Besonderheiten und Vorzüge des Unternehmens genannt, und der Interviewer schien beeindruckt zu sein.
Was lief weniger gut?
Warum sollten wir uns für Sie entscheiden? Du hast deine Qualifikation und dein Stärken-Profil kurz skizziert, bist dann aber ziemlich ins Stottern geraten und konntest keine überzeugenden Argumente mehr vorbringen.
Eigene Fragen: Es ist dir nur eine Frage eingefallen.

13.7.2   Konsequenzen

In einem zweiten Schritt überlegst du, wie du deine Selbstpräsentation optimieren kannst:

Analyse des Gesprächs   Warum sollten wir uns für Sie entscheiden?

Hier bist du zu früh verstummt. Frage, was dich zu etwas Besonderem macht!

Beispiel: Du bist sehr kunstinteressiert. Du malst selbst und hattest schon eine kleine Ausstellung. Das kann eine besondere Empfehlung sein, weil ein derartiges Hobby nahelegt, dass du kreativ bist. Kreativität ist eine erwünschte Eigenschaft in den meisten akademischen Berufen.

Eigene Fragen

Das vorliegende Buch sowie klassische Bewerbungsratgeber enthalten Tipps zu angemessenen Fragen. Lass dich von diesen Vorschlägen anregen und stelle eine kleine Liste von Fragen zusammen, die zu deiner Bewerbung passen.

Ist der Arbeitsplatz der richtige für dich?

In einem dritten Schritt solltest du überlegen, ob der angestrebte Arbeitsplatz wirklich der passende ist. Du hast Vertreter des Unternehmens kennen gelernt und vielleicht etwas von dem vorherrschenden Betriebsklima aufgenommen. Jetzt solltest du dich fragen, ob du tatsächlich Teil dieses Unternehmens oder dieser Organisation werden möchtest.

Es kommt durchaus vor, dass Bewerber nach einem Vorstellungsgespräch, von dem sie sich zunächst viel versprachen, enttäuscht sind, weil die Interviewer z.B. derart unfair waren, dass sie in einem solchen Unternehmen nicht arbeiten möchten.

Eine solche Entscheidung spricht eher für einen Bewerber, da er sich als jemand erweist, der sich selbst gut kennt, Grenzen setzen kann und sich außerdem zutraut, anderweitig auf dem Arbeitsmarkt unterzukommen.

13.7.3 Nachfassbrief

Wenn das Gespräch positiv verlaufen ist, bietet sich die Möglichkeit, im Rahmen eines Nachfassbriefs dein Interesse an einer Einstellung zu untermauern. In einem Nachfassbrief bedankst du dich noch einmal für das Gespräch, stellst die positiven Momente heraus und betonst, dass du in jedem Fall an deiner Bewerbung festhalten willst.

Beispiel

Sehr geehrte/r Frau/Herr ....,

nachdem ich gestern den Termin für ein Vorstellungsgespräch bei Ihnen wahrgenommen habe, möchte ich mich noch einmal für das interessante Gespräch und die angenehme Atmosphäre bedanken. Auch die weiteren Informationen über Ihr Unternehmen und die Einblicke, die ich gewinnen konnte, haben mich in meinem Wunsch bestätigt, für Sie tätig zu werden. Ich bin nach dem Gespräch überzeugt, die Richtige für diese Stelle zu sein. Ihre Ausführungen zu dem Aufgabengebiet und Ihre Erwartungen haben wesentlich zu diesem Eindruck beigetragen.

Ich freue mich sehr darauf, bald von Ihnen zu hören.

Mit besten Grüßen

Merke

- Bei einem Vorstellungsgespräch spielt die Körpersprache eine wichtige Rolle!
- Zu einem Vorstellungsgespräch gehört eine intensive Vor- und Nachbereitung!
- Bei Stressfragen sind die Inhalte der Antworten oft weniger wichtig als die Demonstration von Gelassenheit und psychischer Stabilität!
- In jedem Vorstellungsgespräch werden einige Standardfragen gestellt, auf die man sich gut vorbereiten kann!

Literatur

Bruno, T. & Adamczyk, G. (2005). Karrierefaktor Körpersprache. Planegg: Haufe.

Henrik, M. (2009). Copy Man. Ein Praktikanten-Roman. Frankfurt/Main: Eichborn.

Heragon, C. (2010). Das Vorstellungsgespräch. Bewerbungsfragen in 50 x 2 Minuten (Lernkarten). Berlin: Heragon.

Hesse/Schrader (2008). Das erfolgreiche Vorstellungsgespräch. Wie Sie beeindrucken, überzeugen, gewinnen. Frankfurt/Main: Eichborn.

Lorenz, M. & Rohrschneider, U. (2006). Vorstellungsgespräche. 4. Aufl. Planegg: Haufe.

Püttjer/Schnierda (2008). Das überzeugende Bewerbungsgespräch für Hochschulabsolventen. 8. aktual. u. überarb. Aufl. Frankfurt/Main & New York: Campus.

Assessmentcenter

Gabriele Bensberg

14.1   **Definition und Ziele – 180**

14.2   **Vor- und Nachteile – 180**

14.3   **Ablauf und typische Übungen – 181**

14.4   **Gruppenübungen – 181**
14.4.1   Gruppendiskussion – 181
14.4.2   Unternehmensplanspiel – 183

14.5   **Einzelübungen – 184**
14.5.1   Selbstpräsentation – 184
14.5.2   Rollenspiel – 186

14.6   **Schriftliche Übungen – 188**
14.6.1   Postkorb – 188
14.6.2   Fallanalyse – 190

14.7   **Inoffizielle Übungen – 191**

14.8   **Wenn nur die Angst nicht wäre… – 193**
14.8.1   Welches Bewerbungsprocedere passt? – 194
14.8.2   Der Teufel sitzt im Detail – 196

Literatur – 197

G. Bensberg, *Dein Weg zum Prüfungserfolg*,
DOI 10.1007/978-3-662-43419-2_14, © Springer-Verlag Berlin Heidelberg 2015

» Wenn du ,ja' sagst, dann sei dir sicher, dass du nicht ,nein' zu dir selbst sagst. (Paulo Coelho)

14.1   Definition und Ziele

Assessmentcenter werden zur Bewerberauswahl und Personalentwicklung eingesetzt. Im Rahmen der Personalentwicklung werden auch Einzel-ACs zur Potenzialanalyse und Identifizierung von geeigneten Führungskräften durchgeführt.

Das übergeordnete Ziel eines Auswahl-ACs besteht darin, den oder die geeignetsten Bewerber aus einer Gruppe von Teilnehmern sicher herauszufiltern.

Da unterschiedliche Positionen auch unterschiedliche Kompetenzen voraussetzen, werden Assessmentcenter meist auf der Basis von zuvor erstellten Anforderungsprofilen entwickelt.

Im Mittelpunkt der Beobachtung und Bewertung stehen weniger die fachlichen Kompetenzen – diese werden anhand von Zeugnissen und sonstigen Bewerbungsunterlagen nachgewiesen –, sondern vorwiegend Social Skills. In einem AC erfolgt eine Einschätzung der Teilnehmer aufgrund real gezeigter Verhaltensweisen.

> **Worum geht es?**
> In einem Assessmentcenter werden mehrere Teilnehmer (ca. 10) von mehreren Beobachtern, die mehr oder weniger geschult sind (Experten oder Führungskräfte des Unternehmens), in unterschiedlichen Anforderungssituationen (Tests, Rollenspiele, Interviews, Diskussionen, Fallanalysen u.a.) über mehrere Stunden bis Tage in Bezug auf zentrale Anforderungskriterien (Führungskompetenz, Leistungsmotivation, Kommunikationsfähigkeit, Durchsetzungsvermögen, Belastbarkeit u.a.) nach bestimmten Regeln beurteilt.

14.2   Vor- und Nachteile

Der Einsatz von ACs bietet viele Vorteile, aber er birgt natürlich auch Nachteile, die kritische Stimmen auf den Plan rufen.

Vorteile   Indem mehrere, möglichst geschulte Beobachter eingesetzt werden, die während der Übungen rotieren sollten, wird die Objektivität der Bewertungen gesteigert. Durch die Standardisierung der Aufgaben sind die Bedingungen für alle gleich und damit gerecht. Der Einsatz sehr unterschiedlicher Übungen ermöglicht es, ein differenziertes Fähigkeitenprofil zu erstellen. Der Praxisbezug ist durch die Simulation echter Berufsanforderungen im Vergleich zur Bewerberauswahl aufgrund von akademischen Zeugnissen und eines Vorstellungsgesprächs deutlich höher. Die lange Beobachtungsdauer steigert die Bewertungssicherheit zusätzlich.

Durch ein differenziertes Feedback seitens des Unternehmens, das leider noch nicht überall selbstverständlich ist, und durch die eigene, vergleichende Erfahrung mit den Leistungen der Mitstreiter kann sich der Bewerber besser einschätzen und erhält einen vertieften Zugang zu persönlichen Kompetenzen und Defiziten.

Nachteile   Der personelle und finanzielle Aufwand sind in jeder Hinsicht beträchtlich, denn ein AC geht mit hohen Kosten, intensivem Personaleinsatz, eventuell vorbereitenden Schulungen usw. einher.

Die Prüfungssituation kann verzerrend wirken, indem manche Bewerber anspannungsbedingt hinter ihrem eigentlichen Leistungsniveau zurückbleiben, was man jedoch auch als wichtiges Auslesekriterium betrachten kann. Wer sich von der AC-Situation in dieser Weise einschüchtern lässt, dürfte einer mit viel Stress verbundenen realen Führungsposition kaum gewachsen sein.

Ebenfalls kritisiert wird die Dominanz verbaler Fähigkeiten. Bewerber mit hoher sprachlicher Kompetenz sind bei ACs ohne Zweifel im Vorteil, was als sog. »Filtereffekt« bezeichnet wird. Dies ist in Arbeitsbereichen, die eher sprachfreie Fähigkeiten erfordern, wie bspw. der Controlling- oder Logistikbereich, ein Nachteil.

Hervorragend geschulte Assessoren sind wichtig, um zu verhindern, dass »verbale Blender« und histrionisch angehauchte Selbstdarsteller in ungerechter Weise bevorzugt werden.

Sogenannte Blended ACs, die einen Methodenmix aus klassischen Face-to-face-Übungen, eingestreuten Testverfahren und/oder online gestellten Aufgaben bieten, sind geeignet, die Validität der Methode deutlich zu erhöhen.

14.3 Ablauf und typische Übungen

Bei einem Assessmentcenter sind der zeitliche Ablauf und die Abfolge der einzelnen Übungen genau festgelegt, sodass möglichst kein Leerlauf entsteht. Bei den Einzelübungen und dyadischen Szenarien wird auf Verschachtelungsprinzipien zurückgegriffen, das heißt, Bewerber A absolviert Übung X, während Bewerber B zur gleichen Zeit Übung Y usw. durchführt. Für die Gruppenübungen finden sich dann entweder alle oder einzelne Teams zusammen.

Unterschieden werden Gruppen- und Einzelübungen sowie offene und verdeckte Beobachtungssituationen.

Typische **Gruppenübungen**:
- Gruppendiskussion (führerlos, geführt, mit verteilten Rollen)
- Unternehmensplanspiel

Typische **Einzelübungen**:
- Rollenspiel
- Postkorb
- Fallstudie

Inoffizielle Übungen
- Gemeinsame Mahlzeiten (»Gabeltest«)
- Kamingespräch
- Pausen-Small-Talk

> **Unternehmen, die auf ACs setzen, sind u.a.**
> Audi, BMW, Boston Consulting Group, Coca-Cola, Daimler-Chrysler, Deutsche Bank, Edeka, Ferrero, Gerling, Hochtief, IBM, Kaufhof, Kienbaum, Lidl, Lufthansa, Mannesmann, MLP, Roche, SAP, Shell, Siemens, Telekom, Thyssen-Krupp, T-mobil, Unilever, VW und Westdeutscher Rundfunk.

14.4 Gruppenübungen

Zu den typischen Gruppenübungen gehören in erster Linie die Gruppendiskussion und das sogenannte Unternehmensplanspiel.

14.4.1 Gruppendiskussion

Die Gruppendiskussion ist ein Standardverfahren mit unterschiedlichen Varianten, das in keinem Assessmentcenter fehlt.

Was ist gemeint? Bei dieser Übung geht es vor allem um deine Präsenz innerhalb der Gruppe. Wie gut gelingt es dir, deine Ideen durchzusetzen, wie stichhaltig sind deine Argumente? Bist du ein Teamplayer oder eher ein Einzelkämpfer? Hältst du eisern an deinen Vorschlägen fest oder kannst du auch einmal nachgeben? Redest du andere tot oder versuchst du eher, stillere Gruppenmitglieder in die Diskussion einzubinden?

Es gibt mehrere **Gestaltungsvarianten** von Gruppendiskussionen:
- Führerlos (Normalfall; alle Teilnehmer sind gleichberechtigt)
- Geführt (ein/e Teilnehmer/in wird von den Assessoren als Gesprächsführer/in bestimmt oder von den Gruppenmitgliedern gewählt)
- Thema ist vorgegeben (Normalfall, wobei die Themen meist Probleme von allgemeinem Interesse behandeln)
- Thema muss gefunden werden (bspw. werden Kärtchen mit Themenvorschlägen vorgelegt, aus denen die Teilnehmer ein Thema auswählen sollen)
- Diskussion mit Rollenübernahme (Hier schlüpfst du in die Rolle eines Mitarbeiters und musst dessen Interessen vertreten)

Beispiel
Der neue Vorgesetzte
Stellen Sie sich vor, Sie würden demnächst zum Vorgesetzten in Ihrer Gruppe ernannt. Damit wären Ihre bisherigen Kollegen nunmehr Ihre Mitarbeiter. Das gibt immer Probleme. Diskutieren Sie nunmehr, welche Probleme dabei auftreten könnten und was dagegen zu tun wäre, bzw. was man tun könnte, damit diese Probleme gar nicht erst auftreten.
Dauer: 30–45 Minuten
(Jeserich, 1991, S. 139)

Abb. 14.1 One-Man-Show

Information für den/die Teilnehmer/in: Gruppendiskussion

Anweisung:

Die Union Bank hat beschlossen, dieses Jahr ein Betriebsfest auszurichten. Dies ist einerseits als Incentive für Mitarbeiter/innen gedacht, andererseits als Werbemaßnahme für potenzielle Kunden/innen. Daher werden auch Bürger/innen der ansässigen Stadt sowie auswärtige Geschäftspartner/innen und potenzielle Großkunden/innen eingeladen. Außerdem können sich die Mitglieder des Organisationsausschusses für höhere Aufgaben in der Union Bank empfehlen. Sie sind Mitglied des Organisationsausschusses, der u. a. die Aufgabe hat, Vorsitzende für 5 Unterausschüsse zu bestimmen.

Es haben sich 12 nebenberuflich für die Union Bank tätige Mitarbeiter/innen für diese Positionen beworben. Bestimmen Sie zunächst für sich die 5 am besten geeigneten Personen, nachdem Sie deren kurze Charakterisierung in der Arbeitsunterlage »Freiwillige Anwärter/innen auf Führungsaufgaben« gelesen haben.

Sie haben dafür 15 Minuten Zeit. Sie werden anschließend zusammen mit den übrigen Mitgliedern des Organisationsausschusses die endgültige Besetzung festlegen.

Anforderungen und Tipps Die Gruppendiskussion erfordert eine Feinabstimmung zwischen Team- und Führungsorientierung. Die Teilnehmer sollen die Befähigung zu beiden Verhaltensstilen demonstrieren, wobei die Führungsmotivation im Idealfall

stärker ausgeprägt ist. Die erste Aufgabe besteht also darin, eigene Positionen mit fundierten Argumenten und Überzeugungskraft durchzusetzen, die zweite, sich der Gruppe – und sei es nur zum Schein – auch einmal anzupassen, wenn diese eine andere als von dir vorgeschlagene Entscheidung trifft.

Die Assessoren achten auf:

- Soziale Kompetenzen
- Teamorientierung, Führungskompetenz, Kooperationsvermögen, Kontakt- und Konfliktfähigkeit
- Strukturierung von Denken und Handeln
- Analytisches Denken, Entscheidungs- u. Planungskompetenzen
- Aktivität, Initiative
- Arbeitsmotivation, Belastbarkeit, Ideenvielfalt
- Sprachliche Kompetenzen
- Flüssiger Redestil, hohes Sprachniveau, Überzeugungsfähigkeit

Beachte folgende Empfehlungen!

Verhalten in der Diskussion:

- Gib dich selbstsicher, vertrete nachhaltig deine eigene Meinung
- Zeige Kompromissbereitschaft, keine Rigidität
- Wende dich den Gruppenmitgliedern zu
- Vermeide unpassende Kommentare (»Das ist heute vielleicht eine Hitze!«) oder Fragen (»Hast du den Anzug bei Ebay ersteigert?«)
- Setze dich nicht mit langen Redebeiträgen in Szene, sondern fasse dich kurz
- Berücksichtige die Argumente der anderen, und nimm dich selbst auch einmal zurück

Vermeide diese Fehler (Abb. 14.1**):**

- Andere unterbrechen
- Zu viel und zu lange reden
- Versuchen, die eigene Meinung auf Biegen und Brechen gegen die Gruppe durchzusetzen
- Andere ohne inhaltliche Argumente »zutönen«
- Andere übergehen
- Druck ausüben
- Zwischendurch »aussteigen«
- Zu passiv sein und kaum eigene Wortbeiträge liefern

Zum Umgang mit Redebeiträgen Beispiel: Thema der Gruppendiskussion: Bestimmen Sie die zehn wichtigsten Eigenschaften eines Topmanagers und bringen Sie diese dann in eine Rangfolge.

Jürgen Hesse und Hans Christian Schrader empfehlen folgende Strategien:

1. Gewichtung verschieben

Dies ist eine wirkungsvolle Methode, um Einwänden zu begegnen. Du greifst einen Aspekt aus der Argumentation des Vorredners auf und spitzt diesen mit eigenen Worten nuanciert zu.

Beispiel: Der Vorredner hat im Unterschied zu dir Risikobereitschaft als ein zentrales Managermerkmal genannt. »Sie meinen also, dass es zu den Erfolgsmerkmalen eines Managers gehört, ähnlich wie die Lehman Brothers hoch gefährliche Spekulationen zu tätigen, alles auf eine Karte zu setzen und dabei das gesamte Unternehmen und abhängige Tochterfirmen oder –banken mit in den Sog des Untergangs zu ziehen …«

2. Nachteile ausführen

Du greifst den Vorschlag des Diskussionspartners, welcher der eigenen Auffassung widerspricht, scheinbar auf, stimmst einem Teilargument zu, führst dann aber breit die damit zusammenhängenden Nachteile aus und leitest auf diese Weise zu deinem eigenen Standpunkt über.

Beispiel: »Sicher ist Risikobereitschaft eine wichtige Eigenschaft für einen Manager, wenn es darum geht, das Unternehmen voran zu treiben. Andererseits hat man im Zusammenhang mit der weltweiten Bankenkrise vor einigen Jahre ja gesehen, wohin eine allzu große Risikobereitschaft führen kann, nämlich zum Bankrott von Unternehmen und Banken und zu einer globalen Erschütterung des Finanz- und Wirtschaftssystems. Ich möchte in diesem Zusammenhang daran erinnern, dass …«

3. Eingeschränkte Bejahung

Greife einen Teilaspekt des vorgebrachten Einwandes heraus, dem du bedingt zustimmst, um dann deine eigene Meinung umso klarer darzustellen.

Beispiel: Der Vorredner ist auf Unternehmen eingegangen, die expandierten und »global players« wurden, weil das Topmanagement ein hohes Maß an Risikobereitschaft zeigte. »Natürlich gibt es solche Beispiele, da stimme ich Ihnen zu. Aber es ist nur eine Seite des Erfolgs. Ich nehme diese Beispiele zum Anlass, um noch einmal deutlich herauszustellen, worin ich die Gefahren sehe, und warum Risikobereitschaft bei mir keinen der ersten fünf Rangplätze erhalten hat …«

4. Politikerstrategie

Du gibst zu erkennen, dass du das Gegenargument zur Kenntnis genommen hast und darauf eingehen wirst, ersuchst die Teilnehmer aber höflich, zunächst noch das eine oder andere anmerken und weiterführen zu können. Wenn du Glück hast, entfernt sich der Gesprächsverlauf von dem ursprünglich vorgebrachten Einwand, der damit vielleicht ad acta gelegt ist.

Beispiel: »Sie halten also Führungskompetenz, strategisches Denken und Risikobereitschaft für zentrale Eigenschaften eines Topmanagers. Ich werde Ihnen gleich meine Sicht der Dinge schildern, möchte vorher aber noch kurz auf den Einwand von Frau C. eingehen, der meines Erachtens noch nicht genügend beleuchtet wurde …«

14.4.2 Unternehmensplanspiel

Unternehmensplanspiele werden immer häufiger bei Auswahlverfahren eingesetzt und zunehmend computergestützt oder als komplette PC-Simulation angeboten.

Was ist gemeint? Bei diesem »Spiel« wirst du mit einem fiktiven Unternehmen konfrontiert. Du erhältst eine Fülle an Informationen, Fakten und Zahlen, die analysiert werden sollen, wobei die Komplexität der Sachverhalte hohe Anforderungen an dein Fachwissen, mathematisches Knowhow und Denkvermögen stellt. Auch die Variable Risikobereitschaft wird eingeschätzt und bewertet.

Aufgabe des Bewerbers ist es dabei meist, das Unternehmen oder einzelne Teilbereiche für einen bestimmten Zeitraum zu leiten, wobei die inhaltlichen Schwerpunkte und zu erreichenden Ziele vorgegeben sind. Das Ziel kann ein quantitatives sein, indem bspw. der Gewinn der Firma um einen bestimmten Prozentsatz gesteigert werden soll, oder aber in der Lösung eines betriebsspezifischen Problems oder auch der Übernahme eines Konkurrenzunternehmens bestehen.

Beispiel

Case-Study-Unternehmensplanspiel

Die Aufgabe: Sie sind bei einem mittelständischen Unternehmen beschäftigt, das Strandbekleidung, Schwimmhilfen, Poolmatratzen und Surfbretter herstellt. Das Unternehmen plant, nach Südamerika zu expandieren, da dort eine neue Mittelschicht im Entstehen begriffen ist, die man gezielt ansprechen will. Das Marketingkonzept lautet »Niedrige Preise für Qualitätsware made in Germany«. Vieles spricht für den Erfolg des Konzepts, aber in Zeiten weltweiter Finanzkrisen ist Vorsicht angebracht und eine genaue Prüfung der wirtschaftlichen Faktoren notwendig.

Ihre Aufgabe ist es, die Pro- und Contra-Argumente abzuklären und ein schlüssiges Marketingkonzept zu entwerfen.

Zeit: 30 Minuten

Anforderungen und Tipps Unternehmensplanspiele werden meist im Team durchgeführt. Das heißt, du erarbeitest die Strategien und Entscheidungen gemeinsam mit den Mitbewerbern. Dabei wird dein Verhalten während der Teamarbeit genau beobachtet, und es gelten dieselben Bewertungskriterien wie bei der Gruppendiskussion.

Die zweite Variante des Unternehmensplanspiels besteht in einer schriftlich auszuführenden komplexen Fallanalyse. Unter dieser Bedingung bist du auf dich allein gestellt und musst deine Begründungen und Lösungsvorschläge nach der Beendigung der Aufgabe einem Assessor präsentieren. Im zweiten Fall gelten dieselben Anforderungen wie bei der Fallstudie oder Postkorbpräsentation.

14.5 Einzelübungen

Bei einer Einzelübung musst du, wie der Name schon sagt, allein eine bestimmte Aufgabe bewältigen. Im Vergleich zu Gruppenübungen sind hier andere Kompetenzen gefordert.

14.5.1 Selbstpräsentation

Die Vorstellungsrunde zu Beginn eines Assessmentcenters gehört zum Standardprogramm dieses Auswahlverfahrens und ist von herausragender Bedeutung.

Was ist gemeint? In der Regel stellen zunächst die Beobachter bzw. hochrangige Mitarbeiter sich selbst sowie ihren Arbeitsplatz und das Unternehmen vor. Dann folgt vor dem gesamten Plenum die Vorstellung der Teilnehmerinnen und Teilnehmer, bei der jeder im Rahmen einer kurzen Rede für sich werben sollte.

Beispiel

Handlungsanweisung

Information für den/die Teilnehmer/in

Vorstellungsrunde

Sie haben zunächst die Aufgabe, sich mithilfe eines persönlichen Steckbriefes im Plenum vorzustellen. In dem Steckbrief sollte alles enthalten sein, was aus Ihrer Sicht für das Plenum interessant sein könnte wie beispielsweise Name, Alter, Studium, Werdegang, Hobbies, Wünsche, Besonderheiten etc. Versuchen Sie das Plenum mit Ihrem Vortrag zu unterhalten.

Sie haben 10 Minuten Zeit für die Vorbereitung. Anschließend sollen Sie Ihren Steckbrief im Plenum vorstellen. Sie können dabei auch das Flipchart benutzen.

Varianten

- Bringen Sie einen für Sie typischen Gegenstand mit, auf dem Sie Ihre Vorstellung aufbauen!
- Interviewen Sie Ihren Partner/Ihre Partnerin und stellen Sie ihn/sie anschließend vor!
- Interviewen Sie sich gegenseitig in der Gruppe und stellen Sie dann die einzelnen Teilnehmer vor!

Anforderungen und Tipps Bewertet werden:

- Äußeres (gepflegt, geschmackvoll gekleidet, flotte Frisur)
- Sympathische Ausstrahlung (Lächeln, Offenheit, Blickkontakt)
- Sprachlicher Ausdruck (Hochdeutsch, sichere Beherrschung der Grammatik, flüssiger Sprachstil)
- Roter Faden (logische Abfolge der Lebensstationen, richtige Schwerpunktsetzung)

- Unterhaltsamkeit des Vortrags (origineller Aufhänger, einfallsreiche Ideen, kreative Gestaltung)
- Inhaltliche Aspekte (Zielstrebigkeit, Engagement, Praktika, Auszeichnungen)

Warum ist die Vorstellungsrunde so wichtig? Es gibt, wie du sicher weißt, nie eine zweite Chance für den ersten Eindruck. Der Eindruck, den du zu Beginn eines ACs hinterlässt, kann sich nachhaltig auswirken und deine weiteren Beurteilungen positiv überstrahlen oder negativ beeinflussen.

Diese Regel hängt mit typisch menschlichen Wahrnehmungsverzerrungen zusammen wie etwa dem Reihenfolge- und dem Halo-Effekt.

Reihenfolgeeffekt: Der erste Eindruck kann die Beurteilung von Personen entscheidend beeinflussen. Eigenschaften, die einer Person gleich zu Beginn eines Wahrnehmungsprozesses zugeschrieben werden, haben einen starken »Halo-Effekt«.

Halo-Effekt (Hof-Effekt): Der Begriff ist aus der Physik entnommen und bezeichnet einen Lichthof, der sich wie beim Mond um eine intensive Leuchtquelle bildet. Hier stehen alle Eigenschaften im Licht eines zentralen Merkmals, von dem sie überstrahlt werden. Das zentrale Charakteristikum färbt also auf die peripheren Eigenschaften ab. So kann bspw. ein besonders selbstsicheres Auftreten die Wahrnehmung anderer, vielleicht nicht so günstiger Eigenschaften beeinflussen und ins Positive verzerren.

Setze die folgenden Hinweise um, damit deine Selbstpräsentation zum Highlight wird!

Verhaltenstipps

Zeit: Achte auf die Zeit! Deine Vorstellung soll höchstens 10 Minuten dauern!

Äußeres: Das äußere Erscheinungsbild muss tadellos sein, von den frisch gewaschenen Haarspitzen bis zu den perfekt »gewienerten« Schuhen (Schuhcreme mit etwas Spucke hilft am besten!) ohne abgetretene Absätze.

Ausstrahlung: Blicke offen und freundlich in die Runde. Lächle dabei auch einige Male und halte Blickkontakt. Lass den Blick aber nicht nur unstet schweifen, sondern schau einzelne Personen gezielt an, ohne sie zu fixieren.

Körperhaltung: Die Beine stehen ca. schulterbreit auseinander, und die Arme hängen idealerweise locker herunter. Wer sich dabei allzu sehr verkrampft, kann in eine Hand einen Stift oder Notizzettel nehmen. Setze Gestik ein, um die Inhalte deiner Rede zu unterstreichen!

Angemessene Sprachebene und korrektes Deutsch: Jugendslang – »Das war voll krass« – und Dialekt – »Wolle mer in roi losse?«– sowie grammatische Fehler – »Wegen dem Professor konnte ich keine Praktikums machen!« – sind in einem AC völlig deplaciert.

»Ohröffner« am Anfang: Eröffne deinen Vortrag mit einem Scherz oder einem aktuellen, interessanten Erlebnis bzw. einer Anekdote, spannenden Frage usw.

Roter Faden: Am einfachsten ist es, deinen Werdegang mit dem Abitur beginnen zu lassen und dann in der Gegenwart anzukommen. Du kannst aber auch mit der Gegenwart starten (die amerikanische Variante) und in der Zeit chronologisch zurückgehen. Achte darauf, dass die einzelnen Stationen deines Lebens in einem sinnvollen Bezug zueinander stehen.

Prioritätensetzung: Versuche, die Perspektive des Unternehmens einzunehmen und orientiere dich an dem Ausschreibungstext. Frage dich, welche Stationen in deinem Lebenslauf, Studienschwerpunkte, Erfahrungen, individuelle Stärken usw. für deinen potenziellen Arbeitgeber von Bedeutung und vielleicht ausdrücklich erwünscht sind.

Eigenwerbung: Rücke deine bisherigen Leistungen und Erfolge ins rechte Licht, ohne dabei angeberisch zu wirken. Lass erkennen, dass du über Selbstvertrauen und eine hohe Leistungsmotivation verfügst. Stell dich ausschließlich positiv dar!

Abschluss! Beschließe deinen Vortrag mit einem Blick in deine berufliche Zukunft und nimm dabei Bezug auf das Unternehmen.

Vermeide bitte unangemessene Formen der Selbstdarstellung!

Kardinalfehler

Endloses Reden: Nerve dein Publikum nicht durch einen Mammutvortrag, bei dem du vom Hölzchen aufs Stöckchen kommst bzw. einzelne Details so breit ausführst, dass dem ersten Zuhörer schon die Augen zufallen und sein Nachbar hinter vorgehaltener Hand zum dritten Mal gähnt.

Episoden aus der Kleinkindzeit: Langweile die Anwesenden nicht durch Geschichten aus deinen ersten Lebensjahren. Es interessiert niemanden, dass dein erster Teddy Obelisk hieß und dich die Erzieherin im Kindergarten »Schätzeken« genannt hat.

Zum Flipchart bzw. zur Wand reden: Falls dir ein Flipchart zur Verfügung gestellt wird und du es nutzen möchtest, beschrifte dein Blatt schon vor der Präsentation. Vermeide unbedingt, während des Redens lange zu schreiben und dem Plenum dabei den Rücken zuzukehren.

Negativdarstellung und Selbstzweifel: Lass dich bitte nicht dazu hinreißen, über die »Klöpse« zu reden, die du dir in deinem bisherigen Leben vielleicht schon geleistet hast oder dich wegen vermeintlicher Unzulänglichkeiten anzuklagen.

Beispiele:

»Mit 17 war ich als Dealer ganz gut im Geschäft. In den Pausen habe ich auf dem Schulhof Shit vertickt und bin deshalb vom Gymnasium geflogen.«

»Nach dem Abi wurde ich für ein Stipendium der Studienstiftung vorgeschlagen. Meine Leistung in dem Intelligenztest war aber so schlecht (Tränen, erstickte Stimme), dass man mich nicht genommen hat.«

14.5.2 Rollenspiel

Das Rollenspiel, ebenfalls ein integraler Bestandteil von Assessmentcenters, begegnet dir meistens in der Form eines Mitarbeitergesprächs.

Was ist gemeint? Es handelt sich um eine Übung, bei der du die Rolle des Chefs gegenüber einem schwierigen Arbeitnehmer (Rollenspieler) übernimmst, den du zur Einsicht in sein Fehlverhalten bringen sollst, um Schaden vom Unternehmen abzuwenden.

Beispiele:

- Mitarbeiter/in mit Alkoholproblem
- Mitarbeiter/in, der/die unpünktlich ist
- Mitarbeiter/in, dessen/deren Leistungen aus unbekannten Gründen abgesunken sind
- Mitarbeiter/in, der/die sehr fähig, aber zugleich durch seine/ihre Arroganz für Konflikte im Team sorgt

Beispiel

Rollenspiel

Informationen für den/die Teilnehmer/in

Mitarbeitergespräch

Überblick

In der folgenden Übung möchten wir Sie bitten, ein Mitarbeitergespräch zu führen. Sie sollen als Gruppenleiter/in und Vorgesetze/r Obermeier mit Ihrer/m Mitarbeiter/in Norbert Snobber/Claudia Snobbisch über die Beschwerden seiner/ihrer Kollegen/innen sprechen. Snobber/Snobbisch wird von seinen/ihren Kollegen/innen als sehr fähig bezeichnet. Die Kollegen/innen beschweren sich jedoch über seine/ihre Arroganz und Größenwahn.

Rolle für den/die Gruppenleiter/in Obermeier: Wenn ein Mitarbeiter mehr leistet als der Durchschnitt, weil er begabter und fleißiger ist, so beschwört dies oft eine Gefahr herauf: er kommt sich gescheit vor und legt eine gewisse Arroganz an den Tag. Dies stört natürlich die Zusammenarbeit im Team.

Ihr/e Mitarbeiter/in Snobber/Snobbisch ist ein/e noch junge/r, aber ausgezeichnete/r Facharbeiter/n. Er/sie beendete seinerzeit die Lehre als Werkzeugmacher als bester Lehrling des Landes Bayern. Während der zwei Jahre, die er/sie Ihrer Gruppe angehört, hat er/sie sich unablässig weitergebildet. Offensichtlich ist Snobber/Snobbisch mit seinen/ihren gegenwärtigen Aufgaben noch lange nicht an der Grenze seiner/ihrer Fähigkeiten angelangt. Sie sind deshalb der Meinung, dass der junge Mann bzw. die junge Frau gefördert gehört. Sie haben Snobber/Snobbisch in den vergangenen Monaten besonders genau beobachtet. Dabei fiel Ihnen ein Charakterzug auf, der sich immer stärker bemerkbar macht: Snobber/Snobbisch entwickelt eine Art Größenwahn. Er/sie ist von seinen/ihren Fähigkeiten und von seiner/ihrer Wichtigkeit für die gesamte Firma außerordentlich überzeugt. Seine/ihre Einstellung, alles zu wissen, wird sich sicherlich hemmend auf seine/ihre weitere Entwicklung auswirken. Letztlich wird er/sie eben doch nicht bis an die Grenze seiner /ihrer Leistungsfähigkeit vorstoßen – und das wäre schade! Außerdem sind natürlich Schwierigkeiten mit Mitarbeitern zu erwarten, falls Snobber/Snobbisch einmal zum/zur Gruppenleiter/in befördert wird.

Sie sind der Meinung, dass er/sie sich durch dieses Verhalten seine/ihre Karriere verbaut. Sie befürchten, dass er/sie deswegen eines Tages die Firma verlassen wird. Daran ist Ihnen nichts gelegen. Sie haben sich deshalb entschlossen, einmal mit Snobber/Snobbisch über dieses Problem zu reden.

Hoffentlich gelingt es Ihnen seine/ihre Einsicht zu gewinnen. Und so sehen Sie der bevorstehenden Unterredung mit einer gewissen Spannung entgegen.

Hinweise:
- Sie haben 15 Minuten Zeit, um das Gespräch vorzubereiten.
- Sie haben 15 Minuten Zeit, um das Gespräch mit Snobber/Snobbisch zu führen.
- Denken Sie daran, was gute Mitarbeiterführung bedeutet.
- Versuchen Sie, Snobber/Snobbisch ein differenziertes und ehrliches Feedback zu geben.
- Denken Sie daran, dass Snobber/Snobbisch »das Gesicht wahren« möchte.
- Versuchen Sie, auf Snobber/Snobbisch überzeugend zu wirken und seine/ihre Einsicht zu gewinnen.

Anforderungen und Tipps Beim Mitarbeitergespräch wird in erster Linie die Führungskompetenz des Bewerbers bewertet. Gefragt sind vor allem Entscheidungsstärke, Konfliktlösefähigkeit, die Bereitschaft, Kritik deutlich, aber in angemessener Form zu äußern und die Begabung, den Mitarbeiter zu motivieren, Veränderungen einzuleiten. Dabei muss klar ersichtlich sein, dass der AC-Teilnehmer die Rolle des Vorgesetzten übernimmt. Zu großes Entgegenkommen gegenüber dem Mitarbeiter wirkt unrealistisch und zeugt von Führungsschwäche.

Versuche also, den Gesprächsverlauf zu kontrollieren und dich von dem Rollenspieler/der Rollenspielerin nicht »unterbuttern« zu lassen. Dabei kannst du dich an das **Phasenkonzept für Kritikgespräche von Hans Kiesow** halten.

Beispiel »unpünktlicher Mitarbeiter« Während des Gesprächs stellt sich heraus, dass der Mitarbeiter kürzlich von seiner Frau verlassen wurde und seitdem jeden Morgen vor Arbeitsbeginn die kleine Tochter in die Kita bringen muss.

1. Eröffnung des Gesprächs
Signalisiere in der Eröffnungsphase des Gesprächs Wertschätzung gegenüber deinem Gesprächspartner (Sandwich-Technik, Unfreezing).

Beispiel: »Herr A., Sie sind ein langjähriger Mitarbeiter, mit dem wir bisher sehr zufrieden waren und der schon viel für unser Unternehmen geleistet hat …«

2. Darstellung des Sachverhalts
Benenne deutlich den zu kritisierenden Sachverhalt. Kritisiere dabei nie die Person, sondern nur deren Verhalten.

Beispiel: »Ich habe festgestellt, dass Sie in den letzten Monaten mehrfach nicht pünktlich zur Arbeit erschienen sind, und zwar an den Tagen …« statt: »Herr A., Sie sind ein unpünktlicher Mensch …«

3. Stellungnahme des Mitarbeiters (Ursachenanalyse)
Gib dem Mitarbeiter Raum, seine Sicht der Dinge darzustellen und stelle dabei offene W-Fragen (Warum? Wie? Wieso? usw.).

Beispiel: »Wie kommt es, dass Sie in letzter Zeit so oft unpünktlich zur Arbeit erschienen sind? Ich würde gerne besser verstehen, warum Ihnen das immer häufiger passiert?«

Signalisiere Interesse und Einfühlungsvermögen. Nimm die Position des »aktiven Zuhörers« ein, indem du dich per Körperhaltung deinem Gesprächsteilnehmer zuwendest. Signalisiere durch Nicken oder »Hmms«, dass du für das, was der andere sagt, offen bist. Achte dabei auch auf Cues wie Erröten, Zurückweichen usw. Spiegle die Aussagen des Mitarbeiters, um echtes Verständnis zu demonstrieren: »Das heißt also, es ist für Sie wegen der späten Öffnungszeit der Kita eigentlich nicht zu schaffen, Ihre Tochter erst hinzubringen und dann noch pünktlich zur Arbeit zu kommen. Ein kleiner Stau oder zwei rote Ampeln genügen wohl schon, damit Sie sich verspäten.«

4. Lösungsfindung

Finde gemeinsam mit dem Mitarbeiter eine Lösung.

Beispiel: »Wie wäre es, wenn wir Ihre Kernarbeitszeiten vertraglich ändern. Sie fangen morgens später an und bleiben dafür abends länger? Wenn ich Sie richtig verstanden habe, kann Ihre Mutter die kleine Tochter abends von der Kita abholen.«

5. Konkretisierung

Stecke die nächsten Handlungsziele ab.

Beispiel: »Ich werde also die notwendigen Schritte zur Änderung Ihrer Arbeitszeiten einleiten, und Sie sprechen mit Ihrer Mutter, damit sie ihre Enkelin künftig abends von der Kita abholt.«

6. Zusammenfassung

Fasse gegen Ende des Gesprächs die Ergebnisse noch einmal zusammen.

Beispiel: »Wir haben uns also darauf geeinigt, dass Sie Ihre Arbeitszeiten ändern, so dass Sie die Betreuung Ihrer Tochter besser mit Ihrer Arbeit vereinbaren können.«

7. Beendigung des Gesprächs

Beende das Gespräch wenn möglich mit einer Plus-Motivation des Mitarbeiters, das heißt, überzeuge ihn davon, dass es auch seinen Interessen entspricht, in der von dir gewünschten Weise zu handeln. Vereinbare in jedem Fall einen weiteren Besprechungstermin, um zu überprüfen, ob die abgesprochenen Maßnahmen auch umgesetzt wurden.

Beispiel: »Ich bin überzeugt, Sie werden wieder mit Freude bei der Arbeit sein, wenn Sie sich nicht mehr so abhetzen müssen. In ca. vier Wochen sollten wir ein weiteres Gespräch führen, um zu sehen, wie sich die Dinge entwickelt haben. Ich schlage Mittwoch, den … vor.«

Tappe nicht in folgende Fallen:

- **… sich die Führung aus der Hand nehmen lassen**
- Beispiel: Der Mitarbeiter redet dich tot. Sein Redeanteil beträgt drei Viertel, dein Redeanteil nur ein Viertel in der zur Verfügung stehenden Zeit.
- **… sich autoritär und uneinfühlsam verhalten**
- Beispiel: »Es interessiert mich nicht, welche Probleme dafür verantwortlich sind, dass Sie morgens zu spät zur Arbeit kommen. Als Chef verlange ich von meinen Mitarbeitern Pünktlichkeit.«
- **… massive Drohungen aussprechen**
- Beispiel: »Wenn Sie Ihr Verhalten bis … nicht nachhaltig geändert haben, schicke ich Ihnen die erste Abmahnung und dann in rascher Folge die zweite und dritte, und danach erhalten Sie die Kündigung! Ist das klar?«
- **… notwendige Entscheidungen vermeiden**
- Beispiel: »Also es bleibt dabei, Sie denken bitte über meine Worte nach!«
- **… die Partei der Kollegen ergreifen**
- Beispiel: »Ich glaube Kollege A. Wenn er sagt, dass Sie durch Ihr Zuspätkommen mit einigen Arbeiten in Verzug geraten sind, dann stimmt das auch.«

14.6   Schriftliche Übungen

Hier handelt es sich um Paper-Pencil-Aufgaben, die jeder Teilnehmer allein durchführt. Eines der Herzstücke ist die Postkorbübung.

14.6.1 Postkorb

Du schlüpfst wieder in die Chefrolle und musst dich durch eine Fülle von Briefen, Mails, Memos usw. arbeiten, die sich auf deinem Schreibtisch angesammelt haben, während du auf einer Dienstreise oder im Urlaub warst.

Was ist gemeint? Zur Bearbeitung der Unterlagen steht dir ein bestimmtes Zeitkontingent zur Verfügung. Jeder Vorgang ist zu analysieren, und du musst begründen, warum du dich für diese und nicht für eine andere Vorgehensweise entschieden hast. Die Vorgänge betreffen den geschäftlichen, finanziellen und familiären Bereich.

Im Anschluss an die schriftliche Übung folgt normalerweise das Postkorb-Interview, in dem du erläuterst, welche Entscheidungen du warum getroffen hast.

Beispiel

Postkorb/Instruktionsbeispiel

Sie sind der Familienvater Werner Zeitig.

Heute ist Mittwoch, der 29. September 2013. Jetzt ist es 16:00 Uhr. Sie sind gerade von einer längeren Dienstreise – auf der man Sie nicht erreichen konnte – nach Hause zurückgekehrt. Morgen, am Donnerstag, um 8:00 Uhr treten Sie eine Reise nach Japan an und kommen erst am Montag, den 4.10. um 19:00 Uhr wieder zurück nach Hause. Dort in Japan kann man Sie nicht erreichen, und Sie können zwischen Ihrer Abreise bis zur Heimkehr auch nichts von dem erledigen, was Sie nun vorfinden und erledigen müssen.

Ihre Frau ist nämlich heute früh ins Krankenhaus eingeliefert worden und wurde vor 7 Stunden operiert. Die Post und sonstige Notizen hat Ihre Frau Ihnen noch in den Postkorb gelegt.

Sonst ist niemand im Haus. Das Telefon ist ausgerechnet heute gestört. Ihr Handy steht Ihnen nicht zur Verfügung. Sie haben bis auf Euro 800 kein Geld im Haus und nur noch einen Scheck im Scheckheft. In einer Stunde müssen Sie Ihren Postkorb bearbeitet haben. Danach, also von 17:00 bis 19:00 Uhr, müssen Sie dringende Besorgungen in der Stadt erledigen.

In Ihrem Postkorb finden Sie nur Notizen, Briefe, Vorlagen usw. Sehen Sie alles einzeln durch. Schreiben Sie auf den Rand oder auf angeheftete Zettel jeweils Ihre Entscheidung bzw. formulieren Sie, falls nötig einen Brief oder eine Mail, oder notieren Sie, was Sie durch wen zu veranlassen wünschen. Ob Sie nun eine Antwortnotiz fertigen, Termine vereinbaren, die Aufgaben gleich oder später lösen oder gar nichts unternehmen wollen, hängt jetzt von Ihnen ab.

Bitte versetzen Sie sich in die Situation des Herrn Werner Zeitig. Zeitdruck und äußere Umstände sind vielleicht ungewöhnlich. Die Probleme, die Sie vorfinden, können jedoch durchaus der Realität entsprechen.

Noch einmal in Kürze:

Es ist jetzt Mittwoch, der 29.9. 2013, genau 16:00 Uhr. Sie haben eine Stunde Zeit, die beigefügten Unterlagen zu bearbeiten. Sie sind allein zu Hause. Keiner kann Ihnen helfen. Unterlagen mit auf die Reise zu nehmen und unterwegs zu bearbeiten, ist nicht möglich.

Schreiben Sie deshalb alle Anordnungen nieder!

Denken Sie daran: In einer Stunde müssen Sie fertig sein, einschließlich Ihrer Zeitplanung, um zwischen 17:00 und 19:00 Besorgungen erledigen zu können. Sie kommen erst am kommenden Montag um 19:00 Uhr wieder zurück.

Mit folgenden **Personen** Ihres Haushalts haben Sie es zu tun:

Monika Zeitig	Ihre Ehefrau
Michael und Steffi	Ihre Kinder (15 bzw. 14 Jahre alt)
Maria	Ihre Haushälterin
Elke	Haushaltslehrling

Anforderungen und Tipps Die Postkorbübung stellt wiederum andere Anforderungen an Bewerber als die bisher besprochenen Aufgaben.

Beobachtungs- und Bewertungskriterien:

Persönliche Arbeitsorganisation:

– Strukturierte Bearbeitung
– Sorgfalt bei der Erledigung von Aufgaben
– Delegation und Aufgabenverteilung

Analytisches Denken:

– Erkennen von Verbindungen zwischen Sachverhalten
– Erkennen von zeitlichen Überschneidungen
– Setzen von Prioritäten

Entscheidungsverhalten:

– Entscheidungen treffen
– Konsequenzen einer Entscheidung bedenken

Beachte folgende Hinweise:

— Verschaffe dir zunächst einen Überblick über sämtliche Vorgänge.

— Zähle die Anzahl der Vorgänge und teile sie durch die verbleibenden Minuten. Dann weißt du, wie viel Zeit dir pro Vorgang zur Verfügung steht.

— Achte auf Zusammenhänge und zeitliche Überschneidungen.

— Trage wichtige Termine sofort in den Terminkalender ein.

— Lege bei der Bewertung der Vorgänge das Eisenhower-Prinzip zugrunde.

Eisenhower-Prinzip:

Feld A	Feld B
Hohe Dringlichkeit, hohe Wichtigkeit	Niedrige Dringlichkeit, hohe Wichtigkeit
Aufgaben sind sofort zu erledigen	Aufgaben müssen sorgfältig terminiert werden

Feld C	Feld D
Hohe Dringlichkeit, niedrige Wichtigkeit	Niedrige Dringlichkeit, niedrige Wichtigkeit
Delegation oder Rationalisierung	Papierkorb oder Delegation

Halte dich außerdem an die Menü-Methode!

— **M** aßnahmen überlegen

— **E** ntscheidungen treffen

— **N** otwendige Zeit veranschlagen

— **Ü** berarbeiten

> Die Postkorbübung ist kein Kreativitätstest! Hüte dich, Personen oder Gegenstände, etwa ein Handy oder die hilfsbereite Zweitsekretärin, zu erfinden und deine Entscheidungen entsprechend zu variieren. Ich garantiere dir, dass die Assessoren über derart eigenmächtige Veränderungen der Vorgaben alles andere als »amused« sein werden.

Vermeide unbedingt,

— alles selbst machen zu wollen,

— an nicht vorhandene Personen zu delegieren,

— die Dringlichkeit/Wichtigkeit der Aufgaben nicht im Sinne des Unternehmens zu gewich-

ten, will heißen: Berufliche Verpflichtungen gehen immer vor!

— Überschneidungen im Terminkalender zu übersehen,

— einzelne Schriftstücke nicht zu bearbeiten,

— dich nicht an die Rahmenbedingungen zu halten.

14.6.2 Fallanalyse

Fallstudien bilden komplexe inhaltliche Problematiken ab und enden mit einer Fragestellung, die in der Regel jeder AC-Teilnehmer allein schriftlich zu bearbeiten hat.

Was ist gemeint? Die Inhalte beziehen sich auf das Alltagsleben oder behandeln berufliche Anforderungssituationen, die dem Bewerber so und in ähnlicher Form an seinem Arbeitsplatz begegnen können.

Dabei unterscheidet man zwischen Kurzfällen und längeren Fallanalysen. Der Unterschied besteht weniger in der inhaltlichen Differenziertheit der Problematik als im Umfang der Falldarstellung sowie der Zeit, die zur Lösung vorgegeben ist.

Das folgende Beispiel ist ein Kurzfall!

Beispiel

Sie sind Inhaber einer Werbeagentur mit sechs Mitarbeitern. Da Sie selbst Kinder haben, liegt Ihnen die Vereinbarkeit von Beruf und Familie am Herzen. Daher haben Sie Ihrer neuen Mitarbeiterin Marina Z. erlaubt, den dreijährigen Sohn Thorsten an zwei Tagen in der Woche mit an den Arbeitsplatz zu bringen. Thorsten ist ein sehr lebhaftes Kind, das sich schlecht allein beschäftigen kann und oft auch in die Büros der Kolleginnen und Kollegen kommt. Dadurch fühlen sich zwei junge Mitarbeiter, die selbst bekennende Singles sind, gestört.

In der vergangenen Woche gab es einen unschönen Zwischenfall. Während Sie im Gespräch mit einer wichtigen Kundin waren, beschmierte Thorsten in einem unbeaufsichtigten Moment den Pelzmantel der Dame mit Acrylfarbe. Da sich die Farbe nicht mehr entfernen lässt, war die Kundin sehr aufgebracht und verkündete, in Zukunft auf die Dienste Ihrer Agentur zu verzichten. Ihre Mitarbeiter sind über den Vorfall verärgert und haben Sie gebeten, Marina Z. in Zukunft zu untersagen, ihren Sohn weiterhin tageweise mit ins Büro zu bringen. Sie haben Frau Z. die Situation erklärt, diese droht jedoch mit Kündigung, falls sie ihren Sohn nicht mehr mitbringen darf, da ihr für zwei Tage in der Woche eine Betreuungsperson fehlt. Frau Z. ist eine sehr fähige Mitarbeiterin, die bereits einige hochrangige Kunden akquiriert hat. Sie wollen sie nicht verlieren, aber auch ihre anderen Mitarbeiter nicht verstimmen, da Sie wissen, wie wichtig ein gutes Betriebsklima für den Erfolg Ihrer Agentur ist. Wie verhalten Sie sich? Zeit: 20 Minuten

Anforderungen und Tipps Fallstudien sollen vor allem folgende Bewerbermerkmale erfassen:

- **Auffassungsgabe** (bist du in der Lage, komplexe Sachverhalte in kurzer Zeit gedanklich adäquat zu durchdringen?)
- **Entscheidungsfähigkeit** (kannst du die Sachverhalte nicht nur korrekt analysieren, sondern auch konkrete Entscheidungen ableiten?)
- **Strukturierungsfähigkeit** (gehst du systematisch an die Dinge heran oder eher planlos und chaotisch?)

Bei langen Fallstudien mit ausgedehnter Bearbeitungszeit auch:

- **Belastbarkeit** (kannst du dich über einen längeren Zeitraum hinweg gleichbleibend auf die Lösung eines Problems konzentrieren?)

Neben der individuellen Aufgabenstellung gibt es auch umfangreiche Case Studies, die in der Gruppe bearbeitet werden und abschließend eine gemeinsame schriftliche Darlegung oder eine mündliche Präsentation der Ergebnisse erfordern. Diese Art Fallstudien sind mit Unternehmensplanspielen eng verwandt, gewichten allerdings Argumentation und Entscheidungsfindung höher. Im Mittelpunkt von Planspielen stehen meist fingierte Zahlen und Scheinanalysen eines Unternehmens, die auf der Basis des entsprechenden Fachwissens aufzubröseln sind. Natürlich existieren auch Kombinationen dieser beiden Ansätze.

Tipps:
- Erfasse alle Informationen und berücksichtige sie bei der Lösung.

- Dokumentiere deine Überlegungen und Lösungsschritte, um sie transparent zu machen.
- Entscheide dich unbedingt für eine Lösung.
- Begründe deine Entscheidungen mit nachvollziehbaren Argumenten.
- Gestalte die schriftliche Darstellung übersichtlich, füge Gliederungspunkte ein und schreibe leserlich in korrektem Deutsch.

Vermeide folgende Fehler!
- Wichtige Aspekte übersehen
- Die Situation falsch, das heißt nicht im Sinne des Unternehmenserfolgs einschätzen
- Lösungsalternativen aufzählen, ohne eine Entscheidung zu treffen
- Eine unübersichtliche, schlecht leserliche und fehlerhafte schriftliche Darstellung abliefern

Ein Interview mit Dr. Holger Schaaf, MLP, findest du auf ▶ www.lehrbuch-psychologie.de (Klick auf das Buchcover).

14.7 Inoffizielle Übungen

Während eines Assessmentcenters stehst du unter ständiger Beobachtung. Das gilt auch für die Pausen. Daher solltest du dein Verhalten permanent kontrollieren. Die Beobachtung endet erst, wenn du nach dem Abschluss des ACs allein in deinem Auto oder einem Zugabteil sitzt und die Heimfahrt antrittst. Aber aufgepasst! Bevor du im IC die Ärmel aufkrempelst, dein mitgebrachtes Dosenbier öffnest und dazu einen »Handkäs mit Musik« verspeisen willst oder in dein pinkfarbenes, tief ausgeschnittenes T-Shirt schlüpfst und dicke schwarze Balken um die Augen malst, schau bitte erst in den Nachbarabteilen nach, ob dort nicht noch ein Mitbewerber sitzt, der dich beim Gang zur Toilette dabei ertappt und vielleicht nachträglich im Rahmen eines sogenannten Nachfassbriefs »anschwärzt«, in dem er scheinbar beiläufig erwähnt, dass er den netten Teilnehmer/die nette Teilnehmerin XY im Zug getroffen habe, der/die gerade … den Rest kannst du dir denken (◘ Abb. 14.2).

Was ist gemeint? Zu den inoffiziellen »Übungen«, die aber in die Bewertung mit einfließen, gehören der Smalltalk in den Pausen, an dem sich auch die

◙ Abb. 14.2   Big Brother is watching you!

Beobachter beteiligen, die gemeinsamen Mahlzeiten (Tischmanieren!) sowie das »Kamingespräch« im Rahmen eines der selten gewordenen mehrtägigen Assessmentcenters. Ein Kamingespräch dient dazu, sich in einem kleinen, intimen Kreis näher kennenzulernen und über bestimmte Themen auszutauschen.

Beobachtet wird bei inoffiziellen Übungen, ob du parkettsicher bist, die Small-Talk-Regeln beherrscht und den sog. »Gabeltest« bestehst. Benimmst du dich wie jemand, der sich in höheren Kreisen zu bewegen weiß, oder eher wie ein »Proll«, der wie ein Elefant im Porzellanladen daherkommt?

Der kulturelle Habitus

Nimm die inoffiziellen Übungen bitte ernst! Der »Stallgeruch« nach »guter Familie« bzw. einem familiären Hintergrund, der sich durch angesehene berufliche Positionen, materielle Güter und hohe Bildung auszeichnet, entscheidet in den maßgeblichen Führungsriegen der Wirtschaft leider immer noch darüber, ob jemand aufgenommen wird oder draußen vor der Tür bleibt.

2002 erschien eine Studie von Professor Michael Hartmann, aus der hervorgeht, dass tolle Noten, kurze Studiendauer, Praktika noch und nöcher und die Promotion mit »summa cum laude« keinesfalls den Weg in die hohen und höchsten Führungsriegen der Wirtschaft ebnen. Vielmehr werden bei gleich guter Qualifikation Kinder aus großbürgerlichen Familien oder dem etablierten Bildungsbürgertum eindeutig bevorzugt. Hier entscheidet der sog. »Habitus«, das heißt Umgangsformen, verbindende akademische und kulturelle Interessen (Theater, klassische Musik), exklusive sportliche Hobbies wie zum Beispiel Golf über Sympathie und damit auch Karrierechancen. Und leider scheint dieses Phänomen nicht ab-, sondern zunehmen, denn wir leben gegenwärtig in einer sich immer mehr segmentierenden Gesellschaft.

Solltest du also nicht aus einem gehobenen Milieu stammen, aber »nach oben« wollen, so erlerne die Etiketteregeln und eigne dir jene Verhaltensstile an, mit denen Kinder aus anderen Schichten aufgewachsen sind. Das ist zwar mühsam, aber machbar!

(Hartmann, M. [2002]. Der Mythos von den Leistungseliten: Spitzenkarrieren und soziale Herkunft in Wirtschaft, Politik, Justiz und Wissenschaft: Frankfurt/Main: Campus.)

Anforderungen und Tipps   Das notwendige Wissen in Bezug auf Tischmanieren kann man sich anlesen. Zum Teil werden Kurse angeboten, um die Etikette während gemeinsamer Mahlzeiten mit einem Coach zu üben. Wenn ein solcher Kurs an deinem Hochschulort existiert und du dich auf diesem Terrain unsicher fühlst, solltest du auf jeden Fall daran teilnehmen.

Wichtig ist auch, die Smalltalk-Regeln zu beherrschen. Vermeide auf jeden Fall Themen, die Zündstoff zu polarisierenden, heftigen Diskussionen liefern könnten.

Tabuisierte Smalltalk-Themen sind
- Politik
- Krankheit, Tod
- Religion und Wertvorstellungen
- Kontrovers diskutierte Themen (Zuwanderung, Frauenquote, Sterbehilfe usw.)

Angemessene Small-Talk-Themen sind

- Wetter, Anreise
- Unterbringung am Ort (aber bitte nicht über das Hotel jammern!)
- Sehenswürdigkeiten der Stadt
- Studium, Zukunftspläne
- Hobbys usw.

Eisbrecher zum näheren Kennenlernen:

- Gemeinsamkeiten mit der/dem anderen finden, zum Beispiel ähnliche Freizeitinteressen
- Keine geschlossenen, mit »Ja« oder »Nein« zu beantwortenden Fragen stellen (Bsp. »Hast du deinen Abschluss auch an der Uni Mannheim gemacht?«)
- Offene, sog. W-Fragen (»Wer«, »Wie«, »Was«, »Warum« usw.) einsetzen (Bsp. »Wie war Ihr Werdegang?« »Wie sind Sie in das Unternehmen gekommen?«)
- Interessiert zuhören
- Ich-Botschaften versenden (Bsp.: »Nach dem Bachelor fühlte ich mich für das Berufsleben noch etwas zu jung und habe dann erst einmal den Master in Management angehängt. Mir war früh klar, dass ich in diesem Bereich arbeiten möchte.«)

❯❯ Um jemanden näher kennen zu lernen und Sympathien zu gewinnen eignet sich sehr gut das Prinzip »Fragen statt Sagen«

Beachte außerdem folgende Regeln:
Absolute Don'ts
Allgemein

- Aus der Flasche trinken
- Taschentuch auf den Tisch legen
- Mit offenem Mund gähnen
- Andere anniesen oder anhusten
- Voraussichtliche Verspätung nicht mitteilen
- Sich bei verspätetem Eintreffen nicht entschuldigen
- Einen Übungsraum ohne Anklopfen betreten
- Sichtbar Kaugummi kauen
- Handy nicht ausschalten

Verstöße gegen die Kleidungsetikette/Frauen

- Ungepflegte Erscheinung, abgetretene Absätze, ungebügelte Bluse
- Kein Kostüm oder Hosenanzug
- Zu figurbetonte, legere oder auffallende Kleidung
- Schrille Farben und Muster, die Farbe Pink
- Im Hochsommer keine Strümpfe
- Birkenstockschuhe, Highheels, Riemchensandalen oder vorne offene Schuhe

Verstöße gegen die Kleidungsetikette/Männer

- Ungepflegte Erscheinung, abgetretene Absätze, ungebügeltes Hemd
- Kein Anzug, sondern Kombination
- Zu legere oder auffallende Kleidung, Casual-Outfit
- Hosenbeine zu lang oder kurz (die Absätze sind idealerweise halb bedeckt)
- Kurzarm- oder Botton-Down-Hemd (= Kragenende wird am Hemd festgeknöpft) zum Anzug
- Weiße oder kurze Socken, die beim Sitzen das Bein sehen lassen
- Krawatte zu lang oder zu kurz (sie sollte am Hosenbund enden)
- Unangemessenes Schuhwerk, Sneakers, Birkenstockschuhe

14.8 Wenn nur die Angst nicht wäre…

ACs machen vielen Bewerbern deutlich mehr Angst als Vorstellungsgespräche. Ein Assessmentcenter stellt eine zeitlich ausgedehnte, permanente Anforderungssituation dar, in der es keine Pausen gibt. Solche Bedingungen bergen ein hohes Maß an Anspannung, zumal die Mitstreiter keine Freunde, sondern Konkurrenten sind, von denen einige vielleicht versuchen, einen mit unlauteren Mitteln aus dem Feld zu kicken. Man muss also ständig auf der Hut sein. Hinzu kommt, dass die Übungen und Sachverhalte, die man durchführen und bearbeiten soll, von den Unternehmen oft unter Verschluss gehalten werden, sodass man nicht wissen kann, was im Einzelnen auf einen zukommt.

14.8.1 Welches Bewerbungsprocedere passt?

Jeder Mensch verfügt über unterschiedliche Stärken und Schwächen. Es ist nicht jedem High Potential gegeben, unter den Bedingungen eines ACs zu glänzen, vielleicht weil eine gewisse Auftrittsängstlichkeit vorliegt oder die Kompetenzen nicht primär im verbalen Bereich liegen.

Augen auf bei der Unternehmensauswahl   Auch durch Trainings und Coachings ist es kaum möglich, sich selbst in einen völlig anderen Menschen zu verwandeln, also bspw. von einem extremen Sozialphobiker in einen Salonlöwen zu mutieren, der es genießt, sich vor einer Gruppe zu produzieren und am liebsten jeden Tag ein Bad in der Menge nehmen würde. Das ist auch gut so, denn so wahren wir unsere Individualität.

Beantworte dir selbst folgende Fragen:
- Welche Stärken und Schwächen zeichnen dich aus?
- Welche Position strebst du an?
- Welche Unternehmen kommen in Frage?
- Welche Art Auswahlverfahren passt zu dir?

Entscheidest du dich bspw. für den Bereich Controlling und/oder Logistik und bist nicht auf ein bestimmtes Unternehmen festgelegt, hast du auch gewisse Auswahlmöglichkeiten hinsichtlich des Bewerbungssettings.

Gruppen pfui, Interviews hui!   Wenn dir zum Beispiel große Gruppen eher Angst machen, du aber keine Probleme hast, dich im kleinen Kreis oder in einem dyadischen Setting überzeugend zu präsentieren, kannst du dich u.a. bei der BASF bewerben. Die BASF setzt ACs nur zur Personalentwicklung, nicht aber zur Bewerberauswahl ein. Hier greift man auf Einzelinterviews, die sich einen Tag lang in rascher Folge ablösen, und den sog. »Gabeltest« zurück.

Zeugnis top, IQ flop!   Falls du in Intelligenztests nur mittelmäßig abschneidest, aber einen sehr guten Abschluss und Praktika mit ausgezeichneten Zeugnissen vorweisen kannst, gehörst du wahrscheinlich zu den sog. »Overachievern« und solltest Unternehmen, die Tests zur Bewerberauswahl einsetzen, wie bspw. Procter & Gamble, wenn es irgend geht, meiden. Man kann Testergebnisse durch intensives Üben zwar bis zu einem gewissen Grad steigern, aber eben nur innerhalb eines begrenzten Rahmens.

> **Was sind Overachiever?**
> Overachiever sind Menschen, die ständig höhere Leistungen erbringen, als es ihre intellektuellen Voraussetzungen, gemessen anhand objektiver Testverfahren, eigentlich erwarten lassen, da ihr Gesamt-IQ nicht sonderlich hoch ist. Die oft während des gesamten Lebens gleichbleibend hohen Leistungen und ungewöhnlichen Erfolge dieser Personengruppe erklärt man u.a. durch ungewöhnliche Kreativität, eine überdurchschnittliche Motivation, stabile akademische Interessen und Intelligenzspitzen in einzelnen Bereichen, zum Beispiel dem verbalen, emotionalen oder auch praktischen Fähigkeitsspektrum.
> Ein berühmter Overachiever war Luis Walter Alvarez, der 1968 den Nobelpreis für Physik erhielt. Er wurde in die erste bekannt gewordene US-amerikanische Hochbegabtenstudie von Lewis Terman nicht aufgenommen, weil er bei den Tests nicht sonderlich gut abschnitt, also nach Meinung des Forschers nicht intelligent genug war (◘ Abb. 14.3).

Bittere Pille AC   Unter bestimmten Umständen kommst du an einem AC nicht vorbei. Strebst du bspw. den Consultingbereich als Tätigkeitsfeld an, musst du diese bittere Pille höchstwahrscheinlich schlucken. Und wenn du dir ein spezielles, auf Assessmentcenters setzendes Wunschunternehmen ausgesucht hast, bei dem du vielleicht schon als Werkstudent erste Lorbeeren ernten konntest, musst du ebenfalls in den vielleicht sauren Apfel beißen.

In diesem Fall beachte folgende **Tipps**:
- **Desensibilisiere dich!**
Beachte die Hinweise in ► Kap. 7.7.5 zum Prinzip der Desensibilisierung und setze sie auch für ein

MLP-Konzern, die bundesweit speziell für Studierende regelmäßig Assessment-Übungen organisieren und die individuellen Leistungen rückmelden.

> **Das Angebot des Finanzdienstleisters MLP**
> Das Seminar »Training«
> Sie sind zu einem Assessmentcenter eingeladen und wollen sich gezielt darauf vorbereiten? Worauf Sie achten sollten, damit das bevorstehende Assessmentcenter für Sie möglichst reibungslos und erfolgreich verläuft, erfahren Sie von uns. Strukturieren und lösen Sie konkrete Geschäftsvorfälle und erhalten Sie zahlreiche Tipps zur Lösung von Fallstudien. Sichern Sie sich den entscheidenden Vorsprung gegenüber Ihren Mitbewerbern.
>
> Die Seminarschwerpunkte:
> ✓   Selbstanalyse zur Vorbereitung auf ein Assessmentcenter
> ✓   Richtlinien und Strategien für einen reibungslosen Ablauf
> ✓   Case Interviews in Einstellungsverfahren
> ✓   Umfassende Informationen zur optimalen Vorbereitung
> ✓   Praktische Übungen und Aufgaben
>
> Trainieren Sie Selbstpräsentationen, Gruppendiskussionen sowie weitere relevante Aufgaben aus Auswahlverfahren. Profitieren Sie von unserem umfassenden Know-how und bereiten Sie sich optimal auf bevorstehende Case Interviews vor. Darüber hinaus erhalten Sie Informationen zu den Anforderungen von Personalverantwortlichen, worauf diese besonders achten und wie Sie auftreten sollten. Informieren Sie sich rechtzeitig und erhöhen Sie damit Ihre Chancen. (► http://www.mlp.de/studenten/karriere/berufsstart/seminare/-training/)

anstehendes Assessmentcenter in abgewandelter Form – wie unten beschrieben – ein.

— **»Kalte« Annäherung: Lesen, lesen, lesen!**
Verschaffe dir weitere detaillierte Informationen über die AC-Methode, die über die Inhalte des Buchs hinausgehen. Informiere dich gründlich, indem du entsprechende Werke – siehe Literaturverzeichnis – durcharbeitest. Mache dich mit sämtlichen Übungsvarianten bekannt! Nutze außerdem das Internet und lies dort die Erfahrungsberichte ehemaliger AC-Teilnehmer! Wenn du ein entsprechendes Forum besuchst, ist es dir auch möglich, gezielte Fragen zu stellen.

— **»Warme« Annäherung: Üben, üben, üben!**
Wenn du dich auf diese Weise umfassend kundig gemacht hast, besteht der nächste Schritt darin, diese Art Competition innerhalb eines spielerischen Settings zu üben. Verschiedene Träger veranstalten AC-Simulationen oder –Trainings für Studierende. An erster Stelle sind hier die Career Services der Universitäten zu nennen. Auch die Hochschulteams der Bundesagentur für Arbeit bieten in vielen Städten Assessmentcenters für Absolventen an. Und last but not least gibt es auch Unternehmen wie bspw. den

— **»Heiße« Annäherung: Erstes AC als Warming-up!**
Wenn du diese Hürden genommen hast, solltest du den Ernstfall proben und dich für ein Auswahl-AC

bei einem Unternehmen bewerben, das für dich eigentlich nicht in Frage kommt. Schneidest du dabei nicht allzu gut ab, ist das auf diesem Hintergrund nicht weiter tragisch. Bist du aber erfolgreich, puscht das dein Selbstbewusstsein, und du gehst gestärkt zu einem Assessmentcenter, dessen Stellendefinition und unternehmerischer Hintergrund dich wirklich ansprechen.

Special Agent »Bewerbungscoach«! Falls du für deinen Traumjob bei einem favorisierten Unternehmen – zum Beispiel Pilot bei der Lufthansa – die Teilnahme an einem AC auf keinen Fall vermeiden kannst und das Auswahlverfahren zudem wie in diesem Beispiel zu den härtesten überhaupt gehört, ist es empfehlenswert, sich einen Bewerbungscoach zu suchen. Angehörige dieser Berufsgruppe haben sich auf die Bereiche Jobeinstieg, Karriereplanung usw. spezialisiert und können dich professionell beraten und effizient unterstützen. Ist es zufällig tatsächlich dein Ziel, eine Ausbildung zum Piloten zu absolvieren, gibt es außerdem spezielle Vorbereitungsseminare, die du auf jeden Fall besuchen solltest. Bestimmte Fähigkeiten und Fertigkeiten sind innerhalb eines begrenzten Spektrums sehr gut trainierbar.

Mantras   Über Mantras und ihre selbsthypnotische Wirkung wurde in den vorangegangenen Kapiteln schon einiges gesagt. Mantras lassen sich selbstverständlich auch vor und während eines Assessmentcenters erfolgreich einsetzen. Die Inhalte müssen nur der besonderen Herausforderung, die ACs darstellen, angepasst werden.
Beispiele:
- Ich komme, sehe, siege!
- Ich gebe alles, um die Beobachter von mir zu überzeugen!
- Das heutige AC ist eine tolle Challenge!

Helfer   Sichere dir reale Unterstützungspersonen, die während deines Assessmentcenters erreichbar sind. Auch der Ablauf eines ACs erlaubt es, sich einmal für wenige Minuten zurückzuziehen und mit seinem Freund/seiner Freundin oder der Mutter/dem Vater zu telefonieren, um sich ermutigen und vielleicht psychisch wieder aufbauen zu lassen.

Schon die Vorstellung, es ist jemand da, der einen an diesem Tag innerlich begleitet und fest die Daumen drückt, kann motivierend und beruhigend wirken.

Aber übertreibe es nicht! Wenn du in jeder Minipause verschwindest oder zigmal die Toilette aufsuchst, um dort dein Smartphone zu zücken, kann dir das als mangelnde Teamfähigkeit bzw. soziale Inkompetenz ausgelegt werden, und schon gibt's Striche im »Schwarzen Buch« der Assessoren.

14.8.2 Der Teufel sitzt im Detail

In einem AC muss man Selbstsicherheit demonstrieren, um zu beeindrucken und gegenüber den Mitbewerbern zu punkten. Leichte Zeichen von Unsicherheit sind menschlich und wirken eher sympathisch. Heftiges Erröten oder psychogene Heiserkeit sollte man aber, so gut es geht, verbergen.

Camouflage   Wenn du zu Erröten neigst, kaufe dir ein Döschen Camouflage und trage es am AC-Tag auf. Camouflage ist eine Art Theaterschminke, hinter der sich ein Wechsel der Gesichtsfarbe perfekt verbergen lässt. Lass dich aber beim Kauf in der Apotheke oder einer guten Drogerie beraten, und übe das Auftragen einige Male. Der Umgang mit Camouflage will gelernt sein, damit das Gesicht nicht maskenhaft, sondern natürlich wirkt.

Halstuch oder Make-up   Wenn sich bei Aufregung rote Flecken an deinem Hals bilden, kaschiere sie mit einem schönen Halstuch oder Schal. Männer können etwas Make-up auftragen, um die Rötungen zu überdecken.

Bonbon oder Kaugummi   Bei psychischer Anspannung bekommen viele Menschen einen trockenen Mund. Hierfür ist das vegetative Nervensystem verantwortlich, denn Stress aktiviert den Sympathikus, der den Speichelfluss hemmt. Bei Angst und Aufregung wird außerdem schneller und verstärkt durch den Mund geatmet, was die Mundhöhle zusätzlich austrocknen lässt.

Hohe Mundtrockenheit führt leicht zu Hustenreiz und lässt die Stimme tonlos werden. Dieser unangenehmen Konsequenz kann man durch ein Kaugummi oder Bonbon vorbeugen. Bitte auf dem Kaugummi nicht – womöglich noch mit offenem Mund! – herumkauen und das Bonbon nicht zerbeißen, sondern im Mund zergehen lassen! Versuche außerdem viel zu trinken, meide aber Wasser – hilft nicht bei Mundtrockenheit – und greife eher zu Säften. Getränke werden während einer AC-Veranstaltung kostenlos bereitgestellt.

Zweite Strumpfhose Es kommt leider gar nicht so selten vor, dass die nagelneue Strumpfhose, die man gestern erst gekauft hat, schon während der Vorstellungsrunde plötzlich eine Laufmasche zeigt. Mit einer Laufmasche ein AC bestreiten zu wollen, ist aber ein No-Go. Frauen sollten zur Sicherheit daher immer eine zweite Strumpfhose für den Fall der Fälle mit sich führen.

Merke

- Auf ein Assessmentcenter kann und soll man sich gezielt vorbereiten!
- Blended ACs werden immer beliebter! Eigne dir daher das nötige Test-Know-how (▶ Kap. 11) an!
- Mit Hilfe der AC-Übungen sollen vor allem Persönlichkeitsmerkmale wie Leistungsmotivation, Teamfähigkeit und Führungskompetenz erfasst werden!
- Für Unternehmensplanspiele und bestimmte Fallanalysen ist Fachwissen erforderlich!
- Während eines ACs sind Businessetikette und Parkettsicherheit gefragt!
- Bewerberinnen und Bewerber mit selbstsicherem Auftreten, die über gute verbale Fähigkeiten verfügen, sammeln in ACs viele Pluspunkte.

Literatur

Beitz, H. & Loch, A. (1997). Assessmentcenter: Erfolgstips und Übungen für Bewerberinnen und Bewerber. Niedernhausen/Ts.: Falken.

Bonneau, E. (2010). Großer Ess- und Tischknigge. Mit umfassendem Auslandsteil. München: Gräfe und Unzer.

Hesse, J. & Schrader, H. Ch. (2010). Assessmentcenter: Das härteste Personalauswahlverfahren bestehen. Hallbergmoos: Stark.

Hesse, J. & Schrader, H. Ch. (2012). Assessmentcenter für Hochschulabsolventen. Ihr erster Schritt auf der Karriereleiter. Freising: Stark.

Jeserich, W. (1991). Mitarbeiter auswählen und fördern. Assessment-Center-Verfahren. (Handbuch der Weiterbildung für die Praxis in Wirtschaft und Verwaltung, Bd. 1). 6., unveränderter Nachdruck München & Wien: Carl Hanser.

Kiesow, H. (1996). Heiße Eisen. Schwierige Mitarbeitergespräche motivierend führen. 2. Aufl. Düsseldorf: ECON, S. 11–83.

Stärk, J. (2011). Assessment-Center erfolgreich bestehen: Das Standardwerk für anspruchsvolle Führungs- und Fach-Assessments, mit CD-ROM. Offenbach: Gabal.

Die Angst für immer besiegen

Kapitel 15   Die Masken der Angst – 201
              Gabriele Bensberg

Kapitel 16   Diagnostik und Symptomatik – 209
              Gabriele Bensberg

Kapitel 17   Ursachenforschung: Warum gerade ich? – 215
              Gabriele Bensberg

Kapitel 18   Wie werde ich die Ängste los? – 223
              Gabriele Bensberg

Die Masken der Angst

Gabriele Bensberg

15.1   Was ist Angst? – 202

15.2   Wann wird Angst behandlungsbedürftig? – 202

15.3   Angst im Studium – 202

15.4   Selbsttest – 205

15.5   Verbreitung bei Studierenden – 206

15.6   Positive Konsequenzen der Angst – 207
15.6.1   Mehr Vorsicht – 207
15.6.2   Mehr Motivation – 207
15.6.3   Positive Aktivierung – 207

          Literatur – 208

G. Bensberg, *Dein Weg zum Prüfungserfolg,*
DOI 10.1007/978-3-662-43419-2_15, © Springer-Verlag Berlin Heidelberg 2015

» Angst ist für die Seele ebenso gesund wie ein Bad für den Körper. (Maxim Gorki)

Manchmal sind Ängste so tiefsitzend und weitreichend, dass die bisherigen Tipps zur Reduzierung von Anspannung und Aufregung nicht ausreichen, um entspannter mit den Anforderungen des Studi-Lebens umzugehen. In diesem Fall kannst du dir Anregungen in den folgenden Kapiteln holen, um in Zukunft angstfreier agieren zu können. Manifeste Angst hat viele Gesichter, und zwar nicht nur destruktive, sondern auch konstruktive.

15.1   Was ist Angst?

Angst ist zunächst einmal ebenso wie Freude oder Zorn eine völlig normale emotionale Reaktion. Es gab oder gibt wohl keinen Menschen, der noch nie in seinem Leben Angst hatte.

Eine Definition von Angst

Angst ist eine Reaktion unseres Körpers auf eine vorgestellte oder reale Bedrohungssituation, die mit diversen, als sehr unangenehm empfundenen körperlichen Begleiterscheinungen einhergeht: mit Herzklopfen, Schweißausbrüchen, Zittern, flauem Gefühl im Magen bis hin zu Bauchschmerzen, Anspannung und Aufregung.
Diese Begleiterscheinungen werden ganz unmittelbar erlebt.

Die Fähigkeit zur Angst hat sich im Verlauf der Evolution als überlebenswichtige Antwort des Organismus auf reale Bedrohungen herausgebildet. Der Angstzustand selbst wird zwar als äußerst unangenehm erlebt, aber er bereitet das Individuum auf die drei potenziell lebensrettenden Verhaltensformen Kampf, Flucht oder Totstellreflex (◘ Abb. 15.1) vor (► Kap. 4.7.1).

15.2   Wann wird Angst behandlungsbedürftig?

Ängste wachsen sich zu behandlungsbedürftigen Störungen aus, wenn sie zu lange andauern, zu intensiv sind, beträchtliches Leiden verursachen, Kontrollverlust auslösen und/oder zu Vermeidungsverhalten führen, sodass wichtige individuelle Ziele nicht mehr verfolgt werden. Aus dieser Umschreibung geht bereits hervor, dass es hinsichtlich der diagnostischen Einschätzung von Angststörungen als noch »normal« bzw. bereits krankheitswertig keine fest umrissenen, von subjektiven Variablen freien Kriterien gibt.

Angststörungen sind im Übrigen weit verbreitet. So erkranken ca. 15 Prozent der Deutschen wenigstens einmal in ihrem Leben an einer behandlungsbedürftigen Angststörung.

15.3   Angst im Studium

Der Übergang zwischen schweren, behandlungsbedürftigen Ängsten und einer weniger massiven studienbezogenen Angstproblematik ist fließend. Die soziale Phobie und die Panikstörung sind in Kapitel V (F) der »International Classification of Diseases« (ICD-10) als krankheitswertige Störungen definiert, das heißt, sie können von niedergelassenen Therapeuten behandelt und über die gesetzlichen Krankenkassen abgerechnet werden. Bei Prüfungsangst ist das schon schwieriger. Sie ist zwar den spezifischen Phobien zuzuordnen, wird aber nicht ausdrücklich als krankheitswertige Störung aufgeführt. Bewertungsangst als Ausdruck eines niedrigen Selbstwertgefühls, Lampenfieber und leichtere Formen von Auftrittsangst gelten in der Regel nicht als Störungen, die eine Behandlung auf Krankenschein rechtfertigen.

Typische Phobien bei Studierenden sind die soziale Phobie und die Erythrophobie.

Soziale Phobie   Phobien sind unrealistische, aber intensive Ängste vor bestimmten Situationen, Objekten, Lebewesen usw., deren Realitätsferne durchaus eingesehen wird. Die Phobie führt in den meisten Fällen dazu, dass die angsterzeugenden Stimuli gemieden oder nur unter hohem Leidensdruck »ertragen« werden.

Der Beginn der sozialen Phobie liegt meist in der Pubertät. Diese Störung ist definiert als unangemessenes Angsterleben in Gegenwart anderer, ganz gleich ob Einzelpersonen oder Gruppen. So wird z.B. aus Furcht vor einer Blamage oder Demütigung vermieden, vor anderen eine Rede zu halten, gemeinsam mit anderen in einem Lokal zu speisen, an einer Party teilzunehmen usw. Man befürchtet, abgewertet zu werden bzw. sich aufgrund körperlicher Symptome der Angst wie Erröten, Stottern, Schwitzen etc. lächerlich zu machen. Die soziale Phobie führt meist zu erheblichen Beeinträchtigungen, obgleich die betroffene Person die Unangemessenheit ihrer Ängste in der Regel einsieht. Prüfungsangst kann, wenn sie sich ausschließlich auf mündliche Prüfungen bezieht, Ausdruck einer sozialen Phobie bzw. an diese gekoppelt sein.

Beispiel

Angst vor Autoritäten

Eine Form der sozialen Phobie ist die Angst vor Autoritäten. Ein Student der Dualen Hochschule Baden-Württemberg litt darunter. Das Studium machte ihm Spaß, er hatte keine Probleme, die geforderten Leistungsnachweise zu erbringen und galt in seinem Unternehmen als fähiger und sympathischer Mitarbeiter.

Der junge Mann meldete sich in der PBS, weil er bei der mündlichen Prüfung am Ende des zweiten Halbjahrs durchgefallen war. Obwohl er den Stoff gut beherrschte, konnte er einfache Fragen nicht beantworten, geriet ins Stammeln und verstummte schließlich völlig. Von »hochrangigen« Dozenten bewertet zu werden, war ihm unerträglich. Er befürchtete, die Prüfer zu langweilen und fühlte sich in ihrer Gegenwart als »ganz kleines Licht«.

Auftrittsangst und Lampenfieber Auftrittsangst und Lampenfieber beziehen sich auf die Nervosität, Anspannung und Aufgeregtheit kurz vor einem »Auftritt«, bei dem man im Zentrum der Aufmerksamkeit anderer steht. Von Experten wird meist zwischen einer produktiven und einer destruktiven Form unterschieden bzw. die Bezeichnung Lampenfieber für die positive und Auftrittsangst für die negative Variante verwendet.

Lampenfieber = Aufregung und Anspannung gemischt mit freudiger Erwartung

■ **Abb. 15.1**   Totstellreflex

Lampenfieber wirkt aufgrund des hohen körperlichen Arousals als eine Art natürliches Amphetamin oft leistungssteigernd. Das trifft vor allem zu, wenn sich in die Angst auch freudige Erregung mischt – »Ich will zeigen, was ich kann!« – und wenn sie nur *vor* der Challenge besteht, sich in der Anforderungssituation selbst aber sofort verflüchtigt.

Die weltberühmte Sängerin Adele, Oscar-Preisträgerin von 2013 und 2012 nicht nur als beste Künstlerin, sondern auch für das beste Album bei den Brit Awards ausgezeichnet, leidet unter starkem Lampenfieber. In einem Interview verriet sie der britischen Vogue:

》 I puke quite a lot before going on stage, though never actually in stage.

Auftrittsangst = negative Vorannahmen, Abwertung der eigenen Person, Selbstzweifel

Auftrittsangst hingegen wirkt leistungsmindernd, denn sie geht mit meist realitätsverzerrten Misserfolgserwartungen und einer massiven Herabwürdigung der eigenen Person einher. Hier dominiert die Angst vor dem »Verriss« und nicht das Zutrauen in das eigene Können.

Auftrittsangst und Lampenfieber werden vielfach auf den Bereich der darstellenden Kunst eingeengt, da sich vor allem (angehende) Künstlerinnen und Künstler mit entsprechenden Situationen konfrontiert sehen. Studierende der Staatlichen Hochschule für Musik und Darstellende Kunst, die eine Beratung in der PBS Mannheim wünschen, klagen typischerweise über Auftrittsängste.

Prüfungsangst Prüfungsangst gehört, da es sich um eine übersteigerte Furcht vor einer bestimmten Situation handelt, diagnostisch am ehesten der Gruppe der einfachen Phobien an. Prüfungsangst lässt sich definieren als eine übertriebene, aber persistierende und deutlich wahrnehmbare Angst in der Zeit vor und/oder während der Prüfung.

Prüfungsangst äußert sich auf vier Ebenen, die mehr oder weniger betroffen sein können:

- gedankliche Ebene,
- gefühlsmäßige Ebene
- körperliche Ebene
- verhaltensbezogene Ebene.

Die Angst kann derart extrem sein, dass sie nicht nur erheblichen Leidensdruck verursacht, sondern den Betroffenen auch an der Realisierung leistungsbezogener Lebenspläne hindert.

Beispiel
Ein Fall von Prüfungsangst
»Ich zittere am ganzen Körper. Mir ist so heiß. Meine Hände sind feucht. Verstohlen wische ich sie an meiner Jeans ab. Mein Herz hämmert, und ich kann fühlen, wie das Blut in meinen Schläfen pocht. Mir ist schlecht. Mein Magen krampft sich zusammen. Heute Morgen konnte ich keinen Bissen herunterbekommen. Ich glaube, ich muss mich übergeben. Mein Kopf ist wie leergefegt. Ich werde sicher kein Wort herausbringen und keine einzige Antwort wissen. Die da drinnen halten mich dann bestimmt für strohdumm. Sie werden spöttische Bemerkungen machen und mich vielleicht sogar fragen, was ich an der Uni zu suchen habe, und wie ich dazu komme, ihnen ihre Zeit zu stehlen. Und dann die Eltern, die Freunde. Alle werden wissen wollen, wie es gelaufen ist. Und ich muss sagen – dumm gelaufen, es ging in die Hose. Ich kann da nicht reingehen. Ich kann einfach nicht. Verzweifelt setze ich mich auf die Bank neben der Tür und kämpfe mit den Tränen. Diese schreckliche Angst. Sie ist unerträglich. Ob die Angst Menschen auch umbringen kann? Ich fühle meinen Puls. Mein Herz rast und hämmert, als wollte es zerspringen. Ich stehe wieder auf, will nur noch weg – da öffnet sich die Tür.«

Panikstörung Panikattacken treten in der Regel wie »aus heiterem Himmel« auf und gehen mit sehr unangenehmen körperlichen Beschwerden einher; Herzrasen, Schwindel, Erstickungsgefühle usw. sind typisch. Auf der gedanklichen Ebene dominieren Ängste, tot umzufallen, zu ersticken, verrückt zu werden usw. Hinzu kommen oft die Phänomene Depersonalisation – der eigene Körper wird als fremd erlebt – und Derealisation – die Umwelt scheint unwirklich zu sein. Emotional überwiegt das Gefühl einer intensiven, kaum aushaltbaren Angst, die Studierende manchmal auch während einer Prüfung überfällt. An dieser Störung sind genetisch-biologische Faktoren, aber auch Stressoren und kritische Lebensereignisse ursächlich beteiligt.

Beispiel
Panikstörung
Eine Klientin kam nach dem Abbruch des juristischen Staatsexamens zu mir. Sie hatte während des ersten Klausurtags eine schwere Panikattacke erlitten. Plötzlich war ihr schwindlig geworden, sie bekam Herzrasen, fing an zu zittern und ihr wurde so übel, dass sie befürchtete, sich im Prüfungsraum übergeben zu müssen. Hinzu kamen Gefühle einer intensiven Todesangst. Glücklicherweise war sie noch so gefasst, dass sie sich von ihrem Freund abholen und zu einer internistischen Praxis bringen ließ. Der behandelnde Arzt stellte ein Attest aus und riet ihr zu einer Psychotherapie.
Die Klientin musste einige Monate zuvor den völlig überraschenden Tod des Vaters verarbeiten. Als sie ihre Eltern von einer Urlaubsreise am Flughafen abholen wollte, erfuhr sie, dass ihr Vater auf dem Rückflug verstorben war. Er hatte, wie die Obduktion ergab, eine Lungenembolie erlitten. Wenig später erlebte die Klientin ihre erste Panikattacke.

Bewertungsangst – Die Wurzel des Übels Die genannten Ängste bei Studis lassen sich fast alle unter »Bewertungsangst« subsumieren. Bewertungsangst besteht in der Furcht, von anderen bewertet, besser gesagt abgewertet zu werden.

Es ist die Angst vor einem negativen Feedback durch unsere, manchmal nicht so netten Mitmenschen, die viele Studierende umtreibt. Dabei ist diese Angst gewöhnlich umso ausgeprägter, je bedeutsamer das Ereignis ist und je hochrangiger die Urteiler sind. Eine unbenotete Klausur, die man beliebig oft wiederholen kann, löst nicht die

Ängste aus, die auftreten können, wenn es um die Abschlussprüfung geht. Einen Vortrag vor guten Freunden halten die meisten von euch wahrscheinlich mit »links«, im Unterschied zur bewerteten Präsentation in der Vorlesung eines Professors, der als brillanter, aber auch sehr kritischer Kopf gilt.

Eine Abwertung durch andere kann in der Realität höchst negative Folgen haben. Schlechte Leistungen in einem Assessment Center führen dazu, dass man die favorisierte Stelle nicht erhält. Stottern und Verstummen in Prüfungen sind dem Bestehen und einer guten Note wenig dienlich.

Eine noch unangenehmere Konsequenz ist die Labilisierung des Selbstbildes. Kritische Rückmeldungen oder Desavouierungen durch andere können dazu führen, dass man das Gesicht vor sich selbst verliert.

Formen von Bewertungsangst:
- Bewertungsangst aufgrund befürchteter realer negativer Konsequenzen
- Bewertungsangst aufgrund eines befürchteten Gesichtsverlusts vor anderen
- Bewertungsangst aufgrund eines befürchteten Gesichtsverlusts vor sich selbst

Bewertungsangst kann daher auch durch Situationen auftreten, in denen es gar keine »anderen« gibt, z.B. bei einem Intelligenztest, den man online im stillen Kämmerlein hinter dreifach verschlossener Tür durchführt. Angriffe auf das Selbstwertgefühl, die man erfährt, wenn man mit sich allein ist, sind sehr unangenehm und bleiben in den meisten Fällen lange präsent. Das hängt u.a. damit zusammen, dass es in dieser Situation keinen Trost und keine Beschwichtigungsversuche durch hilfreiche anwesende Personen gibt.

Verständlicherweise sind primär Menschen von Bewertungsangst betroffen, die über kein stabiles positives Selbstbild verfügen aus Gründen, die vor allem in ihrer Lebensgeschichte zu suchen sind. Dilatieren die Ängste, behindern sie den Lebenserfolg und gehen mit erheblichem Leidensdruck einher, ist in jedem Fall eine Psychotherapie angezeigt.

Beispiel

Fallbeispiel Erythrophobie

Ein Zweig der Bewertungsangst ist die weniger bekannte Erythrophobie, die Angst vor Erröten. Eine Studentin der Hochschule Mannheim kam zur PBS, weil sie aus Furcht, rot zu werden, keine Referate halten und nicht bei der Erstsemesterbegrüßung mitwirken wollte. Sie setzte Erröten mit Blamage gleich und befürchtete, sich vor der Gruppe lächerlich zu machen und wegen ihrer Unsicherheit verspottet zu werden.

Ansonsten hatte sie keine größeren Probleme. Sie erbrachte die geforderten Leistungen, kam gut mit ihren Kommilitonen aus und der familiäre Hintergrund war auch relativ harmonisch. Allerdings neigte ihr Vater dazu, überaus kritisch zu sein und hatte sie durch abfällige Bemerkungen bereits als Kind häufiger in Verlegenheit gebracht. Hier lagen auch die Ursachen der Erythrophobie.

15.4 Selbsttest

Teste, ob du zu kritisch dir selbst gegenüber bist oder über ein gesundes Selbstwertgefühl verfügst!

Kreuze die Antwortmöglichkeit an, die am ehesten auf dich zutrifft.

Ich mache mir nicht viele Gedanken über Dinge, die ich getan habe.

1
a trifft zu
b teils
c trifft nicht zu

Wenn ich das Gefühl habe, andere mögen mich nicht, geht mir das sehr nahe.

2
a trifft zu
b teils
c trifft nicht zu

Wenn ich eine Entscheidung treffen muss, grüble ich nicht lange über das Für und Wider nach.

3
a trifft zu
b teils
c trifft nicht zu

Kritik kränkt mich sehr, vor allem wenn sie vor anderen geäußert wird.

4
a trifft zu
b teils
c trifft nicht zu

Ich neige dazu, zu viel Verantwortung für Menschen und Dinge zu übernehmen.

5
a trifft zu
b teils
c trifft nicht zu

Ich habe leicht das Gefühl, einen Fehler gemacht zu haben, obwohl das in Wahrheit gar nicht zutrifft.

6
a trifft zu
b teils
c trifft nicht zu

Nach Begegnungen mit anderen, fällt mir ein, was ich alles hätte sagen können, ohne dass ich es geäußert habe.

7
a trifft zu
b teils
c trifft nicht zu

Mich beunruhigen Schuldgefühle und Gewissensbisse wegen eigentlich belangloser Dinge.

8
a trifft zu
b teils
c trifft nicht zu

Ich glaube, dass ich mir weniger Sorgen mache als die meisten Menschen.

9
a trifft zu
b teils
c trifft nicht zu

Wenn mir etwas nicht gelingt, bin ich sehr enttäuscht.

10
a trifft zu
b teils
c trifft nicht zu

Ich bin übergewissenhaft und mache mir viele Gedanken über zurückliegende Handlungen und Fehler.

11
a trifft zu
b teils
c trifft nicht zu

Auswertung

1:    a: 3; b: 2; c: 1
2:    a: 1; b: 2; c: 3
3:    a: 3; b: 2; c: 1
4:    a: 1; b: 2; c: 3
5:    a: 1; b: 2; c: 3
6:    a: 1; b: 2; c: 3
7:    a: 1; b: 2; c: 3
8:    a: 1; b: 2; c: 3
9:    a: 3; b: 2; c: 1
10:   a: 1; b: 2; c: 3
11:   a: 1; b: 2; c: 3

Gesamtpunktzahl:
Ergebnisse:

Werte zwischen 30 und 33: Selbstsicherheit überdurchschnittlich

Werte zwischen 18 und 29: Selbstsicherheit durchschnittlich

Werte zwischen 11 und 17: Selbstsicherheit unterdurchschnittlich

🛑 **Achtung!**
Bei einem weit unterdurchschnittlichen Ergebnis solltest du dir professionelle Hilfe suchen!

15.5   Verbreitung bei Studierenden

Josef Bailer vom Zentralinstitut für Seelische Gesundheit untersuchte 2008 eine unselektierte Stichprobe von Studentinnen und Studenten der Universität Mannheim und konstatierte, dass 22,7 % die Kriterien für das Vorliegen von mindestens einer psychischen Störung erfüllten.

Rainer Holm-Hadulla, Leiter der Psychotherapeutischen Beratungsstelle des Studentenwerks Heidelberg, stellte 2009 ebenfalls fest, dass ca. 20–25 % der Studierenden unter psychischen Störungen leiden. Bei den Ratsuchenden der PBS Heidelberg lagen im Vergleich zu einer studentischen Feldstudie deutlich mehr klinisch relevante Störungen vor, in erster Linie depressive Verstimmungen, Selbstwertprobleme und Prüfungsängste.

Ein Vergleich der Ergebnisse mit Untersuchungen aus den zurückliegenden 15 Jahren ergab eine hohe Stabilität bezüglich der Häufigkeit der Symptomatik mit Ausnahme von Prüfungsangst, die nach eigenen Studien der Heidelberger Forschergruppe zwischen 1993 und 2008 um 51 % zugenommen hat – ein hoch signifikantes Ergebnis.

Kommentar

» Psychische Beeinträchtigungen und Störungen finden sich bei Studierenden häufig. Sie verursachen individuelles Leid und volkswirtschaftliche Kosten. Auffallend ist die erkennbare Zunahme an klinisch relevanten Prüfungsängsten. Die psychologisch-psychotherapeutischen Beratungsstellen leisten einen wichtigen Beitrag zur Diagnostik, Erstversorgung sowie Prävention und verzeichnen in den letzten Jahren ständig wachsende Fallzahlen. (Holm-Hadulla, R., Hagen-Hofmann, F., Sperth, M. & Funke, J. [2009]. Psychische Beschwerden und Störungen von Studierenden. Psychotherapeut, 54, S. 1–10, S. 1).

Auch die jährlich erstellte Statistik der Psychologischen Beratungsstelle des Studentenwerks Mannheim verzeichnet eine ständige Zunahme von Prüfungsängsten (☐ Abb. 15.2).

15.6 Positive Konsequenzen der Angst

Angst hat nicht nur negative, sondern auch viele positive Konsequenzen, was leider oft übersehen wird.

15.6.1 Mehr Vorsicht

» Ein Feigling ist ein Mensch, bei dem der Selbsterhaltungstrieb normal funktioniert! (Ambrose Bierce)

Angst macht vorsichtig und sorgt dafür, dass wir uns nicht kopflos in gefährliche Abenteuer stürzen, die uns körperlichen und/oder seelischen Schaden zufügen können. Wir antizipieren meist gedanklich potenziell bedrohliche Begleiterscheinungen einer Situation, reagieren darauf mit Angst und verhalten uns überlebenskonform, indem wir den gefährlichen Stimulus meiden oder versuchen, seine destruktiven Komponenten zu kontrollieren.

Angst ist in vielen Fällen dafür verantwortlich, dass sich Schüler und Studierende auf anstehende Leistungsnachweise vorbereiten. Die Angst bezieht sich dabei zunächst auf das kognizierte schlechte Abschneiden bei der Prüfung, kann aber auch weit in die Zukunft gerichtet sein und um Befürchtungen, den Abschluss nicht zu schaffen, nie einen Job zu bekommen, im Leben zu scheitern usw. kreisen.

15.6.2 Mehr Motivation

» Angst kann ein Motor sein! (Monika Minder)

Mit der motivierenden Wirkung der Angst hängt zusammen, dass die Einsatzbereitschaft im Studium oder Beruf bei Menschen, die eher ängstlich sind, oft deutlich höher ist als bei ihren weniger furchtsamen Zeitgenossen. Dieses Phänomen bringt dann nicht selten selbstverstärkende Wirkungen hervor: Mehr Einsatz, mehr Erfolg, hieraus resultierend gesteigerte Zufriedenheit, Lebensfreude und Selbstbewusstsein – Effekte, die wiederum positiv verstärkend auf das individuelle Engagement zurückwirken. Aus einer anfangs bestehenden Minus-Motivation – ich lerne oder arbeite, um negative Folgen zu vermeiden – kann dann eine Plus-Motivation entstehen – ich lerne oder arbeite, weil es mir Spaß macht –, die im besten Fall die angstgesteuerten Anstrengungen ersetzt.

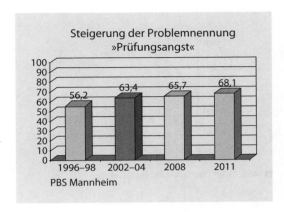

■ Abb. 15.2 Zunahme der Problemnennung »Prüfungsangst«

15.6.3 Positive Aktivierung

» Vor einem Auftritt: »Ich fühle mich ein bisschen wie vor meinem ersten Mal. Mir ist ziemlich heiß und ich bin sehr nervös, aber es ist wahnsinnig cool, hier zu sein.« (Zitat von Unbekannt)

Angst ist ein Phänomen, das sich u.a. in der Aktivierung des autonomen Nervensystems äußert. Das Herz schlägt schneller, die Atmung ist beschleunigt, Aufmerksamkeit und Konzentration sind gesteigert.

Die Psychologen Robert Yerkes und John D. Dodson konnten experimentell nachweisen, dass ein gewisses Maß an emotionalem Arousal, das an psychophysiologische Reaktionen gekoppelt ist, die optimale Basis für das Erbringen hoher Leistungen darstellt. Die Verbindung zwischen Aktivierung und Leistungsniveau ist dabei eine umgekehrt u-förmige, das heißt, wenn die Erregung zu gering ist oder ein gewisses Maß überschreitet, sinkt die Leistung wieder ab (■ Abb. 15.3).

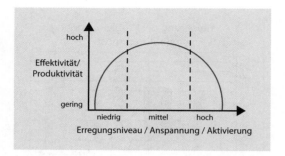

☐ Abb. 15.3   Das Yerkes-Dodson-Gesetz

Merke

— Angst ist ein völlig normales Gefühl!

— Betrachte deine Angst nicht als Feind, den du mit allen Mitteln bekämpfen willst, sondern als Freund, der sich bei dir eingehakt hat.

— Ängste bei Studierenden sind in vielen Fällen keine Störungen mit Krankheitswert!

— Prüfungsangst ist weit verbreitet und hat im letzten Jahrzehnt ständig zugenommen!

Literatur

Bailer, J., Schwarz, D., Witthöft M. u. a. (2008). Prävalenz psychischer Syndrome bei Studierenden einer deutschen Universität. Psychotherapie Psychosomatik Medizinische Psychologie, 58, S. 423–429.

Fehm, L. & Fydrich, Th. (2011). Prüfungsangst. Fortschritte der Psychotherapie. Bd. 44. Göttingen u.a.: Hogrefe.

Metzig, W. & Schuster, M. (2009). Prüfungsangst und Lampenfieber: Bewertungssituationen vorbereiten und meistern. 4. Aufl. Berlin & Heidelberg: Springer Medizin.

Schneewind, K. A. & Graf, J. (1998). Der 16-Persönlichkeits-Faktoren-Test. Revidierte Fassung. Deutsche Ausgabe des 16 PF 5th Edition. Bern u.a.: Hans Huber.

Walther, H. (2012). Ohne Prüfungsangst studieren. Konstanz & München: UTB.

Diagnostik und Symptomatik

Gabriele Bensberg

16.1   **Fragen und Tests – 210**
16.1.1   Fragenkatalog – 210
16.1.2   Spezifische Tests – 210

16.2   **Teufelskreislauf – 212**

           Literatur – 214

G. Bensberg, *Dein Weg zum Prüfungserfolg,*
DOI 10.1007/978-3-662-43419-2_16, © Springer-Verlag Berlin Heidelberg 2015

» Angst haben wir alle. Der Unterschied liegt in der Frage wovor. (Frank Thiess)

16.1   Fragen und Tests

Um effiziente, individuell angepasste Beratungs-, Coaching- und/oder Therapiestrategien einsetzen zu können, muss das Phänomen Angst zunächst einmal genau erfasst und eingegrenzt werden. Neben der Verhaltensbeobachtung setzen Psychologen dazu vor allem gezielte Fragen und geeignete Testverfahren ein.

16.1.1   Fragenkatalog

Verhaltenstherapeuten stellen, um die Ängste detailliert zu explorieren, im Erstgespräch mit einer Klientin/einem Klienten typischerweise folgende Fragen:

Leitfragen:
- Warum haben Sie sich den Termin gerade jetzt geben lassen? Gab es ein auslösendes Ereignis?
- Tritt die Angst in bestimmten Situationen auf und falls ja, um welche Situationen handelt es sich?
- Ist die Angst nicht situationsgebunden, sondern mehr oder weniger immer da?
- Wie äußert sich die Angst? Welche Gedanken, Gefühle, Verhaltensweisen, körperliche Reaktionen sind typisch?
- Wann trat die Angst zum ersten Mal auf?
- In welchem Zusammenhang? Was waren die Begleitumstände?
- Gibt es Familienmitglieder, die auch unter Ängsten leiden?
- Wie gehen Sie mit der Angst um? Stellen Sie sich der Situation oder vermeiden Sie sie eher?
- Was haben Sie bislang versucht, um die Angst loszuwerden?
- Wenn die Therapie/Beratung erfolgreich wäre und alle Ängste durch Zauberhand verschwänden, woran würden Sie das erkennen? Was wäre anders?

16.1.2   Spezifische Tests

Ergänzend können Tests eingesetzt werden, um die Diagnose zu fundieren. Es ist zum Beispiel wichtig zu unterscheiden, ob die Angst aus einer allgemeinen Ängstlichkeit resultiert, die Hinweis auf eine Persönlichkeitsstörung sein kann, oder gut eingrenzbar ist.

Das State-Trait-Angstinventar (STAI)

Um die Frage zu klären, ob Ängste eher situationsspezifisch (State) wie etwa bei Phobien bzw. Prüfungsangst auftreten oder im Gegenteil Ausdruck einer generellen, hochgradigen Furchtsamkeit (Trait) sind, kann das STAI herangezogen werden.

» Das Trait-Modell der Angst, auf dem fast alle bisher entwickelten allgemeinen oder bereichsspezifischen Angstfragebogen beruhen, wurde bei der Konzeption des STAI um den Aspekt der Angst als vorübergehendem emotionalen Zustand, der in seiner Intensität über Zeit und Situation variiert (State-Angst), erweitert. Angst als relativ überdauerndes Persönlichkeitsmerkmal (Trait-Angst, Ängstlichkeit) bezieht sich demgegenüber auf individuelle Unterschiede in der Neigung zu Angstreaktionen. Die zwei Skalen des STAI mit jeweils 20 Items dienen der Erfassung von Angst als Zustand (State-Angst) und Angst als Eigenschaft (Trait-Angst). (Testkatalog 2014/15. Testzentrale Göttingen. S. 229).

Der Prüfungsangstfragebogen (PAF)

Wenn man zu dem Schluss gekommen ist, dass im Zentrum der Problematik Prüfungsangst steht, empfiehlt es sich, zusätzlich den PAF einzusetzen, um diese Form der Angst weiter zu spezifizieren (◘ Abb. 16.1).

» Der PAF misst Prüfungsängstlichkeit als situationsspezifische Persönlichkeitsdisposition mit den vier Dimensionen Aufgeregtheit (emotionale und körperliche Anspannung), Besorgtheit (Gedanken über Versagen, Selbstzweifel), Interferenz (Ablenkung von der Aufgabe durch irrelevante Gedanken) und Mangel

G.Bensberg: Dein Weg zum Prüfungserfolg		
Abb. 16.1	**PAF-S**	**Seite 1**

PAF-S

	fast nie	manchmal	oft	fast immer
1. Ich vertraue auf meine Leistung	1	2	3	4
2. Ich denke darüber nach, wie wichtig mir die Klausur bzw. Klassenarbeit oder Prüfung ist	1	2	3	4
3. Mir schießen plötzlich Gedanken durch den Kopf, die mich blockieren	1	2	3	4
4. Ich bin zuversichtlich, was meine Leistung betrifft	1	2	3	4
5. Ich denke an andere Dinge und werde dadurch abgelenkt	1	2	3	4
6. Ich denke daran, wie wichtig mir ein gutes Ergebnis ist	1	2	3	4
7. Mich überkommt ein ungutes Gefühl, und schon verliere ich den Faden	1	2	3	4
8. Das Herz schlägt mir bis zum Hals	1	2	3	4
9. Ich mache mir Gedanken über mein Abschneiden	1	2	3	4
10. Ich fühle mich ängstlich	1	2	3	4
11. Ich vergesse Dinge, weil ich einfach zu sehr mit mir selbst beschäftigt bin	1	2	3	4
12. Ich bin mit mir zufrieden	1	2	3	4
13. Ich mache mir Gedanken, wie mein Zeugnis aussehen wird	1	2	3	4
14. Ich zittere ver Aufregung	1	2	3	4
15. Ich werde in meinem Gedankengang unterbrochen, weil mir etwas Nebensächliches einfällt	1	2	3	4
16. Ich habe ein beklemmendes Gefühl	1	2	3	4
17. Ich denke, dass ich alles schaffen werde	1	2	3	4
18. Ich denke daran, was passiert, wenn ich schlecht abschneide	1	2	3	4
19. Ich bin aufgeregt	1	2	3	4
20. Ich bin überzeugt, dass ich gut abschneiden werde	1	2	3	4

◘ **Abb. 16.1** Der Prüfungsangstfragebogen (PAF) (© by Hogrefe Verlag GmbH & Co. KG, Göttingen; Nachdruck und jegliche Art der Vervielfältigung verboten. Bezugsquelle: Testzentrale Göttingen, Herbert-Quandt-Str. 4, 37081 Göttingen, Tel. (0551) 999-50-999, ► http://www.testzentrale.de)

◘ **Abb. 16.2**   Vogel-Strauß-Taktik

an Zuversicht (mangelnder Selbstwert). Jede Subskala wird anhand von fünf Items erfasst, womit der Fragebogen insgesamt 20 Items umfasst, die sich auf mögliche Gefühle und Gedanken in Prüfungssituationen beziehen. (Testkatalog 2014/15. Testzentrale Göttingen. S. 298).

Die Konsequenzen erhöhter Werte in einer der vier Dimensionen sind unterschiedlich. So kann Aufgeregtheit (»emotionality«), die mit hoher autonomer Erregung einhergeht, einen aktivierenden und damit positiven Effekt auf die Prüfungsleistung haben. Zweifel und Besorgtheit hingegen (»worry«) wirken meist als selbsterfüllende Prophezeiung und ziehen oft deutliche Leistungseinbußen nach sich.

Der PAF erfasst auch den globalen Angstwert, der sich aus der Addition sämtlicher Ankreuzungen ergibt.

Gesamtwert:
- Normalbereich: Rohwert zwischen 34 und 53
- Stark erhöhter Bereich: Rohwert zwischen 54 und 62
- Stark erniedrigter Bereich: Rohwert zwischen 22 und 33

Sowohl sehr hohe als auch sehr niedrige Werte sind problematisch und sollten von dir hinterfragt werden. Besteht Leidensdruck bzw. hast du bereits Prüfungen »versemmelt«, ist es an der Zeit, dich

um professionelle Hilfe zu bemühen. Wende dich also an eine psychologische Beratungsstelle oder psychotherapeutische Praxis!

❶ **Achtung!**
Wissenschaftlich überprüfte, standardisierte Tests können nicht einfach so bestellt werden. Man muss zuvor nachweisen, dass man eine Fachkraft ist und über das entsprechende Expertenwissen verfügt. Das ist eine Vorsichtsmaßnahme, um zu vermeiden, dass mit diesen Tests Missbrauch getrieben wird.

16.2   Teufelskreislauf

Studierende mit Prüfungsproblemen kommen meist aufgrund eines hohen Leidensdrucks in die Praxis bzw. Beratungsstelle. Bei einigen Studis ist die Angstproblematik so extrem, dass sie die Prüfung selbst vermeiden, indem sie den Termin verschieben, sich per Attest abmelden oder schlimmstenfalls einfach nicht hingehen und den Kopf ganz, ganz tief in den Sand stecken (◘ Abb. 16.2).

Der Teufelskreis der Prüfungsangst (◘ Abb. 16.3) setzt fast immer mit dysfunktionalen Überzeugungen ein, die unangenehme Gefühle und körperliche Missempfindungen hervorrufen und in wenig förderliche Verhaltensweisen münden. Dabei finden zwischen den einzelnen Stufen diverse Rückkopplungsprozesse statt. So rufen Katastrophengedanken Angst hervor und diese Angst wiederum verzerrt die Gedanken weiter ins Negative. Auch physische Beschwerden wie etwa Einschlafprobleme können bereits vorhandene Ängste durch die zusätzliche Furcht vor möglichen körperlichen Folgeschäden verstärken. Und schließlich führt der Misserfolg bei einer Prüfung dazu, dass die Gedanken noch pessimistischer werden und die Chance, die nächste Klausur zu bestehen, abnimmt.

Warum aber funktioniert das Ganze? Es funktioniert hauptsächlich, weil die ablenkenden Aktivitäten bzw. das gesamte Vermeidungsverhalten kurzfristig für Entspannung und Erleichterung sorgen, wobei aber die langzeitigen Konsequenzen meist durchgängig negativ sind. Menschen orientieren sich jedoch generell eher an kurzfristig als

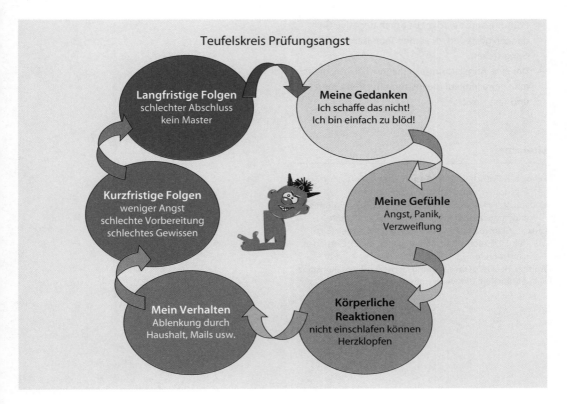

Teufelskreis Prüfungsangst

Langfristige Folgen
schlechter Abschluss
kein Master

Meine Gedanken
Ich schaffe das nicht!
Ich bin einfach zu blöd!

Kurzfristige Folgen
weniger Angst
schlechte Vorbereitung
schlechtes Gewissen

Meine Gefühle
Angst, Panik,
Verzweiflung

Mein Verhalten
Ablenkung durch
Haushalt, Mails usw.

**Körperliche
Reaktionen**
nicht einschlafen können
Herzklopfen

☐ **Abb. 16.3** Teufelskreis der Prüfungsangst

an langfristig erreichbaren Belohnungen und leben bevorzugt in der unmittelbaren Gegenwart, wobei Gedanken an die Zukunft oft ausgeblendet werden.

Sich Zukunftsperspektiven erschließen zu können bzw. die Fähigkeit zum Belohnungsaufschub ist eine zentrale Kompetenz in Hinblick auf Lebensbewältigung und Lebenserfolg. Diese Fähigkeit entscheidet bereits im Kindesalter, wer später wahrscheinlich zu den »losern« und wer zu den »winnern« gehören wird.

Ein Bonbon sofort oder lieber später zwei? Wie würdest du entscheiden?
Der Marshmallow-Test
Walter Mischel, ein bekannter Psychologe und Professor in den USA, führte diesen Test erstmals bei 4-jährigen Kindern in den 1950er-Jahren durch. Er sagte den Kleinen, jedes Kind könne sofort ein Marshmallow erhalten, aber

ein Kind, das es fertig bringe, einige Minuten zu warten, werde zwei bekommen. 14 Jahre später untersuchte Mischel im Rahmen einer Längsschnittstudie erneut dieselben Kinder. Er stellte fest, dass jene, die damals warten konnten, sozial kompetenter, verlässlicher und entscheidungssicherer und außerdem in Schule und Studium erfolgreicher waren.
Dieser Test wurde in der Folgezeit mehrfach variiert bzw. repliziert, und die Ergebnisse waren immer ähnlich.

Merke
━ Bei einer Angststörung können die gedankliche, emotionale, körperliche und verhaltensbezogene Ebene in unterschiedlicher Weise betroffen sein.

— Prüfungsangst wird meist durch negative Gedanken gesteuert, die einen Teufelskreis in
Gang setzen.

— Um eine Angststörung zu diagnostizieren, greift
man vor allem auf die Instrumente Befragung
und Test zurück.

Literatur

Fehm, L. & Fydrich, T. (2011). Prüfungsangst: Fortschritte der
Psychotherapie. Göttingen u.a.: Hogrefe.
Hodapp, V., Rohrmann, S. & Ringeisen, T. (2012). Prüfungs-
angstfragebogen (PAF). Göttingen u.a.: Hogrefe.
Laux, L., Glanzmann, P., Schaffner, P. & Spielberger, C. D.
(1981). Das State-Trait-Angstinventar (STAI). Göttingen
u.a.: Hogrefe.
Walther, H. (2012). Ohne Prüfungsangst studieren. Konstanz
& München: UVK Verlagsgesellschaft.

Ursachenforschung: Warum gerade ich?

Gabriele Bensberg

17.1   Die Gene mischen mit – 216

17.2   Konsequenzen als Lehrmeister – 216

17.3   Wenig hilfreiche Vorbilder – 217

17.4   Die Macht der Gedanken – 219
17.4.1   Der Ansatz von Aaron T. Beck – 219
17.4.2   Das Modell von Albert Ellis – 220

17.5   Das Defizitmodell – 221

          Literatur – 222

G. Bensberg, *Dein Weg zum Prüfungserfolg*,
DOI 10.1007/978-3-662-43419-2_17, © Springer-Verlag Berlin Heidelberg 2015

» An unseren Gedanken leiden wir mehr als an den Tatsachen. (Seneca)

Es gibt mehrere Erklärungsansätze für die Entstehung und Aufrechterhaltung von übermäßiger Anspannung und Angst, die empirisch überprüft sind.

17.1 Die Gene mischen mit

Niemand von uns kommt als unbeschriebenes Blatt zur Welt. Jeder blickt auf eine unendliche Reihe von Vorfahren zurück, deren Erbanlagen er in sich trägt. Es versteht sich daher von selbst, dass es nicht nur für das Aussehen eines Menschen, seine Intelligenz und Begabungen, sondern auch für organische Krankheiten und psychische Störungen vielfach eine genetische Basis gibt.

So konnte nachgewiesen werden, dass bei hochgradig ängstlichen Personen das autonome Nervensystem oft besonders empfindlich reagiert und bereits bei den geringsten aversiven Reizen »feuert«, woran bestimmte Neurotransmitter, sog. »Botenstoffe«, maßgeblich beteiligt sind. Diese ererbte Labilität des autonomen Nervensystems kann – aber muss durchaus nicht! – den Weg in eine Angststörung bahnen.

Darüber hinaus wurden bei Angstpatienten Besonderheiten bzw. kleinere Anomalien innerhalb des limbischen Systems festgestellt. Das limbische System ist eine sehr alte Hirnregion, die zwischen Hirnstamm und Großhirnrinde liegt und für die zentralen Emotionen Angst, Zorn und Freude zuständig ist. Innerhalb des limbischen Systems liegt die Amygdala, der sog. Mandelkern, die für Lernprozesse, Behaltensleistungen und die Verarbeitung von Angst eine wesentliche Rolle spielt. Bereits im 18. Jahrhundert versuchte man, bestimmten Hirnarealen psychische und intellektuelle Eigenschaften zuzuordnen. Die sog. Phrenologie wurde von Franz Joseph Gall begründet. (Abb. 17.1).

17.2 Konsequenzen als Lehrmeister

Vor allem aufgrund der Experimente von Burrhus F. Skinner wissen wir heute, in welchem Umfang Menschen durch die Folgen ihres Verhaltens beeinflusst werden. Hat ein Verhalten erfreuliche Konsequenzen, etwa Lob oder besondere Zuwendung, wird es also »positiv verstärkt«, nimmt seine Auftretenswahrscheinlichkeit zu. Bewirkt ein Verhalten, einen befürchteten, unangenehmen Ausgang zu vermeiden, zum Beispiel eine Blamage, wird es also »negativ verstärkt«, steigt die Auftretenswahrscheinlichkeit dieses Verhaltens ebenfalls. Auftretenswahrscheinlichkeit bedeutet, dass ein bestimmtes Verhalten mit ziemlicher Sicherheit in der Zukunft immer häufiger gezeigt wird. Geht ein Verhalten hingegen mit belastenden Konsequenzen einher, etwa Liebesentzug, Schulverweis etc., und wird auf diese Weise bestraft, zeigt es sich nachfolgend – zumindest offen – im Allgemeinen seltener.

Belastende Erfahrungen wie zum Beispiel die Demütigung durch einen Lehrer aufgrund schlechter Leistungen – eine Form der Bestrafung – können Ängste in Verbindung mit Leistungssituationen auslösen und bewirken, dass sich ein Schüler immer weniger am Unterricht beteiligt und schließlich »aussteigt« und zum Schulverweigerer wird.

Aufrechterhalten wird Prüfungsangst meist durch negative Verstärkung, indem man bspw. durch ablenkende Tätigkeiten den Angststimulus Prüfung kurzfristig eliminiert.

Zur Aufrechterhaltung von Prüfungsangst können aber auch positive Verstärkungsprinzipien beitragen, wenn etwa entsprechende Klagen und/oder körperliche Beschwerden ein übertriebenes Maß an Aufmerksamkeit und emotionaler Zuwendung nach sich ziehen. Psychoanalytiker sprechen hier von sekundärem Krankheitsgewinn.

Das Verstärkerprinzip

Positive Verstärkung = eintretende angenehme Konsequenz (Abb. 17.2): Intensives Lernen wird belohnt durch gute Noten, Preise, Stipendium …

Negative Verstärkung = Wegfall eines unangenehmen Zustands (Abb. 17.3): Ausgiebiges Feiern statt Lernen lässt Anspannung und Prüfungsangst kurzfristig verschwinden …

Bestrafung 1 = eintretende unangenehme Konsequenz (Abb. 17.4): Mangelndes Lernen wird bestraft durch schlechte Noten, Durchfallen bei Prüfungen, Exmatrikulation …

Bestrafung 2 = Wegfall eines angenehmen Zustands (Abb. 17.5): Die Freundin trennt sich, weil er »stinkfaul« ist …

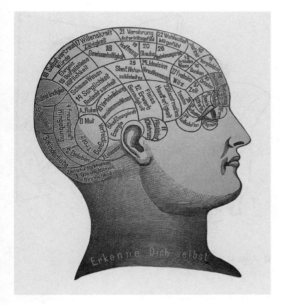

▶ **Abb. 17.1** Gehirnregionen nach Franz Joseph Gall

▶ **Abb. 17.2** Positive Verstärkung

17.3 Wenig hilfreiche Vorbilder

Die Forschungen von Albert Bandura und seinen Mitarbeitern ergaben, dass Verhalten, sei es aggressiv oder ängstlich, oft durch Beobachtung eines entsprechenden Modells erlernt wird, wobei für Kinder in erster Linie die Eltern, aber auch Peers und Medienhelden als Vorbilder fungieren.

Bei Prüfungs- und Versagensangst ist daher unter Umständen der Rückschluss zulässig, dass entsprechend belastete Studis mit Modellen aufgewachsen sind, die ebenfalls eine gesteigerte Angstbereitschaft zeigen. Die Angstreaktion des Modells muss, um den Lernvorgang einzuleiten, nicht direkt beobachtet, sondern kann auch verbal vermittelt werden. Malt ein Elternteil bei einer schlechten Note gleich den Teufel des kompletten Schul- und Lebensversagens an die Wand, so ist die Wahrscheinlichkeit groß, dass die Tochter/der Sohn auf Leistungssituationen mit Furcht reagiert und diese womöglich vermeiden wird. Derartige Lernprozesse werden jedoch durch weitere Variablen beeinflusst, etwa die Art des Verhältnisses zu den Eltern/dem Elternteil – gegenseitige Zuneigung

▶ **Abb. 17.3** Negative Verstärkung

unterstützt die Nachahmungsbereitschaft, eine distanzierte Beziehung verringert sie –, die Attraktivität des Modells – ein erfolgreicher, bewunderter Elternteil wird mit höherer Wahrscheinlichkeit als Vorbild akzeptiert – und die Geschlechtszugehörigkeit – die Tochter vergleicht sich eher mit der Mutter, der Sohn eher mit dem Vater.

◘ **Abb. 17.5** Bestrafung 2

◘ **Abb. 17.4** Bestrafung 1

Beispiel

Telefonat zwischen Vater und Sohn

Torben studiert im 5. Semester Wirtschaftsmathematik, sein Vater ist Diplom-Kaufmann.

Vater: »Was machst du gerade?«

Sohn: »Lernen! Ich versuche, mir das Skript für
die Klausur in Funktionsanalyse reinzuziehen. Ist
eigentlich …« er wollte sagen »ganz interessant«,
aber sein Vater unterbricht ihn:

»Ach Gott, da tust du mir aber Leid. Ich fand die
Mathefächer ganz schrecklich und hatte vor jeder
Klausur Bammel durchzufallen. Die Inhalte waren
sehr trocken und die Klausuraufgaben nicht nur
schwer, sondern zum Teil auch ungerecht gestellt.
Ich erinnere mich, dass ich nachts vor Angst nicht
einschlafen konnte.«

Neben den Eltern können Geschwister, die sehr
erfolgreich sind oder im Gegenteil versagt haben,
Einfluss nehmen, indem sie als abschreckende
Beispiele oder zu übertrumpfende Rivalen eine
manchmal übermäßig hohe Anstrengungsbereitschaft auslösen.

Aber: Es gibt auch junge Menschen, die sich
ohne direkte Modelle in ihrem Umfeld selbst unter
starken Druck setzen, weil sie sehr sensibel auf ge-
samtgesellschaftliche Einflussfaktoren reagieren
wie die (noch!) hohe Arbeitslosenquote und die
Tatsache, dass interessante, gut bezahlte Berufe
meist Abitur und Studium voraussetzen.

Auch das Faktum, aus einem bildungsfernen
Milieu zu stammen, kann mit einer erhöhten Anspannung einhergehen, da die Hochschulen für diese Studierenden eine sehr fremde Welt darstellen,
viele Kommilitonen einen anderen Hintergrund
haben, und man sich notgedrungen ein Stück weit
von seiner Herkunftsfamilie entfernt, was meist mit
Ängsten verbunden ist.

Aus einem Internetforum

»Ich habe das Problem, mir selbst immer massiven Druck zu machen, obwohl das niemand
von mir verlangt und nichts bringt und übertrieben ist. Meinen CV kann ich überall zeigen.
Nach dem Abi zunächst eine Ausbildung, dann
das dazu passende Studium, viele Praktika bei
Unternehmen, die nicht jeden nehmen. Mein
Notendurchschnitt liegt bei 1,5. Ich bin noch
nie bei einer Klausur durchgefallen und gehöre
zu den besten 10 % in meinem Semester.
Es gibt jedoch ein großes ABER:
Ich bin super perfektionistisch und stehe ständig unter Strom. Ich habe einen enorm hohen
Leistungsanspruch. Wenn die Note bei einer

Klausur mal unter 1,3 ist, kriege ich schon die Krise und grüble ständig über ‚mein Versagen' nach. Es hilft mir dann auch nicht, dass die Klausur total schwer war und viele durchgefallen sind. Das schlägt total auf meine Lebensqualität, aber ich weiß nicht, wie ich da raus kommen kann.

Dass ich übertrieben reagiere, ist mir klar, aber davon ändert sich nix. Über eine Note, die keine 1 ist, kann ich mich Wochen lang aufregen, obwohl es natürlich überhaupt nichts bringt. Wahrscheinlich denkt ihr jetzt, dem seine Probleme möchte ich mal haben, aber für mich ist es echt ein Problem, das dazu führt, dass ich mich manchmal richtig scheiße fühle.

Vielleicht hat es damit zu tun, dass ich nicht aus einer ‚Elitefamilie' komme. Mein Vater ist nur ein kleiner Angestellter und meine Mutter hat nur den Hauptschulabschluss. Manchmal denke ich, dass ich nicht die richtigen Gene mitgekriegt haben. Ich bin mir nicht sicher …«

□ **Abb. 17.6**   Negative kognitive Triade

17.4 Die Macht der Gedanken

Kognitive Erklärungsansätze zu Angstreaktionen und depressiven Zuständen gehen im Wesentlichen auf die amerikanischen Psychologen Albert Ellis und Aaron T. Beck zurück. Beide Forscher vertreten die Auffassung, dass Denkinhalte und individuelle Überzeugungen eine große Rolle bei der Entstehung und Aufrechterhaltung psychischer Probleme spielen, insbesondere aber bei der Genese von Ängsten und Depressionen.

> »Represser« oder »Sensitizer«?
> Ein Persönlichkeitsmerkmal, das Menschen voneinander unterscheidet, ist die situationsunabhängige Reaktion auf potenziell bedrohliche Reize. Die einen versuchen, diese Stimuli real und gedanklich zu vermeiden – der Repression-Pol –, die anderen wenden sich ihnen verstärkt zu: der Sensitization-Pol.

> »Represser« tun ihr Möglichstes, um peinlichen, problematischen bzw. bedrohlichen Situationen aus dem Weg zu gehen. »Sensitizer« hingegen hören »die Flöhe husten«. Sie spüren angsterzeugende Stimuli regelrecht auf und beschäftigen sich intensiv mit ihnen.
> Auf extreme Represser wirkt Angst eher leistungssteigernd, bei den Sensitizern ist das Gegenteil der Fall. Letztere sollten frühzeitig stressbewältigende Strategien erlernen und einsetzen.
>
> **Welchem Pol ordnest du dich zu? Eher Repression oder Sensitization?**

17.4.1 Der Ansatz von Aaron T. Beck

Becks kognitives Depressionsmodell basiert auf der Annahme, dass Depressive ein negatives Bild von sich selbst, der Welt und der Zukunft haben, das als »kognitive Triade« bezeichnet wird (□ Abb. 17.6).

Diese Sichtweise bildet sich heraus durch belastende, mit Verlusten verbundene Erfahrungen, etwa Tod oder Scheidung der Eltern bzw. mangelnde Zuwendung in der Kindheit. Die unter Umständen latent bleibende, ins Negative verzerrte Realitätsdeutung kann, so Beck, durch aktuelle Krisen aktiviert werden und wird durch logische Denkfehler aufrechterhalten.

Logische Denkfehler nach Aaron T. Beck

Schwarz-Weiß-Denken   Ereignisse und Personen werden extremen, sich gegenseitig ausschließenden Schwarz-Weiß-Kategorien zugeordnet.

Beispiel: Die Freundinnen Sarah und Amelie haben beide ein ausgezeichnetes Abitur abgelegt und bewerben sich für ein Studium an der Universität St. Gallen. Sarah bekommt nach dem Aufnahmetest eine Zusage. Amelie wird abgelehnt und hält sich selbst seitdem für eine Niete, ihre Freundin aber für eine intellektuelle Koryphäe, der alles im Leben gelingen wird.

Personalisierung   Geschehnisse werden auf die eigene Person bezogen, ohne dass es dafür eine logisch-verlässliche Basis gibt.

Beispiel: Ein Absolvent tritt zu seinem ersten Auswahl-AC an. Während er sich dem Plenum vorstellt, fällt ihm auf, dass eine Assessorin sehr desinteressiert wirkt und über ihn hinweg aus dem Fenster schaut. Sogleich denkt er, dass ihn diese Dame unsympathisch findet und nicht gut bewerten wird. Alternative Erklärungen (Ärger mit dem Partner, Stau auf der Autobahn, Migräne usw.) kommen ihm nicht in den Sinn.

Selektive Verallgemeinerung   Ein Detail wird aus einer Situation herausgelöst und die Gesamterfahrung anhand dieses isolierten Details beschrieben.

Beispiel: Ein Student legt eine Prüfung mit der Note 1,3 ab, hält sich aber im Nachhinein für einen Versager, weil einer der Prüfer spöttisch lächelte, als er eine Frage nicht beantworten konnte.

Unlogische Schlussfolgerungen   Schlussfolgerungen werden jenseits aller Logik gezogen und sogar bei eindeutigen Gegenbeweisen beibehalten.

Beispiel: Als Tom seine Bachelorarbeit abgeben will, hat die Straßenbahn aufgrund eines Unfalls beträchtliche Verspätung. Außerdem regnet es, und Tom hat keinen Schirm dabei. Tom ist jetzt überzeugt, dass er ein Pechvogel ist und die Arbeit sowieso schlecht benotet wird. Er denkt sogar daran, sie gar nicht erst abzugeben.

Übertreibung   Aufgrund eines einzigen Ereignisses oder mehrerer nicht miteinander zusammenhängender Ereignisse werden allgemein gültige Schlussfolgerungen gezogen.

Beispiel: Mary studiert im ersten Semester BWL. Sie besteht die Abschlussklausuren mit guten Noten. Nur in Analysis fällt sie durch, was aber kein Problem darstellt, da sie diese Klausur beliebig oft wiederholen darf. Trotzdem glaubt Mary, für das BWL-Studium nicht geeignet zu sein und will das Fach wechseln.

17.4.2 Das Modell von Albert Ellis

Ellis geht von der Annahme aus, dass bestimmte Einstellungen bzw. sog. irrationale Überzeugungen, die mit einer ausgeprägten Rigidität des Denkens zusammenhängen, emotionale Probleme und Ängste auslösen.

Typisch für dysfunktionale Haltungen sind die globale negative Bewertung der eigenen Person sowie anderer Personen, ein katastrophisierender Denkstil und eine niedrige Frustrationstoleranz. Ellis hat insgesamt 11 irrationale Überzeugungen abgeleitet.

Irrationale Überzeugungen nach Albert Ellis

Die Überzeugung, dass es wichtig ist, von fast jedem geliebt oder wenigstens akzeptiert zu werden.   **Beispiel:** Anja hat zwei Semester Psychologie in Wien studiert. Als sie an die Universität Mannheim wechselt, haben sich schon Cliquen gebildet und Freundschaften entwickelt. Sie leidet in den ersten Wochen sehr darunter, nicht dazu zu gehören und gibt an, dadurch in ihren Studienleistungen beeinträchtigt zu sein.

Die Überzeugung, dass man nur ein wertvoller Mensch ist, wenn man absolut kompetent und überdurchschnittlich leistungsstark ist.   **Beispiel:** Lukas hat von seinen übertrieben ehrgeizigen Eltern vermittelt bekommen, dass Leistung das Wichtigste im Leben ist und er immer der Beste sein muss, nicht nur in der Schule, sondern auch beim Sport. Er fühlt sich wertlos, wenn er keine extrem guten Noten schreibt.

Die Überzeugung, dass es eine Katastrophe ist, wenn sich die Dinge anders entwickeln, als es den eigenen Wünschen entspricht.   **Beispiel:** Julia wollte schon immer Jura studieren, um gegen diverse Ungerechtigkeiten, die sie aufregen, vorzugehen. Während des Studiums muss sie aber feststellen, dass die Lehrveranstaltungen in vieler Hinsicht nicht ihren Erwartungen entsprechen und es bei Fallanalysen auch nicht primär darum geht, für Gerechtigkeit zu sorgen. Sie ist sehr enttäuscht und zornig und kann sich nur schwer dazu entscheiden, entweder die Studieninhalte zu akzeptieren oder das Fach zu wechseln.

Die Überzeugung, dass es einfacher ist, Schwierigkeiten aus dem Weg zu gehen. **Beispiel:** Marcello hat schon einige Prüfungen in den Sand gesetzt und verliert allmählich den Anschluss an die Bachelorkohorte. Sein bester Freund bringt ihn schließlich zur PBS. Aber Marcello zeigt keine Neigung, sich seinen Problemen zu stellen und an sich zu arbeiten. Er ist der Meinung, man solle positiv denken, dann werde alles schon irgendwie in Ordnung kommen.

Die Überzeugung, dass es für alle Probleme und Fragen perfekte Lösungen und Antworten gibt, die man unbedingt finden muss. **Beispiel:** Tobias studiert im ersten Semester BWL, bezweifelt aber, dass die Uni Mannheim für ihn die richtige Hochschule ist. Er erwartet von seiner Beraterin, dass sie ihm als Expertin bereits während des Erstgesprächs mit absoluter Sicherheit sagen kann, ob er weiterstudieren oder die Hochschule wechseln soll. Den entsprechenden Rat will er dann befolgen.

Die Überzeugung, man müsse sich durch Probleme anderer aus der Fassung bringen lassen. **Beispiel:** Senta studiert Medizin und ist der Meinung, sich nicht mehr auf ihr Studium konzentrieren zu können, weil ihr Freund depressiv ist und sie sich mit seinen seelischen Schwierigkeiten beschäftigen müsse.

Die Idee, dass man mit bestimmten Eigenschaften auf die Welt kommt und nichts dagegen tun kann. **Beispiel:** Martin kommt in die Beratungsstelle, weil seine Stimmung oft gedrückt ist und er sich vieles übermäßig zu Herzen nimmt. Er erzählt gleich in der ersten Sitzung, dass er diese Neigung wohl von seinem Vater geerbt habe, der sich wegen Depressionen in psychotherapeutischer Behandlung befinde. Die Anlage zu Pessimismus und

☐ **Abb. 17.7** Konkurrenzdenken bei Studis

übermäßiger Empfindsamkeit liege anscheinend in seiner Familie und sei daher wohl kaum zu ändern.

Diese Überzeugungen lösen Ellis zufolge Emotionen wie Zorn und Angst aus. Ein Mensch, der bspw. überzeugt ist, immer perfekt sein zu müssen, steht unter einem immensen Druck, der zu negativen Bewertungen seiner selbst, Ängsten und Depressionen führen kann. Entscheidend ist hierbei, dass die innere Überzeugung von einem »unbedingten Müssen« ausgeht, das heißt eine näherungsweise Zielerreichung zählt nicht (☐ Abb. 17.7).

17.5 Das Defizitmodell

Dieses Modell geht davon aus, dass Prüfungsängste in manchen Fällen als eine Art »Realangst« anzusehen sind, die Studierende mit Begabungsmängeln und Lerndefiziten auszeichnet. Beim Vergleich mit Mitschülern und Kommilitonen werden die Betroffenen mit ihren eigenen Defiziten konfrontiert und entwickeln daraufhin Prüfungsangst.

In solchen Fällen ist Prüfungsangst nicht ursächlich für Leistungsminderungen, sondern moderiert nur den Zusammenhang zwischen defizitären Voraussetzungen und Prüfungserfolg, indem hochgradige Angst das Leistungsniveau noch mehr absinken lässt.

Einige Studien belegen das Defizitmodell, das Gesamtbild ist jedoch uneinheitlich. Denn auch das Phänomen, dass gerade überaus leistungsstarke Studierende mit guten und sehr guten Noten hochgradig prüfungsängstlich sind, ist bekannt und begegnet einem in der Praxis sehr häufig.

Weiterhin gibt es Studis, die allgemein gute Leistungen erbringen, aber zu einem bestimmten Fach oder einzelnen Fächern keinen Zugang finden und konsekutiv Angst entwickeln, die bei dem ersten Misserfolg immer weitere Kreise zieht und die Lernleistung deutlich beeinträchtigt. Nur bei einer sehr kleinen Anzahl von Studierenden gewinnt man tatsächlich den Eindruck, dass sie ihr Studium intellektuell überfordert und sie daher das Fach wechseln bzw. vielleicht gar nicht studieren sollten.

Beispiel

Rebecca, 3. Semester Psychologie

Rebecca war in der Statistikklausur schon zweimal durchgefallen und hatte jetzt nur noch einen Versuch. Das Studium bereitete ihr ansonsten keine Probleme, und sie wollte auch kein anderes Fach als Psychologie studieren. Nur Mathematik lag ihr nicht, das war schon in der Schule so gewesen. Daher war sie von vornherein mit negativen Erwartungen an das Fach Statistik herangetreten, die sich bei aufkommenden Verständnisschwierigkeiten und dem ersten Prüfungsmisserfolg immer weiter steigerten und schließlich so extrem wurden, dass sie den Eindruck hatte, die Klausur ohne fremde Hilfe bzw. Beratung und Coaching nicht bestehen zu können.

Wenn nur einzelne Fächer innerhalb eines Studiengangs Schwierigkeiten bereiten, sollte man das Studium auf jeden Fall fortsetzen, sofern man für seine Inhalte motiviert ist.

Du hast schon immer davon geträumt hast, Arzt/Ärztin zu werden? Dann lass dich durch langweilige Fächer wie Medizinische Statistik oder Biomathematik bitte nicht davon abbringen! Lerngruppen, Coaching und der Blick in die Zukunft können bei der Bewältigung eines Angstfachs helfen.

Falls du aber in den meisten Modulen auf Verständnisprobleme stößt und durchgängig schlechte Noten schreibst, ist zu überlegen, ob der Studiengang wirklich das Richtige für dich ist und es nicht vielleicht sinnvoll wäre, nach Alternativen zu suchen. Dabei können dir die Beratungsstellen der Universitäten, die Hochschulteams der Agentur für Arbeit und private Institute, die entsprechende, meist testgestützte Beratungen anbieten, von Nutzen sein.

Merke

- Für die Entstehung und Aufrechterhaltung von Prüfungsangst spielen selbstschädigende Kognitionen eine entscheidende Rolle!
- Angst vor Versagen ist selten ein Hinweis darauf, dass das gewählte Studienfach nicht das richtige ist!

Literatur

Branch, R., Willson, R. & Strahl, H. (Übersetzer) (2011). Kognitive Verhaltenstherapie für Dummies. Wiley-VCH Verlag.

Lefrancois, G. R. (2006). Psychologie des Lernens. 4., überarb. u. erw. Aufl. Berlin & Heidelberg: Springer Medizin.

Watzlawick, P. (2009). Anleitung zum Unglücklichsein. 12. Aufl. München: Piper.

Wie werde ich die Ängste los?

Gabriele Bensberg

18.1   Optimiere die Vorbereitung! – 224
18.1.1   Art und Bedeutung der Challenge – 224
18.1.2   Strategische Planung – 224
18.1.3   Simulation der Situation – 225

18.2   Entspanne dich! – 225
18.2.1   Klassische Entspannungsmethoden – 225
18.2.2   Selbsthypnose – 229

18.3   Verhalte dich erfolgsorientiert! – 230
18.3.1   Passende Symbole – 231
18.3.2   Babylonische Sprachverwirrung – 231

18.4   Beinhart! Die Strategie des »Als-ob-Verhaltens« – 232

         Literatur – 233

G. Bensberg, *Dein Weg zum Prüfungserfolg*,
DOI 10.1007/978-3-662-43419-2_18, © Springer-Verlag Berlin Heidelberg 2015

» Ich finde das immer wieder erstaunlich, wie man sich in so kurzer Zeit verändern kann. (Katarzyna, eine der 4 Finalistinnen bei GNTM 2012)

18.1   Optimiere die Vorbereitung!

Die erste Phase einer optimalen Prüfungsvorbereitung, gleichgültig ob vor der Immatrikulation, während oder am Ende des Studiums, beginnt immer mit einer genauen Definition der Anforderungen und der Einschätzung der persönlichen Bedeutsamkeit.

18.1.1   Art und Bedeutung der Challenge

Bei der Abfassung eines Referats mit klarer Themenstellung und begrenzter Seitenzahl sind die Kriterien für das Bestehen bzw. eine gute Bewertung relativ eindeutig. Dennoch ist es empfehlenswert, sich zusätzlich zu fragen, worauf der Dozent besonderen Wert legt und welche persönlichen Schwerpunkte er setzt. Derartige Fragen klärst du am besten im persönlichen Gespräch bzw. durch Befragungen studienerfahrener Kommilitonen.

Bei einer schriftlichen Prüfung ist die Form der Aufgabenstellung sehr wichtig: Besteht die Klausur ausschließlich aus Multiple-Choice-Vorgaben, aus wenigen offenen Fragen, die im Aufsatzstil zu beantworten sind, aus vielen »kleinen« Fragen, bei deren Beantwortung Stichpunkte genügen, oder liegt eine Mischform dieser Fragetypen vor? Wichtig ist natürlich auch die Klärung der Zeitvorgabe. Ist die Zeit knapp, solltest du auf jeden Fall die Lösung alter Klausuren unter dem gegebenen Zeitlimit üben!

Bei der Bewerbung auf eine Stellenausschreibung ist der Anforderungskatalog genau zu studieren; zusätzlich sind dezidierte Informationen über das Unternehmen bzw. die Institution einzuholen.

Ein zweiter wichtiger Fragenkomplex bezieht sich auf deine Haltung gegenüber der Prüfung. Geht es nur darum zu bestehen? Ist eine Note im Mittelfeld für dich o.k. oder willst du besonders gut abschneiden? Ist es dein Ziel, an einer Uni mit strengen Auswahlkriterien aufgenommen zu werden, oder genügt es dir, dein Wahlfach »irgendwo« zu studieren? Steht hinter dem zu absolvierenden AC dein Traumjob oder nimmst du eher zu Übungszwecken teil, um dich zu Beginn der Bewerbungsphase »warm zu laufen«?

Sofern die Challenge für dich eine immens hohe Bedeutung hat, solltest du für den Fall des Scheiterns Alternativen, das heißt Pläne B und C parat haben. Auf diese Weise schützt du dich davor, nach einer möglichen Niederlage in ein tiefes Loch zu fallen.

18.1.2   Strategische Planung

In der zweiten Phase gehst du strategisch vor und legst konkrete Schritte fest, um dich optimal vorzubereiten. Es empfiehlt sich, zunächst Ideen per Brainstorming zu sammeln und diese anschließend auf ihre Zweckmäßigkeit und Realisierbarkeit zu überprüfen.

Beispiel
Brainstorming zur Vorbereitung auf den Zulassungstest der Universität St. Gallen für ausländische Studienbewerber
- Intelligenztests im Internet zu Übungszwecken bearbeiten
- Internetauftritt der Hochschule einsehen
- Vertraut machen mit den dort aufgelisteten Beispiel-Testaufgaben
- Tipps bei Studis, die den Test bestanden haben, einholen
- Deinen IQ durch einen Psychologen testen lassen
- Test-Übungsbuch kaufen
- Pläne B und C machen, falls es in St. Gallen nicht klappt
- Usw.

In einem **zweiten Schritt** bestimmst du die zeitliche Reihenfolge dieser Schritte:
1. Internetauftritt der Hochschule einsehen
2. Vertraut machen mit den dort aufgelisteten Beispiel-Testaufgaben
3. Intelligenztests im Internet zu Übungszwecken bearbeiten
4. Deinen IQ durch einen Psychologen testen lassen

5. Test-Übungsbuch kaufen
6. Tipps bei Studis, die den Test bestanden haben, einholen
7. Pläne B und C machen, falls es in St. Gallen nicht klappt
8. Usw.

Anschließend überlegst du, wie sich die einzelnen Strategien praktisch umsetzen lassen. Zum Beispiel kannst du bei Amazon ein gebrauchtes Test-Übungsbuch billig erstehen. Die Universität St. Gallen hat eine Fachschaft, die dir wertvolle Tipps geben kann.

Die Pläne B und C sollten möglichst konkrete Alternativen beinhalten. Welche Hochschulen kommen an zweiter und dritter Stelle in Frage? Wie sind die Bewerbungsfristen? Für welches Fach würdest du dich alternativ entscheiden?

18.1.3 Simulation der Situation

Drei Stufen:
- 1. Stufe: Vertraut werden mit den Örtlichkeiten und Personen
- 2. Stufe: »Spielerische« Inszenierung der Prüfungssituation
- 3. Stufe: Realistisches Proben der Prüfungssituation

Um sich gezielt auf eine Challenge vorzubereiten, sollte man diese proben. Das gilt für universitätsinterne Prüfungen ebenso wie für Auswahlgespräche oder Assessmentcenters.

Die erste Annäherung an die Realität bedeutet, sich zunächst mit dem Ort des Geschehens und den maßgeblichen bzw. beteiligten Personen vertraut zu machen. Vor einer Prüfung ist es empfehlenswert, den Saal oder Raum, in dem sie stattfinden wird, anzuschauen und sich dort probeweise einmal auf einen Stuhl bzw. eine Bank zu setzen. Wenn einem der Prüfer nicht gut oder gar nicht bekannt ist, sollte man versuchen, ihn vor der Prüfung kennen zu lernen (▶ Kap. 7.6).

Die zweite Konfrontationsstufe besteht darin, die Prüfungssituation zu inszenieren. Mündliche Prüfungen beispielsweise können in einer Lerngruppe durch wechselnde Rollenübernahmen gezielt durchgespielt werden. Auch die Psychologischen bzw. Psychotherapeutischen Beratungsstellen der Studentenwerke bieten derartige Simulationen an (▶ Kap. 7.2.4).

Die dritte Konfrontationsstufe beinhaltet einen noch höheren Realitätsgehalt. Man schaut sich eine reale Prüfungssituation per Video an und/oder probt die Situation mit den Prüfern selbst in deren Räumlichkeiten. Eine solche äußerst hilfreiche Simulation ermöglichen einige Hochschullehrer ihren Prüfungskandidaten im Rahmen von Kolloquien (▶ Kap. 7.7.5).

Die sich einstellenden Übungseffekte tragen zur Optimierung deiner Vorbereitung bei, was allein schon hilft, Aufregung und Angst zu reduzieren. Der zweite Wirkeffekt besteht in einer Desensibilisierung, indem durch zunehmende Gewöhnung – der Fachausdruck ist Habituation – an die angstmachende Situation Anspannung und überschießende emotionale Reaktionen abgeschwächt werden.

18.2 Entspanne dich!

In den vorangegangenen Kapiteln wurden dir einige schnell erlernbare, unmittelbar einsetzbare Entspannungstechniken vorgestellt. Sollte deren Wirkung nicht genügen, gibt es weitere Strategien, um einen entspannten, weitgehend gelassenen Gemütszustand zu erreichen.

18.2.1 Klassische Entspannungsmethoden

Es existieren effektive Entspannungsmethoden, die man anders als die kurzzeitigen Techniken allerdings über einen längeren Zeitraum hinweg erlernen und praktizieren muss, damit sie ihre Wirkung entfalten können. Zu diesen bekannten und bewährten Verfahren gehören die Progressive Muskelrelaxation, Yoga, Meditation und das Autogene Training.

Progressive Muskelrelaxation
- **Wer:** Die Progressive Muskelrelaxation (Kurzform PMR), das heißt das Prinzip der fortschreitenden Muskelentspannung, wurde

bereits in den 1920er-Jahren von Edmund Jacobson in den USA entwickelt. Neben dem Autogenen Training ist sie die am besten überprüfte und bekannteste Entspannungsmethode.

— **Warum:** Der Ansatz basiert auf dem Wissen um die enge Verzahnung zwischen Seele und Körper. Im Angstzustand und bei erhöhtem Stress ist zugleich auch die Muskulatur angespannt. Muskuläre Anspannung aber signalisiert dem Gehirn Gefahr, wodurch ein Teufelskreislauf in Gang gesetzt werden kann, da durch diese Interpretation der Muskeltonus weiter zunimmt. Es gilt aber auch der Umkehrschluss: Eine entspannte, weiche Muskulatur wird im Gehirn als psychischer Ruhezustand repräsentiert und lässt auch die Muskeln entspannen.

— **Wie:** Die PMR lehrt die willentlich herbeigeführte, kontrollierte An- und Entspannung aller Muskelgruppen, über die der Mensch Kontrolle hat. Auf diese Weise kann schließlich ein völlig entspannter Ganzkörperzustand erreicht werden. Die einzelnen Muskelgruppen werden in einer bestimmten Reihenfolge und nach klaren Vorgaben an- und entspannt. Dabei muss die Entspannungsphase immer länger sein als die Anspannungsphase, und die Anspannung der Muskulatur darf nicht übertrieben werden. Sie sollte fühlbar sein, ohne zu schmerzen. Jede An- und Entspannungseinheit kann durch eine Vorsatzformel, z.B.: »Ich bin ganz ruhig!«, ergänzt werden.

Die Wirkung ist direkt fühlbar, es bedarf dazu keiner besonderen Vorstellungskraft. Diese Methode eignet sich daher gut für Menschen, denen Imaginationen schwer fallen. Die PMR muss über einen längeren Zeitraum, in der Regel mehrere Wochen, geübt werden. Das Verfahren existiert in einer Lang- und in verschiedenen Kurzformen, je nachdem wie viele Muskelgruppen pro Lernsequenz zusammengefasst werden. Am Ende sollte es möglich sein, Stressoren bereits im Vorfeld zu identifizieren, um ihren unangenehmen Auswirkungen gezielt durch Einsetzen der Übungen gegensteuern zu können.

18

Progressive Muskelrelaxation: Instruktionsbeispiel für vier Muskelgruppen
Hände und Arme
Arme ausstrecken und etwas anwinkeln, Hände zur Faust ballen, Unterarme und Oberarme anspannen.
Anspannen – Halten (ca. 7 Sek.) – Loslassen – Nachspüren (ca. 30 Sek.)
Gesicht und Nackenmuskulatur
Augenbrauen hochziehen, Augen zusammenkneifen und Nase rümpfen. Zähne aufeinanderpressen, Mundwinkel nach hinten ziehen, Zunge gegen den Gaumen pressen. Kinn zum Hals senken und den Hinterkopf gegen eine imaginäre Kopfstütze drücken.
Anspannen – Halten (ca. 7 Sek.) – Loslassen – Nachspüren (ca. 30 Sek.)
Brust, Schultern, Rückenpartie, Bauch und Gesäß
Schulterblätter zusammenziehen und das Brustbein nach vorn wölben. Bauch einziehen oder vorstrecken, beides spannt die Bauchmuskulatur an. Gesäßmuskeln anspannen.
Anspannen – Halten (ca. 7 Sek.) – Loslassen – Nachspüren (ca. 30 Sek.)
Füße und Beine
Fersen auf den Boden pressen, Zehen nach oben richten, Unterschenkel und Oberschenkel anspannen.
Anspannen – Halten (ca. 7 Sek.) – Loslassen – Nachspüren (ca. 30 Sek.)
Eine Demonstration durch Dipl.-Psych. Joachim Coch findest du online auf ▶ www.lehrbuch-psychologie.de (Klick auf das Buchcover).

Yoga
— **Wer:** Yoga stammt aus Indien und wird von immer mehr Menschen in westlichen Ländern praktiziert. Vor allem unter jungen Menschen ist Yoga sehr beliebt. Der indische Begriff bedeutet so viel wie »Vereinigung«, aber auch »Anspannung«.
— **Warum:** Im eigentlichen Sinn ist Yoga eine Philosophie und daher eng mit hinduistischem und buddhistischem Gedankengut verknüpft. Ursprünglich diente Yoga dem Zweck, den

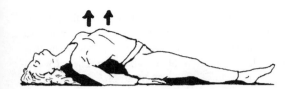

nachgewiesen werden. So kann Yoga bei Schlafstörungen, Verspannungen und chronischen Kopfschmerzen hilfreich sein. Yoga hat auf die meisten Menschen eine beruhigende Wirkung, die Stresssymptomen entgegenwirkt.

> ### Yoga: Der Fisch – Asana gegen Verspannungen
> Du liegst auf dem Rücken und legst die Beine ausgestreckt nebeneinander, wobei die Zehen gestreckt sind. Die Hände werden unter den Po gelegt, und die Handflächen zeigen nach unten. Du atmest tief ein und wölbst den Brustkorb mit fest auf den Boden gedrückten Ellenbogen nach oben. Der Kopf wird nach hinten gebeugt, wobei der Scheitel idealerweise den Boden berühren sollte. In dieser Stellung verharrt man ca. eine Minute. Dann hebt man den Kopf und legt den Körper wieder auf den Boden ab (▣ Abb. 18.1). Es empfiehlt sich, eine Decke oder ein Kissen als Unterlage zu benutzen.

Körper zu stärken, um das lange bewegungslose Verharren bei Meditationen ohne Schmerzen zu ermöglichen. Yoga stellt aber auch einen möglichen Weg auf der Suche des Menschen nach Erleuchtung im Sinne buddhistischer Lehren dar. Es war und ist zudem ein Training zur Zügelung von Begierden und zur Kontrolle der Bedürfnisse des Körpers. Hier finden sich Übereinstimmungen mit asketischen Vorstellungen. Im Laufe der Zeit wurden verschiedene Yoga-Richtungen entwickelt, die sich u.a. darin unterscheiden, ob sie den meditativen oder körperbezogenen Aspekt betonen. In Westeuropa und den USA stehen körperbezogene Ansätze im Vordergrund, die meist durch Atemübungen und Meditation ergänzt und unter dem Begriff Hatha Yoga zusammengefasst werden.

– **Wie:** Die körperlichen Übungen – Asanas genannt – werden nach dem Grundprinzip eines Wechsels von Anspannung und Entspannung durchgeführt. Die verschiedenen Übungen dienen dabei der Beherrschung und Dehnung des Körpers und sind auch für Anfänger mit durchschnittlicher Beweglichkeit erlernbar. Nachgewiesene Verwandtschaft mit Schlangenmenschen ist also keine Voraussetzung. Darüber hinaus sollen die Asanas eine größere Bewusstheit des eigenen Körpers und der Atmung ermöglichen und auch die Konzentrationsfähigkeit stärken. Das übergeordnete Ziel von Yoga ist der harmonische Einklang von Körper, Geist und Seele sowie die Mobilisierung der Lebensenergie durch Stimulation der Energiezentren – »Chakren« – des Körpers.

Der Zusammenhang von regelmäßig praktizierten Yogaübungen und dem subjektiven Wohlbefinden ist belegt. Es konnten aber auch positive Auswirkungen auf objektive Gesundheitsvariablen

Meditation

– **Wer:** Ebenso wie Yoga stammt die Meditation aus fernöstlichen Ländern und ist eng mit buddhistischen und hinduistischen Lehren verknüpft. In dem Begriff Meditation steckt das lateinische Wort »medius« (Mitte).

– **Warum:** Ursprünglich dienten meditative Techniken im Hinduismus und Buddhismus der Erleuchtung des Menschen bzw. dem Erreichen des Nirwana. Aber auch das Christentum und die jüdische Religion kennen Formen der Meditation, die im Mittelalter vor allem von Mystikern praktiziert wurden. In jüdischen und christlichen Umwelten will man durch Meditieren die Nähe Gottes erfahren. Zunehmend wird die Meditation ohne weltanschauliche Eingrenzung in der Psychotherapie und präventiv zur Entspannung und Steigerung des Wohlbefindens eingesetzt.

– **Wie:** Es gibt mittlerweile eine kaum noch zu überblickende Fülle meditativer Verfahren. Grundsätzlich wird zwischen passiver und aktiver Meditation unterschieden.

Aktive Meditationsformen sind mit körperlicher Bewegung verbunden, hierzu gehören z.B. die Tanz- oder die bekanntere Geh-Meditation. Die **passiven Verfahren** wie Achtsamkeits- oder Konzentrationsmeditation sind dadurch charakterisiert, dass sich der Mensch im Ruhezustand befindet.

Bei der letztgenannten Meditationsform konzentriert man sich auf ein zuvor festgelegtes Phänomen, etwa ein vorgestelltes Bild, den eigenen Atem oder eine bestimmte Idee. Der übliche Gedankenfluss wird auf diese Weise durchbrochen, und der Geist beruhigt sich.

Um zu meditieren, sollte man sich einen ruhigen Ort suchen. Der bekannte, aber für Europäer meist sehr unbequeme Lotussitz ist nicht erforderlich. Man setzt oder legt sich so, wie es für einen selbst bequem ist. Die Kleidung sollte in keiner Weise einengend sein. Zusätzlich kann man ein Meditationstuch umlegen, um die Abschottung von der Außenwelt auch taktil erfahrbar zu machen.

Auf die beruhigende, entspannende Wirkung der Meditation weisen einige Studien hin. Im meditativen Zustand verändern sich die Entspannungsindikatoren Herzrate, Atmung und Muskeltonus. Aufgrund der Vielzahl und Vielfalt der einzelnen Meditationsschulen und -ansätze ist es jedoch schwierig, zu wissenschaftlich überzeugenden Ergebnissen zu gelangen.

Nadabrahma-Meditation Nadabrahma bedeutet sinngemäß, dass die Welt aus Klängen besteht. Diese Meditationsform ist eine Art »Summ-Meditation« und beruht auf uraltem tibetanischem Wissen um die Verbindung von Körper und Geist und den adäquaten Wegen zum inneren Gleichgewicht. Immer wenn wir unsere Aufmerksamkeit auf ruhige, melodische Klänge richten, leiten wir damit einen Zustand innerer Entspannung ein.

- **Vorbereitung:** Setze dich bequem auf einen Hocker oder ein Sitzkissen. Die Beine werden nicht übereinander geschlagen, die Hände ruhen lose im Schoß und die Augen sind geschlossen. Halte den Rücken möglichst gerade. Stelle dir vor, dein Kopf wird von einem unsichtbaren Faden nach oben gezogen.
- **1. Phase:** Atme so tief wie möglich ein und summe dann mit geschlossenen Lippen, bis

du Atem schöpfen musst, um erneut summen zu können. Führe das Einatmen und Summen ohne Pause unablässig fort. Summe vernehmlich, aber nicht übertrieben laut. Diese Meditationsphase dauert 30 Minuten.
- **2. Phase:** Die zweite Phase umfasst 15 Minuten und gliedert sich in zwei Teile.

Im ersten Teil bewegst du deine Hände mit zunächst nach oben gerichteten Handflächen am Nabel beginnend in die Höhe und beschreibst dann rechts und links fortlaufend zwei große Kreise. Stelle dir dabei vor, dass du der Welt alle deine individuellen Energien zukommen lässt.

Im zweiten Teil richtest du die Handflächen nach unten und bewegst die Hände - wieder vom Nabel ausgehend – der Erde zu, also in die entgegengesetzte Richtung. Du beschreibst erneut zwei große Kreise und stellst dir dabei vor, dass du Energie vom Universum in dir aufnimmst.
- **3. Phase:** In der dritten Phase sitzt du einfach ruhig und entspannt da und genießt das Gefühl der inneren Stille und die Bilder, die vielleicht in dir aufsteigen.
- **Musik:** Diese Meditation wird mit musikalischer Begleitung durchgeführt, meist mit einer CD von Georg Deuter, der zu bekannten Meditationen Kompositionen verfasst hat. Die Musik unterscheidet deutlich zwischen den einzelnen, unterschiedlichen Meditationsteilen, sodass du immer weißt, wann ein neuer Teil beginnt, ohne eine Uhr zu benötigen.

Wenn man die Meditation beenden möchte, kann man die Muskeln kurz an- und entspannen sowie Arme und Beine ausschütteln. Dabei öffnet man die Augen und kehrt in die Gegenwart zurück.

Autogenes Training (AT)
- **Wer:** Das autogene Training wurde von Johannes H. Schultz, einem Berliner Nervenarzt, in etwa zeitgleich mit der Progressiven Muskelentspannung entwickelt. Der Begriff »autogen« leitet sich von den griechischen Wörtern »autos« (selbst) und »genos« (erzeugen) ab.
- **Warum:** Der Vater des autogenen Trainings setzte bei der Behandlung seiner Patienten Hypnose ein und entdeckte dabei, dass

Menschen fähig sind, sich allein durch ihre Vorstellungskraft in bestimmte körperliche Zustände zu versetzen. So ist empirisch nachgewiesen, dass die Vorstellung, der Arm werde ganz warm, die Körpertemperatur bei vielen Menschen ansteigen lässt. Beim autogenen Training wird zwischen einer Grund- und einer Oberstufe unterschieden. Die Grundstufe wird hauptsächlich zur Entspannung und Steigerung der geistigen Leistungsfähigkeit eingesetzt. In der Oberstufe versucht man, Probleme mittels Suggestion zu lösen. Wir stellen hier nur die Grundstufe vor.

- **Wie:** Anders als die PMR beruht die Wirkungsweise des AT auf Suggestionen. Es werden selbsthypnotische Formeln eingesetzt, die individuell angepasst werden können, um physische Reaktionen zu beeinflussen. Durch bestimmte Imaginationen, die sich auf relevante Körperregionen beziehen, versucht man, einen angenehm entspannten Zustand zu erzeugen. Das Ziel ist genau wie bei der Progressiven Muskelrelaxation, zu innerer Ruhe und Gelassenheit zu gelangen: »Ich bin ganz ruhig!«

Vor Beginn der Übungen nimmt man eine bequeme Haltung ein, entweder liegt man auf dem Boden oder man sitzt in der sog. Droschkenkutscherhaltung auf einem Stuhl. Dabei ist der Kopf gesenkt und die Hände liegen locker auf den Oberschenkeln.

Am Ende einer AT-Übung steht immer die »Rücknahme«, eine Art Aufwachen, das meist mit Gefühlen von Wohlbefinden und Gelöstsein einhergeht. Die Wirkung des AT kann durch persönliche Instruktionen erweitert werden, um sich in einer bestimmten Weise selbst zu »programmieren«. Solche individuellen Vorsätze können sein: »Ich gewöhne mir das Rauchen ab!« oder »Ich bereite ab jetzt die Lehrveranstaltungen vor und nach!«

Die Effizienz des AT konnte in vielen wissenschaftlichen Studien nachgewiesen werden. Autogenes Training wird erfolgreich bei psychogenen Spannungszuständen, aber auch bei psychosomatischen Beschwerden wie Schlafstörungen und Spannungskopfschmerzen eingesetzt.

> **Autogenes Training: Die Formeln der Grundstufe**
> Vor und nach jeder Grundübung wird meist die Ruheformel »Ich bin ganz ruhig« eingeschoben
> **Schwereübung:** Vorsatzformel: »Arme und Beine sind ganz schwer«
> **Wärmeübung:** Vorsatzformel: »Arme und Beine sind ganz warm«
> **Atemübung:** Vorsatzformel: »Es atmet mich«
> **Herzübung:** Vorsatzformel: »Puls ruhig und regelmäßig«
> **Sonnengeflechtübung:** Vorsatzformel: »Sonnengeflecht strömend warm«
> **Stirnkühleübung:** Vorsatzformel: »Stirn angenehm kühl«
> **Anmerkungen:** Das Sonnengeflecht besteht aus einer Verdichtung feiner Nervenfäden und befindet sich unterhalb des Zwerchfells. Eine ergänzende Vorsatzformel könnte sein: Ich bleibe während der Klausur ruhig und gelassen!

Diese Formeln können nach Bedarf abgewandelt und weitere hinzugenommen werden, z.B.:
- »Kopf frei und klar« und »Nacken-Schulter-Region angenehm warm« bei Kopfschmerzen. Die Stirnkühleübung wird dann weggelassen.
- »Meine Füße sind ganz warm« (gegen kalte Füße).
- »Ich bin aufmerksam und konzentriert.«
- »Ich bin mutig« usw.

18.2.2 Selbsthypnose

Auch die Hypnose ist eine veränderungswirksame Strategie, um aus der Realität kurzzeitig auszusteigen und sich selbst in einen tief entspannten Zustand zu versetzen. Seit Langem ist bekannt, dass es dazu nicht unbedingt eines Hypnotiseurs bedarf, sondern auch die Möglichkeit der Selbsthypnose besteht.

Eine Hypnose beginnt mit der Einleitung der hypnotischen Trance. Dabei lenkt man das Bewusstsein konzentriert auf eine einfache Aufmerksamkeitsleistung, sodass es nur noch eingeschränkt arbeitet, weniger kritikfähig ist und der Zugang zum Unbewussten erleichtert wird. Techniken sind u.a. visuelle Fixierungen, indem man einen Gegenstand permanent betrachtet, oder Zähl-Methoden. Eine grundsätzliche Voraussetzung, um in Trance zu fallen, besteht darin, der Hypnose positiv gegenüber zu stehen – niemand kann gegen seinen Willen hypnotisiert werden – und sich in einer entspannten Ausgangsposition zu befinden.

Wichtig ist, die Hypnose am Ende gezielt zu beenden, damit der Organismus wieder auf »Normalbetrieb« umstellen kann. Hierzu wird meist eine Zähl-Methode eingesetzt.

Stationen einer Selbsthypnose:

- Suche dir eine Zeit und einen Raum, in der bzw. in dem du ungestört bist. Schließe dich ein und hänge ein Schild »Bitte nicht stören!« an die Tür.
- Wähle eine Sitz- oder Liegeposition, die für dich sehr angenehm ist. Hole dir dazu einige Kissen und vielleicht, wenn es kühl ist, eine Decke. Sorge dafür, dass die Temperatur angenehm und weder zu kalt noch zu warm ist.
- Stelle dir dann vor, wie alle deine Probleme und Ängste davonfliegen. Packe sie in einen großen Korb, an dem ein Ballon befestigt ist und lasse sie in den Himmel aufsteigen. Beobachte, wie der Ballon immer höher aufsteigt, kleiner und kleiner wird, bis er schließlich ganz verschwindet.
- Achte auf deinen Atem. Setze statt der Brust- die Zwerchfellatmung ein und nimm wahr, wie sich dein Bauch beim Einatmen vorwölbt und beim Ausatmen wieder zusammenzieht. Lasse den Atem fließen und versuche, in den Bauch zu atmen. Die Ausatmungsphase ist dabei etwas länger als die Einatmungsphase.
- Stelle dir jetzt eine Treppe vor, die dich tief nach unten zu einem verborgenen, nur dir zugänglichen, magischen Raum führt. Gehe die Treppe langsam herunter und zähle dabei innerlich von zehn bis null.
- Wenn du bei null angekommen bist, stehst du vor der Tür zu einem Raum, der in jeder

Hinsicht so ist, wie du ihn dir wünschst – ein Traumzimmer mit schönem Mobiliar und viel Grün, Blumen und Bäumen vor dem Fenster. Es ist vollkommen ruhig und tiefer Frieden kommt über dich. Die Welt und deine Probleme sind ganz weit weg.

- In diesem Raum steht ein weiches Sofa. Du bist jetzt schon so entspannt und dem Schlaf nahe, dass du ganz langsam darauf zugehst und dich niedersinken lässt. Dieses Sofa hat Zauberkräfte. Sobald du darauf liegst, fällst du ganz tief, und dein waches Bewusstsein wird ausgeschaltet. Wenn du in diesem Zustand bist, lasse deinen Träumen freien Lauf und erfülle sie dir alle. Habe unermessliche Erfolge, reise an einen wunderschönen Ort, an dem du schon immer einmal sein wolltest, sieh dich selbst, wie du völlig souverän und selbstsicher eine Challenge bestehst. Lasse diese Bilder auf dich wirken. Sie werden in deinem Unterbewusstsein gespeichert und geben dir Selbstvertrauen.

Beenden der Selbsthypnose:

- Am Ende der Reise sage zu dir: »Die Reise ist zu Ende, ich wache jetzt ganz allmählich wieder auf und zähle von 1 bis 3. Bei drei bin ich wieder im Hier und Jetzt.«
- Wenn du bei der Zahl drei angelangt bist, öffne langsam die Augen. Recke und strecke dich, und lasse dir etwas Zeit, bevor du aufstehst.

18.3   Verhalte dich erfolgsorientiert!

Du hast jetzt die wichtigsten klassischen Entspannungsmethoden kennengelernt, die man in einem Kurs mit einer zertifizierten Kursleitung erlernen sollte, und es wurden dir Hinweise zur Optimierung der Vorbereitung auf eine Prüfung vor, in oder am Ende deines Studi-Lebens gegeben. Abschließend erhältst du ergänzende Tipps, um dein Verhalten in der jeweiligen Anforderungssituation endgültig in Richtung Erfolg zu steuern.

18

18.3.1 Passende Symbole

Erfolgssymbole spielen in allen Gesellschaften eine große Rolle, wobei sie kulturabhängig unterschiedlich definiert sind. In westlichen Gesellschaften gelten Job, Status, Titel, Auto, Haus, teure Kleidung etc. als wichtige Erfolgssymbole. Bei einem kriegerischen Kannibalenstamm käme hingegen der Anzahl der Schrumpfköpfe, die am Gürtel baumeln, eine vergleichbare Funktion zu. Diese Symbole können sehr motivierende Effekte haben, weil sie Erfolge sichtbar machen. Gehe daher über die sprachliche Motivierungsebene hinaus und beziehe die dingliche mit ein, um dich deinen Prüfungen selbstbewusst zu stellen. Umgib dich mit greifbaren Erfolgszeichen! Es gibt Gegenstände von allgemeinem Symbolgehalt und spezifische, die sich direkt auf deinen besonderen Traum beziehen. Nutze beide Arten.

Kaufe dir bspw. ein Mousepad mit der Aufschrift »Ich packe es!«, das du immer vor Augen hast, wenn du vor dem PC sitzt. Die Botschaft prägt sich dir ein und kann dein Verhalten verändern. Erstehe ein Kleidungsstück mit Symbolcharakter, etwa ein T-Shirt von BOSS! Psychologen haben herausgefunden, dass unsere Kleidung Auswirkungen auf unser Verhalten hat, indem wir uns den damit verknüpften Rollenvorstellungen anpassen. Das BOSS-Emblem kann bewirken, dass du dich mit der Rolle des Erfolgsmenschen ein Stück weit identifizierst und damit auch real erfolgreicher wirst.

Ergänze diese allgemeinen Symbole durch weitere, die sehr persönliche Ziele verbildlichen. Wenn du bspw. jetzt in der 10. Klasse den Wunsch hast, in Mannheim BWL zu studieren, wofür sehr gute Noten eine Vorbedingung sind, hänge ein Poster von der Schlossuni an die Wand. Es kann dir helfen, dich zum Lernen zu motivieren, um überdurchschnittlich gute Abiturnoten zu erzielen.

Aufgabe
Entrümpele dein Zimmer!
Überprüfe einmal, ob sich in deinem Zimmer Gegenstände befinden, die bei dir negative Assoziationen auslösen.
Gibt es vielleicht noch die Decke, unter der du ein letztes Mal mit deinem Freund/deiner Freundin gekuschelt hast, bevor du erfahren musstest, dass er/sie mit einer anderen/einem anderen im Bett war?
Hast du noch die teure Lampe von deiner Patentante Sabine, die ständig an dir herumkritisiert und dir immer deine Schwester als leuchtendes Beispiel vorhält?
Falls ja, trenne dich von diesen Sachen. Verschenke sie, oder gib sie in den Müll. Sie tun dir nicht gut, sondern senden ständig negative Botschaften an dein Unbewusstes. Ersetze sie durch Gegenstände, die du neu kaufst oder die mit positiven Erinnerungen verbunden sind.

18.3.2 Babylonische Sprachverwirrung

Menschen definieren sich oft über ihre sprachlichen Konstrukte und verbal geäußerten Überzeugungen. Panik, Angst usw. sind dann nicht mehr nur Bezeichnungen für kognitive, emotionale und physische Zustände, sondern werden für die Betroffenen zu etwas Realem, das scheinbar denselben Wirklichkeitsgehalt besitzt wie etwa die Tatsache, dass es Wolken und die Sonne gibt. Viele Menschen leben in einer durch subjektive Verbalisierungen selbst geschaffenen Welt, die sie für die Realität halten.

Eine neuere psychotherapeutische Richtung, die **Acceptance-und Commitment-Therapie**, versucht, diese starren Zusammenhänge durch eine »Deliteralisierung« bzw. »Entwörtlichung« aufzuweichen.

Jeder, der sein negatives Denken verändern will, kann einzelne Übungen praktizieren:

Übung mit dem Wort Angst
Suche dir einen ruhigen Platz und sage in deinem Inneren oder laut das Wort »Angst«.
Es werden sich rasch Assoziationen einstellen und du wirst dich an Situationen erinnern, in denen du Angst hattest. Du wirst vielleicht ansatzweise oder auch sehr deutlich die dazu gehörenden unangenehmen Körpergefühle wie Anspannung, Schweißausbruch, Herzklopfen usw. empfinden. Unter Umständen drängt

sich dir auch ein Bild auf, das die Angst symbolisiert, vielleicht eine unheimliche schwarze Gestalt, die dich verfolgt.

Mache dir jetzt klar, dass du diese Körperreaktionen und Bilder nur durch den Begriff »Angst« erzeugen konntest. Du hast diese Erscheinungen tatsächlich durch ein einziges Wort hervorgerufen, obwohl du im Augenblick sicher und ruhig auf deinem Stuhl sitzt. Real befindest du dich überhaupt nicht in einem Zustand der Angst.

Jetzt versuche, das Wort Angst 2 Minuten lang wiederholt laut auszusprechen, und zwar mit allen möglichen Varianten, laut und leise, schnell und langsam, mit einer Dehnung des Vokals oder der Konsonanten.

Du wirst feststellen, dass die Angstreaktionen beim Sprechen verschwinden. Was du jetzt wahrnimmst, ist deine Stimme bzw. das Geräusch, das du selbst erzeugt hast.

Das Verschwinden der Angst lässt sich noch intensivieren, indem du dich während des Sprechens darauf konzentrierst, wie sich die Lippen bewegen oder wie sich deine Stimme anhört, ob sie hoch oder tief, melodisch oder heiser klingt.

Dies ist eine leicht zu praktizierende, zeitökonomische und zugleich sehr wirkungsvolle Übung, um Abstand zu selbstschädigenden Verbalisierungen zu gewinnen. Sie lässt sich natürlich auch mit anderen Wörtern wie etwa »Prüfung« oder »Vorstellungsgespräch« durchführen.

18.4 Beinhart! Die Strategie des »Als-ob-Verhaltens«

Es ist auch möglich, entgegengesetzt zu verbreiteten psychologischen Ansätzen, die zunächst Einsicht in die Hintergründe des problematischen Verhaltens vermitteln, bevor sie die Verhaltensebene einbeziehen, zu agieren. Man kann nämlich genau umgekehrt vorgehen, indem man versucht, zuerst sein Verhalten zu ändern und dann erst die dahin-

terstehenden Denkstile beachtet. Ein solches Vorgehen kann ebenfalls eine Veränderung tief verwurzelter, aber selbstschädigender Überzeugungen einleiten, weil man bei einem solchen Experiment neue Erfahrungen machen und sich anders als bisher gewohnt erleben kann.

Beispiel Prüfungsangst
Wie würdest du dich verhalten, wenn du die Angst nicht hättest?
1.
2.
3.
4.

Wie würdest du dich verhalten, wenn du selbstbewusster wärst?
1.
2.
3.
4.

Versuche das fremde Verhalten umzusetzen und beobachte dich dabei!

Diese Strategie bewirkt oft, dass sich die Intensität der Angst abschwächt, denn Emotionen schließen aus dem Verhalten auf sich selbst. Sie führt außerdem dazu, den eigenen Gefühlen nicht mehr hilflos ausgeliefert sein, indem man ihnen konkrete Handlungen entgegensetzt. Diese Handlungen stärken das Gefühl der »Selbstwirksamkeit«, also den Glauben daran, sein Schicksal selbst gestalten zu können. Das hat wiederum zur Konsequenz, dass man an Selbstvertrauen gewinnt und Herausforderungen mutiger begegnet.

Ein Interview mit Dr. Gabriele Bensberg findest du auf ▶ www.lehrbuch-psychologie.de (Klick auf das Buchcover).

Merke
— Prüfungsängste können besiegt werden durch exzellente Vorbereitung, den Einsatz einer Entspannungstechnik und erfolgsorientierte Handlungsstrategien!
— Klassische Entspannungsverfahren wie PMR, Yoga, Meditation oder AT sollten im Rahmen eines Kurses mit ausgebildetem Leiter erlernt werden!

- Durch selbsthypnotische Übungen ist es möglich, sich in einen tief entspannten Zustand zu versetzen!
- Einfache Sprachübungen können eine wirkungsvolle Distanzierung von Angstgedanken ermöglichen!
- »Als-ob-Verhalten« kann bewirken, selbstschädigende Überzeugungen zu verändern!

Literatur

Alman, B. M. & Lambrou, P. T. (2012). Selbsthypnose. Ein Handbuch zur Selbsttherapie. Zehnte, korrigierte Aufl. Heidelberg: Carl-Auer.

Brandt, H. & Grose, S. (2008). Autogenes Training, Muskelentspannung & Meditative Entspannung zum Kennenlernen. 1 Audio-CD. Die besten Entspannungsübungen gegen Stress. Hilfreiche Kurzübungen für Einsteiger.

Murphy, J. (2007). Das Erfolgsbuch. Wie Sie alles im Leben erreichen können. Ullstein Taschenbuch.

Serviceteil

Stichwortverzeichnis – 286

G. Bensberg, *Dein Weg zum Prüfungserfolg*,
DOI 10.1007/978-3-662-43419-2, © Springer-Verlag Berlin Heidelberg 2015

Stichwortverzeichnis

A

Allgemeines Gleichbehandlungs-
gesetz 106
Angst
– Ebenen 92
Ängste 202
– Behandlungsbedürftigkeit 202
– Defizitmodell 221
– Genetik 216
– kognitive Erklärungsansät-
ze 219
– positive Konsequenzen 207
– Testverfahren 210
– Ursachen 216
Angstsymptome 94
Assessmentcenter 180
– Ablauf 181
– Einzelübungen 184
– Fallanalyse 190
– Gruppendiskussion 181
– Gruppenübungen 181
– inoffizielle Übungen 191
– Nachteile 180
– Postkorbübung 188
– Rollenspiel 186
– schriftliche Aufgaben 188
– Sebstpräsentation 184
– Unternehmensplanspiel 183
– Vorteile 180
Atementspannung 23, 54, 75
Auftritts- und Redeangst 52
Auftrittsangst 203
Auswahlgespräch 30
– Fachfragen 35
– Gruppengespräch 35
– Phasen 30
– Stressfragen 34
– Umgang mit Angst 36
– Umgang mit Ärger 37
– Verhaltenstipps 30
– Vorbereitung 36
– Warming-up-Phase 30
Auswärtiges Amt
– Auswahlverfahren 143
Auswendiglernen 64
Autogenes Training 228

B

Bewerbung
– für einen Job 122
– für einen Studienplatz 121

– mehrstufiges Auswahlverfah-
ren 160
Bewerbungsinterview 160
– Abschlussphase 175
– Bewerbungsunterlagen 162
– Brainteaser 171
– Fettnäpfchen 164
– Gesprächsleitfaden 167
– Nachbereitung 176
– Nachfassbrief 177
– Outfit 162
– Stressphase 171
– Tipps 165
– typische Fragen 166
– unzulässige Stressfragen 173,
174
– Vorbereitung 161
– Zielklarheit 163
– zulässige Stressfragen 173
Bewerbungsmappe
– Anlagen 113
– Anschreiben 106
– Deckblatt 113
– dritte Seite 114
– Foto 120
– Gestaltung 114
– Inhalte 106
– Lebenslauf 107
– Online-Bewerbung 129
– optionale Inhalte 113
– Referenzen 114
Bewerbungsverfahren
– Tests 16
Bewertungsangst 204
Blackout 77, 95
– Gegenstrategien 95
Brainteaser 171

D

Defizitmodell 221
Depressionsmodell
– nach Beck 219

E

Entspannung und Schlafhygie-
ne 94
Entspannungsmethoden 225
Erfolgsphantasien 94
Erfolgssymbole 231

Erythrophobie 205
Erziehungswissenschaftliches
Abschlusskolloquium
– Gruppenprüfung 98
Essays 67

F

Fallklausuren
– juristische 68

G

Gruppenprüfungen
– Jura 99
– Medizin 99
– nonverbale Ebene 101
– Stress 100
– Tipps 100
– Varianten 98
– verbale Ebene 101

H

Handout 50
Helikopter-Lernen 66

I

Immunisierung von Angstgedan-
ken 93
Initiativbewerbung
– online 128
Intelligenz 16
Intelligenztests 16, 23

K

Klausur
– Formen 67
– Gewichtungsstufen 64
– Mathematikaufgaben 72
– Mischformen 73
– Misserfolg 78
– Multiple Choice 70
– offene Fragen 70

- Verständnisklausur 74
- Vorbereitung 75
Klausurstrategie 76
Kompetenz
- verbale 86
Konfrontation
- imaginative 94

L

Lampenfieber 203
Laut Lernen 66
Lernstrategien 64

M

Mantra 55
Mantras 76
Meditation 227
Mind-Mapping 65
Motivationsschreiben
- Aufbau 5
- Formalien 4
- Inhalt 4, 6

O

Online-Bewerbung
- Formen 128
- Netiquette 134
Online-Bewerbungsformular 133
Online-Bewerbungsmappe 129
Online-Initiativbewerbung 128

P

Panikstörung 204
Paper-Pencil-Tests 23
Persönlichkeitstests 18, 20, 26
- Kontrollskalen 20
Phobie, soziale 202
PowerPoint-Folien
- Gestaltung 58
PowerPoint-Präsentation
- Abbildungen 58
- Animationen 61
- Fehler 58
- Foliengestaltung 62
- Gliederung 58
- Hyperlinks 61
- Tabellen 60

- Zeitfaktor 61
Primacy-Effekt 30
Primacy-Recency-Effekt 44
Progressive Muskelrelaxation 225
Prüfungsangst
- Teufelskreis 212
- Umgang mit 92
Prüfungsangstfragebogen 210
Prüfungsvorbereitung 224

R

Redepyramide 44
Referat
- Einsatz von Medien 49
- Formulierung 47
- Gliederung 47
- Hauptteil 48

S

Schlafstörungen
- Vorbeugung 94
Selbsthypnose 229
Selbstwissen 161
Stereotyp 45
Systematische Desensibilisie-
rung 95

T

Telefoninterview 148
- Don'ts 152
- Fremdsprachenkenntnisse 148
- inhaltliche Vorbereitung 151
- Lautstärke 155
- Rahmenbedingungen 149
- Selbstpräsentation 151
- Sprachfluss 154
- Stimmtraining 155
- Stressresistenz 149
- Telefonetikette 150
Testdiagnostik 14
Tests
- Aufregung 23
- Hauptgütekriterien 15
- im Öffentlichen Dienst 143
- in Wirtschaftsunternehmen 140
- Normierung 14
- Standardwerte 15
Thesenpapier 50

V

Verbalisierungen 231
Verhalten
- Modelllernen 217
- Verstärkung 216

Y

Yoga 226